面向出行信用交易的交通需求管理

徐 猛 高自友 著

科学出版社
北 京

内 容 简 介

本书以城市交通需求管理为对象,深入研究利用可交易出行票进行交通需求管理所面临的基础科学问题,提出相关的建模分析方法。主要内容包括可交易出行票的个体出行行为、方案设计以及相关数学建模分析。

本书可以作为城市交通管理部门决策者和科研人员的参考用书,也可作为高等学校交通运输规划与管理,系统科学等专业的研究生和高年级本科生参考书。

图书在版编目(CIP)数据

面向出行信用交易的交通需求管理/徐猛,高自友著. —北京:科学出版社,2021.12
ISBN 978-7-03-071131-1

Ⅰ. ①面… Ⅱ. ①徐…②高… Ⅲ. ①城市交通运输-交通运输管理-信用制度-研究-中国 Ⅳ. ①F572

中国版本图书馆 CIP 数据核字(2021)第 262520 号

责任编辑:魏英杰 / 责任校对:崔向琳
责任印制:吴兆东 / 封面设计:陈 敬

科 学 出 版 社 出版
北京东黄城根北街 16 号
邮政编码:100717
http://www.sciencep.com

北京捷迅佳彩印刷有限公司 印刷
科学出版社发行 各地新华书店经销

*

2021 年 12 月第 一 版　开本:720×1000　B5
2021 年 12 月第一次印刷　印张:16 1/2
字数:329 000
定价:128.00 元
(如有印装质量问题,我社负责调换)

前　言

　　交通出行作为人类活动基本需求之一，正面临创新发展。从交通工具的发展来看，传统的燃油汽车正向新能源汽车、自动驾驶汽车发展，未来的交通工具将更环保、更安全。从城市交通需求管理的发展来看，传统的以行政手段为主的方式正逐渐向多元化的管理方式发展，未来的交通需求管理将更加人性化、个性化及更有针对性。交通服务的改善，既需要科学技术的进步，也需要管理手段的创新。

　　城市交通需求管理是通过各类政策措施来引导人们合理有效地使用有限的交通资源，从而使整个城市的交通系统更有效地满足人们的出行需求。交通需求管理并非新概念，早在 20 世纪 70 年代就被提出。为减少小汽车出行量，降低汽车尾气排放造成的空气污染，美国颁布了《清洁空气法案》，将交通需求管理策略作为控制空气污染的措施。随后出版的《交通需求管理手册》，进一步强调了交通需求管理的重要性。

　　可交易出行票提供了一种新颖的途径进行城市交通需求管理。交通管理部门根据制定的交通管理目标，在一定的时间内，将一定数目的出行票分发给出行者，出行者通过使用出行票获得道路通行使用权。根据出行者的意愿和需求，他们可以选择自由出售或者购买出行票。出行需求低的用户可以出售其多余的可交易出行票获得收益，出行需求高的用户可以购买出行票获得更多的道路通行权以满足其出行需求。在整个方案中，交通管理部门的角色只是方案的制定者、初始出行票的发放者和市场交易的监管者，并不直接参与或者干涉市场交易，也不从中获利，因此该方案对交通管理部门来说是完全收益中性的，同时，也体现了社会公平性。

　　本书结合当前交通发展需求，结合作者及其科研团队近年来开展的科研实践撰写而成。全书共分九章，内容包括：概述、可交易出行票数据调查与行为分析、考虑出行者行为特征的可交易出行票建模分析、基于居民效用视角的出行票方案分析、基于分层定价的出行票价格设计、出行票机制下基于活动的瓶颈模型、组合可交易出行票的城市道路交通网络设计问题、可交易出行票方案下的私营融资和交通管理研究、面向可持续发展的可交易出行票研究等。

　　可交易出行票方案作为一种新兴的需求管理手段，受到各界越来越多的重视。但其相关的研究，无论在方案分析还是机制设计上都有待进一步深入。本书从可交易出行票的方案设计和数学建模展开,有利于推进可交易出行票研究的进一步发展。可交易出行票作为一种交通需求管理的新思路和新途径,对缓解城市交通拥堵、推动个性化的出行方案具有重要意义。近期在北京实施的"绿色出行-碳普惠",说明本书潜在的巨大应用价值。

在编写过程中,作者详细查阅了大量的参考文献,分析总结了近年来该领域的国内外研究现状,集成了作者及其团队近年来在该领域的主要研究成果,力图通过简明的分析,阐述可交易出行票在建模分析方面的研究成果和应用价值。

本书的科研工作得到国家自然科学基金重大项目"韧性城市交通枢纽安全风险防控与管理"(72091513),国家自然科学基金创新研究群体项目(71621001),国家自然科学基金与欧洲城市化联合研究计划(NSFC-JPIUE)中欧合作研究项目"城市公共管理与服务革新:新型的城市移动管理与政策"(U-PASS,71961137005),中央高校基本科研业务费专项资金(2021PT206)等资助。此外,在本书内容的组织过程中,中国地质大学王广民教授,北京交通大学鲍月教授,北京交通大学梁蕾蕾、陶挺等参与了撰写和整理,张佳翠、周怡敏等参与了校稿,在此表示诚挚谢意!

由于本书所介绍的可交易出行票尚无实际应用案例,所研究内容均为当前城市交通需求管理的前沿科学热点问题,加之作者研究水平有限,书中难免存在疏漏和不妥之处,在此恳请广大读者批评指正。

作 者

2020 年 4 月于北京市海淀区上园村 3 号

目　　录

前言
第一章　概述 ··· 1
  1.1　城市交通需求管理 ··· 2
  1.2　可交易出行票的概念 ··· 4
  1.3　研究现状 ··· 6
    1.3.1　基于方案设计的概念性研究 ································· 7
    1.3.2　基于数学建模的网络均衡研究 ································· 8
    1.3.3　基于个体出行行为的可交易出行票实证研究 ················· 9
  参考文献 ··· 10
第二章　可交易出行票数据调查与行为分析 ····························· 15
  2.1　实验设计 ··· 15
    2.1.1　实验描述 ··· 15
    2.1.2　实验样本 ··· 17
  2.2　可交易出行票方案下公众改变私家车出行的意愿调查 ········· 19
    2.2.1　描述性结果 ··· 19
    2.2.2　统计分析 ··· 22
  2.3　公众对可交易出行票的接受性 ··································· 27
    2.3.1　描述性结果 ··· 27
    2.3.2　多变量回归分析结果 ·· 29
  2.4　本章小结 ··· 33
    2.4.1　可交易出行票方案下公众改变私家车出行的意愿 ··········· 33
    2.4.2　可交易出行票方案的可接受性 ······························· 34
  参考文献 ··· 36
第三章　考虑出行者行为特征的可交易出行票建模分析 ··············· 38
  3.1　基于损失规避的可交易出行票交通均衡分析 ··················· 38
    3.1.1　基于损失规避的可交易出行票用户均衡 ···················· 39
    3.1.2　基于损失规避的可交易出行票用户均衡解的唯一性 ········ 42
    3.1.3　基于损失规避的可交易出行票方案设计 ···················· 45
    3.1.4　数值算例 ··· 50

3.1.5 小结 ·· 53
3.2 基于框架效应的可交易出行票交通均衡分析 ····························· 53
3.2.1 基于框架效应的可交易出行票多用户均衡模型 ················· 57
3.2.2 基于框架效应的最优可交易出行票方案 ···························· 61
3.2.3 数值算例 ·· 64
3.2.4 小结 ··· 70
3.3 本章小结 ··· 70
参考文献 ··· 70

第四章 基于居民效用视角的出行票方案分析 ·································· 74
4.1 居民出行方式选择分析 ··· 75
4.1.1 居民出行方式及影响因素 ··· 75
4.1.2 基于 Logit 模型的居民出行方式选择分析 ························· 78
4.2 出行票方案设定 ··· 86
4.2.1 出行群体划分 ·· 86
4.2.2 初始分配模式设定 ··· 87
4.3 考虑出行票方案的居民效用模型 ·· 88
4.3.1 出行效用理论概述 ··· 88
4.3.2 居民消费效用建模及求解 ··· 90
4.3.3 居民出行效用建模及求解 ··· 91
4.3.4 出行票交易影响因素分析 ··· 95
4.4 算例分析 ··· 99
4.4.1 数据处理及参数设定 ·· 99
4.4.2 居民行为结果分析 ··· 100
4.4.3 出行票供需关系分析 ··· 106
4.5 本章小结 ··· 107
参考文献 ··· 108

第五章 基于分层定价的出行票价格设计 ·· 109
5.1 出行票分层定价方案分析 ·· 109
5.1.1 出行票价格影响分析 ··· 109
5.1.2 分层定价结构概述 ··· 111
5.1.3 分层定价方案设计 ··· 112
5.2 考虑分层定价的出行票需求响应模型 ······································ 115
5.2.1 出行票需求响应分析 ··· 115
5.2.2 出行票需求响应建模及求解 ··· 116

5.2.3 分层定价方案评价指标构建 120
5.3 算例分析 121
　　5.3.1 数值处理及分层方案设定 122
　　5.3.2 评价指标计算及结果分析 123
5.4 本章小结 127
参考文献 127

第六章 出行票机制下基于活动的瓶颈模型 128
6.1 基于活动的分析方法 128
　　6.1.1 研究背景 128
　　6.1.2 基本概念 129
　　6.1.3 场景描述 131
6.2 基于活动的瓶颈模型 133
　　6.2.1 同质用户 134
　　6.2.2 异质用户 137
　　6.2.3 无人驾驶车辆的影响 140
　　6.2.4 与经典瓶颈模型的比较 145
6.3 考虑出行票影响的基于活动的瓶颈模型 148
　　6.3.1 模型构造 148
　　6.3.2 均衡求解 149
6.4 数值算例 150
　　6.4.1 基于出行的瓶颈模型 151
　　6.4.2 基于活动的同质瓶颈模型 152
　　6.4.3 基于活动的异质瓶颈模型 154
　　6.4.4 出行票下基于活动的瓶颈模型 158
6.5 本章小结 160
参考文献 161

第七章 组合可交易出行票的城市道路交通网络设计问题 163
7.1 固定需求下的组合问题 163
　　7.1.1 模型描述 164
　　7.1.2 算法设计 166
　　7.1.3 数值实验 168
　　7.1.4 小结 171
7.2 弹性需求下的组合问题 172
　　7.2.1 模型描述 172
　　7.2.2 求解算法 176

7.2.3　数值实验 177
　　　7.2.4　小结 180
　7.3　离散的组合问题 180
　　　7.3.1　模型描述 181
　　　7.3.2　求解算法 183
　　　7.3.3　数值实验 189
　　　7.3.4　小结 196
　7.4　本章小结 197
　参考文献 197

第八章　可交易出行票方案下的私营融资和交通管理研究 200
　8.1　修建-股权-出行票方案 200
　8.2　BEC 模式中的双层规划模型 204
　　　8.2.1　最优可交易出行票方案 BEC 模型 207
　　　8.2.2　社会福利最大化 BEC 模型性质 207
　　　8.2.3　利润最大化 BEC 模型 209
　　　8.2.4　次优可交易出行票方案 BEC 模型 210
　　　8.2.5　社会福利最大化 BEC 模型的性质 211
　　　8.2.6　利润最大化 BEC 模型的性质 212
　8.3　BEC 模式和 BOT 模式的性质对比 214
　8.4　数值算例 216
　8.5　本章小结 218
　参考文献 218

第九章　面向可持续发展的可交易出行票研究 220
　9.1　问题描述 220
　9.2　模型描述 221
　　　9.2.1　上层问题 221
　　　9.2.2　下层问题 222
　　　9.2.3　二层规划模型 223
　9.3　求解算法 223
　9.4　数值实验 226
　9.5　本章小结 229
　参考文献 230

附录 A　柯布-道格拉斯效用函数 231
附录 B　约束优化问题的 KKT 条件 232
附录 C　经典瓶颈模型 233

附录 D	出行总效用推导	238
附录 E	系统最优路段流量模式的性质	242
附录 F	基于内生出行票分配比率的利润最大化 BEC 模型的性质	243
附录 G	用户均衡流量的性质	245
后记		246

第一章 概 述

交通需求管理(transportation demand management，TDM)对城市交通出行影响明显。所谓城市交通需求管理是指通过各项政策或者管理措施来引导人们合理有效地使用有限的交通资源，使整个城市的交通系统更有效地满足人们的出行需求[1,2]。具体来说，这些政策或措施通过抑制交通需求、调整出行方式、调节交通需求在时间或/和空间上的分布等，达到提升交通服务的目的。交通需求管理的效果需要通过实践来检验，合理的交通需求管理措施，往往产生良好的社会、经济以及环境影响；反之，不当的交通需求管理措施不仅达不到预期管理目标，甚至还会产生不利影响。此外，每项交通需求管理措施可能会产生管理目标之外的影响，各项交通需求管理措施之间也会相互作用。因此，在实践中，管理部门可以通过组合/集成多项交通需求管理方案，以达到更好的管理效果。

可交易出行票(tradable credits scheme，TCS)也称tradable permits scheme，为人们提供了一种新的城市交通需求管理思路。可交易出行票的思想可追溯至早期以成本-效益方式达到给定水质量目标的环境治理方案[3]。类似的机制后来也被用于气候变化和碳排放管理(如京都议定书和欧盟排放权交易[4])。在交通领域，可交易出行票尚处于探索阶段，主要是围绕不同的交通需求管理目标，提出不同的可交易出行票方案。例如，基于路段的可交易出行票方案[5]、基于里程的可交易出行票方案[6]，以及用于管理道路瓶颈拥挤的可交易出行票方案[7,8]、组合可交易出行票方案[9,10]等。

举例来说，为了科学有效地抑制城市私家车的使用，可交易出行票可用来对使用私家车的出行者进行管理。交通管理部门首先确定管理目标。然后，通过出行票进行交通需求管理。一般假设向所有出行者免费发放一定数量的可交易出行票，出行者通过使用出行票获得道路使用的通行权。交通管理部门通过构建出行票交易市场，允许出行者对出行票进行交易。因此，出行者可以在出行票交易市场自由出售剩余出行票或者购买所需的额外出行票。出行票的市场价格会随着供需情况而波动，由此影响人们的出行行为，如出行决策(是否出行)、出行时间选择(选择合适的时间)、路径选择(选择合适的路径)、出行方式选择(如私家车或公交)等。在整个方案中，交通管理部门的角色只是方案的制定者、初始出行票的发放者和市场交易的监管者，不直接参与或者干涉市场交易，也不从中获利，因此该方案对管理部门来说是完全收益中性的。出行者根据可交易出行票的需求管理方案，通过减少出行或者使用公共交通方式出行等减少私家车的使用，节省的出行票在市场上出售获益。如果需要更多的出行票满足私家车的使用，则需要在市场上购买额外的出行票。因此，减少私家车使用的出行者可以获得市场补偿，而用完出行票的出行者想要继续使用私家车，则需支付额外的费用。这也体现出方案的市场公平原则。

1.1 城市交通需求管理

城市交通拥堵，通常体现在某一时间段内，城市交通网络中路段的交通量超过了路段通行能力，造成车辆在道路上发生延误。大城市的交通拥堵问题受到广泛关注。特别是在上下班的高峰期、节假日的高速路，以及一些重要的交叉口和主干道，拥堵已成为普遍存在的现象。目前交通拥堵的治理，主要包括增加交通供给、交通需求管理，以及综合措施。

从增加交通供给角度进行交通拥堵管理，是指通过加快交通基础设施的建设，提高城市交通道路和路网容量从而缓解交通拥挤。增加交通供给可以从以下几个方面入手，即新建、改建和扩建一部分道路，实现道路通行能力的提升。此外，交通供给还包括交通服务能力的增加，例如灵活安排服务方式，开辟新的行车路线；采用先进的交通管理系统，对交通系统实现实时和交互管理。

土地利用与交通供给密切相关。土地利用会影响城市交通的布局，以及交通量的生成。因此，在土地资源的开发利用方面应慎重考虑，重视规划方案的科学论证，使土地利用和交通设施建设协调发展。此外，尽管增加交通供给可以扩大交通容量，但是由于资源有限、建设成本巨大，交通管理部门无法不断增建道路设施来满足不断剧增的出行需求；增建新道路很可能会诱发新的交通需求，导致道路更加拥挤。因此，在短期内，增加供给会起到一定缓解拥挤的作用，但从长期来看，随着人们需求的不断增长，会逐渐失去效力。

交通需求管理的观念和方法逐渐形成，从增建道路来满足交通需求的增长转变为对交通需求进行管理，降低或抑制需求量过快增长，以适应现有道路交通设施能够容纳的程度，即改"按需增供"为"按供管需"。交通需求管理根据出行过程中的时空特性，对交通需求总量、出行方式及时空分布进行科学管理，使供需在不同阶段和层次上达到相对平衡，保证城市交通系统可持续发展。例如，从传统交通规划的四个阶段来看，图 1.1 所示为各出行阶段交通需求管理的方法和目标。在出行产生阶段，尽量减少出行需求；在出行分布阶段，调节和优化出行需求的空间分布；在出行方式选择阶段，鼓励使用大容量的交通出行方式；在交通分配阶段，通过不同的措施实现出行交通流量的均衡分配。

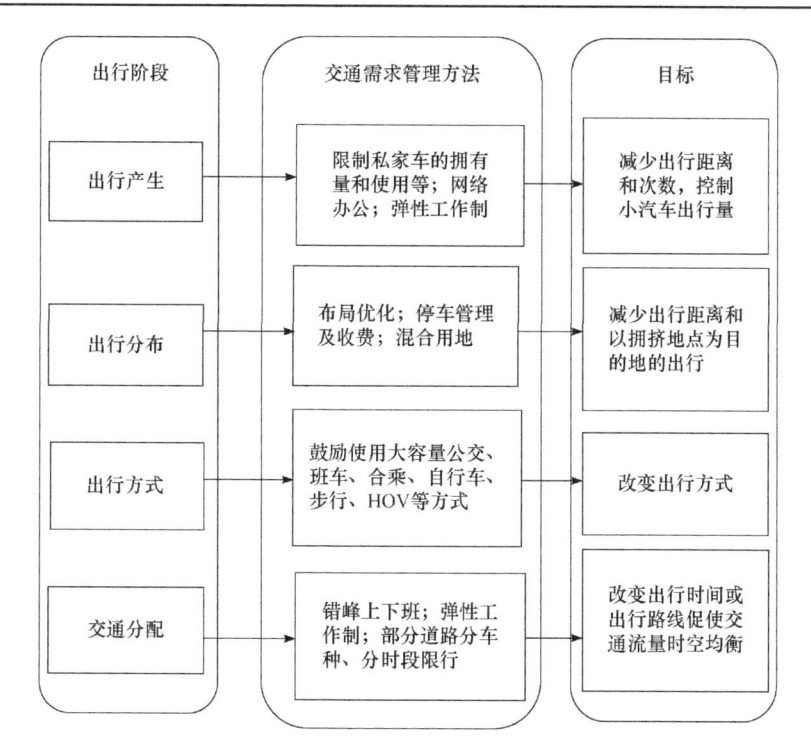

出行阶段	交通需求管理方法	目标
出行产生	限制私家车的拥有量和使用等；网络办公；弹性工作制	减少出行距离和次数，控制小汽车出行量
出行分布	布局优化；停车管理及收费；混合用地	减少出行距离和以拥挤地点为目的地的出行
出行方式	鼓励使用大容量公交、班车、合乘、自行车、步行、HOV等方式	改变出行方式
交通分配	错峰上下班；弹性工作制；部分道路分车种、分时段限行	改变出行时间或出行路线促使交通流量时空均衡

图1.1 各出行阶段交通需求管理的方法和目标

美国从20世纪80年代初开始实施交通需求管理措施，并于80年代后期进行深入的交通需求管理策略研究。1991年制定的冰茶法案(intermodal surface transportation efficiency act, ISTEA)已将交通需求管理作为重要的交通对策纳入其中，如设置高承载车辆(high occupancy vehicle, HOV)车道、推行弹性工作时间、优先发展公共交通、停车收费和道路拥挤收费策略等[11]。欧洲许多城市通过提高出行成本对私家车使用进行抑制，对公共交通和慢行交通(步行和自行车)出行给予了支持。典型的交通管理措施包括停车管理措施、制定税费政策，以及拥堵收费等。新加坡在限制车辆拥有和使用方面，实施的限制车辆拥有的措施包括高额的车辆税和车辆配额制度；限制车辆使用的措施包括区域通行证制度、实施高额的汽油税和拥挤收费等。日本较早确立了以公共交通为主的交通发展模式，并出台一系列交通需求管理措施推动公共交通的发展，交通需求管理政策往往在交通源的发生阶段就得以研究实施，将交通建设与土地利用相结合，产生更高的附加价值。

在我国的一些高人口密度城市，交通管理措施受到广泛关注。例如，随着城市规模的扩张和中心城市功能的强化，北京机动车保有量连年快速增长，并由此引发严重的城市交通拥堵问题。面对日益严峻的交通拥堵形势，北京市相关部门出台了多种措施加强交通拥堵治理工作，典型的手段包括各类限制措施(如限牌、限行等)，以及公交优先等。上海通过大力发展公共交通限制私家车数量等方式优化城市交通结构，构建了具有鲜明特色的一体化城市交通体系，在城市交通拥堵治理方面积累了许多经验。与北京市通过摇号政策限制私家车数量的增长不同，上海采用车牌拍卖的方式，以经济杠杆为手段，达到对私家车数量限制的目的。香港形成了地铁和公交相结合的公共交通体系,地铁为城市公共交通体系的骨干，以地铁线路为中心进行周边的公交线路，以及出租车站点和停车场的建设和布局，十分方便居民出行和换乘。此外，香港在城市交通体系规划的过程中充分照顾商业需求，无论是地铁还是城市公交都实现了与沿线商业区的有效衔接，这对于疏导商业交通压力具有重要意义。

1.2 可交易出行票的概念

可交易出行票作为一种交通需求管理手段，有四个要点，即出行票的发放总量、初始分配方案、收取方案和市场交易制度[12-14]。

(1) 发放总量

出行票的发放总量直接影响方案的可行性和有效性。发放总量过高，一旦超过出行者的实际出行需求，将无法影响他们的出行行为(如出行方式、出行路径、出发时间等)，无法达到交通需求管理的目的。当发放总量过低时，无法满足所有出行者的出行需求，一方面可能导致过高的出行票交易价格，提高出行者的出行成本；另一方面可能引发出行者不合理的出行行为，降低出行者的出行效率，同时还会降低人们对出行票方案的接受程度。出行票的发放总量可由管理部门制定，出行票的发放周期政策也需合理制定。过长的发放周期可能导致出行票囤积，从而影响出行票的使用率且不利于出行票市场的稳定运行。过短的发放周期可能导致发放任务繁重。

(2) 初始分配

出行票的初始分配方案包含两个方面的内容。首先是出行票的接受者。管理部门在发放出行票之前预先确定接受者。例如，每位纳税人员都有资格在发放周期内获得免费的出行票。每位出行者得到的出行票数量取决于出行票的发放总量和出行人数。其次是出行票的发放规则。常见的分配方式有三种，第一种是均匀分配，即每个出行者获取的出行票数量是相同的；第二种是根据起讫点(origin-destination, OD)分配，即考虑出行者的出发地和目的地有选择的分配；第三种是根据出行里程分配。第一种分配方案考虑公平性。第二种和第三种分配方式贴合实际，往往能够使得系统达到帕累托改善的状态。

(3) 收取方案

出行票的收取方案具有灵活性。如果向出行者收取过多的出行票，可能导致城市道路使用率降低，造成资源浪费的现象。如果收取数量过低，出行者的出行行为将不受影响，无法控制过高的出行需求。因此，出行票的收取数量是出行票方案的一个关键性指标，对于调节出行者的出行需求起着关键的作用。常见的出行票收取方式有以下几种：按照路网中的路段收取；按照出行者的出行路径收取；按照出行里程收取；按照出行次数收取或出发时间收取。此外，出行票的收取数量非负。

(4) 市场交易制度

与拥挤收费不同，出行票也可以用来交易。出行者的出行需求存在差异性，因此可能会出现出行票不足或者盈余的现象。假定存在一个完全自由竞争的市场供出行者们进行交易，出行票盈余者可以通过出售出行票的方式从中获取一部分利益，出行票不足者通过购买出行票获取更多道路通行权。这体现了可交易出行票管理方案的公平性。

可交易出行票提供了一种以经济手段定量管理交通需求的模式。根据城市交通实际情况，落实可交易出行票管理方案能够提高出行票方案的接受度。随着移动互联技术在交通领域的深入，目前实施可交易出行票方案在技术上不再是障碍。可交易出行票方案机制示意图如图 1.2 所示。

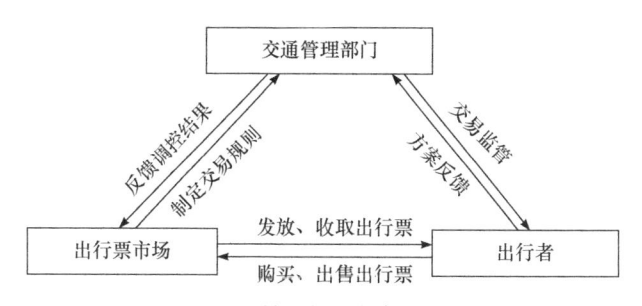

图 1.2 可交易出行票方案机制示意图

出行票被视为一种可交易的商品，交通管理部门可以根据宏观调控目标向城市居民免费发放一定数量的出行票，居民在出行时可通过支付一定量的出行票换取某些道路的通行权，同时出行者可以在市场上自由交易出行票。在社会总财富不变的情况下，通过出行票的流通可以实现货币从高收入群体向低收入群体转移的目的。因此，可交易出行票交易机制作为一种结合数量控制和道路收费的新兴交通需求管理政策，能够通过市场行为实现出行票的流通。交通管理部门仅作为宏观调控的角色，发放出行票但不参与交易过程，在此过程中负责监管交易市场。出行票是免费发放给出行者的，收入的流通再分配仅存在于出行者内部，可以免去交通管理部门的介入。

出行票方案作为一种新兴的交通需求管理手段,目前尚处于理论研究阶段。在具体实践推广过程中仍然存在较多问题,如公众接受程度、市场运营管理。

① 出行票的实施对象是出行者,相比传统的收费机制,它能够很好地避免"收费"导致的抵触情绪。作为新兴的政策,出行票方案不如车辆限行、停车收费等管理手段容易被理解。可交易出行票涉及出行总量的制定,以及出行票的交易,例如购买量不溢出且正好满足需求、出行票售出后不会导致自身需求无法满足等。这些复杂的交易过程可能导致居民出行负担加重,当不能满足居民日常出行需求时,可能会导致出行票交易市场的紊乱,公众抵触情绪上升,难以接纳出行票方案。同时,出行者的出行类型和出行结构多变,出行者为满足自身出行需求时往往需要使用多种交通工具,在此过程中如何收取出行票也将直接影响方案实施效果。

② 出行票作为一种特殊的商品,在买卖过程中会形成交易市场,其中存在运营、投机等诸多市场风险。虽然在方案实施过程中交通管理部门仅承担发放的角色,但是对出行票交易市场的管理必不可少。在应用过程中,出行票交易市场中潜在的障碍是信息不公开、不透明、不公平,即存在"购买者不知道谁要出售,出售方不知道谁有需求"的现象,公正且被认可的市场管理难度较大。同时,若出行票市场为自由交易市场,其复杂性将导致更大的交易风险,当出现交易投机行为时,出行票市场的稳定性如何保证还有待进一步研究。同时,当出行票方案实施的区域范围变化时也会导致某些区域缺乏统一管理,部分不完善的交易中心难以保障出行票账户安全,出行票数量的宏观调控难以达到预计效果。

尽管出行票方案存在一些问题有待进一步解决,但面向出行信用交易的管理方案正逐步迈向应用。2020 年 9 月,北京市交通委员会、北京市生态环境局联合高德地图、百度地图共同启动的 MaaS(mobility as a service)出行绿动全城行动,在全国首推以碳普惠方式鼓励市民全方式参与绿色出行[15]。市民选择公交、地铁、自行车、步行等绿色出行方式出行时,通过高德地图、百度地图 APP 绑定"绿色出行-碳普惠"账号后,即可累积碳能量,兑换公共交通优惠券、购物代金券等奖励。该方案可为面向出行信用交易的管理方案打下重要的基础。因此,本书具有潜在的巨大应用价值。

1.3 研究现状

可交易出行票作为一种交通需求管理的新思路,对缓解城市交通拥堵问题、定量管理城市居民出行具有重要意义。目前相关研究主要集中在出行票交易机制下的交通网络均衡分析，以及相关方案设计问题。出行票方案作为一种新兴的交通需求管理手段，其相关研究并不全面和具体，无论在方案分析还是价格机制设计上都有待进一步展开。目前关于可交易出行票方案在交通中的理论研究主要可以分为三个方面：基于方案设计的概念性研究，基于数学建模的网络均衡研究和基于个体行为的出行行为研究。

1.3.1 基于方案设计的概念性研究

关于可交易出行票在交通中的应用研究，最初体现在政策制定和规则描述等方面，包括具体方案的设计、与现有措施的比较和对于实施问题的探讨[18]等。Chin等[16]和Seik[17]研究了新加坡1995年的车辆拥有配额系统。在该系统下，新加坡陆路运输局(land transport authority, LTA)决定每年可以注册的新车辆数量，而由市场决定拥有一辆车所需要付出的价格。Raux等[18]研究了一种潜在的汽车能源消费许可权交易市场，并估计了这一市场运行的社会经济效应以及由此产生的社会剩余。Goddard[19]建议将可交易汽车使用许可权作为墨西哥市限行政策的补充方案，以提高汽车尾气排放控制措施的灵活性，并提议基于注册的车辆进行汽车使用许可权的发放。Verhoef等[20]研究了可交易许可权在道路交通外部性管理中的潜力，讨论了其在需求(基于用户的)和供给(汽车和能源产业)方面的多种应用。Viegas[21]也提出类似的观点，并建议交通管理部门按月给所有纳税人发放路权。这些路权可以用于收费区域的私家车出行或者居民乘坐公共交通出行，而且居民相互之间可以自由交易这些路权。Kockelman等[22]和Raux[23]进一步评估了这些概念和提议，针对这些方案的政策影响做出重要的案例研究评估。

就具体实施方式而言，Wong[24]率先提出基于时间-地点的可交易出行票方案，要求出行者必须使用通行权证预定系统提前购买出行票，而且出行者必须持有出行票且在指定的时间使用高速公路，但是该方案不允许交易。Goddard[19]提出的可交易汽车使用许可权则是由交通管理部门发放的在三到四天内有效的许可权证，可以分为三种类型，即永久性的基本许可权证(指定的日期内永远有效)、永久性的可中断许可权证(空气质量较差时无效)和临时性的许可权证(发放给非预期的出行者，如路过实施区域的区域外出行者)，并且出行者可以进行许可权证的交易。Verhoef等[20]、Viegas[21]和Raux[23]提议使用基于行驶里程的可交易出行票方案，而且在Viegas[21]的方案中出行票可以用于其他交通模式，如公共交通等。相对于传统的拥挤收费方案，基于出行票的拥挤收费方案(credit based congestion pricing, CBCP)[22,25-28]中的出行票可以看作是收费的补贴，收费收入每个月平均返还给所有的出行者。因此，该方案是财政中性的，可以提高公众对于收费方案的接受性。另外，尽管大部分研究都认为市场交易可以提高方案的灵活性，Frisoni[30]建议交通管理部门和个人按照给定的固定价格交易出行票；Fiorello等[30]提议限制出行票的可交易性，尤其是当交易带来的好处小于其需要的交易成本时；Kean[31]认为应该放弃市场交易，采用拍卖的方式发放出行票。

总的来说，相对于收费和税收，可交易出行票具有如下特点：①可交易出行票可以更加有效地控制交通量；②如果出行者对定量控制比对价格更加敏感，则可交易出行票比其他方案更加适用；③免费发放的初始出行票可以提高公众对于可交易出行票方案的接受性；④市场交易使得出行者从降低的出行需求中获益。与此同时，可交易出行票方案的复杂性导致的过高的管理成本和市场交易成本可能降低其实施的效率[32]。

1.3.2 基于数学建模的网络均衡研究

在理论建模方面，Yang 等[5]建立了可交易出行票在一般交通网络中的数学规划模型，给出可以使均衡流量达到系统最优/帕累托改进的可交易出行票方案的存在条件。此后，出现了大量的关于可交易出行票在交通网络中的理论建模研究。Wang 等[33]研究了基于用户异质性的可交易出行票交通配流模型，假设出行者具有不同的时间价值(value of time, VOT)，探讨可以使均衡流量达到系统最优/帕累托改进的可交易出行票方案的存在性。Wang 等[34]提出一种出行票的试错法实施方案。Wu 等[35]研究了收入水平对于出行者出行选择、出行方式选择和路径选择的影响，并设计出一种更加公平有效的可交易出行票方案。Shirmohammadi 等[36]研究了不确定需求下的可交易出行票方案，通过灵敏度分析法分析出行票价格在供求不确定时的波动情况。Wang 等[9]建立了基于可交易出行票方案的网络设计双层规划模型，并加入公平性约束。Zhu 等[37]基于连续分布的出行者时间价值研究可交易出行票方案下的多用户网络均衡，建立等价的变分不等式模型，并给出使均衡流量达到理想状态的可交易出行票方案。Zhu 等[38]研究了一种不需要发放初始出行票与返还的可交易出行票方案，以最小化拥堵和尾气排放为目标，建立可以达到帕累托系统最优的双目标模型。

Ye 等[39]研究了可交易出行票方案中出行票价格和路网流量的演化过程，通过逐日动态演化模型刻画出行者的出行行为和出行票价格的演化，并探讨均衡解的稳定性和收敛性。Wada 等[40]提出一种基于拍卖机制的可交易出行票逐日动态演化模型，证明投标对于每个出行者都是占优策略，而且这一机制下的分配模式可以收敛到动态系统最优分配模式。Tian 等[41]通过基于多智能体的建模仿真平台研究可交易出行票方案下的逐日演化过程，分析出行者在可交易出行票方案中每天的路径选择行为和市场的微观经济决策过程，以及不同市场政策下的收敛性、稳定性和相应的市场效率。Miralinaghi 等[42]提出一种多周期可交易出行票方案，出行者可以将当前周期的出行票保留到以后使用。研究结果表明，多周期的出行票方案可以抑制出行票价格的波动，得到稳定的出行票价格。

Akamatsu[43]研究了可交易瓶颈出行票方案，管理者基于路段和时刻发放出行票。当不具备完全需求信息时，可交易瓶颈出行票方案比拥挤收费更有优势，但是如果具有完全信息，二者的效果是等价的。Xiao 等[7]研究了时变可交易出行票收取方案在瓶颈模型中的应用，证明可以完全消除排队的最优可交易出行票方案总是存在的。Tian 等[8]基于连续异质性用户研究可交易出行票在交通瓶颈问题和模式分离中的应用，证明可以达到系统最优状态的可交易出行票方案总是帕累托改进的。Nie 等[44]建立了一种基于两条平行路径的通勤者路径选择分析框架，分析了可交易出行票在其中的应用，以及不连续出行票收取方案对于出发时刻端点处出发率的影响。Nie[45]给出一种解决早高峰通勤问题的可交易出行票方案，向在高峰期出行的出行者收取出行票，并将出行票等比例地返还给非高峰期的出行者。Sakai 等[46]研究了可变的出行者收费成本边际效用下的可交易瓶颈出行票方案，旨在分析出行票方案对于出行者出发时刻选择的影响，证实全面实施可交易出行票方案并不总能保证帕累托改进，但是部分实施可交易出行票方案可以达到帕累托改进。

Zhang 等[47]研究了利用出行票进行停车管理。通过分析不同的出行票发放方案，证实市场交易使得该方案可以更好地调节交通需求。Wang 等[9]研究了公私合营路网中可交易出行票和道路收费混合方案，同时考虑纳什均衡参与者与用户均衡参与者，其中可交易出行票方案用于公共道路管理，道路收费方案用于私营道路收费盈利。Bao 等[48]基于建设-运营-转让模式提出一种利用可交易出行票进行私营道路建设和路网交通管理的新型模式，其中私人公司可以免费得到一定数量的出行票，并通过出售出行票获取利润。可交易出行票方案可对包括私营道路在内的路网进行整体规划和管理。

以上研究都假设出行票的市场交易成本可以忽略不计，但是 Nie[49]分析了交易费用对可交易出行票市场的影响，证明交易费用的存在可能导致该方案的效率损失。He 等[50]研究了两种类型的可交易出行票市场参与者，即纳什均衡参与者和 Wardrop 均衡参与者，分析交易费用会如何影响均衡条件和出行者的路径选择。Bao 等[51]同样分析了出行票方案中的市场交易费用的影响，研究表明交易费用的存在会使出行票的交易量下降。

1.3.3 基于个体出行行为的可交易出行票实证研究

尽管有关可交易出行票的理论研究吸引了众多学者，目前面向可交易出行票的实证研究还比较少。现有的相关实证研究一般是基于调查问卷或者情景模拟等方式，调查分析个人面对不同交通条件下的个人出行行为变化。例如，Wallace 等[52]通过问卷调查的方式研究公众对于不同低碳方案的反应，要求参与者回答其参与不同低碳行动的可能性。研究发现，就交通方式而言，参与者更倾向于选择低能耗的车辆，而不是选择公共交通或者骑车。相对于家庭生活方式的改变，交通方式的改变更难以被接受。Parag 等[53]通过调查问卷的方式研究参与者在三种不同的低碳方案(能源税、碳税以及个人碳排放津贴)中的行为变化，发现人们通过改变生活方式降低碳排放的意愿更加强烈。但是，Zanni 等[54]发现相对于其他方式的低碳行为，人们通过改变自己交通方式来降低碳排放的意愿较低，尤其对于那些收入较高且有车的人群来说。Harwatt 等[55]分析比较了个人碳排放交易方案和等价的能源价格上涨方案，发现个人碳排放交易方案下人们的开车里程可以减少29%，而能源价格上涨方案中人们的开车里程仅能够减少 11%。在 Raux 等[56]的研究中，当人们被问到一年之内会取消多少次出行时，碳排放交易方案和税收方案的效果并没有显著的差异。此外，研究还发现人们具有强烈的维持现状的意愿，尤其是中老年人。Raux 等[57]比较了多种方案措施在改变人们出行方式中的效果，可交易出行票方案对于各种交通方式出行的减少都更有效。

Xu 等[6]仿真分析了可交易出行票方案对交通行为和出行方式的影响，表明可交易出行票方案可以达到降低汽车出行里程的目标。他们的研究发现可交易出行票方案对于出行者交通方式的选择有重要的影响，但是对于 OD 对之间整体交通模式的影响较小。Dogterom 等[58]从个体行为的角度探讨可交易出行票方案与传统的道路收费方案，以及配给方案，认为个体出行者面对这一方案的不同行为和心理特性会产生不同的行为机制。Dogterom 等[14]概述了基于个体行为的可交易出行票的实证研究，建议从行为经济学和认知心理学的角度分析出行者在可交易出行票方案中的交通出行行为。

通过上述研究可以发现，有关利用可交易出行票进行交通需求管理的研究已引起众多学者的关注，并取得一些成果。但是，现存研究一般是从探索角度对可交易出行票进行建模或者仿真分析，而基于出行者个体行为的可交易出行票研究相对很少。出行者的不完全理性心理，特别是其在可交易出行票方案下对损失和收益的不同定义对于该方案的有效性具有重要影响[51,59]。因此，基于出行者的心理特性对可交易出行票在交通管理中的应用进行研究具有重要的意义。此外，从应用的角度来看，由于可交易出行票的交易市场建立比较复杂，而无交易的出行票方案更加容易实施，因此出行票方案的开展应该从简易的小规模方案实施逐渐展开。

参 考 文 献

[1] 陆化普. 城市交通供给策略与交通需求管理对策研究. 城市交通, 2012, (3): 1-6.
[2] 郭继孚. 交通需求管理:一体化的交通政策及实践研究. 北京: 科学出版社, 2009.
[3] Winch D M, Dales J H. Pollution, property and prices. The Canadian Journal of Economics, 1969, 2(2): 322.
[4] Perrels A. User response and equity considerations regarding emission cap-and-trade schemes for

travel. Energy Efficiency, 2010, 3(2): 149-165.
[5] Yang H, Wang X. Managing network mobility with tradable credits. Transportation Research Part B: Methodological, 2011, 45(3): 580-594.
[6] Xu M, Grant-Muller S. Trip mode and travel pattern impacts of a tradable credits scheme: A case study of Beijing. Transport Policy, 2016, 47(1): 72-83.
[7] Xiao F, Qian Z, Zhang H M. Managing bottleneck congestion with tradable credits. Transportation Research Part B: Methodological, 2013, 56(4): 1-14.
[8] Tian L J, Yang H, Huang H J. Tradable credit schemes for managing bottleneck congestion and modal split with heterogeneous users. Transportation Research Part E: Logistics and Transportation Review, 2013, 54(1): 1-13.
[9] Wang G, Gao Z Y, Xu M, et al. Models and a relaxation algorithm for continuous network design problem with a tradable credit scheme and equity constraints. Computers and Operations Research, 2014, 41(1): 252-261.
[10] Wang H, Zhang X. Joint implementation of tradable credit and road pricing in public-private partnership networks considering mixed equilibrium behaviors. Transportation Research Part E: Logistics and Transportation Review, 2016, 94(1): 158-170.
[11] 陈艳艳. 国外有哪些可供借鉴的交通需求管理经验. 汽车与安全, 2018, (11): 76-81.
[12] Fan W B, Jiang X G. Tradable mobility permits in roadway capacity allocation: Review and appraisal. Transport Policy, 2013, 30(1): 132-142.
[13] Grant-Muller S, Xu M. The role of tradable credit schemes in road traffic congestion management. Transport Reviews, 2014, 34(2): 128-149.
[14] Dogterom N, Ettema D, Dijst M. Tradable credits for managing car travel: A review of empirical research and relevant behavioural approaches. Transport Reviews, 2017, 37(3): 322-343.
[15] 孙宏阳. 今起"绿色出行"有奖励! 碳能量可兑换公交地铁优惠券等. 北京日报, 2020-09-08.
[16] Chin A, Smith P. Automobile ownership and government policy: The economics of Singapore's vehicle quota scheme. Transportation Research Part A: Policy and Practice, 1997, 31(2): 129-140.
[17] Seik F T. A unique demand management instrument in urban transport: The vehicle quota system in Singapore. Cities, 1998, 15(1): 27-39.
[18] Raux C. The use of transferable permits in the transport sector//Implementing Domestic Tradeable Permits. Recent Developments and Future Challenges,OECD, 2002: 141-185.
[19] Goddard H. Using tradeable permits to achieve sustainability in the world's large cities. Environmental and Resource Economics, 1997, 10(1): 63-99.
[20] Verhoef E T, Nijkamp P, Rietveld P. Tradeable permits: Their potential in the regulation of road transport externalities. Environment and Planning B: Planning and Design, 1997, 24(4): 527-548.
[21] Viegas J M. Making urban road pricing acceptable and effective. Transport Policy, 2001, 8(4): 289-294.
[22] Kockelman K M, Kalmanje S. Credit-based congestion pricing: A policy proposal and the public's response. Transportation Research Part A: Policy and Practice, 2005, 39(7-9): 671-690.
[23] Raux C. Tradable driving rights in urban areas: Their potential for tackling congestion and traffic-

related pollution. Laboratoire d'économie des transports-CNRS, Université de Lyon, Entpe, 2007: 1-24.

[24] Wong J T. Basic concepts for a system for advance booking for highway use. Transport Policy, 1997, 4(2): 109-114.

[25] Kockelman K M, Lemp J D. Anticipating new-highway impacts: Opportunities for welfare analysis and credit-based congestion pricing. Transportation Research Part A: Policy and Practice, 2011, 45(8): 825-838.

[26] Kalmanje S, Kockelman K. Credit-based congestion pricing: Travel, land value, and welfare impacts. Transportation Research Record: Journal of the Transportation Research Board, 2004, 1864(1): 45-53.

[27] Gulipalli P K, Kalmanje S, Kalmanje K K M. Credit-based congestion pricing: Expert expectations and guidelines for application. Transportation Research Forum, 2008, 47(2): 5-19.

[28] Gulipalli P K, Kockelman K M. Credit-based congestion pricing: A dallas-fort worth application. Transport Policy, 2008, 15(1): 23-32.

[29] Frisoni R. Acceptability of road pricing policies : Are tradable permits the only viable alternative . Milan: Università Cattolica del Sacro Cuore, 2007.

[30] Fiorello D, Fermi F, Maffii S, et al. Mobility rights for urban pricing: a modelling analysis with a system dynamics approach//The 12th World Conference on Transport Research, 2010: 1-19.

[31] Kean S C. Individual tradable permit market and traffic congestion: An experimental study. Arts and Social Sciences Journal, 2012: 1-14.

[32] Buitelaar E, Van Der Heijden R, Argiolu R. Managing traffic by privatization of road capacity: A property rights approach. Transport Reviews, 2007, 27(6): 699-713.

[33] Wang X, Yang H, Zhu D, et al. Tradable travel credits for congestion management with heterogeneous users. Transportation Research Part E: Logistics and Transportation Review, 2012, 48(2): 426-437.

[34] Wang X, Yang H. Bisection-based trial-and-error implementation of marginal cost pricing and tradable credit scheme. Transportation Research Part B: Methodological, 2012, 46(9): 1085-1096.

[35] Wu D, Yin Y, Lawphongpanich S, et al. Design of more equitable congestion pricing and tradable credit schemes for multimodal transportation networks. Transportation Research Part B: Methodological, 2012, 46(9): 1273-1287.

[36] Shirmohammadi N, Zangui M, Yin Y F, et al. Analysis and design of tradable credit schemes under uncertainty. Transportation Research Record: Journal of the Transportation Research Board, 2013, 2333(1): 27-36.

[37] Zhu D, Yang H, Li C, Wang X. Properties of the multiclass traffic network equilibria under a tradable credit scheme. Transportation Science, 2014, 49(3): 519-534.

[38] Zhu W, Ma S, Tian J. Optimizing congestion and emissions via tradable credit charge and reward scheme without initial credit allocations. Physica A: Statistical Mechanics and its Applications, 2017, 465(1): 438-448.

[39] Ye H, Yang H. Continuous price and flow dynamics of tradable mobility credits. Transportation Research Part B: Methodological, 2013, 57(1): 436-450.

[40] Wada K, Akamatsu T. A hybrid implementation mechanism of tradable network permits system which obviates path enumeration: An auction mechanism with day-to-day capacity control. Transportation Research Part E: Logistics and Transportation Review, 2013, 60(1): 94-112.

[41] Tian Y, Chiu Y. Day-to-day market power and efficiency in tradable mobility credits// The 94th Annual Meeting of Transportation Research Board, 2015: 1-18.

[42] Miralinaghi M, Peeta S. Multi-period equilibrium modeling planning framework for tradable credit schemes. Transportation Research Part E: Logistics and Transportation Review, 2016, 93(1): 177-198.

[43] Akamatsu T. A system of tradable bottleneck permits for general networks. JSCE Journal of Infrastructure Planning and Management, 2007, 63 (3): 287-301.

[44] Nie Y, Yin Y. Managing rush hour travel choices with tradable credit scheme. Transportation Research Part B: Methodological, 2013, 50(1): 1-19.

[45] Nie Y. A new tradable credit scheme for the morning commute problem. Networks and Spatial Economics, 2015, 15(3): 719-741.

[46] Sakai K, Kusakabe T, Asakura Y. Analysis of tradable bottleneck permits scheme when marginal utility of toll cost changes among drivers. Transportation Research Procedia, 2015, 10(1): 51-60.

[47] Zhang X, Yang H, Huang H J. Improving travel efficiency by parking permits distribution and trading. Transportation Research Part B: Methodological, 2011, 45(7): 1018-1034.

[48] Bao Y, Gao Z Y, Yang H, et al. Private financing and mobility management of road network with tradable credits. Transportation Research Part A: Policy and Practice, 2017, 97(1): 158-176.

[49] Nie Y M. Transaction costs and tradable mobility credits. Transportation Research Part B: Methodological, 2012, 46(1): 189-203.

[50] He F, Yin Y, Shirmohammadi N, et al. Tradable credit schemes on networks with mixed equilibrium behaviors. Transportation Research Part B: Methodological, 2013, 57(1): 47-65.

[51] Bao Y, Gao Z Y, Xu M, et al. Tradable credit scheme for mobility management considering travelers' loss aversion. Transportation Research Part E: Logistics and Transportation Review, 2014, 68(1): 138-154.

[52] Wallace A A, Irvine K N, Wright A J, et al. Public attitudes to personal carbon allowances: Findings from a mixed-method study. Climate Policy, 2010, 10(4): 385-409.

[53] Parag Y, Capstick S, Poortinga W. Policy attribute framing: A comparison between three policy instruments for personal emissions reduction. Journal of Policy Analysis and Management, 2011, 30(4): 889-905.

[54] Zanni A M, Bristow A L, Wardman M. The potential behavioural effect of personal carbon trading: Results from an experimental survey. Journal of Environmental Economics and Policy, 2013, 2(2): 222-243.

[55] Harwatt H, Tight M, Bristow A L, et al. Personal carbon trading and fuel price increases in the transport sector: An exploratory study of public response in the UK. European Transport, 2011, 47(47): 47-70.

[56] Raux C, Croissant Y, Pons D. Would personal carbon trading reduce travel emissions more effectively than a carbon tax. Transportation Research Part D: Transport and Environment, 2015,

35(1): 72-83.

[57] Raux C, Chevalier A, Bougna E, et al. Mobility choices and climate change: Assessing the effects of social norms and economic incentives through discrete choice experiments. Transportation and Climate Change Impacts, Adaptation and Mitigation Mobility, 2015, (1): 1-16.

[58] Dogterom N, Ettema D, Dijst M. Tradable driving rights: New behavioral approaches to investigate a new travel demand tool//The 94th Transportation Research Board (TRB) Annual Meeting, 2015: 20-26.

[59] Bao Y, Gao Z Y, Xu M. Traffic assignment under tradable credit scheme: An investigation considering travelers' framing and labeling of credits. IEEE Intelligent Transportation Systems Magazine, 2016, 8(2): 74-89.

第二章 可交易出行票数据调查与行为分析

全球许多城市都面临着交通拥堵和空气污染问题。在中国，这些挑战正受到日益关注，尤其是在一些大中型城市[1,2]。可交易出行票为缓解这些问题提供了一种途径[3,4]。采用可交易出行票方案管理个人汽车的使用，允许出行者相互买卖其出行票，缓解福利效率损失问题。同时，以距离或燃料消耗为单位计算出行量可以使监管机构对车辆行驶公里数具有更加直接的控制。由实际的道路使用供需关系决定的出行边际成本会通过出行票的使用附加到汽车的出行成本上，有效地解决稀缺道路空间的分配问题。此外，通过免费向出行者发放出行票，可以避免公众对道路收费制度的反对问题。另外，政府还可以通过制定出行票的分配方案，实现福利再分配，增加社会公平。

本章研究可交易出行票方案对公众出行行为可能的影响，以及公众对这一方案的预期反应。通过在北京和荷兰进行的调查实验，分析车主在这一方案下改变自己出行行为的意愿，以及对该方案的接受程度。通过分析对比数据，直接比较车主使用汽车情况的变化，并分析不同的地理、经济和文化差异对人们行为变化的影响，以及二者的共性。

2.1 实 验 设 计

2.1.1 实验描述

Dogterom 等[5]设计了一个针对可交易出行票对于车主行为影响的调查实验。实验要求参与的荷兰汽车通勤车主首先描述他们实验前一周的汽车使用情况，然后根据假设的可交易出行票方案设想他们在新的一周内的汽车使用情况。实验向参与的车主提供两个可交易出行票方案。第一种方案中的出行票总量是所有参与车主上一周出行距离总量的 82.5%，第二种方案中的出行票总量是所有参与车主上一周出行距离总量的 67.8%。每个参与实验的车主均获得同等数量的出行票，因此他们的收益/损失取决于他们的实际出行里程。

本章关于北京的可交易出行票调查是基于 Dogterom 等[5]的实验结果，并进行了扩展，面向更广泛的车主群体，而不仅是汽车通勤者，试图分析那些影响频繁开车的通勤者的因素是否也会同样影响一般车主。一般车主对汽车的依赖性更低，高峰期开车的可能性更小，因此他们可能更易于改变汽车使用意愿。虽然我国有很多学者在进行可交易出行票的研究，但是目前尚没有任何相关的实证调查。因此，本章基于北京的调查仍然是探索性的。

在这两个实验中，首先要求参与者记录他们在前 7 天的汽车使用情况，并估计他们在这几天行驶的里程。在此之后，引入基于出行距离的可交易出行票方案。其中，一单位出行票代表一公里的汽车行驶距离。然后，向参与者呈现一系列场景。在这些场景中，他们被给予了一定数量的免费出行票，然后要求他们说明在给定的可交易出行票方案和获得免费出行票的情况下，如何改变出行。在荷兰的实验中，出行票的可用性和短缺水平被定义为受访者上一周汽车行驶里程数的百分比。这些出行票的数量和价格(0.10 欧元/单位、0.15 欧元/单位或 0.20 欧元/单位)被随机分配给所有出行者，并且要求受访者表明是否并且如何改变他们的汽车使用情况，以及不同活动类型中汽车出行的变化。在北京，所有受访者都面对相同的可交易出行票方案，其中出行票短缺/盈余的数量是固定的，与出行者的实际汽车行驶里程数无关。三种不同的出行票价格(0.5 元/单位、0.8 元/单位或 1.0 元/单位)被随机分配给出行者。两个实验都考虑不同出行票盈余/短缺水平的情形。

在这两种情况下，招募车主参加实验，并于 2016 年 6 月(荷兰)和 7 月(北京)进行数据收集。由于荷兰和北京存在显著的差异，因此在解释调查结果时首先予以考虑。第一，地理和社会经济因素。荷兰的数据是从荷兰全国收集的，而中国的数据仅限于北京。北京是一个人口数量比荷兰整个国家都多的大城市，在建筑区域结构、人口概况和交通状况方面都与荷兰大不相同。北京城区的每个地方都很容易通过公共交通到达，这与荷兰的交通发展理念差别较大。然而，就实验样本结果而言，北京和荷兰具有较高的相似性。第二，汽车文化存在差异。与荷兰相比，在中国，出行方式的选择充满社会心理意义，汽车的拥有和使用对城市居民具有更明显的象征意义，是他们进入新兴的中产阶级，甚至富裕阶层的标志[6,7]。即使是在汽车出行成本已经增加的情况下，这种现象也可能会对车主选择其他交通方式产生负面影响。第三，汽车使用管理政策方面都有独特的历史轨迹。20 世纪 90 年代，荷兰提出一项全国公共道路收费计划，但由于社会和政治上得到的支持非常有限而被否决。在北京，近年来公民面临着一系列非常严格的措施，如摇号和限行。这些差异构成参与者对可交易出行票方案持有不同态度的相关背景。为了研究汽车使用的社会心理意义的影响，我们在分析中还考虑受访者对汽车的依赖情况。

1. 北京

首先，受访者描述他们过去 7 天的汽车使用情况。他们需要描述 3 种不同活动(工作/学习、日常生活和社交休闲)中的汽车出行次数和行驶里程。关于行驶里程，受访者可以选择以下类别之一，即小于 50km、50～100km、100～150km、150～200km 和超过 200km。然后，受访者根据两种可交易出行票方案描述他们 3

未来一周的汽车出行状况。在第一种方案中，受访者首先需要回答如果有 50 单位出行票(1 单位出行票代表 1km)的盈余时他们的出行选择，然后回答如果短缺 50 单位出行票时他们会如何进行出行选择。在第二种方案中，受访者首先需要回答如果他有 25 单位出行票(1 单位出行票代表 1km)的盈余时他们的出行选择，然后回答如果短缺 25 单位出行票时他们会如何进行出行选择。出行票价格可能为 0.5 元/单位、0.8 元/单位或者 1.0 元/单位。针对不同的方案，受访者需要表明他们是否想要增加或减少三种活动类型中的汽车出行次数和里程。

2. 荷兰

在荷兰开展的可交易出行票调查中，受访者得到的可交易出行票的数量与其汽车行驶里程数是动态相关的。受访者首先描述他们过去 7 天的汽车使用情况，说明 4 种不同活动(工作/学习、日常生活、社交休闲、其他)中的 11 项活动类别的汽车行驶里程数。与北京的调查不同，荷兰受访者在实验的第二部分面临的是出行票盈余或短缺，而不是同时面对出行票盈余和短缺。在这些情况下，受访者可用的出行票数量是其行驶里程的百分比(15%或 30%)。出行票的价格可能为 0.10 欧元/单位、0.15 欧元/单位或者 0.20 欧元/单位。受访者需要随机回答他们是否会根据自己拥有的出行票数量改变某种活动的行驶里程，并从列表中选择增加或减少的里程数百分比。

在两项调查的最后，受访者都需要描述个人情况及其对个人汽车使用和可交易方案的意见。受访者对汽车的依赖情况通过三个方面来描述，即工具性(个人日常生活对汽车的依赖程度)、象征性(汽车对个人地位的象征)和情感性(个人从开车中获得的快乐程度)。

2.1.2 实验样本

实验完成后，荷兰的样本包括 474 名受访者，北京的样本包括 660 名受访者。样本构成如表 2.1 所示。对荷兰样本，有关于受访者的年龄、婚姻状况、受访者及其配偶的工作状况，以及居住地区的城市化水平等信息，但是北京的样本中没有收集这些信息。关于收入，荷兰的调查包括"不想告知"这一选项。另外，荷兰的样本包括婚姻状况和子女情况，北京的样本中家庭状况仅以家庭规模来衡量。我们认为"有子女"和"家庭规模大于 2"的属性具有可比性，因为中国的家庭主要以核心家庭为基础，尽管第三人也可能是亲戚。

样本构成中最显著的差异之一是，北京的大部分受访者都接受过高等教育。这可以解释为，北京的汽车拥有者大部分是中产阶级，普遍接受了高等教育。另一个调查结果是，北京受访者的行驶里程普遍较低，结合北京的单中心大城市和荷兰的多中心城市的结构背景，这并不奇怪。由于只能粗略估计受访者的行驶里

表 2.1 样本构成

参数	北京(N=660)	值/%	荷兰(N=474)	值/%
性别	男性	48.9	男性	49.8
月可支配收入	>6000 元	54.2	>2500 欧元	39.7(19.8)
教育水平	大学教育水平	77.9	高等职业/大学教育	38.4
家庭人数	>2	80.5	有子女	62.5
汽车数量	>1	8.9	>1	31.7
年龄	—	—	>45 岁	56.3
婚姻状况	—	—	已婚	74.5
工作情况	—	—	有工资	61.8
配偶工作情况	—	—	有工资	58.9
居住区域			居住在城区	66.5
行驶距离	<100km	30.3	<200km	37.8
	100～200km	30.3	200～400km	28.9
	>200km	39.4	>400km	33.3
工具性	有其他出行方式可选①	3.69 (1.73)③	没有其他出行方式可选②	4.22 (1.85)③
象征性	汽车象征地位和尊严②	4.10 (1.67)③	汽车象征地位和尊严②	2.58 (1.50)③
情感性	个人喜欢开车②	4.63 (1.55)③	个人喜欢开车②	4.63 (1.55)③

注：① 通过 1～7 个等级来描述，1 代表完全同意，7 代表完全不同意
② 通过 1～7 个等级来描述，1 代表完全不同意，7 代表完全同意
③ 显著性水平

程，两种情况下的估算过程存在差异，我们将行驶里程作为分类变量输入，每组包括约 30%的样本，而不是模型中的连续变量。正如预期的，北京车主在汽车的象征性使用方面的得分要比荷兰地区车主的得分高得多，并且通常更容易使用其他交通方式取代汽车出行。在两个地区的调查中，情感性汽车使用的得分非常相似。

公众态度调查问题如表 2.2 所示。表中列出了所有衡量参与者对可交易出行票方案的态度和对汽车使用及拥堵情况的态度的因素，所有问题都是 7 分制。在调查问卷的最后，有两个问题询问参与者对可交易出行票方案的评估及其与基于行驶公里的道路费用(荷兰)或车牌限号政策(北京)的对比。

表 2.2 公众态度调查问题

问题	公众态度调查
拥堵程度	您觉得交通拥堵情况严重吗
拥堵对个人影响	您觉得当前的交通拥堵情况对您的出行影响严重吗
拥堵对环境影响	您觉得汽车对环境(例如空气)影响严重吗
改善拥堵	您觉得可交易出行票对缓解交通拥堵作用大吗

续表

问题	公众态度调查
改善环境	您觉得可交易出行票可以降低汽车对环境的影响吗
个人影响	您觉得可交易出行票会损害您的利益吗
开车需求(刚需)	您选择其他交通方式的难易程度
开车需求(地位象征)	您觉得开车象征地位和尊严吗
开车需求(爱好开车)	您喜欢开车吗
妨碍自由	您觉得可交易出行票方案会妨碍您的出行自由吗
公平性	您觉得可交易出行票公平吗
相对有效性	与限号相比，您觉得可交易出行票可以更好地缓解拥堵吗(北京)
	与拥挤收费(按里程收费)相比，您觉得可交易出行票可以更好地缓解拥堵吗(荷兰)
相对公平性	与限号相比，您觉得可交易出行票更加公平吗(北京)
	与拥挤收费(按里程收费)相比，您觉得可交易出行票更公平吗(荷兰)
可接受性	您觉得可交易出行票方案可以接受吗

2.2 可交易出行票方案下公众改变私家车出行的意愿调查

2.2.1 描述性结果

1. 北京描述性结果分析

出行行为改变意愿(北京)如图 2.1 所示，给出了在给定 50 单位出行票盈余/短缺的情况下，愿意改变出行行为的受访者的百分比。大约 60%的受访者表示，在出行票短缺和出行票盈余的情况下都会改变出行行为。同时，给出了受访者出行行为改变的具体方式：减少或增加汽车使用情况。在表示会改变汽车使用情况的那些受访者中，20.5%的受访者表示在出行票短缺的情况下会增加汽车行驶公里数，而出行票盈余情况下这一数字为 38.2%。在出行票盈余的情况下，汽车使用量增加是很好理解的：驾驶员可能希望用掉他们的出行票预算。然而，受访者在出行票短缺的情况仍然选择增加汽车出行则令人有些惊讶，因为这意味着出行成本的增加。可能是这些受访者预计，根据北京驾驶限制的现行做法，可交易出行票方案可以使他们实现真正的出行自由。此外，由于可交易出行票方案限定了总的汽车行驶里程数，人们可以预期该措施下会有更好的交通条件。对这些人来说，在可交易出行票方案下，行驶更多里程带来的收益可能会超过额外购买出行票所需要的成本。

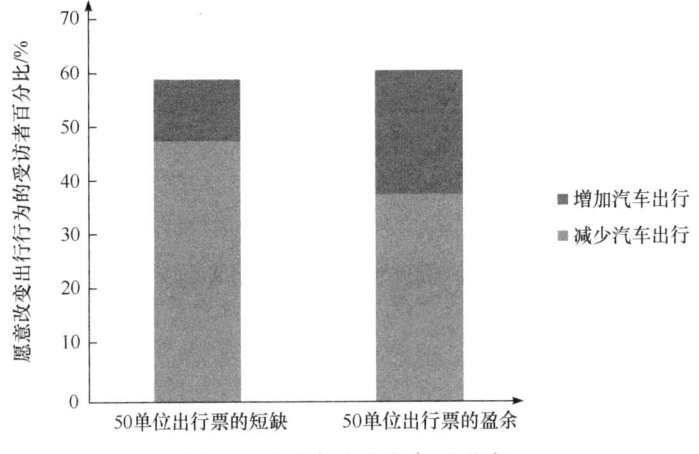

图 2.1 出行行为改变意愿(北京)

不同活动类型下的出行行为改变意愿(北京)如图 2.2 所示。可以看出，尽管三种活动类别的变化率之间差异很小，但是在日常生活领域中改变汽车出行的意愿是最大的。

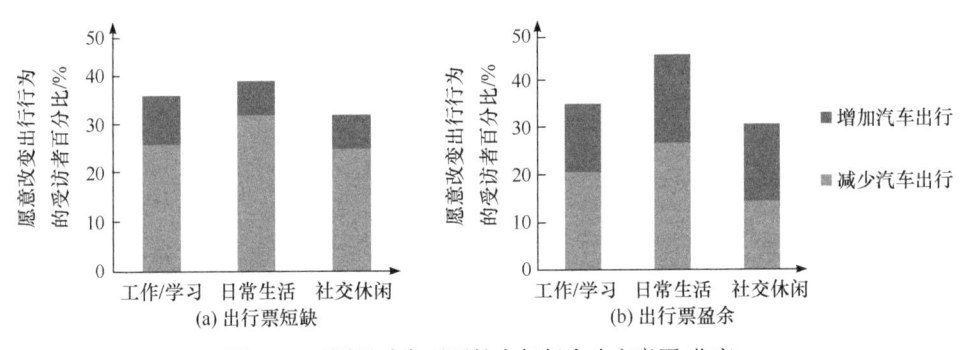

图 2.2 不同活动类型下的出行行为改变意愿(北京)

2. 荷兰描述性结果分析

出行行为改变意愿(荷兰)如图 2.3 所示，给出了受访者在 4 种不同情况下愿意调整其汽车使用情况的人数的百分比。可以看出，受访者面对出行票短缺/盈余所做的选择截然不同。与那些面临收益的受访者相比，面临短缺的受访者愿意改变出行行为的人数几乎要多一倍。只有极少数车主表示愿意增加汽车行驶里程数：101 个受访者中只有 8 个愿意增加总的行驶里程数，因此图 2.3 没有区分行驶里程数的减少和增加。不同活动类型下出行行为改变意愿(荷兰)如图 2.4 所示。对整个样本来说，受访者愿意改变工作/学习活动的汽车出行的人数最少，其次是日常生活的汽车出行次数，最后是社交休闲和其他的汽车出行次数。各类活动之间的差异很小，而且愿意做出改变的受访者在 9%~15%之间。如果根据出行票的盈余/短缺情况进行分析，情况就会十分不同。总体而言，出行票盈余情况下愿意改变的受访者人数大约是出行票短缺情况下的一半，这与图 2.3 的结果一致。另一个值得注意的方面是，在出行票盈余的情况下，受访者更倾向于改变其他活动中的汽车使用情况。

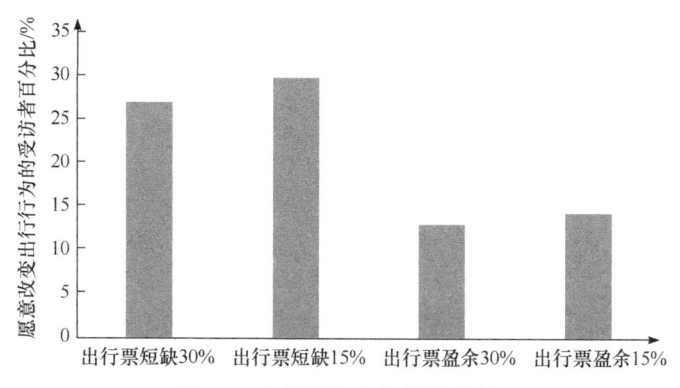

图 2.3　出行行为改变意愿(荷兰)

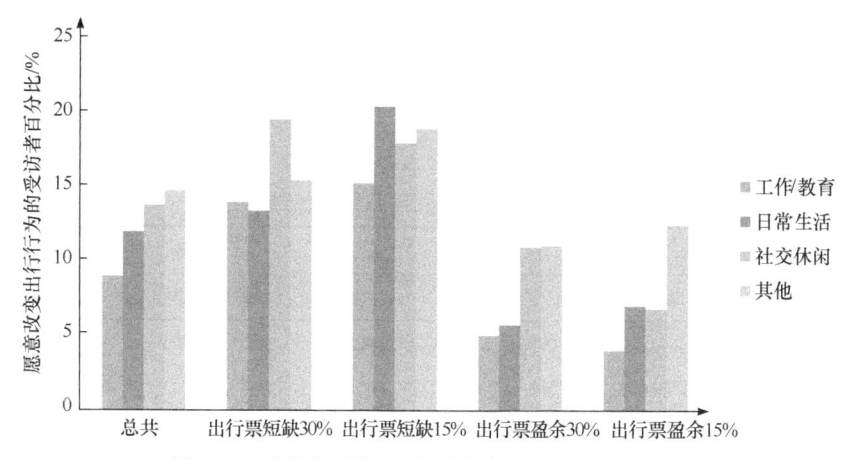

图 2.4　不同活动类型下的出行行为改变意愿(荷兰)

通过对比北京和荷兰受访者在可交易出行票方案下改变汽车出行情况的意愿，我们可以得出如下结论。

① 北京地区的样本显示了更高的改变汽车出行的意愿(约 60%)，高于荷兰样本的 30%。

② 在荷兰样本中，出行票短缺和出行票盈余对受访者改变汽车出行的意愿具有显著的影响，而这在北京样本中并不存在。

③ 具体到减少和增加汽车使用两种选项，北京的数据显示车主更容易在出行

票短缺的情况下改变汽车使用情况。尽管如此，在出行票盈余的情况下，北京的受访者愿意减少汽车使用的人数是荷兰的两倍。这可能是因为，北京的公共交通系统非常完善，很容易使用其他交通方式代替汽车出行。此外，即使在出行票短缺的情况下，也有相当一部分北京车主选择增加汽车出行，而荷兰只有少数人表示会在可交易出行票方案下增加汽车行驶公里数。如前所述，这种偏好可以用当前的交通限制和北京的情况来解释。目前北京的汽车出行措施可能使车主的真实汽车出行需求受到严格的限制，如果取消这些限制，车主可能宁愿购买更多的出行票(增加出行成本)也要增加汽车出行。与此相反，荷兰没有此类的汽车出行限制措施，因此车主现在的汽车出行需要就是他们真正的出行需求。

2.2.2 统计分析

1. 北京多项 logit 回归分析结果

由于出行行为的改变包括增加汽车行驶里程数和减少汽车行驶里程数，因此我们使用多项 logit 回归模型对数据进行分析，包含减少汽车行驶里程数、增加汽车行驶里程数或保持不变(参照类别)。多项 Logit 回归分析(北京)如表 2.3 所示。我们汇总了 50 单位出行票短缺和 50 单位出行票盈余的数据，以便估算一个模型中的出行票短缺/盈余(即经济损失/收益)对受访者出行行为的影响，分析使用两个独立的模型。第二个模型增加受访者对汽车的依赖程度，可以得到受访者对汽车的态度与社会经济特征的联系。

表 2.3 多项 Logit 回归分析(北京)

参数	减少汽车行驶里程				增加汽车行驶里程			
	模型 1 β	p 值	模型 2 β	p 值	模型 1 β	p 值	模型 2 β	p 值
常量	−1.163	0.000	−1.998	0.000	−3.247	0.000	−5.770	0.000
男性	0.049	0.702	0.125	0.336	−0.286	0.092	−0.078	0.661
收入>6000 元	−0.471	0.000	−0.464	0.001	−1.004	0.000	−0.981	0.000
高等教育	0.332	0.031	0.385	0.014	0.995	0.000	0.967	0.000
家庭成员人数>2	1.109	0.000	1.030	0.000	1.174	0.000	1.175	0.000
车辆数>1	−0.139	0.529	−0.113	0.618	−0.079	0.788	0.111	0.721
汽车行驶里程数 100~200 km	0.264	0.100	0.186	0.255	0.232	0.305	0.087	0.710
汽车行驶里程数>200 km	0.426	0.006	0.329	0.038	0.874	0.000	0.610	0.005
出行票价格 0.8 元/单位	0.293	0.054	0.270	0.082	0.715	0.001	0.543	0.012
出行票价格 1.0 元/单位	0.358	0.020	0.338	0.030	0.620	0.003	0.554	0.012

续表

参数	减少汽车行驶里程 模型1β	p值	模型2β	p值	增加汽车行驶里程 模型1β	p值	模型2β	p值
出行票盈余	−0.184	0.142	−0.172	0.176	0.714	0.000	0.763	0.000
有其他出行方式可选	—	—	0.058	0.125	—	—	0.034	0.519
汽车象征地位和尊严	—	—	0.224	0.000	—	—	0.446	0.000
个人喜欢开车	—	—	−0.063	0.202	—	—	0.119	0.113
Log-likelihood	−1276.824	—	−1230.742	—				
Adjusted R^2	0.065	—	0.099	—				
LR chis$q$	176.77	—	268.93	—				
p值	0.000	—	0.000	—				

第一个观察结果是，列出的许多变量在增加汽车行驶里程和减少汽车行驶里程方面都具有显著影响，并且影响的方向都是相同的。这意味着，这些变量会影响人们对可交易出行票方案的满意程度。

收入对两种选择都有显著影响，收入较高的车主更愿意保持现在的汽车使用情况。与预期一致，收入较低的人更有可能减少他们对汽车的使用。这是因为低收入群体对价格更敏感，而且时间价值更低[8,9]。然而，也有例外，可能是因为低收入群体更有可能选择其他交通方式，或者更不可能避免目前的汽车出行限制，因此更有可能在可交易出行票方案中增加汽车使用。另一个可能的原因是，实验设计的出行票价格太低，对出行成本的影响不大(这些家庭在较高出行成本下不太可能增加汽车使用)。

受访者的教育程度对汽车行驶里程数的减少和增加都有显著且积极的影响，家庭规模也是如此。教育程度高和较大家庭规模的人更可能会对汽车具有更高的依赖性，这可能是他们汽车行驶里程数增加的原因。与此同时，这些人群也具有更大的降低汽车行驶里程数的意愿。汽车行驶里程数(200~400km)最高的群体更有可能改变汽车的使用，不管是增加汽车行驶里程数还是减少汽车行驶里程数。较高的汽车行驶里程数意味着对汽车依赖性较大，导致在可交易出行票方案下增加汽车行驶里程数的偏好更大。与此同时，汽车行驶里程多的车主使用汽车出行的次数也更多，因此具有更大的潜力减少汽车的使用。此外，实验未涉及的其他因素也可能对人们的出行选择具有重要影响。

结果显示，在出行票价格更高的情况下，价格对受访者降低汽车行驶里程数意愿的影响更大。值得注意的是，出行票价格更高时，受访者更有可能增加汽车行驶里程数。这似乎与经济理论不一致，因此需要进一步研究这一结论是否成立。

在比较出行票短缺情景和出行票盈余情景时,出行票盈余的情况下受访者具有更高的增加汽车行驶里程数的意愿。这是因为增加汽车使用并不需要额外成本。出行票盈余对受访者降低汽车行驶里程数的影响是负面的,但这种影响并不显著。这意味着,出行票短缺和出行票盈余对减少汽车使用的影响之间没有显著的差异。

受访者对汽车的态度确实只会导致社会经济效应的微小变化。虽然男性比女性增加汽车使用的可能性更小(显著水平约10%),但是当考虑受访者对汽车的态度时,性别的影响就会降低。这表明,受访者对汽车的态度可以解释小的性别差异。关于受访者对汽车的态度,只有汽车的象征性意义才会对受访者改变汽车使用的意愿产生影响,并且对增加和减少汽车行驶里程数都有积极作用。将汽车视为身份/尊严象征的受访者更有可能增加汽车行驶里程数,这些人使用汽车出行较多,因此也更有减少汽车使用的潜力。

2. 荷兰二元 Logit 回归分析结果

荷兰数据中只有很少的受访者选择增加汽车使用,因此我们通过二元 Logit 回归模型进行数据分析,包括改变汽车使用(即在大多数情况下降低汽车行驶里程数)和不改变汽车使用(基础结果)。二元 Logit 回归分析(荷兰)如表 2.4 所示,列出了 4 种不同模型的估算结果。前两个模型包括在北京的数据分析中使用的全部信息变量,因此可以直接比较。后两个模型还包括只有荷兰数据才具有的受访者的个人信息。

表 2.4 二元 Logit 回归分析(荷兰)

参数	模型 1 β	模型 1 p 值	模型 2 β	模型 2 p 值	模型 3 β	模型 3 p 值	模型 4 β	模型 4 p 值
常量	−1.079	0.009	−0.553	0.344	−1.354	0.023	−0.688	0.374
男性	−0.332	0.170	−0.464	0.066	0.315	0.224	−0.482	0.076
收入>2500 欧元	−0.653	0.022	−0.716	0.016	−0.776	0.011	−0.875	0.006
不想告知收入	−0.080	0.796	−0.177	0.557	−0.172	0.594	−0.293	0.376
高等职业/大学教育	0.590	0.020	0.586	0.026	0.694	0.008	0.731	0.008
有子女	0.032	0.898	0.038	0.884	−0.120	0.664	−0.132	0.646
车辆数>1	0.065	0.802	0.010	0.970	0.009	0.974	−0.089	0.756
汽车行驶里程数 200~400 km	0.548	0.060	0.670	0.027	0.578	0.052	0.711	0.021
汽车行驶里程数>400 km	0.552	0.061	0.808	0.010	0.624	0.046	0.863	0.009

续表

参数	模型1 β	模型1 p值	模型2 β	模型2 p值	模型3 β	模型3 p值	模型4 β	模型4 p值
出行票价格 0.15 欧元/单位	−0.200	0.501	−0.133	0.663	−0.177	0.556	−0.112	0.719
出行票价格 0.20 欧元/单位	−0.011	0.970	0.120	0.681	−0.008	0.977	0.122	0.677
出行票数量比需求少15%	0.068	0.817	0.144	0.639	0.069	0.817	0.137	0.658
出行票数量比需求多15%	−0.903	0.009	−0.881	0.013	−0.907	0.009	−0.928	0.010
出行票数量比需求多30%	−0.936	0.008	−0.912	0.011	−0.944	0.008	−0.947	0.009
无其他出行方式可选	—	—	−0.233	0.001	—	—	−0.255	0.000
汽车象征地位和尊严	—	—	−0.236	0.010	—	—	−0.222	0.019
个人喜欢开车	—	—	0.192	0.021	—	—	0.214	0.012
年龄>45岁	—	—	—	—	0.142	0.604	0.192	0.515
已婚	—	—	—	—	0.553	0.115	0.583	0.108
有工资	—	—	—	—	−0.266	0.321	−0.274	0.310
配偶有工资	—	—	—	—	0.107	0.722	0.029	0.925
居住在城区	—	—	—	—	−0.051	0.844	−0.259	0.342
Log-likelihood	−229.393	—	−218.695	—	−226.209	—	−215.091	—
Adjusted R2	0.066	—	0.109	—	0.077	—	0.122	—
LR chisq	32.29	—	53.68	—	37.69	—	59.93	—
p值	0.002	—	0.000	—	0.004	—	0.000	—

高收入会对受访者改变汽车出行的意愿产生负面影响，而高学历则会对受访者改变汽车使用的意愿产生积极影响。正如在北京案例中已经指出的那样，一般认为收入较高的人的边际效用较低，因此他们改变出行行为的意愿较低。高等教育的受访者有更高的改变出行的意愿可能与这些人通常在较大城市工作有关。在这些城市中，可以选择的交通方式更多，并且他们在选择工作时间和地点时更加灵活。

汽车行驶里程较高的受访者更容易改变汽车的使用，在控制人们对汽车态度变量的时候更加显著。在荷兰的实验中，出行票预算是根据受访者的实际汽车行驶里程数计算的，因此汽车行驶里程数高的人不但具有更高的减少汽车使用的潜力，而且还会面临更大的经济损失或者获得更多的收益。同时，损失/收益的大小也由受访者是获得15%，还是30%的出行票短缺/盈余来确定的，但是这两种分配方式在出行票短缺/盈余情形中均没有统计区别。亏损还是收益确实会产生影响，出行票盈余(收益)的情形与30%的出行票短缺(亏损)的情景明显不同。边际价格(出行票价格水平)对结果则没有影响，这与Dogterom等[5]的研究结果相似。

与北京的结果相比，荷兰受访者对汽车的态度会对汽车出行产生显著影响。具有较高汽车依赖性和认为汽车象征身份/尊严的人都不太可能改变他们的汽车使用情况。另外，那些从驾驶中获得更多乐趣的人更愿意改变。这可能是因为他们有较多的休闲/娱乐出行，而这些出行在面临道路收费措施时更容易改变。控制受访者对汽车的态度确实会导致性别变量产生显著影响(男性更倾向于选择不改变汽车使用)，并且会对汽车行驶里程数产生更强的影响。总体而言，加入受访者对汽车的态度不会改变显著性水平，也不会改变在模型1中产生影响的变量的影响方向。此外，在模型3和4中包含的额外的个人信息也不会改变效果，受访者的这些特征对其改变出行的意愿都没有显著影响，并且只小幅增加模型的拟合度。

比较北京和荷兰的统计结果时，第一个观察结果是，由调整后的 R2 值表示的模型的解释能力在两种情况下非常相似。虽然解释能力只是适度，但数值仍然表明其包含的社会经济和态度特征对解释汽车用户在可交易出行票方案下改变出行的意愿的相对重要性。对于那些对受访者改变出行意愿有影响的个人特征，我们发现收入水平、教育水平和汽车使用强度具有类似的效应。受过高等教育且汽车行驶里程数较大的车主更可能改变汽车的使用，而收入较高的车主更不可能根据政策调整汽车使用。收入效应可以很好地解释高收入家庭的行为，即他们的货币边际价值较低，因此对面临的损失或收益增加不太敏感。这种收入效应也与其他研究道路收费的文献结论一致[8-11]。但是，Dogterom 等[5]利用三种收入水平研究收入效应时只发现中等收入家庭有较高的改变出行的意愿。教育水平的影响在早期关于可交易出行票方案行为的文献研究中并没有提到。Dogterom 等[5]和其他关于道路收费的研究[12-14]发现，家庭中有儿童时对改变出行意愿会产生积极影响只能在北京案例中找到(我们将超过2人的家庭视为有儿童)。

我们发现北京和荷兰的数据在可交易出行票方案的特点方面存在一些差异。与出行票盈余的情况相比，荷兰受访者在出行票短缺情况下改变汽车使用的偏好显著增强，这与Dogterom 等[5]和Zanni 等[14]的研究一致。北京的数据表明，在出行票短缺的情况下，受访者减少汽车使用的偏好并没有显著增强，而是更倾向于在出行票盈余情景中增加汽车的使用。北京受访者出行票盈余/损失的数量都是相同的，因此更高的出行票价格会导致改变出行的成本更高，因此出行票的价格对他们改变出行的意愿具有影响。但是，荷兰受访者的出行票预算取决于他们个人的汽车行驶里程数，出行票的价格对他们改变出行的意愿没有影响。出行票预算和收益/损失的不同定义方式可能对这些不同的结果有影响。

关于受访者对汽车的态度，两个实验有一些截然不同的结果。汽车的工具性、象征性和情感性使用的主观评价都会对荷兰受访者改变出行意愿产生影响，但是对北京受访者，只有象征性的汽车使用才会对他们改变出行意愿产生影响。此外，汽车的象征性使用会对荷兰受访者改变出行意愿产生负面影响，而对北京受访者改变出行意愿会产生积极的影响，这与我们的预期相反。

2.3 公众对可交易出行票的接受性

2.3.1 描述性结果

公众态度调查指标的均值、标准差结果如表 2.5 所示，给出了各项指标的均值(M)和标准差(S.D.)，以及平均值的 t 检验(t-test)结果。结果表明，两个样本在多个项目上存在重大统计差异。首先，北京的车主普遍认为交通拥堵和汽车污染问题相当严重。鉴于北京的严重拥堵和空气污染，这很好理解。与此同时，可能受拥堵和污染严重性的影响，与荷兰的车主相比，北京的车主认为可交易出行票方案能够更有效地控制拥堵和汽车污染。关于荷兰样本，一个显著的结果是，将拥堵视为社会问题的平均得分远高于将拥挤视为个人问题的平均得分，而北京样本中的这种差距较小。

表 2.5 公众态度调查指标的均值、标准差结果

参数	荷兰 M	荷兰 S.D.	北京 M	北京 S.D.	t-test
拥堵程度	4.98	1.27	6.00	1.24	−13.50
拥堵对个人影响	3.27	1.53	5.55	1.29	−27.12
拥堵对环境影响	4.17	1.43	4.55	1.44	−3.79
改善拥堵	3.38	1.52	5.59	1.76	−24.91
改善环境	3.44	1.47	4.58	1.75	−11.56
个人影响	3.60	1.45	3.51	1.76	0.89
开车需求(刚需)	4.22	1.85	3.69	1.73	4.91
开车需求(地位象征)	2.58	1.50	4.10	1.67	−15.72

续表

参数	荷兰 M	荷兰 S.D.	北京 M	北京 S.D.	t-test
开车需求(爱好开车)	4.63	1.55	4.65	1.53	−0.21
妨碍自由	4.64	1.70	4.44	1.78	1.86
公平性	4.26	1.64	3.17	1.62	11.08
相对有效性	3.75	1.41	4.64	1.80	−8.92
相对公平性	3.84	1.42	4.82	1.76	−10.00
可接受性	3.46	1.51	4.85	1.67	−14.44

北京车主认为他们对汽车的依赖性较低，但相对荷兰的车主，他们更倾向认为汽车具有身份象征性。基于上一节中概述的原因，这与我们的预期是一致的。北京的公共交通系统更加发达，因此人们可以很方便地找到替代的交通方式。同时，汽车在一定程度上是个人地位的象征。关于妨碍出行自由方面，二者之间没有显著差异。但是，关于可交易出行票方案的公平性方面，二者之间有较大差异，平均来说北京的受访者比荷兰的受访者觉得这一方案更加公平。鉴于人们对某项政策是否妨碍自由的观点通常与对该政策的公平性的看法密切相关，北京样本中这两个指标平均值之间的差异还是相当显著的。然而，与妨碍自由相反，对不公平性的评估可以超越个人的利益，需从更大的群体范围内考虑公平性。因此，北京车主虽然认为这项措施限制了他们的出行自由，但仍然可以认为该措施考虑了整个城市和整个汽车车主群体的成本和收益，因此比较公平。

此外，相对对比措施，北京车主倾向于认为可交易出行票方案具有更高的预期效果和公平性。因为北京和荷兰对比的措施不同，以及交通环境状况的不同，荷兰样本和北京样本之间就这一指标的比较没有意义。尽管如此，相对基于里程的道路收费和车牌限号政策，荷兰和北京的受访者对实验设计的可交易出行票方案的预期有效性和公平性是高度相关的。可交易出行票的有效性、相对公平性和可接受性如表 2.6 所示。大约 25%的荷兰车主认为可交易出行票方案比基于里程的道路收费更有效、更公平，40%以上的车主采取中立的立场。在北京，62%的人认为可交易出行票方案比车牌限号更有效，超过三分之二的人认为该措施更为公平。这表明，可交易出行票方案在社会支持方面可能是一个更好的选择。北京样本中的受访者对可交易出行票方案的接受率(67%)进一步支持了这一观点。在荷兰样本中，受访者对可交易出行票方案的接受程度要低得多，只有 21.6%的参与者认为该措施是可以接受的，而大约两倍的人认为该措施是不可接受的。这可能是由于荷兰车主并不觉得缓解拥堵是个十分紧迫的问题,公众接受政府干预个人汽车使用的程度较低。然而,36%的受访者持中立立场,表明在计划调整或更好的提供信息的情况下,可能存在提高公众接受水平的空间。

表 2.6 可交易出行票的有效性、相对公平性和可接受性

影响程度		荷兰			北京		
		有效性	相对公平性	可接受性	有效性	相对公平性	可接受性
低	1	10.4	10.2	15.7	10.5	9.9	6.8
	2	8.7	6.4	11.7	5.0	3.3	5.5
	3	12.7	13.1	15.0	8.0	6.5	5.6
	4	42.6	43.2	36.0	14.6	13.2	15.2
	5	17.4	17.0	15.0	22.9	23.5	26.2
	6	5.5	7.2	3.8	26.8	29.9	26.2
高	7	2.8	3.0	2.8	12.3	13.8	14.6

2.3.2 多变量回归分析结果

荷兰数据回归分析结果和北京数据回归分析结果分别如表 2.7 和表 2.8 所示。与之前的研究一致[15-17],只考虑受访者社会经济特征的模型拟合度很低,说明受访者的社会经济特征对其对可交易出行票方案的接受程度的影响有限。

表 2.7 荷兰数据回归分析结果

参数	模型 1		模型 2		模型 3	
	β	p 值	β	p 值	β	p 值
常量	3.497	0.000	0.974	0.001	0.900	0.006
男性	−0.096	0.502	—	—	0.040	0.632
年龄 30~45 岁	−0.207	0.344	—	—	−0.050	0.700
年龄>45 岁	−0.302	0.141	—	—	−0.110	0.377
单身	0.108	0.550	—	—	0.009	0.929
有子女	0.122	0.460	—	—	0.024	0.809
高等教育水平	−0.126	0.420	—	—	−0.052	0.575
收入 2000~3500 欧元	0.226	0.240	—	—	0.054	0.638
收入>3500 欧元	0.616	0.011	—	—	0.279	0.054
其他	−0.015	0.946	—	—	0.145	0.262

续表

参数	模型1 β	模型1 p值	模型2 β	模型2 p值	模型3 β	模型3 p值
车辆数大于1	−0.088	0.590	—	—	−0.022	0.822
郊外居住	−0.001	0.996	—	—	0.113	0.206
拥堵程度	—	—	−0.019	0.608	−0.019	0.615
拥堵对个人影响	—	—	0.021	0.466	0.017	0.582
拥堵对环境影响	—	—	0.009	0.796	0.014	0.707
改善拥堵	—	—	0.091	0.039	0.086	0.056
改善环境	—	—	0.014	0.761	0.015	0.743
个人影响	—	—	0.176	0.000	0.171	0.000
改善拥堵	—	—	0.002	0.945	0.005	0.843
改善环境	—	—	0.067	0.032	0.052	0.109
个人影响	—	—	0.019	0.508	0.019	0.520
开车需求(刚需)	—	—	−0.056	0.123	−0.059	0.108
开车需求(地位象征)	—	—	−0.181	0.000	−0.176	0.000
开车需求(爱好开车)	—	—	0.221	0.000	0.224	0.000
妨碍自由	—	—	0.367	0.000	0.375	0.000
方差膨胀系数(最大值)	—	2.12	—	2.89	—	2.93
F	—	0.99	—	73.04	—	39.57
p值	—	0.457	—	0.000	—	0.000
R^2	—	0.023	—	0.675	—	0.680

表2.8 北京数据回归分析结果

参数	模型1 β	模型1 p值	模型2 β	模型2 p值	模型3 β	模型3 p值
常量	4.103	0.000	5.095	0.081	5.201	0.000
男性	−0.089	0.495	—	—	−0.013	0.860
月收入4000~6000元	0.693	0.009	—	—	−0.112	0.464
月收入>6000元	0.545	0.039	—	—	−0.057	0.705

续表

参数	模型1 β	模型1 p值	模型2 β	模型2 p值	模型3 β	模型3 p值
高等教育水平	−0.048	0.766	—	—	−0.111	0.239
家庭成员>2	0.378	0.021	—	—	0.058	0.542
车辆数量大于1	−0.379	0.096	—	—	−0.093	0.482
拥堵程度	—	—	0.007	0.838	0.011	0.758
拥堵对个人影响	—	—	0.031	0.405	0.033	0.379
拥堵对环境影响	—	—	−0.030	0.369	−0.030	0.379
改善拥堵	—	—	0.122	0.005	0.120	0.006
改善环境	—	—	0.032	0.450	0.031	0.475
个人影响	—	—	0.008	0.797	0.006	0.848
开车需求(刚需)	—	—	−0.005	0.821	−0.007	0.738
开车需求(地位象征)	—	—	0.032	0.256	0.031	0.271
开车需求(爱好开车)	—	—	0.0004	0.989	0.001	0.966
妨碍自由	—	—	−0.059	0.073	−0.057	0.082
公平性	—	—	−0.585	0.000	−0.586	0.000
相对有效性	—	—	0.118	0.006	0.117	0.007
相对公平性	—	—	0.089	0.023	0.093	0.018
方差膨胀系数(最大值)	—	4.13	—	4.45	—	4.47
F	—	2.58	—	110.37	—	75.36
p值	—	0.018	—	0.000	—	0.000
R^2	—	0.023	—	0.690	—	0.691

模型1的结果显示荷兰样本和北京样本均有收入效应。在荷兰样本中，收入最高的受访者群体比收入最低的受访者群体更容易接受可交易出行票方案。在北京样本中，中等收入和高收入群体都认为可交易出行票方案更容易接受，中等收入群体对可交易出行票方案的接受性甚至更强。这种收入效应可能导致不同收入群体对可交易出行票方案的支持率更加均匀，因为该方案比传统的道路收费更有利于低收入群体。这种说法通常与免费发放出行票有关，并且认为低收入群体通常会减少汽车行驶里程数，从而更好地通过出售额外的出行票来获利。

虽然收入效应是荷兰样本中唯一有效的社会经济特点,但是在北京的样本中,可交易出行票方案的接受性也受到家庭规模的影响,生活在有两人以上的家庭中的人确实更容易接受可交易出行票方案。这可能是因为这些家庭对汽车的依赖性更强,更容易受到拥堵和车牌限号政策的影响,特别是如果有年幼的孩子,更倾向于积极地评估可交易出行票方案。

显然,受访者对拥堵状况和可交易出行票方案的态度作为可交易出行票方案可接受性预测的影响因素十分适合。在荷兰和北京样本中,包含二者模型的总解释方差分别增加到了68%和69.1%。在包含受访者对拥堵状况和对可交易出行票方案态度问题的完整模型中,大多数社会人口特征的统计影响消失了,只有在荷兰样本中收入的边际效应仍然有显著的影响。这表明,社会人口统计学的影响主要通过受访者对拥堵和可交易出行票方案的态度来调节。我们的研究结果表明,在这两个样本中,受访者对拥堵问题的感知对可交易出行票方案的接受性没有显著影响。但是,对可交易出行票方案有效性的预期确实对受访者对可交易出行票方案的接受性有影响。这一点与传统道路收费文献中的结果一致,可以提高人们对该措施的接受性,而不是对问题本身的感知[17,18]。此外,正如预期的那样,受访者对可交易出行票可能导致社会不公平的担忧是另一个影响其可接受性的因素,而这也是以往研究文献[19-21]中揭示的政策可接受性影响因素之一。北京样本中的感知不公平效应尤其强烈,这可能是因为北京严格的汽车出行限制和巨大的收入差距,以及受访者担心可交易出行票方案对富人更有利。在北京的实验中,受访者有机会发表个人评论,其中相当一部分人担心在可交易出行票方案下,更富有的车主会购买满足出行需要的所有出行票,从而推高出行票的价格。

预期有效性和公平性作为对比可交易出行票方案与基于里程的道路收费/车牌限号政策的评估指标时的显著影响也进一步证明了预期有效性和公平性作为影响可接受性预测因素的重要性。荷兰样本中相对有效性和公平性对可接受性的影响比北京样本中的更大。北京样本中相对公平的影响仅在显著水平为0.1上显著。与荷兰样本相比,这可能是北京样本中的感知不公平与感知相对公平之间的相关性较高(分别为−0.59和−0.29)。感知不公平对可交易出行票的接受性的影响很大,这意味着,北京样本中该政策的可接受性在很大程度上受到受访者对该政策利益和成本的预期分配对自身和其他车主公平程度的影响,而不是受到该政策相对车牌限号政策公平性的影响。相比之下,与荷兰基于里程数的道路收费政策相比,受访者对可交易出行票方案的预期表现更为中立,预期的相对有效性和公平性似乎是更为重要的影响可交易出行票方案接受性的因素。

在两个样本中,妨碍出行自由均不会对可交易出行票方案的可接受性产生影响。这可能是因为妨碍自由是与公平性和个人收益密切相关的。荷兰和北京案例之间的显著差异是,荷兰样本中个人收益对结果有影响,而北京样本中则没有影响。潜在地,荷兰受访者更多地将个人收益视为个人经济利益得失的评估,使该指标相对其他指标显著不同,而北京的受访者可能更多地认为个人收益与其他指标(如公平性和出行自由)相关。社会文化背景也是解释这一不同之处的重要因素。北京非常拥挤，贫富差距较大，而且生活在这里的人们更具集体主义倾向，因此可能更重视可交易出行票方案对整体的拥堵状况和社会公平性的影响，而不是单纯地基于个人利益的得失进行评估。

2.4 本章小结

目前，很多学术文献从理论上探讨了可交易出行票方案在缓解交通拥堵方面的潜力，并将其视为道路拥挤收费的潜在替代方案。然而，对公众在这一方案下改变汽车出行行为的意愿，以及对这一政策接受性的实证研究还很少，尤其是基于中国背景的相关研究。因此，我们调查了北京和荷兰的受访者在可交易出行票方案中改变出行行为的意愿和对该方案的意见建议。通过对两者比较，研究在不同国家文化背景下的受访者如何应对这一政策，以及对受访者使用机动车出行的影响。

2.4.1 可交易出行票方案下公众改变私家车出行的意愿

在基于里程的可交易出行票方案中，近60%的北京受访者表示愿意改变汽车的使用情况。在荷兰样本中，只有略高于20%的受访者表示愿意改变汽车的使用情况，这与Dogterom等[5]基于荷兰数据的结果大不相同。他们的研究发现，大约60%的受访者愿意改变汽车使用情况。在他们的研究中，有更多的受访者面临的是出行票短缺(损失)的情况，而且都是开车的上班族，他们可能有更多的选择来改变出行方式。

北京拥有完善的公共交通设施，有很多交通方式可以替代小汽车，这可能是北京和荷兰样本之间愿意改变汽车使用的受访者比例存在巨大差异的原因。然而，与此同时，相当一部分北京车主选择增加汽车使用，而在荷兰样本中只有少数车主表示会在可交易出行票方案下增加他们的汽车使用。这可能与北京车主预计可交易出行票方案的实施将会取消目前的限号政策并期望交通状况将会有所改善有关，因此即使会增加出行成本他们也愿意增加汽车的使用量。因此，如果可交易出行票方案在固定出行票价格的基础上实施,该政策不一定会缓解交通拥堵情况。这样的方案基本上类似于税收政策，区别在于汽车出行较少(低于免费发放的出行票数量)的人会获得金钱奖励。在学术研究中的可交易出行票方案下，监管机构将对总行驶里程数设定上限，并让市场动态决定出行票的价格。因此，可交易出行票方案能够基于规定的总行驶里程数上限有效地缓解拥堵。

我们建议未来的研究在动态环境中研究车主使用汽车的偏好。在这种情况下，调查车主的反应不但需要获得更实际的出行票使用和交易模式，而且需要从公平的角度评估出行票价格对不同车主群体的影响。这很重要，因为许多北京受访者在实验结束时的个人评论中表达了对可交易出行票方案的担忧，即高收入群体会购买他们需要的全部出行票，从而推高出行票价格。

在北京和荷兰的样本中，受过高等教育和汽车使用强度较高的人在可交易出行票方案下改变汽车使用的意愿相对来说更高，但收入较高的人改变汽车使用的意愿相对较低。关于案例情景的影响，以及受访者对汽车的态度方面，我们的结果并不明确，这可能是方案设计的问题。包含受访者对汽车的态度并没有根本上改变受访者的社会经济特点的影响，也没有显著提高模型的结果。受访者对可交易出行票方案的态度、对替代交通方式的态度，以及出行中更加灵活的汽车使用方式可能是影响受访者改变出行行为意愿更加重要的因素。

对北京来说，一个值得注意的观察结果是，许多对降低受访者汽车使用意愿产生重要影响的变量也会对增加受访者汽车使用的意愿产生同向的影响。虽然这表明某些受访者群体可能更喜欢保持现状，但有时很难解释同一群体为什么会存在既想增加汽车使用又想减少汽车使用的情况。我们对可能的意愿提出一些初步想法，但是这一结果需要未来进一步的研究。因为我们的数据忽略了年龄、工作类型、住宅和工作地点等重要特征。未来中国公众对可交易出行票方案反应的研究应该包含更多的个人社会经济特点。此外，未来的研究应努力将受访者的行为反应与更详细的活动/出行模式，以及获得其他替代出行方式的难易程度更加明确地联系起来，这些都可能影响公众改变出行的意愿。

2.4.2 可交易出行票方案的可接受性

在荷兰样本中，21.6%的车主认为可交易出行票方案在不同程度上可以接受，超过25%的人认为可交易出行票方案在缓解拥堵方面相对基于里程的道路收费更加有效，也更加公平。这种可接受程度低于以往文献中其他(城市)道路收费方案获得的30%~35%的支持率，也低于其他西欧国家可交易出行票的研究。但是，这一接受率与Kockelman等[10]基于出行票的拥挤收费政策的美国样本中的可接受率接近(24.9%)，同时二者也更为相似。他们的受访者对该政策的了解很少，认为相对传统拥挤收费政策来说，该政策是缓解交通拥堵的另一种很有潜力的方案。他们认为，如果能够让公众更多地了解这一政策，公众的支持率会提高。这可能同样适用于解释我们的结果。此外，35%的荷兰受访者持中立意见，并没有明确反对该措施。因此，可以认为，可交易出行票方案肯定存在潜力，特别是考虑荷兰的拥堵状况随着经济形势的复苏进一步恶化，而基于价格的交通需求管理措施在未来似乎又是不可避免的。

在北京的样本中，67%的参与者认为可交易出行票方案是可以接受的。超过

60%的人认为，可交易出行票方案比目前的牌照限制措施更有效，也更公平。实证研究表明，牌照限制措施有很多负面影响，理论研究也表明这些政策长期来看并不能保证有效且不可持续。因此，学术研究认为采用可交易的出行票方式处理紧急的交通问题是一个更好的选择。此外，从社会可接受性的角度来看，可交易出行票方案在北京这样的城市背景下值得进一步考虑。

回归分析显示，在荷兰和北京的样本中，收入较高的人都认为可交易出行票方案更容易被接受；北京样本中家庭规模较大的人也这样认为。这些影响与人们对拥堵状况和可交易出行票方案的态度高度相关，当包含受访者的这些态度时，社会经济因素的影响基本消失。人们对政策在减少拥堵和增加感知公平的预期有效性的态度通常被认为是解释道路收费可接受性最重要的因素，同时也是可交易出行票方案可接受性的影响因素。在荷兰样本中，那些期望在可交易出行票方案中获利，并且认为汽车具有身份/尊严象征意义的人认为可交易出行票方案更容易被接受。

收入效应的影响很有趣，因为在更广泛的道路收费文献中，一些研究确实发现了类似的收入效应。通常可交易出行票方案被认为是传统道路收费的替代方案，而且对低收入人群来说更加公平。但是，低收入群体没有像高收入群体那样认为可交易出行票方案是可以接受的。低收入群体可能更担心道路准入的"市场化"，并且担心高收入群体为维持汽车出行而具有更高的支付意愿，使出行票价格过高，从而导致汽车出行对他们更加难以负担。在交通拥挤的北京尤其如此，受访者的个人意见中有相当一部分暗示了这种担忧。同时，相对荷兰样本，北京样本中感知公平性对可交易出行票方案可接受性的影响更大。

由于实验长度限制，决定可交易出行票方案可接受性的因素可能没有被充分涵盖或根本没有涵盖。例如，个人收益可以根据可获得性的提高来定义，或者只是简单地根据财务的收益/损失来定义，公平性也可以更具体地分别从消费者的角度和一般市民的角度来看。此外，社会规范和民众对政府的信任等心理因素也被认为是影响道路收费政策可接受性的重要影响因素[17,19]。未来的可交易出行票方案研究应该进一步考虑本次实验没有涉及的因素。

同时，Zanni 等[14]等发现在个人碳交易的情况下，出行票政策的可接受性高度依赖具体的方案设计。不同的可交易出行票方案设计在出行票的分配(例如，合格的出行票接受者的定义，需求的区分)、出行票的价格和交易(例如，引入最高价格、市场设置)，以及出行票的使用(例如，仅在拥挤期间根据排气量而不是行驶距离使用)方面可能存在很大差异，对该政策的可接受水平可能有很大的影响。民众对这一方案的支持率可能在设计方案微调后有显著提高。未来的研究需要阐明可能的设计效果：进行能够识别关键设计特征的定性研究，并能够阐明可交易出行票方案与其他交通需求管理政策相比具有的优势和弱点，以及能够系统地进行的定量研究测试设计效果并评估最佳的可交易出行票方案。

本章实验使用的可交易出行票方案十分简单，无论时间还是地点都假设出行者行驶的每公里都需要一单位出行票。从理论的角度来看，减轻拥堵和基于汽车的污染可能需要区分时间、地点，以及汽车的特点(排量等)。同时，从可接受性的角度来看，重要的是可交易出行票方案是可以接受的，被公众认为是公平的，并且出行票的可用性和价格在一定程度上可预测。此外，就未来实际的实施方面，应更加详细地定义许多实际问题，如出行票的转让性(例如，允许出行票在家庭成员之间自由转让吗？)、交易(例如，直接与其他车主交易或通过第三方间接交易是否允许银行业务？)、执法(例如，如何设计监控系统？对违规行为的处罚是什么？)和例外的情况(例如，游客是否需要获得出行票？)。这些细节的设计可能在很大程度上影响可交易出行票方案的有效性和公众的支持率。因此，应该更加全面地研究这些影响因素，而且不应该仅局限于本章的偏好研究，应该同时进行模拟仿真实验，以期得到更加全面合理的结论。

参 考 文 献

[1] Ng W S, Schipper L, Chen Y. China motorization trends: New directions for crowded cities. Journal of Transport and Land Use, 2010, 3(3): 5-25.

[2] Wang Z, Liu W. Determinants of CO_2 emissions from household daily travel in Beijing, China: Individual travel characteristic perspectives. Applied Energy, 2015, 158(1): 292-299.

[3] Verhoef E T, Nijkamp P, Rietveld P. Tradeable permits: Their potential in the regulation of road transport externalities. Environment and Planning B, 1997, 24(4): 527-548.

[4] Yang H, Wang X. Managing network mobility with tradable credits. Transportation Research Part B, 2011, 45(3): 580-594.

[5] Dogterom N, Ettema D, Dijst M. Behavioral effects of a tradable driving credit scheme: Results of an online stated adaptation experiment in the Netherlands. Transportation Research Part A, 2018, 107(1): 52-64.

[6] Williams M, Arkaraprasertkul N. Mobility in a global city: Making sense of Shanghai's growing automobile-dominated transport culture. Urban Studies, 2017, 54(10): 2232-2248.

[7] Yang J, Liu Y, Qin P, et al. A review of Beijing's vehicle registration lottery: Shortterm effects on vehicle growth and fuel consumption. Energy Policy, 2014, 75(1): 157-166.

[8] Rienstra S A, Rietveld P, Verhoef E T. The social support for policy measures in passenger transport: A statistical analysis for the Netherlands. Transportation Research Part D, 1999, 4(3): 181-200.

[9] Ubbels B, Verhoef E. Behavioral responses to road pricing: Empirical results from a survey among Dutch car owners. European Transport, 2005, 31(1): 101-117.

[10] Kockelman K M, Kalmanje S. Credit-based congestion pricing: A policy proposal and the public's response. Transportation Research Part A, 2005, 39(7): 671-690.

[11] Washbrook K, Haider W, Jaccard M. Estimating commuter mode choice: A discrete choice

analysis of the impact of road pricing and parking charges. Transportation, 2006, 33: 621-639.

[12] Gehlert T, Kramer C, Nielsen O A, et al. Socioeconomic differences in public acceptability and car use adaptation towards urban road pricing. Transport Policy, 2011, 18(5): 685-694.

[13] Ubbels B. Road pricing effectiveness, acceptance and institutional aspects. Faculteit der Economische Wetenschappen en Bedrijfskunde, Amsterdam: Vrije Universiteit Amsterdam, 2006.

[14] Zanni A M, Bristow A L, Wardman M. The potential behavioral effect of personal carbon trading: Results from an experimental survey. Journal of Environmental Economics and Policy, 2013, 2(2): 222-243.

[15] Jaensirisak S, Wardman M, May A D. Explaining variations in public accept ability of road pricing schemes. Journal of Transportation Economics and Policing, 2005, 39(2): 127-153.

[16] Gärling T C, Jakobsson C, Loukopoulos P, et al. Public acceptability of roadpricing//Verhoef E T, Bliemer M C J , Steg L. Pricing in Road Transport: A Multi-Disciplinary Perspective Massachuseffs: Edward, 2008: 193-208.

[17] Schade J, Schlag B. Acceptability of urban transport pricing strategies. Transportation Research Part F: Traffic Psychology and Behavior, 2003, 6(1): 45-61.

[18] Bamberg S, Rölle D. Determinants of people's acceptability of pricing measures replication and extension of a causal model// Schade J, Schlag B. Acceptability of Transport Pricing Strategies. Oxford: Elsevier, 2003: 235-248.

[19] Eriksson L, Garvill J, Nordlund A. Acceptability of travel demand management measures: The importance of problem awareness, personal norm, freedom, and fair ness. Journal of Environmental Psychology, 2006, 26(1): 15-26.

[20] Fujii S, Gärling T, Jakobsson C, et al. A cross-country study of fairness and infringement on freedom as determinants of car owners' acceptance of road pricing. Transportation, 2004, 31(1): 285-295.

[21] Jakobsson C, Fujii S, Gärling T. Determinants of private car users' acceptance of road pricing. Transport Policy, 2000, 7(2): 153-158.

第三章 考虑出行者行为特征的可交易出行票建模分析

作为交通需求管理的一种措施，可交易出行票对缓解交通拥堵具有很大的潜力，但是由于其尚在理论研究阶段，具体效果如何，以及出行者面对这一方案会如何调整自己的出行行为仍需要进一步研究。现有的关于出行者在可交易出行票中的出行选择研究大多假设出行者是完全理性的，并据此得出可交易出行票可以达到和道路拥挤收费同等效率的结论。但是，现实中出行者做出的决策并非完全理性的。根据行为经济学理论，出行者对消费支出的心理预算及其对损失和收益的定义会严重影响其行为决策。在道路收费中，出行者受出行行为心理预算的制约，会尽量避免使用超过其预算的收费较高的道路。在可交易出行票中，由于政府会给出行者免费发放一定数量的出行票，出行者如何看待和归置这一收入，以及如何界定自己在该方案中的损失和收益，会严重影响这一方案的有效性。因此，本章从行为经济学角度出发，研究可交易出行票方案下出行者的损失规避行为和框架效应(framing effect)及其对路径选择的影响，为利用可交易出行票缓解交通拥堵提供理论依据。

3.1 基于损失规避的可交易出行票交通均衡分析

损失规避(loss aversion)是行为经济学中的一个重要概念，反映大多数人对损失和收益的敏感程度不对称这一现象[1]。根据这一理论，人们对收益和损失的定义是由参考点决定的。作出决策时，人们依据的不是最终的结果，而是最终结果与参考点之间的差距[2-4]。同时，人们对损失和收益的敏感程度不同，面对损失的痛苦要远超面对等量收益的快乐[1]。举一个简单的例子，捡的100元钱给一个人带来的快乐很难抵消丢失100元钱给他带来的痛苦。Kahneman等[5]通过实验证实了这一观点：损失和获益期望值相同的赌博游戏对参与者的吸引力并不相同，而且涉及的金钱数值越大，不愿意参加赌博游戏的参与者比例就越大。据此，Kahneman等[5]认为，损失和获益的心理效应并不相同，客观上的损失比等量收益产生的心理效用更大。他们把这种效应命名为损失规避。

这一概念在交通领域的应用目前大部分集中在基于交通不确定性的前景理论

模型[6-10]。例如，Avineri[11]将随机出行时间的前景值作为路径选择的标准；Connors 等[12]建立了一个基于前景理论的用户均衡模型，并给出相应的变分不等式模型；Xu 等[13]研究了基于前景理论的用户均衡中出行时间的内生参考点。除了在基于风险决策的前景理论中的应用，损失规避同样在无风险决策中起着重要作用。Tversky 等[3]研究了无风险决策中的损失规避行为，并建立了相应的参考点依赖模型。之后，de Borger 等[14]和 Hess 等[15]基于 Tversky 等[3]的研究建立了参考点依赖路径选择模型。Site 等[16]在随机用户均衡模型和时间价值的分析中引入了参考点依赖路径选择模型。随后，Site 等[17]进一步建立了一个基于参考点依赖路径选择模型的新的随机用户均衡模型，其中的参考点由均衡流量和出行时间决定。

出行者的损失规避心理会对可交易出行票方案产生影响是因为政府给出行者免费发放一定数量的出行票。根据选择路径的不同，出行者需要支付的出行票数量也不同。出行者可能需要购买额外的出行票出行(损失)或者卖掉剩余出行票获益(收益)。因此，给定可交易出行票方案，出行者进行路径选择时要考虑的成本不仅包含路径出行时间和出行票成本，还包括损失/收益带来的不同心理效应成本。与之相反，在传统的道路收费中，出行者需要支付费用，因此总是面临损失，而不会获取收益。根据其对损失和收益的不同态度，出行者在可交易出行票中的路径选择行为与其在道路收费中的路径选择行为有很大的不同。

给定可交易出行票方案，假设路网中的交通需求和通行能力均是确定的，而且出行者确切地了解每条路径收取的出行票数量和出行时间，因此其路径选择行为是无风险决策。但是，基于其选择的路径收取出行票数量的不同，出行者可能面对损失或者收益。本章采用 Tversky 等[3]的参考点依赖模型刻画出行者面对可交易出行票时的损失规避心理，并定义损失规避系数来反映出行者损失规避的程度，给出基于出行者损失规避心理的可交易出行票方案用户均衡条件和等价的变分不等式模型。同时，本章还分析了可以达到系统最优路段流量的可交易出行票方案的存在性。

3.1.1 基于损失规避的可交易出行票用户均衡

可交易出行票方案包含出行票发放和出行票收取两个方案。出行票发放方案一般包含基于 OD 对发放和平均发放两种方案。本章采用基于 OD 对的出行票发放方案，即同一 OD 对 $w \in W$ 的出行者均可以得到同样数量的出行票 φ_w。由于损失的心理效应大于收益的心理效应，出行者对购买出行票和出售出行票的反应是截然不同的。本节采用 Tversky 等[3]给出的效用函数来刻画出行者的无风险决策行为。这一效用函数包括两个基本特性。

① 参考点依赖，即损失和收益的定义取决于参考点。
② 损失规避，即损失的心理效应大于收益的心理效应。

假设出行者免费获得的出行票数量 φ_w 为损失和收益的参考点,即如果一条路径收取的出行票数量大于 φ_w,那么其对出行者就意味着损失;反之,则意味着收益。相应地,路径 $r \in R_w$ 收取的出行票的成本函数可以表示为

$$c_{r,w} = \begin{cases} -p(\varphi_w - \kappa_{r,w}), & \kappa_{r,w} < \varphi_w \\ \eta p(\kappa_{r,w} - \varphi_w), & \kappa_{r,w} \geqslant \varphi_w \end{cases} \quad (3.1)$$

其中,参数 $\eta \geqslant 1$ 为损失规避系数,反映出行者损失规避的程度,$\eta = 1$ 意味着出行者同等看待损失和规避,没有损失规避现象存在;p 为出行票的单位交易价格;$\kappa_{r,w}$ 为 OD 对 $w \in W$ 之间路径 $r \in R_w$ 上收取的出行票数量。

令 $e_{r,w} = \kappa_{r,w} - \varphi_w$,则出行票成本函数式(3.1)可以进一步表示为

$$c_{r,w} = p[e_{r,w}]_- + \eta p[e_{r,w}]_+, \quad r \in R_w, w \in W \quad (3.2)$$

其中,$[a]_+$ 表示若 $a \geqslant 0$,则 $[a]_+ = a$,反之 $[a]_+ = 0$;$[a]_-$ 表示若 $a < 0$,则 $[a]_- = a$,反之 $[a]_- = 0$。

另外,可行路径流量模式 Ω_f 可以表示为

$$\Omega_f = \{f \mid f_{r,w} \geqslant 0, \sum_{r \in R_w} f_{r,w} = q_w, r \in R_w, w \in W\} \quad (3.3)$$

其中,$f_{r,w}$ 为 OD 对 $w \in W$ 之间路径 $r \in R_w$ 上的总流量;q_w 为 OD 对 $w \in W$ 之间的实际出行需求。

可行路段流量模式 Ω_v 可以表示为

$$\Omega_v = \{v \mid v_a = \sum_{w \in W} \sum_{r \in R_w} f_{r,w} \delta_{a,r}^w, f \in \Omega_f, a \in A\} \quad (3.4)$$

其中,v_a 为路段 $a \in A$ 上的流量;$\delta_{a,r}^w$ 表示若 OD 对 $w \in W$ 之间路径 $r \in R_w$ 使用路段 $a \in A$,则 $\delta_{a,r}^w = 1$,反之,$\delta_{a,r}^w = 0$。

显然,并不是所有的可交易出行票方案均能保证可行流量模式的存在。如果政府发放的出行票数量总和比较小,即使所有出行者都选择收取出行票数量最低的路径出行,市场上出行票数量的总和仍然可能低于出行需求的出行票数量总和。为避免此种状况,定义如下出行票收取方案以保证可行流量模式的存在性,即

$$\Psi = \{(K, \kappa) \mid \exists v \in \Omega_v, \sum_{a \in A} \kappa_a v_a \leqslant K\} \quad (3.5)$$

其中,(K, κ) 表示可交易出行票方案;$\kappa = (\kappa_a, a \in A)$ 为路段收取出行票数量的向量形式;K 为决策部门发放的出行票总数。

给定一个可交易出行票方案,路径 $r \in R_w$ 的广义出行成本可以表示为

$$u_{r,w} = \sum_{a \in A} t_a(v_a) \delta_{a,r}^w + c_{r,w}(p) = \sum_{a \in A} t_a(v_a) \delta_{a,r}^w + p[e_{r,w}]_- + \eta p[e_{r,w}]_+ \quad (3.6)$$

其中，$t_a(v_a)$为路段$a \in A$上的出行时间函数，是关于路段集计流量v_a的非负、可微、单调递增的凸函数。

出行票价格由出行票市场供求关系决定。出行者在出行票市场自由交易出行票，由决策部门监管，决策部门本身并不直接介入交易。为了防止出行票价格波动幅度过大，决策部门可以为出行票价格设置上限。式(3.6)可以进一步简写为

$$u_{r,w} = \sum_{a \in A} t_a(v_a)\delta_{a,r}^w + \frac{1+\eta}{2} p e_{r,w} + \frac{\eta-1}{2} p|e_{r,w}| \tag{3.7}$$

根据用户均衡原则，出行者会选择使其出行成本最低的路径。当没有任何一个出行者可以通过单方面改变自己的路径选择来降低出行成本时，路网就会达到均衡。因此，给定可交易出行票方案，基于出行者损失规避的用户均衡条件可以表示为

$$\sum_{a \in A} t_a(v_a)\delta_{a,r}^w + c_{r,w}(p) = \mu_w, \quad f_{r,w} > 0, r \in R_w, w \in W \tag{3.8}$$

$$\sum_{a \in A} t_a(v_a)\delta_{a,r}^w + c_{r,w}(p) \geqslant \mu_w, \quad f_{r,w} = 0, r \in R_w, w \in W \tag{3.9}$$

其中，μ_w为OD对$w \in W$之间最小的广义出行成本。

出行票交易市场的均衡条件可以表示为

$$p\left(\sum_{a \in A} \kappa_a v_a - K\right) = 0 \tag{3.10}$$

$$\sum_{a \in A} \kappa_a v_a \leqslant K, \quad p \geqslant 0 \tag{3.11}$$

式(3.8)和式(3.9)表明，当路网达到均衡时，所有OD对$w \in W$之间有流量的路径均具有相等且最小的广义出行成本μ_w。该广义出行成本包括路径出行时间和路径出行票成本。路径出行票成本包括路径收取的出行票总价格和额外购买出行票造成的损失规避成本。式(3.10)和式(3.11)是出行票市场的均衡条件，即当且仅当市场上所有的出行票均被出行者使用时出行票价格才会大于零。

令$u = (u_{r,w}, r \in R_w, w \in W)$表示广义路径出行成本的向量，式(3.8)～式(3.11)可以表示为求解$f^* \in \Omega_f, p^* \in \mathbf{R}^+$，使

$$u(f^*, p^*)^\mathrm{T}(f - f^*) + \left(K - \sum_{a \in A} \kappa_a v_a^*\right)(p - p^*) \geqslant 0, \quad f \in \Omega_f, p \in \mathbf{R}^+ \tag{3.12}$$

其中，f^*、v_a^*、p^*分别为均衡时的路径流量、路段流量和出行票价格。

定理3.1 变分不等式(3.12)和均衡条件式(3.8)～式(3.11)是等价的。

证明： f^*是变分不等式(3.12)的解，当且仅当它是如下线性规划问题的解，即

$$\min_{f \in \Omega_f, p \in \mathbf{R}^+} \sum_{w \in W} \sum_{r \in R_w} \left(\sum_{a \in A} t_a(v_a^*)\delta_{a,r}^w + c_{r,w}(p^*)\right) f_{r,w} + \left(K - \sum_{a \in A} \kappa_a v_a^*\right) p \tag{3.13}$$

式(3.13)的拉格朗日函数可以表示为

$$L = \sum_{w \in W} \sum_{r \in R_w} \left(\sum_{a \in A} t_a(v_a^*) \delta_{a,r}^w + c_{r,w}(p^*) \right) f_{r,w} + \left(K - \sum_{a \in A} \kappa_a v_a^* \right) p \qquad (3.14)$$
$$- \sum_{w \in W} \mu_w \left(\sum_{r \in R_w} f_{r,w} - q_w \right)$$

该问题的一阶条件，即 Karush-Kuhn-Tucker 条件(KKT 条件)可以表示为

$$f_{r,w}^* \left(\sum_{a \in A} t_a(v_a^*) \delta_{a,r}^w + c_{r,w}(p^*) - \mu_w \right) = 0, \quad r \in R_w, w \in W \qquad (3.15)$$

$$\sum_{a \in A} t_a(v_a^*) \delta_{a,r}^w + c_{r,w}(p^*) \geq \mu_w, \quad r \in R_w, w \in W \qquad (3.16)$$

$$f_{r,w}^* \geq 0, \quad r \in R_w, w \in W \qquad (3.17)$$

$$\sum_{r \in R_w} f_{r,w}^* = q_w, \quad w \in W \qquad (3.18)$$

$$\left(\sum_{a \in A} \kappa_a v_a^* - K \right) p^* = 0 \qquad (3.19)$$

$$\sum_{a \in A} \kappa_a v_a^* - K \leq 0, \quad p^* \geq 0 \qquad (3.20)$$

容易证明，式(3.15)、式(3.16)和式(3.8)、式(3.9)是等价的，而一阶条件式(3.19)、式(3.20)和市场均衡条件式(3.10)、式(3.11)是等价的。一阶条件式(3.17)和式(3.18)分别表示路径流量的非负性和流量守恒条件。拉格朗日乘子 p^* 和 μ_w 分别对应均衡出行票价格和 OD 对 $w \in W$ 的最小广义出行成本。

定理 3.2 变分不等式(3.12)至少存在一个解。

证明：由于路径流量可行集合 Ω_f 和出行票价格集合 $\mathbf{R}^+$ 是非空且凸的集合，给定可交易出行票方案 (K, κ)，函数 $u_{r,w} = \sum_{a \in A} t_a(v_a) \delta_{a,r}^w + c_{r,w}(p)$ 和 $K - \sum_{a \in A} \kappa_a v_a$ 均是路径流量 f 和出行票价格 p 的连续函数。根据文献[18]，变分不等式(3.12)至少存在一个解。证明完毕。

3.1.2 基于损失规避的可交易出行票用户均衡解的唯一性

Yang 等[19]在可交易出行票的研究中证明了用户均衡路段流量的唯一性，并给出均衡出行票价格唯一性的充分条件。由于不存在与本章基于出行者损失规避行为的可交易出行票方案中用户均衡模型式(3.12)等价的优化问题，路段流量的唯一性并不一定可以保证。本节首先给出均衡路段流量的唯一性条件，然后讨论均衡出行票价格的唯一性条件。

推论 3.1 令 f^* 和 p^* 表示变分不等式(3.12)的解，则达到均衡状态时满足 $u(f^*, p^*)^\mathrm{T}(f - f^*) \geq 0$，其中 $f \in \Omega_f$。

证明： 若 $p^* = 0$，可交易出行票方案 $(K, \kappa) \in \Psi$ 对路径选择没有影响。这样，广义出行成本只包含出行时间，则均衡时 $u(f^*, p^*)^T (f - f^*) \geq 0$。若 $p^* \neq 0$，均衡时必须满足 $\sum_{a \in A} \kappa_a v_a^* = K$。因为 f^* 是变分不等式(3.12)的解，则有

$$u(f^*, p^*)^T (f - f^*) + (K - \sum_{a \in A} \kappa_a v_a^*)(p - p^*) = u(f^*, p^*)^T (f - f^*) \geq 0, \quad f \in \Omega_f \tag{3.21}$$

证明完毕。

根据推论 3.1，可以得到路段流量唯一性的充分条件。下述证明思路基于 Smith[20] 和 Watling[21] 的研究，这里只简述证明过程。

定理 3.3 给定可交易出行票方案 $(K, \kappa) \in \Psi$，如果路段出行时间函数严格单调，即对任意 $\bar{v}, \hat{v} \in \Omega_v (\bar{v} \neq \hat{v})$，有 $(t(\bar{v}) - t(\hat{v}))^T (\bar{v} - \hat{v}) > 0$；出行票的交易量是出行票价格的单调函数，即 $(\bar{p} - \hat{p})(\sum_{w \in W} \sum_{r \in R_w} |e_{r,w}|(\bar{f}_{r,w} - \hat{f}_{r,w})) \geq 0$，则变分不等式(3.12)的路段流量解是唯一的。

证明： 根据定理 3.2，变分不等式(3.12)存在路径流量解。若路径流量是唯一的，则路段流量也是唯一的。若路径流量不唯一，但对应的路段流量相同，则路段流量解也是唯一的。假设变分不等式(3.12)的路径流量解不唯一，至少存在两个对应不同路段流量 $\bar{v} = \Delta \bar{f}$ 和 $\hat{v} = \Delta \hat{f}$ ($\bar{v} \neq \hat{v}$) 的路径流量解 $(\bar{f}, \bar{p})$ 和 $(\hat{f}, \hat{p})$。因为路段出行时间函数 $t(\cdot)$ 是严格单调的，而且 $\bar{v} \neq \hat{v}$，所以有

$$\begin{aligned} \left(\Delta^T t(\bar{v}) - \Delta^T t(\hat{v}) \right)^T (\bar{f} - \hat{f}) &= (t(\bar{v}) - t(\hat{v}))^T \Delta(\bar{f} - \hat{f}) \\ &= (t(\bar{v}) - t(\hat{v}))^T (\Delta \bar{f} - \Delta \hat{f}) \\ &= (t(\bar{v}) - t(\hat{v}))^T (\bar{v} - \hat{v}) \\ &> 0 \end{aligned} \tag{3.22}$$

达到均衡状态时，出行票市场上出行者出售的出行票数量总和与出行者购买的出行票数量总和相同，即 $\sum_{w \in W} \sum_{r \in R_w} e_r^w f_r^{w^*} = 0$，所以有

$$\begin{aligned} (c(\bar{p}) - c(\hat{p}))^T (\bar{f} - \hat{f}) &= (\bar{p} - \hat{p}) \sum_{w \in W} \sum_{r \in R_w} \left(\frac{1+\eta}{2} e_{r,w} + \frac{\eta-1}{2} |e_{r,w}| \right) (f_{r,w} - \hat{f}_{r,w}) \\ &= \frac{\eta-1}{2} (\bar{p} - \hat{p}) \sum_{w \in W} \sum_{r \in R_w} |e_{r,w}| (f_{r,w} - \hat{f}_{r,w}) \\ &\geq 0 \end{aligned} \tag{3.23}$$

因此，路径广义成本函数 $u(f, p)$ 是关于路径流量 $\bar{f}$ 和 $\hat{f}$ 严格单调的，即

$$(u(\bar{f}, \bar{p}) - u(\hat{f}, \hat{p}))^T (\bar{f} - \hat{f}) = (\Delta^T t(\bar{v}) - \Delta^T t(\hat{v}))^T (\bar{f} - \hat{f}) + (c(\bar{p}) - c(\hat{p}))^T (\bar{f} - \hat{f}) > 0 \tag{3.24}$$

另外，根据推论 3.1，有

$$u(\hat{f},\hat{p})^{\mathrm{T}}(\bar{f}-\hat{f}) \geqslant 0, \quad u(\bar{f},\bar{p})^{\mathrm{T}}(\hat{f}-\bar{f}) \geqslant 0 \qquad (3.25)$$

所以有

$$u(\bar{f},\bar{p})^{\mathrm{T}}(\bar{f}-\hat{f}) = u(\hat{f},\hat{p})^{\mathrm{T}}(\bar{f}-\hat{f}) + (u(\bar{f},\bar{p})-u(\hat{f},\hat{p}))^{\mathrm{T}}(\bar{f}-\hat{f}) > 0 \qquad (3.26)$$

显然，式(3.25)与式(3.26)矛盾。因此，不存在两个或两个以上对应不同路段流量 $\bar{v}=\Delta\bar{f}$ 和 $\hat{v}=\Delta\hat{f}(\bar{v}\neq\hat{v})$ 的路径流量解 $(\bar{f},\bar{p})$ 和 $(\hat{f},\hat{p})$。变分不等式(3.12)的路段流量解是唯一的。证明完毕。

尽管定理 3.3 中的第一个条件比较容易满足，但是并不总能保证第二个条件成立。因此，变分不等式(3.12)的路段流量解的唯一性并不总是成立。下面进一步讨论均衡出行票价格的唯一性。达到均衡时，均衡出行票价格的唯一性条件可由定理 3.4 给出。

定理 3.4 给定一个可交易出行票方案 $(K,\kappa)\in\Psi$，如果路段流量 v^* 唯一；对不同的均衡路径流量解，至少存在一个 OD 对总具有相同的两条均衡路径，而且这两条路径收取的出行票数量不同，则均衡出行票价格 p^* 是唯一的。

证明：假设达到均衡时，路径 $r,l\in R_w$ 总是 OD 对 $w\in W$ 之间有非零流量的均衡路径，而且 $\kappa_r^w \neq \kappa_l^w$。因此，有

$$\sum_{a\in A}t_a(v_a^*)\delta_{a,r}^w + \frac{1}{2}(1+\eta)pe_{r,w} + \frac{1}{2}(\eta-1)p|e_{r,w}| = \mu_w \qquad (3.27)$$

和

$$\sum_{a\in A}t_a(v_a^*)\delta_{a,l}^w + \frac{1}{2}(1+\eta)pe_{l,w} + \frac{1}{2}(\eta-1)p|e_{l,w}| = \mu_w \qquad (3.28)$$

因为两条路径收取的出行票数量不同，所以 $e_{r,w}\neq e_{l,w}$，均衡的出行票价格可以表示为

$$p^* = \frac{2\sum_{a\in A}t_a(v_a^*)\delta_{a,r}^w - 2\sum_{a\in A}t_a(v_a^*)\delta_{a,l}^w}{(1+\eta)(e_{l,w}-e_{r,w})+(\eta-1)(|e_{l,w}|-|e_{r,w}|)}, \quad e_{r,w}\neq e_{l,w} \qquad (3.29)$$

根据以上假设，均衡路段流量 v^* 是唯一的。如果 $(1+\eta)(e_{l,w}-e_{r,w})+(\eta-1)(|e_{l,w}|-|e_{r,w}|)\neq 0$ 成立，则均衡出行票价格 p^* 是唯一的。令

$$E = (1+\eta)(e_{l,w}-e_{r,w})+(\eta-1)(|e_{l,w}|-|e_{r,w}|) \qquad (3.30)$$

假设 $e_{r,w}>e_{l,w}$，则存在三种情况，即 $e_{r,w}>e_{l,w}\geqslant 0$；$e_{l,w}<e_{r,w}\leqslant 0$；$e_{r,w}>0, e_{l,w}<0$。对第一种情况，有 $E=2\eta(e_{l,w}-e_{r,w})\neq 0$；对第二种情况，有 $E=2(e_{l,w}-e_{r,w})\neq 0$；对第三种情况，有 $E=2e_{l,w}-2\eta e_{r,w}\neq 0$。相似地，可以证明对

$e_{r,w} < e_{l,w}$，$E \neq 0$ 同样成立。证明完毕。

为了得到均衡出行票价格的一般表达式，将式(3.15)在所有路径和OD对范围内相加，可以得到如下条件，即

$$\sum_{a \in A} t_a(v_a^*) v_a^* + \frac{1+\eta}{2} p^* \sum_{w \in W} \sum_{r \in R_w} e_{r,w} f_{r,w}^* + \frac{\eta-1}{2} p^* \\ \times \sum_{w \in W} \sum_{r \in R_w} |e_{r,w}| f_{r,w} = \sum_{w \in W} \mu_w q_w \quad (3.31)$$

由于达到均衡时出行者出售的出行票总数量必须等于出行者购买的出行票总数量，即 $\sum_{w \in W} \sum_{r \in R_w} e_{r,w} f_{r,w}^* = 0$，则式(3.31)可以表示为

$$\frac{\eta-1}{2} p^* \sum_{w \in W} \sum_{r \in R_w} |e_{r,w}| f_{r,w} = \sum_{w \in W} \mu_w q_w - \sum_{a \in A} t_a(v_a^*) v_a^* \quad (3.32)$$

因此，均衡出行票价格可以表示为

$$p^* = \frac{2\sum_{w \in W} \mu_w q_w - 2\sum_{a \in A} t_a(v_a^*) v_a^*}{(\eta-1)\sum_{w \in W} \sum_{r \in R_w} |e_{r,w}| f_{r,w}} \quad (3.33)$$

显然，$\eta \neq 1$。对 $\eta = 1$ 的情况，出行者对损失和收益的态度是相同的。这正是Yang等[19]模型中的情况。根据式(3.33)，可以进一步得到出行票的总交易额，即

$$\sum_{w \in W} \sum_{r \in R_w} p^* |e_{r,w}| f_{r,w} = \frac{2\left(\sum_{w \in W} \mu_w q_w - \sum_{a \in A} t_a(v_a^*) v_a^*\right)}{\eta-1} \quad (3.34)$$

根据式(3.34)，出行票的总交易额似乎与 $\eta-1$ 成反比。由于最小路径出行时间 μ_w 和均衡路段流量 v^* 同样受 η 的影响，这一结论并不一定成立。

3.1.3 基于损失规避的可交易出行票方案设计

根据 Yang 等[19]的研究，如果不考虑出行者的损失规避行为，满足如下条件的可交易出行票方案均能使路段流量达到系统最优，即

$$\sum_{a \in A} (t_a(v_a^{so}) + \kappa_a) \delta_{a,r}^w \geq \mu_w, \quad r \in R_w, w \in W \quad (3.35)$$

$$\sum_{a \in A} (t_a(v_a^{so}) + \kappa_a) v_a^{so} = \sum_{w \in W} \mu_w q_w \quad (3.36)$$

$$\sum_{a \in A} \kappa_a v_a^{so} = K \quad (3.37)$$

其中，v_a^{so} 为系统最优路段流量；$t_a^{so} = t_a(v_a^{so})$ 为系统最优路段出行时间。

根据 Yang 等[19]的研究，满足式(3.35)~式(3.37)的可交易出行票方案与出行票发放方案无关，而且其均衡出行票价格为1。如果考虑出行者的损失规避行为，满足上述条件的可交易出行票方案通常不能得到系统最优路段流量模式。

定理 3.5 假设可交易出行票方案 (K,κ) 满足式(3.35)～式(3.37)，且均衡路段流量和出行票价格均是唯一的。变分不等式(3.12)的解最优，当且仅当达到均衡时只有一个 OD 对上有两条收取不同出行票的路径被同时使用。

证明：假设达到均衡时，OD 对 $w \in W$ 上只有两条收取不同出行票的路径 r 和 l 被同时使用。因为可交易出行票方案 (K,κ) 满足式(3.34)～式(3.37)，所以有

$$\sum_{a\in A}(t_a(v_a^{so})+\kappa_a)\delta_{a,r}^w = \sum_{a\in A}(t_a(v_a^{so})+\kappa_a)\delta_{a,l}^w \tag{3.38}$$

和

$$\sum_{a\in A}t_a(v_a^{so})\delta_{a,r}^w - \sum_{a\in A}t_a(v_a^{so})\delta_{a,l}^w = \kappa_{r,w} - \kappa_{l,w} = e_{r,w} - e_{l,w} \tag{3.39}$$

当达到系统最优时，有

$$\sum_{a\in A}t_a(v_a^{so})\delta_{a,r}^w + \frac{\eta+1}{2}pe_{r,w} + \frac{\eta-1}{2}p|e_{r,w}| = \sum_{a\in A}t_a(v_a^{so})\delta_{a,l}^w + \frac{\eta+1}{2}pe_{l,w} + \frac{\eta-1}{2}p|e_{l,w}| \tag{3.40}$$

显然，如果出行票的价格满足如下条件，则式(3.40)满足

$$p = \frac{2(e_{l,w}-e_{r,w})}{(\eta+1)(e_{l,w}-e_{r,w})+(\eta-1)(|e_{l,w}|-|e_{r,w}|)} \cdot \frac{\sum_{a\in A}t_a(v_a^{so})\delta_{a,r}^w - \sum_{a\in A}t_a(v_a^{so})\delta_{a,l}^w}{e_{l,w}-e_{r,w}}$$

$$= \frac{2}{(\eta+1)+(\eta-1)(|e_{l,w}|-|e_{r,w}|)/(e_{l,w}-e_{r,w})} \tag{3.41}$$

即只要满足式(3.41)，就可以达到系统最优，但均衡价格与出行票发放方案和出行票收取方案相关。

此外，若 OD 对 $w \in W$ 还使用第三条收取不同出行票数量的路径 k，则 $e_{r,w} \neq e_{l,w} \neq e_{k,w}$，那么不可能通过选择出行票的价格同时满足如下条件，即

$$\sum_{a\in A}t_a(v_a^{so})\delta_{a,r}^w + \frac{\eta+1}{2}pe_{r,w} + \frac{\eta-1}{2}p|e_{r,w}| = \sum_{a\in A}t_a(v_a^{so})\delta_{a,l}^w + \frac{\eta+1}{2}pe_{l,w} + \frac{\eta-1}{2}p|e_{l,w}|$$

$$= \sum_{a\in A}t_a(v_a^{so})\delta_{a,k}^w + \frac{\eta+1}{2}pe_{k,w} + \frac{\eta-1}{2}p|e_{k,w}| \tag{3.42}$$

在这种情况下，路段流量就会偏离系统最优的状态。这同样适用于有多个 OD 对使用两条及以上收取不同出行票的路径的情况。正如 Nie[22]证明的，即使出行票发放方案是基于 OD 对的，也不能保证路段流量是系统最优的。证明完毕。

若式(3.35)～式(3.37)不能保证系统最优的路段流量解的存在性，则需要研究是否存在其他可交易出行票方案可以在考虑损失规避的情况下使均衡流量达到系

统最优。遗憾的是，这样的可交易出行票方案并不总是存在。

算例 3.1　该算例用来说明在考虑出行者损失规避的情况下，使均衡流量达到系统最优的可交易出行票方案并不总是存在。考虑图 3.1 所示的路网，其包含一个 OD 对(1~3)，四条路段(路段 1~路段 4)，四条路径(路径 1：路段 1~路段 3；路径 2：路段 1~路段 4；路径 3：路段 2~路段 3；路径 4：路段 2~路段 4)。假设出行需求为 $q_1 = 10$，损失规避系数为 $\eta = 2$，路段出行时间函数为 $t_1(v_1) = 10 + v_1$、$t_2(v_2) = 2v_2$、$t_3(v_3) = 5 + v_3$、$t_4(v_4) = 1 + 2v_4$。

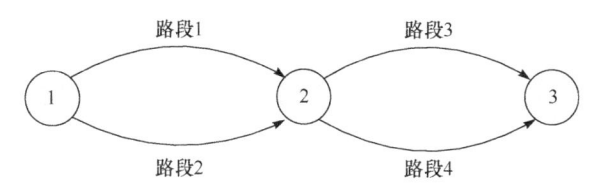

图 3.1　算例路网

可以证明，这一路网的系统最优路段流量解为 $v^{so} = (5,5,6,4)^T$，最优收费为 $\tau^0 = (5,10,6,8)^T$。假设存在可以达到系统最优的可交易出行票方案，并将其发放的出行票数量记作 φ_1。为了保证发放的出行票数量总和等于收取的出行票数量总和，收取出行票的数量多于 φ_1 的路径数量不能少于一条也不能多于三条。首先，假设收取出行票数量多于 φ_1 的路径是路径 3 和路径 4，则其出行票的成本函数可以表示为 $c_{1,1} = p(\kappa_1 + \kappa_3 - \varphi_1)$、$c_{2,1} = p(\kappa_1 + \kappa_4 - \varphi_1)$、$c_{3,1} = 2p(\kappa_2 + \kappa_3 - \varphi_1)$、$c_{4,1} = 2p(\kappa_2 + \kappa_4 - \varphi_1)$。根据均衡条件式(3.8)~式(3.11)，有

$$c_{1,1} + t_1(v_1^{so}) + t_3(v_3^{so}) = \tilde{\rho}(t_1(v_1^{so}) + t_3(v_3^{so}) + \tau_1^0 + \tau_3^0) \tag{3.43}$$

$$c_{2,1} + t_1(v_1^{so}) + t_4(v_4^{so}) = \tilde{\rho}(t_1(v_1^{so}) + t_4(v_4^{so}) + \tau_1^0 + \tau_4^0) \tag{3.44}$$

$$c_{3,1} + t_2(v_2^{so}) + t_3(v_3^{so}) = \tilde{\rho}(t_2(v_2^{so}) + t_3(v_3^{so}) + \tau_2^0 + \tau_3^0) \tag{3.45}$$

$$c_{4,1} + t_2(v_2^{so}) + t_4(v_4^{so}) = \tilde{\rho}(t_2(v_2^{so}) + t_4(v_4^{so}) + \tau_2^0 + \tau_4^0) \tag{3.46}$$

$$d\varphi_1 = v_1^{so}\kappa_1 + v_2^{so}\kappa_2 + v_3^{so}\kappa_3 + v_4^{so}\kappa_4 \tag{3.47}$$

其中，τ_a^0 为路段 a 对应的最优收费；$\tilde{\rho}$ 为任意大于零的常数。

式(3.43)~式(3.47)可以进一步简化为

$$\varphi_1 - \kappa_1 - \kappa_3 = (26 - 37\tilde{\rho})/p \tag{3.48}$$

$$\varphi_1 - \kappa_1 - \kappa_4 = (24 - 37\tilde{\rho})/p \tag{3.49}$$

$$\varphi_1 - \kappa_2 - \kappa_3 = (21 - 37\tilde{\rho})/(2p) \tag{3.50}$$

$$\varphi_1 - \kappa_2 - \kappa_4 = (19 - 37\tilde{\rho})/(2p) \tag{3.51}$$

$$\varphi_1 = 0.5\kappa_1 + 0.5\kappa_2 + 0.6\kappa_3 + 0.4\kappa_4 \tag{3.52}$$

容易证明，上述非齐次线性方程组无解。同样，可以证明其他情况不存在可以达到系统最优的可交易出行票方案。

既然不能保证可以使均衡流量达到系统最优的可交易出行票方案一定存在，下面进一步分析这种方案可能存在的充分条件。Chen 等[23]证明了任意可行路段流量模式均可通过一个带补贴的收费方案达到。令 $\tau^0 = (\tau_a^0, a \in A)^T$ 表示最优收费，$\rho > 0$ 为收费调整因子，即

$$\rho = \frac{\sum_{a \in A} t_a^{so} v_a^{so}}{\sum_{a \in A} (t_a^{so} + \tau_a^0) v_a^{so}} \tag{3.53}$$

则调整后的收费(可能为负值)为

$$\tau_a^1 = (\rho - 1) t_a^{so} + \rho \tau_a^0 \tag{3.54}$$

当路径收取的出行票数量小于免费发放的出行票数量时，对出行者而言意味着补贴。因此，本节用类似的方式求解可以达到系统最优的可交易出行票方案。假设满足 $\sum_{a \in A} \tau_a^1 \delta_{a,r}^w \geq 0$ 的路径均收取比发放的出行票数量多的出行票，而其他路径均收取比发放出行票数量少的出行票。方便起见，令

$$\bar{f}_{r,w}^{so} = \begin{cases} f_{r,w}^{so}/\eta, & \sum_{a \in A} \tau_a^1 \delta_{a,r}^w \geq 0 \\ -f_{r,w}^{so}, & \sum_{a \in A} \tau_a^1 \delta_{a,r}^w < 0 \end{cases}, \quad r \in R_w, w \in W \tag{3.55}$$

$$\bar{v}_a^{so} = \sum_{w \in W} \sum_{r \in R_w} \bar{f}_{r,w}^{so} \delta_{a,r}^w, \quad a \in A \tag{3.56}$$

$$\bar{\rho} = \frac{\sum_{a \in A} t_a^{so} \bar{v}_a}{\sum_{a \in A} (t_a^{so} + \tau_a^0) \bar{v}_a} \tag{3.57}$$

假设存在一个可交易出行票方案可以使路段流量达到系统最优，而且相应的路径出行成本是原系统最优路径出行成本的 $\bar{\rho}$ 倍，即

$$\sum_{a \in A} t_a^{so} \delta_{a,r}^w + p[e_{r,w}]_- + \eta p[e_{r,w}]_+ = \bar{\rho} \sum_{a \in A} (t_a^{so} + \tau_a^0) \delta_{a,r}^w, \quad r \in R_w, w \in W \tag{3.58}$$

路径的出行票成本可以表示为

$$[e_{r,w}]_- + \eta[e_{r,w}]_+ = 1/p \sum_{a \in A} [(\bar{\rho} - 1) t_a^{so} + \bar{\rho} \tau_a^0] \delta_{a,r}^w, \quad r \in R_w, w \in W \tag{3.59}$$

令

$$G_{r,w} = \begin{cases} \varphi_w + \dfrac{1}{\eta p} \sum_{a \in A} [(\bar{\rho} - 1) t_a^{so} + \bar{\rho} \tau_a^0] \delta_{a,r}^w, & \sum_{a \in A} \tau_a^1 \delta_{a,r}^w \geq 0 \\ \varphi_w + \dfrac{1}{p} \sum_{a \in A} [(\bar{\rho} - 1) t_a^{so} + \bar{\rho} \tau_a^0] \delta_{a,r}^w, & \sum_{a \in A} \tau_a^1 \delta_{a,r}^w < 0 \end{cases}, \quad r \in R_w, w \in W \tag{3.60}$$

其中，$\sum_{a\in A}[(\bar{\rho}-1)t_a^{so}+\bar{\rho}\tau_a^0]\delta_{a,r}^w$ 为路径出行成本和路径出行时间之差，即路径出行票成本。

显然，若存在 φ_w 和 p 使如下非齐次线性方程组有解，则存在可以达到系统最优的可交易出行票方案，即

$$\sum_{a\in A}\kappa_a\delta_{a,r}^w = G_{r,w}, \quad r\in R_w, w\in W \tag{3.61}$$

令 $G=(G_{r,w}, r\in R_w, w\in W)^T$ 表示路径的出行票成本向量；$\Delta=(I^1,I^2,\cdots,I^{|A|})$ 表示路段-路径关联矩阵，其中 $I^a, a=1,2,\cdots,|A|$ 为路段 $a\in A$ 的路段-路径关联向量，$|A|$ 为路网的路段数量总和。根据非齐次线性方程组解的存在性定理，当且仅当 G 可以用 $I^a, a=1,2,\cdots,|A|$ 线性表示时，非齐次线性方程组(3.61)的解 $\kappa=\{\kappa_a, a\in A\}$ 才存在。

另外，路网收取的出行票总数量必须等于发放的出行票总数量，即

$$\sum_{a\in A}\kappa_a v_a = \sum_{w\in W}\sum_{r\in R_w}f_{r,w}\kappa_{r,w} = \sum_{w\in W}\varphi_w q_w = K \tag{3.62}$$

尽管式(3.61)和式(3.62)可以保证系统最优的可交易出行票方案的存在，但是在现实中很难验证上述条件是否可以得到满足。如果出行票发放方案是基于 OD 对的，则可以提高式(3.61)和式(3.62)被满足的可能性[22]。式(3.61)可以进一步表示为

$$\sum_{a\in A}\kappa_a\delta_{a,r}^w - \varphi_w = \begin{cases} \dfrac{1}{\eta p}\sum_{a\in A}[(\bar{\rho}-1)t_a^{so}+\bar{\rho}\tau_a^0]\delta_{a,r}^w, & \sum_{a\in A}\tau_a^1\delta_{a,r}^w \geq 0 \\ \dfrac{1}{p}\sum_{a\in A}[(\bar{\rho}-1)t_a^{so}+\bar{\rho}\tau_a^0]\delta_{a,r}^w, & \sum_{a\in A}\tau_a^1\delta_{a,r}^w < 0 \end{cases}, \quad r\in R_w, w\in W$$

(3.63)

显然，若式(3.63)有解，则必定存在可以达到系统最优的可交易出行票方案。式(3.63)是否有解依赖 η 的具体值，而均衡出行票价格的值并不影响其解的存在性。将路径-OD 关联矩阵记作 $\wedge$，路网中路径数量总和记作 R，若路网不是很复杂，而且达到系统最优时路径流量唯一，则矩阵 $[\Delta|\wedge]$ 的秩等于 R。这样无论 η 取何值，均可保证达到系统最优的可交易出行票方案的存在性。因此，有如下定理。

定理 3.6 如果系统最优时的路径流量是唯一的，则无论损失规避系数 η 为何值，均存在可以达到系统最优的可交易出行票方案；反之，是否存在可以达到系统最优的可交易出行票方案则依赖 η 的取值。

算例 3.2 该算例用来证明如果满足定理 3.6 中的条件，则存在可以使路段流量达到系统最优的可交易出行票方案。考虑图 3.2 所示的包含三条路径的路网，其包含一个 OD 对，三条路段(路径)，而且系统最优时的路径流量是唯一的。令路段出行时间函数为 $t_1(v_1)=8+2v_1$、$t_2(v_2)=10+1.5v_2$、$t_3(v_3)=16+v_3$，出行需求为 $q_1=10$。

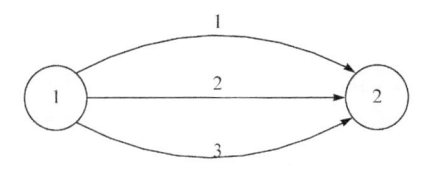

图 3.2 包含三条路径的路网

可以计算得到系统最优路段流量 $v = (44/13, 50/13, 36/13)^T$ 和最优收费 $\tau^0 = (88/13, 75/13, 36/13)^T$。根据式(3.53)和式(3.57)，可以求得 $\rho = 0.755$、$\bar{\rho} \approx 0.78$。路径 1 和路径 2 收取的出行票比 φ_1 多，而路径 3 收取的出行票比 φ_1 少，因此出行票的成本函数可以表示为 $c_{1,1} = \eta p(\kappa_1 - \varphi_1)$，$c_{2,1} = \eta p(\kappa_2 - \varphi_2)$，$c_{3,1} = -p(\varphi_1 - \kappa_3)$。根据式(3.63)，有

$$\kappa_1 - \varphi_1 = [(\bar{\rho}-1)t_1^{so} + \bar{\rho}\tau_1^0]/\eta p \tag{3.64}$$

$$\kappa_2 - \varphi_1 = [(\bar{\rho}-1)t_2^{so} + \bar{\rho}\tau_2^0]/\eta p \tag{3.65}$$

$$\kappa_3 - \varphi_1 = -[(\bar{\rho}-1)t_3^{so} + \bar{\rho}\tau_3^0]/p \tag{3.66}$$

令 $p = 1$，可以得到系统最优的可交易出行票方案，而且该方案依赖发放的出行票数量 φ_1：$\kappa_1 = \varphi_1 + 26.4/13\eta$、$\kappa_2 = \varphi_1 + 13.4/13\eta$、$\kappa_3 = \varphi_1 - 25.6/13$，且满足 $\sum_{a \in A} \kappa_a v_a^{so} = \sum_{w \in W} \sum_{r \in R_w} \varphi_w f_{r,w}$。因此，无论 η 取何值，均存在可以达到系统最优的可交易出行票方案。

3.1.4 数值算例

为了进一步探索出行者的损失规避心理对可交易出行票方案的影响，本节将式(3.12)用于图 3.3 所示的算例路网。其中，FFTT 是零流出行时间，Capacity 是

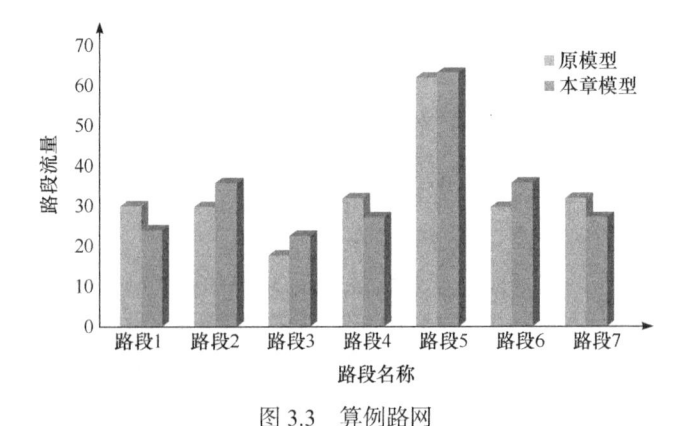

图 3.3 算例路网

通行能力，Credit 是收取路票数量。该路网包含两个 OD 对(OD 对 1：1～2；OD 对 2：3～4)、6 个节点、7 条路段和 4 条路径(路径 1：路段 1；路径 2：路段 2～路段 5～路段 6；路径 3：路段 4～路段 5～路段 7；路径 4：路段 3)。路段出行时间函数采用美国道路局(Bureau of Public Road，BPR)函数 $t_a = t_a^0 \left[1 + 0.15 \left(\frac{v_a}{c_a}\right)^4\right], a \in A$，其中 $t_a^0, a \in A$ 是路段的零流出行时间；$c_a, a \in A$ 是路段通行能力。OD 对 1 和 OD 对 2 之间的出行需求分别是 60 和 50。假设发放的出行票总量是 660 个，每个出行者可以得到 6 个出行票。

根据出行票收取方案，路径 1 和路径 4 收取的出行票数量分别是 9 个和 8 个，均超过发放的出行票数量。因此，这两条路径的出行票成本需要乘以损失规避系数 $\eta > 1$，即包含损失规避成本。这两条路径的出行票成本均为正数，即选择这两条路径的出行者需要额外购买出行票出行。另外，路径 2 和路径 3 收取的出行票数量分别是 5 个和 3 个，均少于发放的出行票数量。因此，这两条路径的出行票成本均为负值，选择这两条路径的出行者可以通过出售额外的出行票获得收益。

令损失规避系数 $\eta = 2.25$，同时用基于出行者损失规避的可交易出行票模型(式(3.12))和传统的可交易出行票模型[19]求解均衡路径流量和均衡出行票价格。算例结果如表 3.1 所示，其中 F 表示路段的总出行时间，L 表示出行票的总交易量。可以看出，两种模型的结果差别是非常大的。这是由于出行者对损失十分敏感，会尽量避免选择收取出行票数量高于自己拥有的出行票数量的路径。因此，OD 对 1 之间的出行者会认为收取出行票数量较少的路径 2 更加有吸引力，一些原本选择路径 1 的出行者会转而选择路径 2。但是，并非收取的出行票数量少于发放数量的路径就一定比收取出行票多于发放数量的路径有吸引力。例如，尽管收取的出行票数量少于发放数量，OD 对 2 之间的路径 3 的流量却下降了，而收取的出行票数量多于发放数量的路径 4 的流量反而增加了。由于路径 3 和路径 2 同时使用路段 5，路径 2 的流量提高使路段 5 的出行时间提高，因此造成路径 3 的出行时间也有较大的增加。路径出行时间的大幅增加抵消了出行票成本带来的优势，因此路径 3 的流量不但没有增加，反而下降了。

根据以上分析，尽管出行者的损失规避心理会诱使其选择收取出行票数量较少的路径，但是最终的均衡流量模式是出行时间和出行票成本相互作用的结果。OD 对 1 中路径 1 和路径 2 的出行票成本之差是 $(1+3\eta)p$，而 OD 对 2 中路径 3 和路径 4 的出行票成本之差是 $(3+2\eta)p$。由于 $\eta = 2.25$，因此有 $(1+3\eta)p > (3+2\eta)p$。对 OD 对 1，出行者的损失规避行为是影响其路径选择的主导性因素，因此收取较多出行票数量的路径 1 的流量下降了，而收取较少出行票数量的路径 2 流量增加了。与之相反，在 OD 对 2 中，出行时间是决定出行者路径选择的主导性因素，因此收取较少出行票数量的路径 3 的流量下降了，而收取较多出行票数量的路径 4 的流量增加了。原模型和本章模型中得到的路段流量如图 3.4 所示。可以看出，路段 5 的流量增加了。路段 5 的流量是路径 2 和路径 3 的流量之和，因此尽管路径 3 的流量下降了，但是路径 2 和路径 3 的总流量由于出行者的损失规避行为增加了。

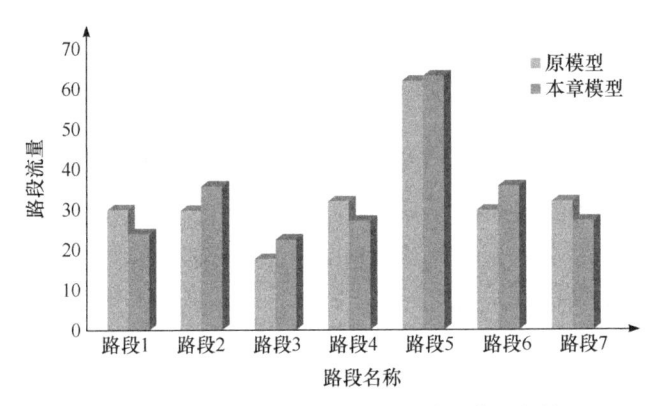

图 3.4 原模型和本章模型中得到的路段流量

算例结果如表 3.1 所示，模型中出行票的均衡价格和总交易量均比原模型中的要低。这一结果可以由式(3.8)进一步确定。对 OD 对 1，根据式(3.8)，有

$$3\eta p + t_{1,1} = \mu_1 \tag{3.67}$$

$$-p + t_{2,1} = \mu_1 \tag{3.68}$$

其中，$t_{1,1}$ 和 $t_{2,1}$ 为路径 1 和路径 2 的出行时间。

表 3.1 算例结果

模型	f_1	f_2	f_3	f_4	p	F	L
原模型	30.09	29.91	32.07	17.93	2.06	1832.20	259.85
式(3.12)	24.12	35.88	27.30	22.70	1.30	1861.86	152.58

出行票的价格可以表示为

$$p^* = \frac{t_{2,1} - t_{1,1}}{1 + 3\eta} \tag{3.69}$$

根据式(3.69)，均衡出行票价格取决于路径出行时间之差和损失规避系数的共同作用。显然，这里对均衡出行票价格起决定性作用的是损失规避系数的值，而不是路径出行时间的差，因此相应的均衡出行票价格要比原模型中的均衡出行票价格低。由于具有较高的损失规避系数，无论是出行票出售者还是出行票购买者

的交易意愿都不再强烈，因此总的出行票交易量有所下降。

这一数值算例证实，出行者的损失规避行为会对均衡路段流量模式和出行票价格产生显著影响。随着损失规避程度的增加，均衡路径流量会更加偏离系统最优的状态，从而使可交易出行票方案的效率进一步下降。因此，导致系统总出行时间的增加和出行票交易总量的降低。

3.1.5 小结

本节考虑出行者的损失规避心理对可交易出行票方案中出行者路径选择的影响，主要包括以下内容。

① 本节研究基于损失规避行为的可交易出行票方案出行者路径选择模型，同时建立等价的变分不等式模型，探讨该模型均衡流量和均衡出行票价格解的存在唯一性等问题。作为研究方法的一部分，本节建立了一个非对称的效用函数来刻画出行者在可交易出行票方案中的损失规避心理。研究发现，在考虑出行者的损失规避行为时，可以达到系统最优的可交易出行票方案并不总是存在。分析表明，该方案的存在性依赖损失规避系数的具体值。

② 本节还通过数值算例证实了出行者的损失规避行为对均衡流量模式和均衡出行票价格的影响。分析表明，随着出行者损失规避程度的增加，均衡流量模式会更加偏离系统最优的状态，导致可交易出行票方案的效率进一步降低，因此造成路网系统总出行时间的增加。同时，出行者的损失规避行为会降低出行票的总交易量，但是不一定会造成出行票均衡价格的提高。

3.2 基于框架效应的可交易出行票交通均衡分析

影响可交易出行票方案在交通管理中效率的另一种个体行为是，出行者对交通管理部门免费发放的出行票持有的不同态度。尽管出行票可以很容易地在市场交易，不同的出行者对其还是会有不同的态度。由于这些出行票是政府免费发放用于道路出行的，可能给一部分出行者造成这些出行票并不构成其出行成本的错觉，因此会选择收取高额出行票但是出行时间短的道路。与此相反，另一些出行者可能认为交出行票和交钱是完全等价的，因为他们可以拿这些出行票在市场换钱，即使他们本来是免费得到这些出行票的，所以可交易出行票方案对他们就完全等价于道路收费，他们会选择收取出行票低的路径出行。换句话说，出行者对初始免费发放的出行票的态度会严重影响他们的路径选择行为，进而影响均衡的交通流量。

出行者这种对初始免费发放的出行票的不同的态度或描述对其行为的影响是

行为经济学中框架效应的一种体现。框架效应指一个问题的两种在逻辑意义上相似的说法导致了不同的决策判断,即对问题的不同描述方式会严重影响人们的决策行为[2]。根据心理账户理论,对同一收入的不同界定方式(或者说贴上不同的标签)会影响人们对它的"编码"和不同心理账户的分配,进而影响人们的消费决策。第一,当前账户、资产账户,以及未来收入账户对应的边际消费倾向是不同的[24]。相对未来收入账户,当前账户的边际消费倾向要高得多。第二,小额的意外收入往往比常规收入更容易花掉[25],而大额的意外收入则会被归入资产账户,不容易花掉。例如,相对降低百分之五的税收,返还百分之五的税收更能激励人们消费。因此,要刺激消费,政府应该给居民多次发放小额补助,而不是一次性发放数额较大的补助。前者会被归为收入,后者会被归为资产[26,27],而收入比资产消费得更快。同时,奖金收入比退款(如退税)更容易花掉[28]。这是因为人们往往把前者看作他们应得的收入而把后者看作意外的收入[26,27]。另外,不同的收入来源也会影响人们的消费方式。例如,Kooreman[29]发现家庭在儿童衣物上的开支对儿童补贴比对其他来源的收入更加敏感。另一个典型的例子是著名的"粘蝇纸效应"[30]。例如,当交通管理部门收到一笔教育专项收入时,就倾向于把这笔收入全部用到教育开支上,即专款专用,而不是像传统经济学预测的那样只是将这笔收入的一部分用于这项支出。同时,被指定用于某类账户中的某项物品的预算若有剩余,则剩余预算更可能仍然花在这一类别其他物品的消费上[31]。例如,相对光碟退款,唱片的退款更可能仍然花在唱片支出上[32]。

尽管把收入指定于某项消费或者将其视作意外之财可以增加人们对这项消费的支出,不同人具有的这些心理特性的程度也不同。这种差异会严重影响公共政策的决策问题[26]。就可交易出行票方案而言,出行者是把免费的初始出行票视作应该用于交通支出的专项收入还是把其看作自己的常规收入会严重影响最终的均衡路网流量。尽管出行票可以很容易地在市场交易,但是由于其具有免费发放和专用于道路通行的两种特性,初始出行票与等量的金钱在出行者心理上并非完全等价,而且对不同的出行者而言,二者之间的相似程度也是不同的。相似程度越小,出行者对初始出行票的框架效应越明显,越可能支付更多的出行票来获得畅通路径的使用权。当这种效应达到最大时,出行者会把初始出行票看作应当专款专用的交通通行特权凭证。在这种情况下,出行者更倾向于将初始出行票全部用于交通出行,可交易出行票方案可能诱使出行需求增加。与之相反,如果所有出行者均把可交易出行票视作和金钱等价,那么可交易出行票方案与道路收费在交通管理效果上并无区别[19]。

若出行者持有不同的态度,那么同一可交易出行票方案下的平衡交通流量模式会有很大的不同。本节假设出行者对免费出行票的态度上是异质的,并据此将出行者分成三类。假设第一类出行者把初始出行票视作与等量的其他收入完全等价，支付出行票等价于支付道路收费。其出行成本包含出行时间成本和出行票成本两部分。与此同时，假设第三类出行者将初始出行票视作与常规收入完全不同的交通出行专项支出的收入。出行票只是交通管理部门发放的道路使用特许权，应当用于出行的专项支出。只要需要支付的出行票数量不超过初始出行票的数量，出行票支出就不构成其出行成本。其余的出行者属于第二类。这一类出行者对初始出行票的态度介于第一类出行者和第三类出行者之间，即初始出行票既不完全等价于等量常规收入，也不与其完全相同。据此建立多用户路径选择模型，可以分析出行者对初始出行票描述和归类上的异质性对均衡路网流量和可交易出行票效率的影响。

给定可交易出行票方案，交通管理部门会给每个潜在出行者免费发放一定数量的出行票，并允许出行者在出行票市场自由买卖出行票。因此，给定市场价格，出行票本质上是一种金钱等价物。但是从行为心理学的角度而言，对这部分免费初始出行票的不同描述和归类方式会严重影响人们的决策。首先，出行者可能会把这部分初始出行票看作意外收入，从而产生具有额外收入可以消费的错觉，即意外之财效应。其次，不同的收入来源也会影响人们的消费方式[33]。由于初始出行票是交通管理部门免费发放用于道路出行的，可能会给一部分出行者造成这些出行票并不构成其出行成本的错觉。这种对收入不同的描述和归类的框架效应会对出行者路径选择行为产生严重影响，进而影响路网的均衡交通流量。现有的关于可交易出行票的研究一般认为可交易出行票在交通管理上可以达到与道路收费相同的效率。若考虑出行者这种对待初始出行票的异质性，这一结论将不再成立。一般来讲，这种情况下可交易出行票方案会比相应的道路收费方案效率低。具体来说，考虑出行者将初始出行票视作意外收入或者交通出行"专项支出"这种可能性时，可交易出行票方案的实施可能诱使出行需求的增加。

下面举例说明当所有出行者都将初始出行票视作专用于交通出行支出的意外收入时，所得的均衡流量模式与传统模型中对应的流量模式的差别。考虑图 3.5 所示的包含两个 OD 对的简单路网，其包含两个 OD 对(OD 对 1：1~2；OD 对 2：3~4)，6 个节点，7 条路段，4 条路径(OD 对 1 中路径 1：路段 1；OD 对 1 中路径 2：路段 2~路段 5~路段 6；OD 对 2 中路径 1：路段 4~路段 5~路段 7；OD 对 2 中路径 2：路段 3)。假设出行者的时间价值为 1，路段出行时间函数采用如下 BPR 函数，即

$$t_a = t_a^0 \left[1 + 0.15\left(\frac{v_a}{c_a}\right)^4\right], \quad a \in A \tag{3.70}$$

OD 对之间的弹性需求函数满足

$$q_w = 450\exp(-0.01\mu_w), \quad w \in W \tag{3.71}$$

则系统最优的 OD 对出行需求为 $q_1^{so} = 381.05$ 和 $q_2^{so} = 369.40$，路网社会总福利(total

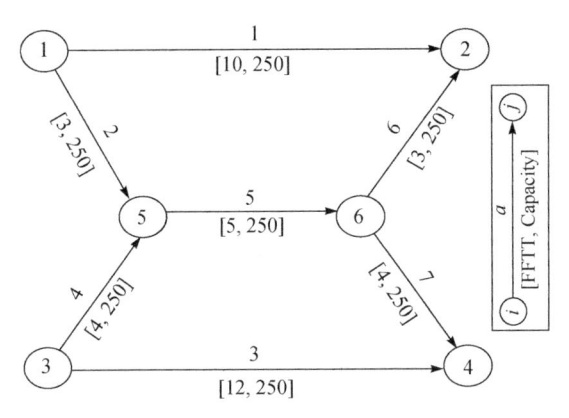

图 3.5 包含两个 OD 对的简单路网

social benefit, TSB)为 4094.2，最优收费方案为 $\tau^{so} = (5.31, 0.42, 6.12, 0.17, 3.92, 0.17, 1.30)$。只要令 $\kappa_a = \tau_a, a \in A$ 就可以得到传统可交易出行票模型[19]中与最优收费方案等价的出行票方案。相应的路径出行票收取方案为 $\kappa_{1,1} = 5.31$、$\kappa_{2,1} = 4.51$、$\kappa_{1,2} = 5.39$ 和 $\kappa_{2,2} = 6.19$，均衡出行票价格为 $p = 1$。交通管理部门发放的出行票总量为 $K = 4094.17$，假设出行票在所有出行者之间平均分配，每个出行者得到的免费的出行票数量为 $\varphi = 4.55$。

如果所有出行者均将初始出行票视作等价的金钱，则该可交易出行票方案下的均衡流量和需求与最优收费方案下的流量和需求是一致的，即系统最优的均衡流量和需求。如果考虑出行者对待初始出行票的不同态度，结果就会截然不同。假设所有出行者均将初始出行票视作与等量金钱完全不同，且不构成其出行成本。各条路径的出行成本函数可以分别表示为 $u_{1,1} = t_1(v_1) + (\kappa_{1,1} - \varphi)p$、$u_{2,1} = t_2(v_2) + t_5(v_5) + t_6(v_6)$、$u_{1,2} = t_4(v_4) + t_5(v_5) + t_7(v_7) + (\kappa_{1,2} - \varphi)p$ 和 $u_{2,2} = t_3(v_3) + (\kappa_{2,2} - \varphi)p$，则均衡 OD 对出行需求为 $q_1 = 387.03$ 和 $q_2 = 377.20$，均衡出行票价格为 $p = 6.03$。另外，路网的社会总福利为 2957.3，相对最优收费时的值要小很多。

两种不同模型下 OD 对 1 之间路径的出行成本如图 3.6 所示，其中出行成本是出行时间成本和出行票成本之和。可以看出，出行者对待初始出行票的框架效应打破了原来的均衡状态，使路径流量严重偏离系统最优的状态。由于初始出行票的特性(免费，用于出行专项支出的收入)，出行票支出对出行者心理造成的影响下降，即出行者感知到的总出行成本降低了。因此，这种情况下的广义路径成本要小于传统出行票模型中的广义路径成本。同时，出行成本的降低会引起出行需求的增加，进一步提高出行票的需求和出行票的价格，而出行票价格的提高会引起出行票成本的增加。由于路径 1 收取出行票数量小于初始出行票数量，不构成出行成本，因此路径 1 的流量大幅度增加，导致其出行时间的增加。达到均衡

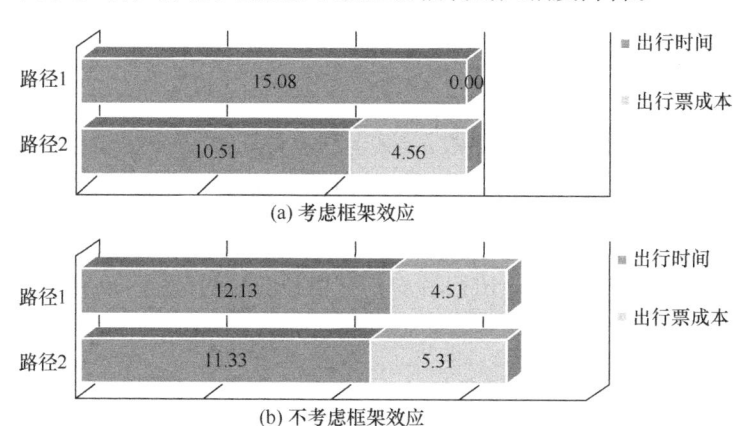

状态时，系统总出行时间的增加会导致社会福利的大幅度降低。

图 3.6 两种不同情形下 OD 对 1 之间路径的出行成本

3.2.1 基于框架效应的可交易出行票多用户均衡模型

本节构建基于出行者异质性的出行票成本函数来刻画分析出行者对初始出行票的不同描述和归类方式对交通均衡的影响。出行者对待初始出行票框架效应的程度记作 ω，满足 $0 \leqslant \omega \leqslant 1$。$\omega$ 的值越大，出行者将初始出行票视作用于交通出行的专项支出的程度就越高。因此，对第一类出行者有 $\omega = 0$，即初始出行票的收入完全等价于等量常规收入，而可交易出行票方案与道路收费并无任何区别。将 $\kappa_{r,w}$ 记作路径 $r \in R_w$ 收取的出行票数量，则对第一类出行者而言，其路径出行票出行成本为 $p\kappa_{r,w}$。对第三类出行者有 $\omega = 1$，即初始出行票的收入与等量常规收入完全不同，而是用于交通出行的专项支出。出行者倾向于将所有初始出行票均用于出行支出。进一步假设，初始出行票不构成出行者出行成本，则路径 $r \in R_w$ 的出行票出行成本为 $p[\kappa_{r,w} - \varphi_w]_+$。对第二类出行者有 $0 < \omega < 1$，即初始出行票的收入介于等量常规收入和交通出行专项收入之间。对这一类出行者而言，如果路径 $r \in R_w$ 收取的出行票数量小于初始出行票的数量，那么出行票的成本为 $(1-\omega)p\kappa_{r,w}$；反之，成本为 $(1-\omega)p\varphi_w + p(\kappa_{r,w} - \varphi_w)$。综上所述，路径 $r \in R_w$ 的出行票出行成本可以表示为

$$g_{r,w} = \begin{cases} (1-\omega)p\kappa_{r,w}, & \omega = 0 \\ (1-\omega)p\kappa_{r,w} + \omega p[\kappa_{r,w} - \varphi_w]_+, & 0 < \omega < 1 \\ p[\kappa_{r,w} - \varphi_w]_+, & \omega = 1 \end{cases} \quad (3.72)$$

给定可交易出行票方案 (κ, φ)，令 Ω 表示可行流量和出行需求集合，则有

$$\Omega = [(f,q) | v_a = \sum_m v_a^m, v_a^m = \sum_{w \in W} \sum_{r \in R_w} f_{r,w}^m \delta_{a,r}^w, \quad q_w^m = \sum_{r \in R_w} f_{r,w}^m, f_{r,w}^m \geq 0,$$
$$0 \leq q_w^m \leq \overline{q}_w^m, r \in R_w, w \in W, m \in M, a \in A]$$
(3.73)

其中，v_a^m 为用户类别 $m \in M$ 在路段 $a \in A$ 上的流量；$f_{r,w}^m$ 为用户类别 $m \in M$ 在 OD 对 $w \in W$ 之间路径 $r \in R_w$ 上的流量；q_w^m 为用户类别 $m \in M$ 在 OD 对 $w \in W$ 之间的实际出行需求；$\overline{q}_w^m$ 为用户类别 $m \in M$ 在 OD 对 $w \in W$ 之间的最大潜在出行需求。

假设同一用户类别中所有出行者均具有相同的时间价值。对第一类出行者，其广义路径出行成本可以表示为

$$u_{r,w}^1 = \sum_{a \in A} (\alpha_m t_a(v_a) + p\kappa_a) \delta_{a,r}^w, \quad r \in R_w, w \in W \quad (3.74)$$

其中，α_m 为用户类别 $m \in M$ 中出行者的时间价值。

可以发现，式(3.74)与传统可交易出行票模型[19]中的路径出行成本函数是一致的。对第二类和第三类出行者，其广义路径出行成本分别为

$$u_{r,w}^2 = \begin{cases} \sum_{a \in A} [\alpha_2 t_a(v_a) + (1-\omega)p\kappa_a] \delta_{a,r}^w, & \sum_{a \in A} \kappa_a \delta_{a,r}^w \leq \varphi_w \\ \sum_{a \in A} (\alpha_2 t_a(v_a) + p\kappa_a) \delta_{a,r}^w - \omega p \varphi_w, & \sum_{a \in A} \kappa_a \delta_{a,r}^w > \varphi_w \end{cases}, \quad r \in R_w, w \in W$$
(3.75)

$$u_{r,w}^3 = \sum_{a \in A} \alpha_3 t_a(v_a) \delta_{a,r}^w + p \left[\sum_{a \in A} \kappa_a \delta_{a,r}^w - \varphi_w \right]_+, \quad r \in R_w, w \in W \quad (3.76)$$

将 ω_m 表示为第 $m \in M$ 类出行者对待初始出行票的框架效应的程度，则有 $\omega_m = 0$，$0 < \omega_m = \omega < 1$，$\omega_m = 1$。因此，上述路径的广义出行成本函数式(3.74)~式(3.76)可以进一步表示为

$$u_{r,w}^m = \sum_{a \in A} [\alpha_m t_a(v_a) + (1-\omega_m)p\kappa_a] \delta_{a,r}^w + \omega_m p \left[\sum_{a \in A} \kappa_a \delta_{a,r}^w - \varphi_w \right]_+, \quad r \in R_w, w \in W, m \in M$$
(3.77)

达到均衡时，每个出行者均会选择使其广义出行成本最小的路径。综合以上分析，可以得到基于出行者对待初始出行票异质性的可交易出行票路径选择用户均衡条件，即

$$\left(\sum_{a \in A} [\alpha_m t_a(v_a) + (1-\omega_m)p\kappa_a] \delta_{a,r}^w + \omega_m p \left[\sum_{a \in A} \kappa_a \delta_{a,r}^w - \varphi_w \right]_+ - \mu_w^m \right) f_{r,w}^m \quad (3.78)$$
$$= 0, \quad r \in R_w, w \in W, m \in M$$

$$\sum_{a \in A} [\alpha_m t_a(v_a) + (1-\omega_m)p\kappa_a] \delta_{a,r}^w + \omega_m p \left[\sum_{a \in A} \kappa_a \delta_{a,r}^w - \varphi_w \right]_+$$
$$\geq \mu_w^m, \quad r \in R_w, w \in W, m \in M \quad (3.79)$$

$$(\mu_w^m - B_w(q_w^m))q_w^m = 0, \quad w \in W, m \in M \tag{3.80}$$

$$\mu_w^m - B_w(q_w^m) \geq 0, \quad w \in W, m \in M \tag{3.81}$$

其中，μ_w^m 为用户类别 $m \in M$ 在 OD 对 $w \in W$ 之间路径 $r \in R_w$ 上的广义出行成本；$B_w(q_w^m)$ 表示需求函数的反函数。

式(3.78)和式(3.79)表明，达到均衡状态时，所有用户类别 $m \in M$ 在 OD 对 $w \in W$ 之间有流量的路径均具有相同且最小的广义出行成本。均衡条件式(3.80)和式(3.81)表示，达到均衡状态时，所有用户类别 $m \in M$ 内的出行者在 OD 对 $w \in W$ 之间的广义出行成本均与该 OD 对的需求函数的反函数值相同；否则，该用户类别在该 OD 对之间的需求为零。与此同时，出行票市场满足如下均衡条件，即

$$\left(\sum_{a \in A} \kappa_a v_a - \sum_{w \in W} \varphi_w \bar{q}_w\right) p = 0 \tag{3.82}$$

$$\sum_{a \in A} \kappa_a v_a \leq \sum_{w \in W} \varphi_w \bar{q}_w \tag{3.83}$$

这意味着，出行者支付的出行票数量之和总是小于等于发放的出行票之和，当且仅当出行者支付的出行票数量之和等于发放的出行票之和时，均衡出行票价格才会大于零；否则，出行票供大于求，均衡出行票价格为零，该可交易出行票方案将不起作用。式(3.78)和式(3.83)等价于如下变分不等式问题，即求解 $(\hat{f}, \hat{q}, \hat{p}) \in \Omega_+$，使

$$\sum_{m \in M} \sum_{w \in W} \sum_{r \in R_w} u_{r,w}^m(\hat{f})(f_{r,w}^m - \hat{f}_{r,w}^m) - \sum_{m \in M} \sum_{w \in W} B_w(\hat{q}_w^m)(q_w^m - \hat{q}_w^m) + \left(K - \sum_{a \in A} \kappa_a \hat{v}_a\right)(p - \hat{p})$$
$$\geq 0, \quad (f, q, p) \in \Omega_+? \tag{3.84}$$

其中，$\Omega_+ = \{(f, q, p) | (f, q) \in \Omega, p \in \mathbf{R}^+\}$；$(\hat{f}, \hat{q}, \hat{p})$ 为式(3.84)的解。

下面进一步证明上述变分不等式(3.84)与均衡条件(3.78)、(3.83)的等价性及解的存在性。

定理 3.7 变分不等式(3.84)与用户均衡条件式(3.78)、式(3.81)和出行票市场均衡条件式(3.82)、式(3.83)等价。

证明： $(\hat{f}, \hat{q}, \hat{p})$ 是变分不等式(3.84)的解，当且仅当它也是如下线性规划问题的解，即

$$\min_{(f,q,p) \in \Omega_+} \sum_{m \in M} \sum_{w \in W} \sum_{r \in R_w} \left\{ \sum_{a \in A} [\alpha^m t_a(\hat{v}_a) + (1-\omega_m)\hat{p}\kappa_a] \delta_{a,r}^w \right.$$
$$\left. + \omega_m \hat{p} \left(\sum_{a \in A} \kappa_a \delta_{a,r}^w - \varphi_w \right)_+ \right\} f_{r,w}^m - \sum_{m \in M} \sum_{w \in W} B_w(\hat{q}_w^m) q_w^m + \left(K - \sum_{a \in A} \kappa_a \hat{v}_a \right) p$$

$$\tag{3.85}$$

上述最小化问题的拉格朗日函数为

$$L = \sum_{m \in M} \sum_{w \in W} \sum_{r \in R_w} \left\{ \sum_{a \in A} [\alpha^m t_a(\hat{v}_a) + (1-\omega_m)\hat{p}\kappa_a] \delta_{a,r}^w + \right.$$

$$\left. \omega_m \hat{p} \left[\sum_{a \in A} \kappa_a \delta_{a,r}^w - \varphi_w \right]_+ \right\} f_{r,w}^m - \sum_{m \in M} \sum_{w \in W} B_w(\hat{q}_w^m) q_w^m + \left(K - \sum_{a \in A} \kappa_a \hat{v}_a \right) p$$

$$- \sum_{m \in M} \sum_{w \in W} \mu_w^m \left(\sum_{r \in R_w} \hat{f}_{r,w}^m - \hat{q}_w^m \right) \tag{3.86}$$

可以证明上述问题的一阶条件与均衡条件式(3.78)、式(3.83)相同。证明完毕。

定理 3.8 变分不等式(3.84)至少存在一个解。

证明：由于可行解集合 Ω_+ 是非空且凸的，给定一个可交易出行票方案 (K,κ)，广义出行成本函数 $u_{r,w}^m(f,p)$，需求函数的反函数 $B_w(q_w^m)$ 和 $\sum_{a \in A} \kappa_a v_a - K$ 均为变量 (f,q,p) 的连续函数。根据 Facchinei 等[18]的研究，变分不等式(3.83)至少存在一个解。证明完毕。

给定可交易出行票方案，均衡路段流量和出行票价格的唯一性对预测其效率，以及均衡路网流量是至关重要的。如果不考虑出行者对初始出行票收入描述和归类的异质性，均衡路段流量和出行票价格的唯一性可以在很宽松的条件下得到满足[19]。如果出行者只在出行时间价值上是异质的，Wang 等[34]的研究证明，如果路段出行时间函数是路段流量的严格加权平均单调函数，那么均衡集计路段流量满足唯一性。如果同时考虑出行者将初始出行票视作与常规收入不同的态度，以及对其描述和归类上的异质性，均衡路段流量的唯一性则需要额外的条件来保证。

定理 3.9 如果满足如下条件。

① 达到均衡时，出行票价格唯一。

② 路段出行时间函数是关于路段流量的严格加权平均单调函数，即对任意 $v' \neq v''$，有 $\sum_{m \in M} \sum_{a \in A} \alpha_m [t_a(v_a') - t_a(v_a'')]^T (v_a''^m - v_a'^m) > 0$。

③ 出行需求函数的反函数关于 OD 需求严格单调递减，即对任意 $q' \neq q''$，有 $\sum_{m \in M} \sum_{w \in W} (B_w(q_w''^m) - B_w(q_w'^m))(q_w''^m - q_w'^m) < 0$。

变分不等式(3.84)的集计路段流量解和基于用户的 OD 出行需求解是唯一存在的。

证明：假设 $(f', q', \hat{p})$ 和 $(f'', q'', \hat{p})$ 是变分不等式(3.84)的两个不同的解，并且其对应的路段流量也不同，即 $v' = \Delta f'$、$v'' = \Delta f''$，$v' \neq v''$。将 $(f', q', \hat{p})$ 代入变分不等式(3.84)，并令 $f_{r,w}^m = f_{r,w}''^m, r \in R_w, w \in W, m \in M$；$q_w^m = q_w''^m, w \in W, m \in M$，则有

$$\sum_{m\in M}\sum_{a\in A}\alpha_m t_a(v'_a)(v'''_a - v'^m_a) + \sum_{m\in M}\sum_{a\in A}(1-\omega_m)\hat{p}\kappa_a(v'''_a - v'^m_a)$$
$$-\sum_{m\in M}\sum_{w\in W}B_w(q'^m_w)(q'''_w - q'^m_w) \quad (3.87)$$
$$+\sum_{m\in M}\sum_{w\in W}\sum_{r\in R_w}\omega_m \hat{p}\left[\sum_{a\in A}\kappa_a \delta^w_{a,r} - \varphi_\omega\right]_+ (f'''_{r,w} - f'^m_{r,w}) \geqslant 0$$

类似地，将 $(f'', q'', \hat{p})$ 代入变分不等式(3.84)，同时令 $f^m_{r,w} = f'''_{r,w}, r\in R_w, w\in W, m\in M$；$q^m_w = q'''_w, w\in W, m\in M$，则有

$$\sum_{m\in M}\sum_{m\in M}\alpha_m t_a(v''_a)(v'^m_a - v'''_a) + \sum_{m\in M}\sum_{a\in A}(1-\omega_m)\hat{p}\kappa_a(v'^m_a - v'''_a)$$
$$-\sum_{m\in M}\sum_{w\in W}B_w(q'''_w)(q'^m_w - q'''_w) + \sum_{m\in M}\sum_{w\in W}\sum_{r\in R_w}\omega_m \hat{p} \quad (3.88)$$
$$\times\left[\sum_{a\in A}\kappa_a \delta^w_{a,r} - \varphi_\omega\right]_+ (f'^m_{r,w} - f'''_{r,w}) \geqslant 0$$

将式(3.87)与式(3.88)相加，有

$$0 \leqslant \sum_{m\in M}\sum_{a\in A}\alpha_m (t_a(v'_a) - t_a(v''_a))^\mathrm{T}(v'^m_a - v'''_a)$$
$$\leqslant \sum_{m\in M}\sum_{w\in W}(B_w(q'^m_w) - B_w(q'''_w))(q'^m_w - q'''_w) \leqslant 0 \quad (3.89)$$

由于路段出行时间函数是路段流量的严格加权平均单调函数，而且出行需求函数的反函数是出行需求的严格单调递减函数，因此必定有 $q'^m_w = q'''_w$，$\forall m\in M, w\in W$ 和 $v'_a = v''_a, \forall a\in A$，与假设条件矛盾。集计路段流量和基于用户的OD 对出行需求必定是唯一存在的。证明完毕。

值得注意的是，式(3.84)的路径成本函数不具有可加性。由于传统的求解交通均衡模型算法要求路径成本函数满足可加性，因此并不适用于该模型。但是，可以使用一些求解变分不等式问题的迭代算法，如投影算法[35]、非线性雅可比算法[36]等。求解该模型的另一个问题是如何得到路径集。小网络可以通过路径列出得到路径集，但是该方法并不适合大中型网络。大中型网络可以在迭代的每一步通过非可加的最短路生成路径的方式得到路径集[37]。通过这种方式，式(3.84)可应用于大中型网络。

3.2.2 基于框架效应的最优可交易出行票方案

虽然 Wang 等[34]证明了在出行者异质的情况下，存在可以使均衡路网流量达到系统最优状态的可交易出行票方案，但是式(3.84)中路径成本的不可加性使问题变得更加复杂。本节探讨可以达到系统最优状态的可交易出行票方案的存在性，以及最优的可交易出行票方案。多用户系统最优的一阶条件可以表示为

$$\sum_{a\in A}\alpha_m t^{\mathrm{so}}_a \delta^w_{a,r} + \sum_{a\in A}\sum_{m\in M}\alpha_m v^{m,\mathrm{so}}_a \frac{\mathrm{d}t^{\mathrm{so}}_a}{\mathrm{d}v^{\mathrm{so}}_a}\delta^w_{a,r} = B_w(q^{m,\mathrm{so}}_w), \quad f^{m,\mathrm{so}}_{r,w} > 0, r\in R_w, w\in W, m\in M$$

$$(3.90)$$

$$\sum_{a\in A}\alpha_m t_a^{so}\delta_{a,r}^w + \sum_{a\in A}\sum_{m\in M}\alpha_m v_a^{m,so}\frac{\mathrm{d}t_a^{so}}{\mathrm{d}v_a^{so}}\delta_{a,r}^w \geqslant B_w(q_w^{m,so}), \quad f_{r,w}^{m,so}=0, r\in R_w, w\in W, m\in M \tag{3.91}$$

根据路径出行成本函数式(3.77)，为了得到系统最优的流量模式，所有被使用的路径的出行票成本均应满足如下条件，即

$$g_{r,w} = \sum_{a\in A}\sum_{m\in M}\alpha_m v_a^{m,so}\frac{\mathrm{d}t_a^{so}}{\mathrm{d}v_a^{so}}\delta_{a,r}^w, \quad f_{r,w}^{m,so}>0, r\in R_w, w\in W, m\in M \tag{3.92}$$

对用户类别1，上述条件可以通过令出行票收取方案满足以下条件得到，即

$$\kappa_a^1 = \frac{1}{p}\sum_{m\in M}\alpha_m v_a^{m,so}\frac{\mathrm{d}t_a^{so}}{\mathrm{d}v_a^{so}}, \quad a\in A \tag{3.93}$$

其中，$\kappa_a^m, m\in M$ 为路段 $a\in A$ 上基于用户类别的出行票收取数量。

对第2类和第3类用户，问题则要复杂得多。对第2类用户，如果路径收取的出行票数量小于其初始出行票数量，则有

$$(1-\omega_2)p\sum_{a\in A}\kappa_a^2\delta_{a,r}^w = \sum_{a\in A}\sum_{m\in M}\alpha_m v_a^{m,so}\frac{\mathrm{d}t_a^{so}}{\mathrm{d}v_a^{so}}\delta_{a,r}^w, \quad r\in R_w, w\in W \tag{3.94}$$

如果出行票收取方案满足如下条件，则可以满足式(3.94)，即

$$\kappa_a^2 = \frac{1}{(1-\omega_m)p}\sum_{m\in M}\alpha_m v_a^{m,so}\frac{\mathrm{d}t_a^{so}}{\mathrm{d}v_a^{so}}, \quad a\in A \tag{3.95}$$

如果路径收取的出行票数量大于发放的数量，则路径出行票成本是不可加的。式(3.92)可以表示为

$$p\sum_{a\in A}\kappa_a^2\delta_{a,r}^w - \omega_2 p\varphi_w = \sum_{a\in A}\sum_{m\in M}\alpha_m v_a^{m,so}\frac{\mathrm{d}t_a^{so}}{\mathrm{d}v_a^{so}}\delta_{a,r}^w, \quad r\in R_w, w\in W \tag{3.96}$$

将式(3.95)代入式(3.96)，可得

$$\varphi_w = \frac{1}{(1-\omega_2)p}\sum_{a\in A}\sum_{m\in M}\alpha_m v_a^{m,so}\frac{\mathrm{d}t_a^{so}}{\mathrm{d}v_a^{so}}\delta_{a,r}^w, \quad r\in R_w, w\in W \tag{3.97}$$

如果要满足式(3.97)，则同一OD之间所有有流量的路径均必须具有相同的边际成本，而这基本是不可能的。

对第3类用户，如果路径收取的出行票数量不超过初始出行票数量，那么出行票成本为0。这明显与式(3.92)违背。因此，如果存在可以达到系统最优状态的

基于用户的可交易出行票方案，那么第 3 类用户中所有出行者均需要选择收取出行票数量大于其初始出行票数量的路径。对这些路径，出行票成本函数需要满足如下条件，即

$$p\sum_{a\in A}\kappa_a^3\delta_{a,r}^w - p\varphi_w = \sum_{a\in A}\sum_{m\in M}\alpha_m v_a^{m,\text{so}}\frac{\mathrm{d}t_a^{\text{so}}}{\mathrm{d}v_a^{\text{so}}}\delta_{a,r}^w, \quad r\in R_w, w\in W \tag{3.98}$$

如果用户类别 3 存在可以达到系统最优的可交易出行票方案，那么非齐次线性方程组式(3.98)必须有解。

根据以上分析，很难得到一个可以达到系统最优状态的基于用户可交易出行票方案，而且由于出行者的异质性很难直观地区分开来，即使存在这样的方案，也无法在现实中实施。本节继续探讨如何得到可以使社会总福利最大化的最优可交易出行票方案。给定变分不等式(3.84)的均衡路径流量和出行需求解 $(f,q)\in\Omega$，路网的社会总福利可以表示为

$$z = \sum_{w\in W}\sum_{m\in M}q_w^m B_w(q_w^m) - \sum_{a\in A}\sum_{m\in M}\alpha_m t_a(v_a)v_a \tag{3.99}$$

因此，可以通过建立如下带变分不等式约束的非线性规划(non-linear programming, NLP)问题来得到最优可交易出行票方案，即

$$\max_{f,q,p,\kappa}\sum_{w\in W}\sum_{m\in M}q_w^m B_w(q_w^m) - \sum_{a\in A}\sum_{m\in M}\alpha_m t_a(v_a)v_a \tag{3.100}$$

使 (f,q,p) 满足变分不等式(3.84)，即

$$\sum_{a\in A}\kappa_a v_a \leqslant K, \quad \kappa_a \geqslant 0, a\in A \tag{3.101}$$

式(3.101)是出行票可行约束，用来保证出行者消费的出行票数量总和必须小于政府发放的出行票数量总和，而且路段收取的出行票数量是非负的。

以上非线性规划问题是一个带变分不等式约束的数学规划，很难直接求解。通过将变分不等式约束替换为相应的均衡条件式(3.78)~式(3.81)，上述问题可以转为带互补约束的数学规划(mathematical programming with complementary constraints, MPCC)问题。带互补约束的非线性规划问题仍然是非凸的，而且在任何可行点上均不满足 Mangasarian Fromovitz 约束条件(Mangasarian Fromovitz constraint qualification, MFCQ)。但是，严格的互补约束条件可以通过松弛参数来放松[38,39]。采用这种松弛算法，互补条件式(3.78)~式(3.81)可以表示为

$$\left\{\sum_{a\in A}[\alpha_m t_a(v_a) + (1-\omega_m)p\kappa_a]\delta_{a,r}^w + \omega_m p\left(\sum_{a\in A}\kappa_a\delta_{a,r}^w - \varphi_w\right)_+ - \mu_w^m\right\} \\ f_{r,w}^m \leqslant \theta_{r,w}^m, \quad r\in R_w, w\in W, m\in M \tag{3.102}$$

$$(\mu_w^m - B_w(q_w^m))q_w^m \leqslant \theta_w^m, \quad w\in W, m\in M \tag{3.103}$$

$$\left(\sum_{a\in A}\kappa_a v_a - \sum_{w\in W}\varphi_w \bar{q}_w\right)p \leqslant \theta^p \tag{3.104}$$

当用约束式(3.102)～式(3.104)替换原来的严格互补条件式(3.78)～式(3.81)后，MFCQ 就得到满足，因此可以用现有的算法求解。通过降低 $\theta = \left(\theta_{r,w}^m, \theta_w^m, \theta^p\right) > 0$ 的值，并迭代求解松弛的 MPCC，即可以得到最大化社会福利的最优可交易出行票方案。

3.2.3 数值算例

本节用数值算例分析和说明出行者对初始出行票描述和归类的异质性对可交易出行票方案的影响。仍然采用如图 3.7 所示的路网[40]，包含 13 个节点和 19 个路段，4 个 OD 对，即 1(1～2)、2(1～3)、3(4～2)、4(4～3)。各个 OD 对之间的路径数量分别是 8 条、6 条、5 条和 6 条。表 3.2 给出了各条路径的关联路段和出行票收取方案。路段出行时间函数仍采用式(3.70)，各个 OD 对之间收取的出行票数量分别为 $\varphi_1 = 6$、$\varphi_2 = 4$、$\varphi_3 = 4$、$\varphi_4 = 4$。需求函数为

$$q_w = \bar{q}_w \exp(-0.002\mu_w), \quad w \in W \tag{3.105}$$

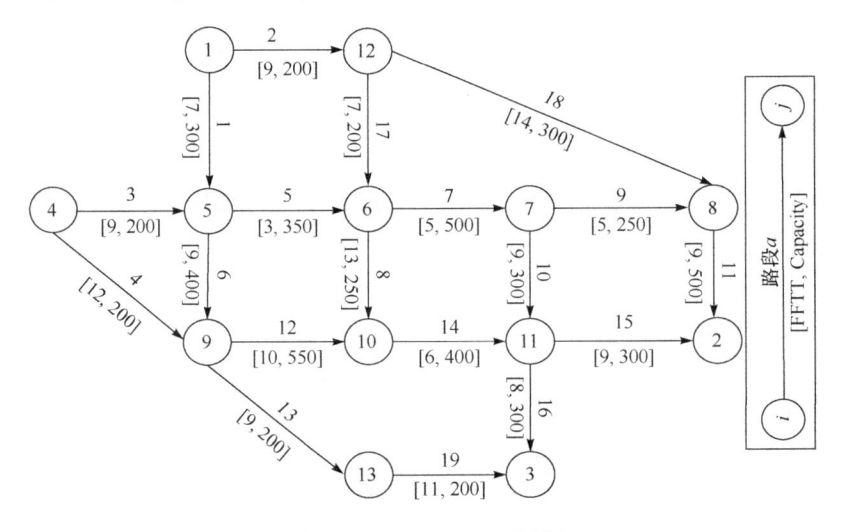

其中，$\bar{q}_1 = 660$、$\bar{q}_2 = 495$、$\bar{q}_3 = 412.5$、$\bar{q}_4 = 495$。

图 3.7 Nguyen-Dupuis 路网

表 3.2 给出了两种出行票收取方案，即随机的出行票收取方案和可以使社会总福利最大化的出行票收取方案。首先考虑随机的出行票收取方案。

第三章 考虑出行者行为特征的可交易出行票建模分析

表 3.2 算例的出行票收取方案

路径	关联路段	出行票收取方案 随机方案	出行票收取方案 最优方案	路径	关联路段	出行票收取方案 随机方案	出行票收取方案 最优方案
1	(1,5,7,9,11)	13	7.69	14	(1,5,7,10,16)	10	4.20
2	(1,5,710,15)	10	11.51	15	(1,5,8,14,16)	6	5.91
3	(1,5,8,14,15)	6	5.85	16	(1,6,12,14,16)	4	5.15
4	(1,6,12,14,15)	4	5.63	17	(1,6,13,19)	7	12.31
5	(2,11,18)	11	7.38	18	(2,7,10,16,17)	5	0.22
6	(2,7,9,11,17)	8	7.08	19	(2,8,14,16,17)	1	0.37
7	(2,7,10,15,17)	5	6.26	20	(3,5,7,10,16)	8	10.82
8	(2,8,14,15,17)	1	5.24	21	(3,6,12,14,16)	4	9.81
9	(3,5,7,9,11)	10	5.83	22	(3,6,13,19)	2	9.59
10	(3,5,7,10,15)	7	4.81	23	(4,13,19)	5	10.54
11	(3,5,8,14,15)	3	4.60	24	(4,12,14,16)	10	10.69
12	(3,6,12,14,15)	1	5.54	25	(3,5,7,10,16)	7	9.74
13	(4,12,14,15)	5	5.22				

假设所有出行者具有相同的时间价值，即 $\alpha=1$。首先，分析只有一种用户类别的情况，并考虑 $\omega=0$（不考虑框架效应）、$\omega=0.3$、$\omega=0.6$ 和 $\omega=1$ 等4种方案。随着 ω 的增加，出行者将初始出行票视作交通出行专项支出的程度增加，因此其广义出行成本有显著的降低。同时，出行票价格和出行需求随着 ω 的增加而增加。这是因为随着出行者将初始出行票视作交通出行专项支出的程度增加，出行者越来越倾向于将自己所有的初始出行票全部用于出行支出，而在市场出售初始出行票的意愿降低，造成市场出行票供应下降，进而引起出行票价格的提高。与此同时，逐渐降低的出行成本和对待免费初始出行票的态度使出行者的出行需求增加，但是增加的出行需求会导致平均出行时间增加。根据表 3.2，发现 $\omega=1$ 时的出行时间比 $\omega=0$ 时的出行时间几乎高出 6%。同时，社会总福利也随着 ω 的增加而减少。根据式(3.98)，社会总福利是所有OD对的出行需求与其最小广义出行成本乘积之和减去路网总的出行时间。随着 ω 的增加，最小广义出行成本降低而出行时间增加，所以尽管出行需求有增加，但是最终社会总福利还是降低了。所有OD对的出行需求与最小广义出行成本乘积意味着出行者由出行获取的收益，而路网总的出行时间意味着社会效率的损失，因此社会总福利的下降意味着出行者将初始出行票视作交通出行专项支出的心理使可交易出行票的效率降低了。

单用户均衡结果和OD1的出行成本如表 3.3 所示。路径出行时间随着 ω 的增加而增加。其中，路径4、路径7和路径8的路径出行时间增加最多。与 $\omega=0$ 相比，这三条路径在 $\omega=0.3$ 时大约增加了 3%，$\omega=0.6$ 时分别增加了 8%、7% 和 9%，而在 $\omega=1$ 时分别增加了 14%、13% 和 7%。与此同时，相应的出行票成本有了更大的减少。因此，路径广义出行成本降低，出行需求增加。表 3.3 中的广义路径出行成本表明，若 $\omega=0$，则 OD 对中所有的路径均会被出行者使用。与此相反，若 $\omega=1$，至少有 4 条路径不被使用。不同方案下 OD 对 1 之间的路径流量如图 3.8 所示。当不考虑出行者的框架效应，交通流量会分散在多条路径上。如果考虑出行者的框架效应，交通流量的分布就会相对集中。这种情况下，大多数出行者选择的都是收取出行票稍大于其初始出行票数量的路径。那些收取出行票数量太多或者太少的路径均没有被使用。由于框架效应，出行者倾向于花掉自己的初始出行票，因此不会选择收取出行票很少的路径。对收取出行票数量很高的路径，出行票价格的提高会引起其出行成本的增加，当这种增加超过框架效应带来的出行成本的降低时，出行者会放弃选择该路径。例如，如果不考虑框架效应，路径 1 的流量是所有路径中较高的。考虑框架效应后，这条路径几乎没有流量。同样的情况也适用于路径 4 和路径 7。

表 3.3 单用户均衡结果和 OD1 的出行成本

ω	出行票价格	OD 对需求				广义出行成本				平均出行时间	社会福利
		1	2	3	4	1	2	3	4		
0	5.60	525.01	398.79	330.08	396.69	114.41	108.06	111.45	110.71	78.93	53582
0.3	5.94	531.27	401.38	331.95	399.37	108.48	104.82	108.62	107.34	81.45	43106
0.6	6.44	537.86	404.28	333.98	402.10	102.32	101.22	105.58	103.93	84.29	31548
1	7.42	548.20	408.96	337.17	406.22	92.80	95.47	100.82	98.84	89.18	12395

OD 对 1 的出行成本

ω	出行时间				出行票成本				广义路径成本			
	0	0.3	0.6	1	0	0.3	0.6	1	0	0.3	0.6	1
路径 1	41.62	41.93	42.50	43.66	72.79	66.55	60.55	51.91	114.41	108.48	103.05	95.57
路径 2	58.42	59.76	61.09	63.14	55.99	48.72	41.23	29.66	114.41	108.48	102.32	92.80
路径 3	80.81	83.53	86.86	92.80	33.59	24.96	15.46	0.00	114.41	108.48	102.32	92.80
路径 4	92.01	95.41	99.00	104.87	22.40	16.64	10.31	0.00	114.41	112.05	109.32	104.87
路径 5	52.82	53.82	54.64	55.72	61.59	54.67	47.67	37.08	114.41	108.48	102.32	92.80
路径 6	69.62	71.64	73.97	77.97	44.79	36.84	28.34	14.83	114.41	108.48	102.32	92.80
路径 7	86.41	89.47	92.56	97.45	28.00	20.80	12.88	0.00	114.41	110.27	105.44	97.45
路径 8	108.81	113.24	118.33	127.11	5.60	4.16	2.58	0.00	114.41	117.39	120.91	127.11

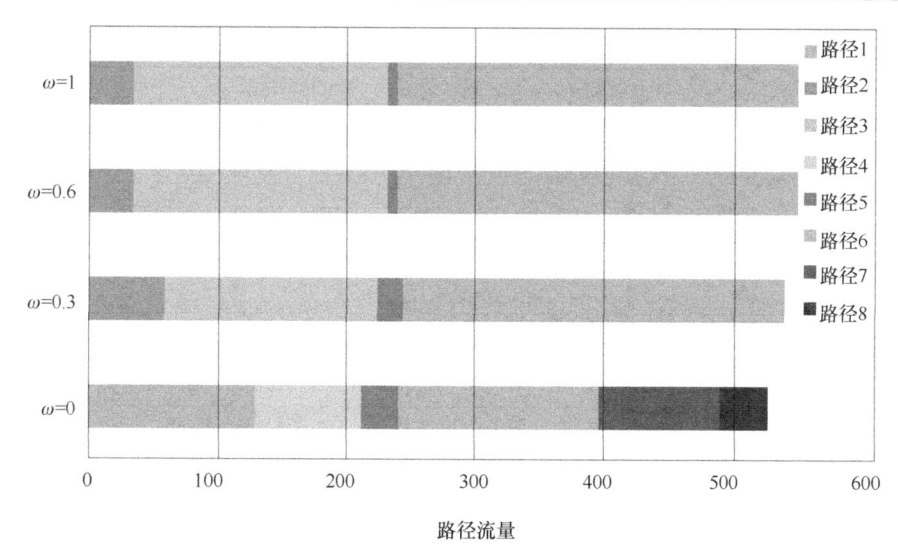

图 3.8 不同方案下 OD 对 1 之间的路径流量

下面进一步探讨多用户的情况，令 $\omega^1=0$、$\omega^2=0.6$ 和 $\omega^3=1$，假设出行者的时间价值均相同，满足 $\alpha^1=\alpha^2=\alpha^3=1$，而且各个用户类别的潜在出行需求均相同。多用户均衡结果如表 3.4 所示。可以看出，总的出行需求比单用户中 $\omega=0$ 时高很多，但比 $\omega=0.6$ 时要稍低。均衡出行票价格是 $p=6.21$，同样介于单用户 $\omega=0$ 和 $\omega=0.6$ 之间。平均出行时间也是一样的。表 3.4 还给出了基于用户的路径流量和出行需求。用户类别 2 和 3 的出行需求均比用户类别 1 的出行需求高，而且这两个类别中的路径流量更加集中，出行者不会选择收取出行票数量太低的路径。收取出行票太高的路径是否被使用取决于出行票价格变化带来的成本增加和框架效应带来的成本降低之间的博弈。

另外，多用户均衡结果如表 3.4 所示，列出了 OD 对 1 中的路径出行时间。相对用户类别 1，用户类别 2 和 3 对应的出行票成本要低很多。因此，其广义出行成本也低很多，导致其较高的出行需求。通过对比表 3.4 和表 3.3 的结果可以看出，多用户均衡中的路径出行时间介于 $\omega=0.3$ 和 $\omega=0.6$ 的单用户均衡的结果之间。这是因为多用户均衡中所有出行者对应的 ω 均值介于 0.3～0.6。由于出行票价格比单用户中 $\omega=0$ 时高，用户类别 1 的出行票成本要高一些。同样，用户类别 2 和 3 中的出行票成本也比相应的 $\omega=0.6$ 和 $\omega=1$ 时的单用户均衡中的高。广义路径成本的对比结果与此类似。用户类别 2 和 3 中的出行者均没有选择路径 4、路径 7 和路径 8。这与单用户均衡的结果一致。

以上分析讨论了随机可交易出行票方案下基于出行者框架效应的出行者路径选择行为和相应的路网均衡状态。除了上述随机可交易出行票方案，表 3.2 还给

表 3.4 多用户均衡结果

用户类别	出行票价格	OD 对需求 1	2	3	4	广义出行成本 1	2	3	4	平均出行时间	社会福利
用户 1		172.06	131.10	108.36	130.47	122.90	114.99	119.10	117.39		
用户 2	6.21	178.59	134.40	111.08	133.76	104.27	102.56	106.67	104.97	82.44	36452
用户 3		185.37	137.78	113.88	137.12	85.64	90.15	94.26	92.54		

OD 对 1 的出行成本

路径	出行时间	出行票成本 用户1	用户2	用户3	路径流量 用户1	用户2	用户3	广义路径成本 用户1	用户2	用户3	路径流量
路径 1	42,40	80.73	58.37	43.47	6.04	16.98	19.93	122.90	100.55	85.64	42.95
路径 2	60,06	62.10	39.74	24.84	2.42	7.84	7.85	122.90	100.55	85.64	18.11
路径 3	84,22	37.26	14.90	0.00	34.05	42.03	25.79	122.90	100.55	85.64	101.87
路径 4	96,12	24.84	9.94	0.00	55.34	0.00	0.00	122.90	108.00	98.06	55.34
路径 5	54,61	68.31	45.95	31.05	0.00	10.42	13.37	122.0	100.55	85.64	23.79
路径 6	73,42	49.68	27.32	12.42	26.54	101.31	118.43	122.90	100.55	85.64	246.28
路径 7	91,08	1.05	12.42	0.00	9.33	0.00	0.00	122.90	104.27	91.85	9.33
路径 8	115,24	6.21	2.484	0.00	38.34	0.00	0.00	122.90	119.17	116.69	38.34

出了可以使社会总福利最大化的可交易出行票方案。仍然令 $\omega^1=0$、$\omega^2=0.6$、$\omega^3=1$，最优可交易出行票方案下的多用户均衡结果如表 3.5 所示。相对随机的可交易出行票方案，该方案下的社会总福利有了非常大的增加，同时平均出行时间也降低很多。由于广义出行成本的变化，总的出行需求也降低了。这意味着，相对随机的可交易出行票方案，最优可交易出行票方案使路网均衡状态更接近系统最优的状态，相应的出行需求和路径流量也更接近系统最优状态下对应的值，使社会总福利增加，路网总出行时间减少。

与此同时，相对随机的可交易出行票方案，均衡出行票价格则提高很多。这使出行票出行成本增加，尤其是对框架效应较低的用户类别。从表 3.5 可以看出，广义出行成本和出行需求的变化对不同的用户类别是不同的。对用户类别 1 来说，由于出行者将初始出行票收入视作与常规收入等价，框架效应对其并不起作用。由于出行票价格的大幅提高，其 OD 对出行成本也有了显著的增加，从而引起出行需求的降低。对用户类别 2，该类别中的出行者具有较高的框架效应，因此其出行成本的变化是出行票价格提高和初始出行票框架效应共同作用的结果。最优可交易出行票方案下的多用户均衡结果如表 3.5 所示。可以看出，这一用户类别中只有 OD 对 2 和 OD 对 4 的出行成本增加了，因此只有这两个 OD 对的出行需求降低了。对用户类别 3，由于该类用户中的出行者将初始出行票完全视作用于交通出行的专项支出，具有最高的框架效应，出行票价格的提高只对超出其初始出行票数量的那部分出行票支出起作用，因此只有 OD 对 4 的出行成本增加，即只有该 OD 对的出行需求降低。

表 3.5 最优可交易出行票方案下的多用户均衡结果

用户类别	出行票价格	OD 对需求				广义出行成本				平均出行时间	社会福利
		1	2	3	4	1	2	3	4		
用户 1		162.03	125.40	117.53	108.68	152.91	137.23	78.45	208.75		
用户 2	14.03	179.25	134.13	118.26	116.25	102.41	103.56	75.36	175.08	62V.60	84945
用户 3		191.74	140.29	118.75	121.59	68.75	81.12	73.29	152.64		

OD 对 1 的出行成本 V

路径	出行时间	出行票成本			路径流量			广义路径成本			路径流量
		用户 1	用户 2	用户 3	用户 1	用户 2	用户 3	用户 1	用户 2	用户 3	
路径 1	45.02	107.89	98.32	23.73	12.04	32.04	40.72	152.91	102.41	68.75	84.80
路径 2	56.60	161.42	159.61	77.25	0.00	0.00	0.00	218.02	167.52	133.85	0.00
路径 3	70.87	82.05	101.34	0.00	70.71	0.00	0.00	152.91	103.68	70.87	70.71
路径 4	73.89	79.02	103.25	0.00	45.26	0.00	0.00	152.91	105.50	73.89	45.26
路径 5	49.43	103.48	98.64	19.32	26.57	108.49	64.17	152.91	102.41	68.75	199.23
路径 6	53.56	99.35	98.93	15.18	7.47	38.72	86.84	152.91	102.41	68.75	133.03
路径 7	65.15	87.77	99.76	3.60	0.00	0.00	0.00	152.91	102.41	68.75	0.00
路径 8	79.41	73.50	106.72	0.00	0.00	0.00	0.00	152.91	108.81	79.41	0.00

表 3.5 同时给出了 OD 对 1 之间各个路径的广义出行成本、路径出行时间、出行票成本和路径流量。相对随机的可交易出行票方案，该方案中大部分路径的出行时间都减少了。相对地，由于出行票价格的大幅度提高，大部分路径的出行票成本增加，因此最终的广义路径出行成本增加。相对随机的可交易出行票方案，最优方案中各个路径之间收取的出行票数量的差距减小。由于出行票价格比较高，路径之间的出行票成本差距仍旧比较大。只有路径 3、路径 4 和路径 8 收取的出行票数量少于出行者免费获得的出行票数量，因此很多用户类别 1 中的出行者选择路径 3 和路径 4。由于这三条路径的出行时间非常大，几乎没有用户类别 2 和用户类别 3 中的出行者选择这几条路径。

3.2.4 小结

本节讨论出行者对交通管理部门免费发放的初始出行票在描述和归类上的异质性对均衡路网流量和出行需求的影响。由于框架效应，出行者是将初始出行票视作等价的常规收入，还是用于交通出行的专项支出，对其出行选择和路径选择有着重要的影响。本节包括以下主要内容。

① 在心理账户的概念下，本节探讨出行者对交通管理部门免费发放的初始出行票的不同态度。如果出行者将其视作等价的常规收入，则支付出行票对出行者而言与支付收费并无区别，因此可交易出行票方案与道路收费是相同的；反之，如果出行者将其视作用于交通出行的专项支出，则可交易出行票方案可能产生与道路收费截然不同的结果。基于出行者对这部分初始出行票的不同态度，我们将其分为3类，并建立基于用户类别的出行票成本函数。

② 基于出行者对初始出行票的不同描述和归类方式，本节给出考虑出行者框架效应的可交易出行票方案的用户均衡条件，并建立相应的变分不等式模型，同时探讨存在解的唯一性问题。由于出行者的异质性，并不保证均衡路段流量的唯一性。在满足一定条件的情况下，可以保证集计路段流量和基于用户类别的 OD 对出行需求的唯一性。

③ 由于基于出行者框架效应的路径出行成本不具有可加性，因此很难得到可以达到系统最优状态的可交易出行票方案。本节建立带变分不等式约束的非线性规划问题来求解可以使社会总福利最大化的可交易出行票方案。数值算例表明，相对等价的道路收费模型，出行者框架效应下的可交易出行票方案会使出行需求和均衡出行票价格增加。

3.3 本章小结

本章从行为经济学角度出发研究可交易出行票方案下出行者的损失规避行为和框架效应这种非理性行为对其路径选择的影响，主要包括以下内容。第一，本章研究了基于损失规避行为的可交易出行票方案出行者路径选择模型，同时建立了等价的变分不等式模型，探讨了该模型均衡流量和均衡出行票价格解的存在唯一性等问题。第二，基于出行者对初始出行票的不同描述和归类方式，本章给出了考虑出行者框架效应的可交易出行票方案用户均衡条件，并建立了相应的变分不等式模型，同时探讨了其解的存在唯一性问题。为缓解交通拥堵措施的制定和应用提供了理论依据。

参 考 文 献

[1] Kahneman D, Knetsch J L, Thaler R H. Fairness as a constraint on profit seeking: Entitlements in

the market. American Economic Review, 1986, 76(4): 728-741.

[2] Tversky A, Kahneman D. The framing of decisions and the psychology of choice. Science, 1981, 211(4481): 453-458.

[3] Tversky A, Kahneman D. Loss aversion in riskless choice: A reference-dependent model. Quarterly Journal of Economics, 1991, 106(4): 1039-1061.

[4] Tversky A, Kahneman D. Advances in prospect theory cumulative representation of uncertainty. Journal of Risk and Uncertainty, 1992, 5(4): 297-323.

[5] Kahneman D, Tversky A. Prospect theory: An analysis of decision under risk. Econometrica, 1979, 47(2): 263-292.

[6] Avineri E, Prashker J N. Sensitivity to uncertainty: Need for a paradigm shift. Transportation Research Record, 2003, 1854(1): 90-98.

[7] Avineri E. A cumulative prospect theory approach to passengers behavior modeling: Waiting time paradox revisited. Journal of Intelligent Transportation Systems, 2004, 8(4): 195-204.

[8] Avineri E, Prashker J N. Violations of expected utility theory in route-choice stated preferences: Certainty effect and inflation of small probabilities. Transportation Research Record, 2004, 1894(1): 222-229.

[9] Fujii S, Kitamura R. Drivers' mental representation of travel time and departure time choice in uncertain traffic network conditions. Networks and Spatial Economics, 2004, 4(1): 243-256.

[10] Jou R C, Kitamura R, Weng M C, et al. Dynamic commuter departure time choice under uncertainty. Transportation Research Part A: Policy and Practice, 2008, 42(5): 774-783.

[11] Avineri E. The effect of reference point on stochastic network equilibrium. Transportation Science, 2006, 40(4): 409-420.

[12] Connors R D, Sumalee A. A network equilibrium model with travellers' perception of stochastic travel times. Transportation Research Part B: Methodological, 2009, 43(6): 614-624.

[13] Xu H L, Lou Y, Yin Y F, et al. A prospect-based user equilibrium model with endogenous reference points and its application in congestion pricing. Transportation Research Part B: Methodological, 2011, 45(2): 311-328.

[14] de Borger B, Fosgerau M. The trade-off between money and travel time: A test of the theory of reference-dependent preferences. Journal of Urban Economics, 2008, 64(1): 101-115.

[15] Hess S, Rose J M, Hensher D A. Asymmetric preference formation in willingness to pay estimates in discrete choice models. Transportation Research Part E: Logistics and Transportation Review, 2008, 44(5): 847-863.

[16] Site P D, Filippi F. Stochastic user equilibrium and value-of-time analysis with reference-dependent route choice. European Journal of Transport and Infrastructure Research, 2011, 11(2): 194-218.

[17] Site P D, Filippi F. Stochastic user equilibrium with reference-dependent route choice and endogenous reference points. Procedia-Social and Behavioral Sciences, 2012, 54(1): 547-556.

[18] Facchinei F, Pang J S. Finite-Dimensional Variational Inequalities and Complementarity Problems. New York: Springer, 2003.

[19] Yang H, Wang X. Managing network mobility with tradable credits. Transportation Research

Part B: Methodological, 2011, 45(3): 580-594.

[20] Smith M J. The existence, uniqueness and stability of traffic equilibria. Transportation Research Part B: Methodological, 1979, 13(4): 295-304.

[21] Watling D. User equilibrium traffic network assignment with stochastic travel times and late arrival penalty. European Journal of Operational Research, 2006, 175(3): 1539-1556.

[22] Nie Y M. Transaction costs and tradable mobility credits. Transportation Research Part B: Methodological, 2012, 46(1): 189-203.

[23] Chen L, Yang H. Managing congestion and emissions in road networks with tolls and rebates. Transportation Research Part B: Methodological, 2012, 46(8): 933-948.

[24] Shefrin H M, Thaler R H. The behavioral life-cycle hypothesis. Economic Inquiry, 1988, 26(4): 609-643.

[25] Ghany A M, Bivens G E, Keeler J P, et al. Windfall income and the permanent income hypothesis: New evidence. Journal of Consumer Affairs, 1983, 17(2): 262-276.

[26] Epley N, Gneezy A. The framing of financial windfalls and implications for public policy. Journal of Socio-Economics, 2007, 36(1): 36-47.

[27] Thaler R. Anomalies: Saving, fungibility and mental accounts. Journal of Economic Perspectives, 1990, 4(1): 193-205.

[28] Epley N, Mak D, Idson L C. Bonus of rebate: The impact of income framing on spending and saving. Journal of Behavioral Decision Making, 2006, 19(3): 213-227.

[29] Kooreman P. The labeling effect of a child benefit system. The American Economic Review, 2000, 90(3): 571-583.

[30] Hines J, Thaler R H. Anomalies the flypaper effect. The Journal of Economic Perspectives, 1995, 9(4): 217-226.

[31] Antonides G, de Groot M I, van Raaij F W. Mental budgeting and the management of household finance. Journal of Economic Psychology, 2011, 32(4): 546-555.

[32] Henderson P W, Peterson R A. Mental accounting and categorization. Organizational Behavior and Human Decision Processes, 1992, 51(1): 92-117.

[33] Levav J, Mcgraw A P. Emotional accounting: How feelings about money influence consumer choice. Journal of Marketing Research, 2009, 46(1): 66-80.

[34] Wang X, Yang H, Zhu D, et al. Tradable travel credits for congestion management with heterogeneous users. Transportation Research Part E: Logistics and Transportation Review, 2012, 48(2): 426-437.

[35] Chen A, Zhou Z, Xu X. A self-adaptive gradient projection algorithm for the nonadditive traffic equilibrium problem. Computers and Operations Research, 2012, 39(2): 127-138.

[36] Pang J S, Chan D. Iterative methods for variational and complementarity problems. Mathematical Programming, 1982, 24(1): 284-313.

[37] Lo H K, Chen A. Traffic equilibrium problem with route-specific costs: Formulation and algorithms. Transportation Research Part B: Methodological, 2000, 34(6): 493-513.

[38] Ban J X, Liu H X, Ferris M C, et al. A general MPCC model and its solution algorithm for continuous network design problem. Mathematical and Computer Modelling, 2006, 43(5):

493-505.

[39] Wang G, Gao Z Y, Xu M, et al. Models and a relaxation algorithm for continuous network design problem with a tradable credit scheme and equity constraints. Computers and Operations Research, 2014, 41(1): 252-261.

[40] Nguyen S, Dupuis C. An efficient method for computing traffic equilibria in networks with asymmetric transportation costs. Transportation Science, 1984, 18(2): 185-202.

第四章 基于居民效用视角的出行票方案分析

在可交易出行票方案中,决策部门根据出行调控目标发放一定数量的出行票。这些出行票被视为一种商品,给定合理的市场交易价格后,出行者可以进行自由买卖。出行者根据自身情况交易出行票,当作为出行票供给者时出售多余的出行票,获得出行票补贴,当作为需求者时支付额外费用购买出行票以满足自身出行需求。目前的主要研究工作是从交通网络均衡的角度对出行票方案进行分析和建模,对出行票方案设计的研究较少。例如,缺乏针对出行票发放群体分类和初始出行票发放数量等细节的分析。鉴于此,本章在分析出行票方案时,首先根据私家车出行里程分配出行票,以出行者特征为依据(私家车拥有情况)划分群体,考虑两种不同的初始出行票分配方式(平均分配模式和历史分配模式)。然后,通过建立嵌套效用模型描述居民日常消费和出行行为,对比有无出行票方案时的结果。最后,针对出行票交易市场,分析不同分配模式对出行票交易结果的影响,探讨交易市场中存在的供需关系,挖掘影响市场交易的关键因素。出行票方案分析的思路流程图如图4.1所示。

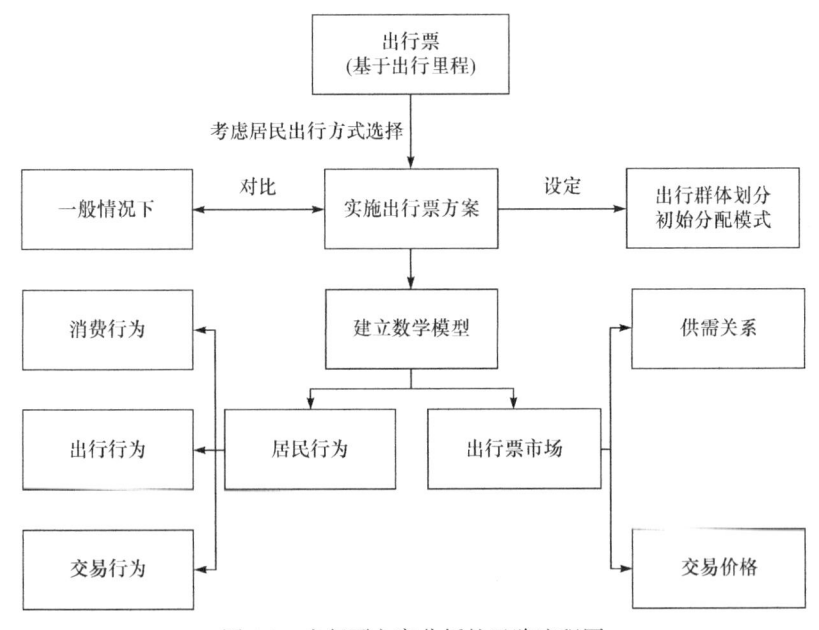

图 4.1 出行票方案分析的思路流程图

4.1 居民出行方式选择分析

可交易出行票作为新兴的交通管理政策，能够有效管理城市居民的出行[1]。对出行票方案进行分析首先需要探讨居民出行方式选择的特点。各种不同的出行方式作为满足城市居民出行需求的工具，共同影响着城市交通网络，并作用于出行系统中的每一个参与者。目前，城市中较为普遍的交通出行方式可以划分为个体交通和公共交通。它们在城市交通网络的运行中扮演不同的角色。公共交通因为具有容量大、污染小、道路占有率低的优势而被城市交通管理者所提倡，但仍存在舒适性差、灵活性低的缺点。个体交通的特点恰好弥补了这些不足，但是个体交通出行费用随着出行里程的增加而增加。因此，出行者需要结合自身属性、出行需求、出行方式的特点等综合因素，选择合适的出行方式。

4.1.1 居民出行方式及影响因素

1. 出行方式划分

城市居民出行方式可选择的种类较多，本节根据个体交通和公共交通进行分类，主要讨论私家车、出租车、公共交通(公交、地铁)、自行车，以及步行等几种出行方式[2]。它们各自的特点如下。

(1) 私家车

随着我国汽车产业的发展，私家车已经走入千家万户，成为一种常规的出行方式。私家车出行自由、方便省时，出行环境较为舒适，不易受天气影响，能满足城市居民的各种出行需求。但是，私家车出行费用较高，不仅包括日常行驶的油费，还包括相应的保险费、维护费等。过多的私家车出行不仅会导致城市拥堵加剧，也会造成尾气污染，使居民出行效率降低，出行体验较差。这种出行方式是出行票方案下重点管控的对象。

(2) 出租车

作为城市小汽车出行的另一种方式，出租车出行具有出行路线灵活、舒适方便的优势。其出行特点和私家车出行较为相似，是部分没有私家车的居民节省出行时间成本的重要选择。对有车群体来说，出租车出行没有驾驶私家车出行带来的疲劳感，是一种替代选择。相比私家车，出租车出行有时需要一定的等待时间，且出行费用高，尤其是长途出行时，因此受用群体主要是较高层次出行需求的居民。出租车出行虽然可以方便城市居民出行，但城市中存在的大量出租车会导致交通拥堵。在塞车情况下，出租车出行效率和私家车出行一样会降低，影响居民出行体验。

(3) 公共交通

目前城市中的公共交通主要包括公交车和地铁。这两种方式都具有运输载客量大、出行费用低、污染小的优点。提倡居民更多地使用公共交通出行，能够有效缓解大城市出现的人口拥挤、交通堵塞、能源稀缺和环境污染的问题。公交车出行换乘灵活性强，地铁出行不占地面空间、出行更快。然而，公交车有出行时间长、等待时间不确定的问题，更多地适用于短途出行。同时，当道路拥挤时，部分线路乘坐公交车时出行效率会受影响。目前我国公共交通出行分担率一直维持在 6%~25% 之间，远不及国外大城市的 40%~80%[3]，而地铁出行方式又仅限开通地铁线的城市。因此，充分认识公共交通在城市出行中的重要地位，提高通勤者公共交通使用率，是缓解城市拥堵问题的关键之一。

(4) 自行车

随着信息化时代的高速发展，以及共享单车的问世，自行车出行比例在经历低谷后又迎来了新的时代。自行车出行具有高度灵活性，出行成本低，适用于短途出行，可替代部分公交车或者地铁出行，节省换乘等待带来的时间成本。从宏观上看，自行车出行增加是因为共享单车的推广。但是，目前城市存在道路上共享单车过多，管理有待提升的问题。因此，合理规范化引导才能确保这种辅助公共交通方式成为缓解城市交通问题的新生力量。

(5) 步行

徒步出行的特点是灵活自由，但出行速度相对较慢。通常情况下，在散步、逛街这类出行或者在换乘时才会有步行的需求。步行也是衔接多种不同机动化出行方式的有效选择。

综上所述，出行方式特点如图 4.2 所示，可以直观地体现各种出行方式的特点。

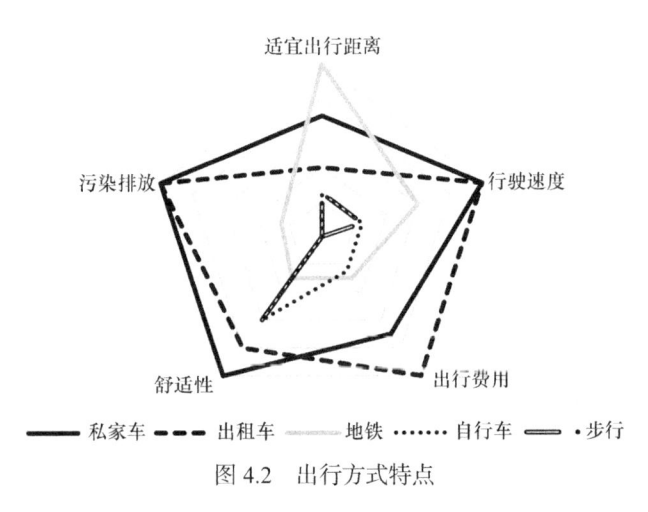

图 4.2 出行方式特点

为了从源头上对城市交通出行需求进行管理，实现缓解城市拥堵、降低交通污染的目标，可交易出行票方案需调节好个体交通和公共交通的关系，即反映在机动车出行里程的控制上。结合上述出行方式特点，本章以私家车作为个体交通的代表，将地铁、公交及目前城市中普及的共享单车作为公共交通出行方式的代表，同时考虑出租车这一出行方式。

2. 出行影响因素分析

对城市出行者而言，选择不同出行方式出行的影响因素有很多，可大致分为个人因素和环境因素。个人因素[4,5]指较为固定的自然属性，包括居民的性别、年龄、学历等，以及非固定的社会属性，如收入、职业、是否有驾照、是否有私家车等。环境因素指在居民出行时的外部环境，如天气变化、是否限行、是否有其他出行政策限制等。

在出行票方案下，除性别、年龄等居民自身因素外，本章主要考虑的影响因素包括收入、私家车保有情况和出行票方案响应程度。

(1) 收入

居民收入很大程度上决定居民出行方式的选择，体现在居民对自身出行费用的投入上。通常情况下，高收入群体出行注重时间成本，其工资水平表明个人的购买能力，间接说明能在出行上承担的消费能力，从而进一步决定自身的出行消费意向和消费量。因此，当居民收入水平划分成不同层级时，其个体出行投入和出行方式选择差别较大。

(2) 私家车保有情况

出行票交易机制实施目的在于控制居民出行，缓解城市交通问题。出行票分配的核心是依据居民是否使用私家车出行，在本章的研究中，出行票发放数量为私家车出行里程。因此，私家车的保有情况直接决定出行票方案下居民的角色定位。

(3) 出行票方案响应程度

每个出行者对出行票方案的响应程度不同，体现在出行票实施前后出行方式的改变上。一般情况下，有些居民即便收入处于较高层级时，仍然考虑使用公共交通作为主要的出行方式，属于主动行为的出行者。在实施出行票方案后，部分原先使用私家车、出租车出行较多的居民转而使用公共交通出行替代原先出行方式，是积极响应机制的出行者；部分在出行票实施前后并没有选择改变出行方式的居民，属于无响应机制的出行者。当然，作为收费政策，部分出行者也会出现排斥反应，但其并不会对自身出行做太多改变。因此，在讨论居民出行方式选择的影响因素时,需要分析其对出行票方案的响应程度。

4.1.2 基于 Logit 模型的居民出行方式选择分析

1. Logit 模型概述

城市居民在日常出行中,需要依据自身的收入、私家车保有等情况选择出行方式。居民出行方式决策行为图如图 4.3 所示。

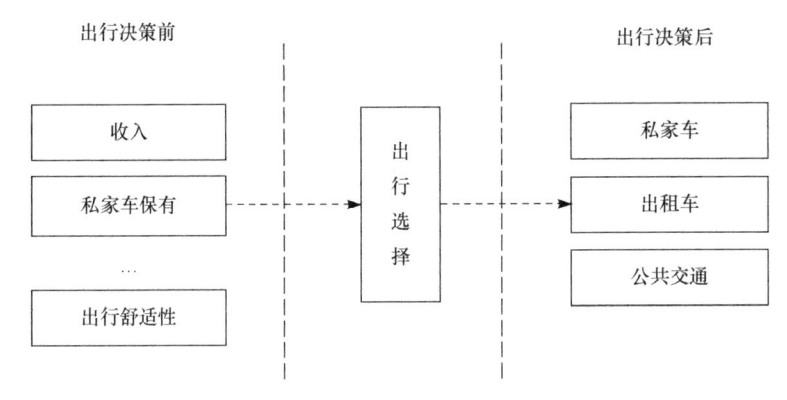

图 4.3 居民出行方式决策行为图

在目前关于居民出行选择行为的研究模型中,运用最广泛的一类是基于随机效用最大化的离散选择(Logit)模型[6,7]。其具有概率表达式的显性特点,在交通运输领域可以解释出行者内在的微观决策过程。

Logit 模型可将出行者从备选出行方式中获得的效用分为可观测部分和不可观测部分。备选集合 N 中的方式 n 对出行者 i 而言的效用模型为[6]

$$U_n(i) = V_n(i) + \varepsilon_n(i) \tag{4.1}$$

其中,$U_n(i)$ 为出行者 i 选择出行方式 n 的总效用;$V_n(i)$ 为出行者 i 选择出行方式 n 的固定效用;$\varepsilon_n(i)$ 为出行者 i 选择出行方式 n 的随机效用或随机误差。

式(4.1)表明,出行者在进行选择时既受到固定效用影响,也受到随机效用的影响。由于出行者属性不同,会存在不同的随机误差 $\varepsilon_n(i)$,并且在通常情况下无法精确计算。

对固定效用 $V_n(i)$ 的表达式,大多数情况下为

$$V_n(i) = \beta_n + \beta_{n1}v_{n1}(i) + \beta_{n2}v_{n2}(i) + \cdots + \beta_{nj}v_{nj}(i) \tag{4.2}$$

其中,$v_{nj}(i)$ 为影响出行者 i 选择因素 j 的效用;β_{nj} 为与 $v_{nj}(i)$ 对应的权重值。

每个出行者选中出行方式 n 的预测概率为

$$p_n(i) = \text{Prob}(U_n(i) > U_m(i))$$
$$= \text{Prob}(V_n(i) + \varepsilon_n(i) > V_m(i) + \varepsilon_m(i)), \quad m \neq n \tag{4.3}$$

其中，$0 \leq p_n(i) \leq 1$，$\sum p_n(i) = 1$。

假设 $\varepsilon_n(i)$ 服从相互独立且同分布的二重指数分布时，可以得到 Logit 模型。此时模型为[3]

$$p_n(i) = \frac{e^{V_n(i)}}{\sum_{m \in N} e^{V_m(i)}} \tag{4.4}$$

进一步可以推出 $p_n(i)$ 与 $p_m(i)$、$V_n(i)$ 与 $V_m(i)$ 存在的关系为

$$\frac{p_n(i)}{p_m(i)} = \frac{e^{V_n(i)}}{e^{V_m(i)}} = e^{V_n(i) - V_m(i)} \tag{4.5}$$

$$V_n(i) - V_m(i) = \ln \frac{e^{V_n(i)}}{e^{V_m(i)}} = \ln \frac{p_n(i)}{p_m(i)} \tag{4.6}$$

对单个居民而言，Logit 模型结果可以表示选择某种出行方式的具体概率。对某类群体而言，Logit 模型结果可以表示某种出行方式的分担率。在本章，Logit 模型的被解释变量为三种出行方式，所得概率结果可以理解为出行者 i 对某种出行方式的选择偏好。

本章利用计算软件 SPSS 中的多元 Logistic 回归模型进行拟合计算，这是一种 Logit 模型的变形。其目的在于拟合多种分类的影响因素的效用函数。通常对出行者 i 而言，以选择公共交通发生的概率 $p_{\text{mass}}(i)$ 作为基准概率，结合式(4.3)和式(4.6)，对私家车选择概率 $p_{\text{car}}(i)$，出租车选择概率 $p_{\text{taxi}}(i)$，可以建立如下两个广义 Logit 方程，即

$$\text{Logit } P_{\text{car}} = D_{\text{car}}(i) = \ln \frac{p_{\text{car}}(i)}{p_{\text{mass}}(i)} \tag{4.7}$$

$$\text{Logit } P_{\text{taxi}} = D_{\text{taxi}}(i) = \ln \frac{p_{\text{taxi}}(i)}{p_{\text{mass}}(i)} \tag{4.8}$$

因此，$p_{\text{car}}(i)$、$p_{\text{taxi}}(i)$、$p_{\text{mass}}(i)$ 为

$$p_{\text{car}}(i) = \frac{e^{D_{\text{car}}(i)}}{1 + e^{D_{\text{car}}(i)} + e^{D_{\text{taxi}}(i)}} \tag{4.9}$$

$$p_{\text{taxi}}(i) = \frac{e^{D_{\text{taxi}}(i)}}{1 + e^{D_{\text{car}}(i)} + e^{D_{\text{taxi}}(i)}} \tag{4.10}$$

$$p_{\text{mass}}(i) = \frac{1}{1 + e^{D_{\text{car}}(i)} + e^{D_{\text{taxi}}(i)}} \tag{4.11}$$

2. 数据影响因素分析

可交易出行票作为新兴的交通需求管理策略，需要居民对机制的具体实施有所了解才能根据自身情况做出相应的出行选择。然而，目前该机制普及程度不高，居民对收费性质的政策存在抵触心理，对政策的推广造成一定的阻碍。

调查出行者在出行票方案下的出行选择情况，通常有两种方法[8]，即 RP 调查(对已经发生的事件进行调查)和 SP 调查(对未发生的事件进行假设调查)。SP 调查方法不仅费用成本较低，还可以按照需求假设将来的状态。随意设定选取情况，可通过给被调查者提供一些假定条件下的选择方法，获得其出行偏好。这种假设情境下的意向型调查符合目前出行票方案的特点，因此可采用 SP 调查方法对居民在出行票方案下的出行选择进行调查。调查问卷主要通过网络问卷的方式，在指定的时间内共收到问卷样本 256 份，排除部分不完整答卷后有效问卷 240 份。

根据收集的信息，选取所需数据。本章在出行票方案下主要考虑的影响因素包括三大类。这其中既有可以量化处理的定量因素，也有不易量化处理的定性因素或分类因素。

为统一量纲，对定量因素和定性因素采用 Likert5 点量表法进行处理，对既不能直接判断大小，也不能依据 Likert5 量化的分类变量，采用 0、1、2 等数值进行赋值。影响因素量化标准如表 4.1 所示。

表 4.1 影响因素量化标准表

影响因素分类	类型	量化标准
定量因素	年龄	25 岁以下=1，25～35 岁=2，35～45 岁=3，45～55 岁=4，55 岁以上=5
	月收入	4500 元以下=1，4500～8000 元=2，8000～12000 元=3，12000 元以上=4
	教育水平	高中以下=1，大专及本科=2，硕士及以上=3
分类因素	性别	男=1，女=2
	私家车情况	有=1，无=0
	出行方式	私家车=1，出租车=2，公共交通=3
定性因素	响应程度	无所谓=0，会响应=1

在被调查的居民中，居民对不同出行方式选择的结果如图 4.4 所示。

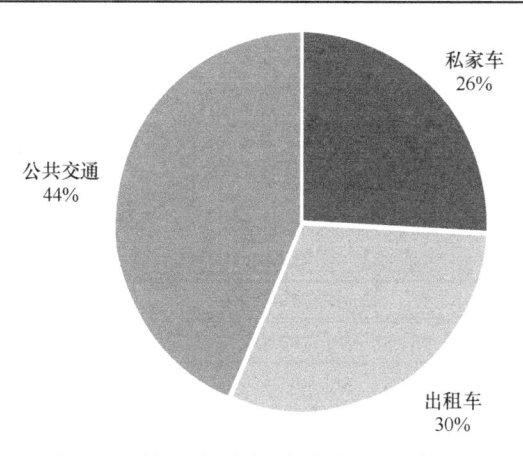

图 4.4 居民对不同出行方式选择的结果

进一步对初始数据经过量化处理后进行统计,调查者的出行方式统计如表 4.2 所示。

表 4.2 调查者的出行方式统计

影响因素	量化标准	人数	占比/%
性别	男=1	143	59.6
	女=2	97	40.4
年龄	25 岁以下=1	87	36.3
	25~35 岁=2	74	30.8
	35~45 岁=3	34	14.2
	45~55 岁=4	28	11.7
	55 岁以上=5	17	7.1
月收入	4500 元以下=1	59	24.6
	4500~8000 元=2	86	35.8
	8000~12000 元=3	63	26.3
	12000 元以上=4	32	13.3
私家车拥有情况	无=0	156	65.0
	有=1	84	35.0
响应程度	无所谓=0	130	54.2
	会响应=1	110	45.8
受教育程度	高中以下=1	60	25.0
	大专及本科=2	106	44.2
	硕士及以上=3	74	30.8

3. 数据回归分析

本节运用SPSS软件中的多元Logistic回归模型进行分析。以各个居民的性别、年龄、月收入、教育水平、私家车保有情况及响应程度作为因变量，可得如表4.3～表4.7所示的结果。

表 4.3　初始 Logistic 回归结果

效果	模型拟合标准	似然比检验		
	简化后的模型的-2倍对数似然值	卡方	df	显著水平
截距	414.410	0.000	0	0.000
性别	422.907	8.497	2	0.014
年龄	433.989	19.580	8	0.012
月收入	443.491	29.081	6	0.000
私家车拥有情况	435.637	21.228	2	0.000
响应程度	415.080	4.670	2	0.215
受教育程度	421.589	7.180	4	0.127

初始 Logistic 回归结果如表 4.3 所示，取显著性水平 $\alpha=0.05$，则响应程度和受教育程度与广义 Logit P 之间的线性关系不显著，应移出。在多元 Logistic 回归中，系数显著性水平高不代表参量不可取，而是说明该变量对实际问题不具有进行深层次分析的意义。

结合现实情况可以理解，首先居民对出行方式的选择受教育水平的制约程度低，受月收入和私家车拥有情况的影响相对更大。同时，机制响度程度的显著性水平结果表示其与出行者出行方式选择关系较弱，对出行选择影响较小，即使在告知实施出行票方案的情况下，居民仍愿意维持原出行方式，也表明出行票方案的推广任重而道远，验证了[9]在出行票方案下居民改变出行方式的意愿并不强烈。因此，本章设定出行票方案的实行对居民出行方式的选择偏好没有影响。在剔除这两项后，修正后 Logistic 回归结果如表 4.4 所示。

表 4.4　修正后 Logistic 回归结果

效果	模型拟合标准	似然比检验		
	简化后的模型的-2倍对数似然值	卡方	df	显著水平
截距	281.005	0.000	0	—
性别	289.137	8.132	2	0.017
年龄	300.824	19.819	8	0.011
月收入	311.040	30.035	6	0.000
私家车拥有情况	300.413	19.407	2	0.000

同样，利用多元 Logistic 回归模型也可以得到各变量之间的相关性。各变量间的相关性矩阵如表 4.5 所示。根据统计学原理可知，相关系数低于 0.5 则认定两个变量间无明显的相关关系。从显著性水平角度看(α =0.05)，年龄与月收入及私家车拥有情况之间有很强的相关性。这在现实生活中体现为随着年龄的增长，从学生到工作再到退休，收入处于变化波动的过程。在此过程中，多数居民为满足生活需求会选择购买私家车，符合现实情况。

表 4.5 各变量间的相关性矩阵

控制变量		性别	年龄	月收入	私家车拥有情况
性别	相关性	1	−0.060	0.065	−0.053
	显著性	—	0.354	0.315	0.418
年龄	相关性	−0.060	1	0.139	−0.048
	显著性	0.354	—	0.032	0.456
月收入	相关性	0.065	0.139	1	0.323
	显著性	0.315	0.032	—	0.000
私家车拥有情况	相关性	−0.053	−0.048	0.323	1
	显著性	0.418	0.456	0.000	—

结合上述两表可知，在出行票方案下，性别、年龄、月收入和私家车拥有情况对居民出行选择存在显著影响。

通过处理，根据所需数据以公共交通作为参照类别，得出的私家车参数估计结果如表 4.6 所示。表中给出的是模型参数估计结果，依次为各个回归系数的估计值(B 列)、标准误差、Wald 统计量的观测值、自由度、Wald 统计量观测值对应的概率，以及 exp(B)，其中以公共交通、女性、55 岁以上、月收入 12000 元从上、有私家车为参照类，从中可以得到广义的 Logit 方程，即

$$\text{Logit } P_{car} = D_{car}(i)$$
$$= -2.932 + 0.683X_1(1) + 2.269X_2(1) + 2.87X_2(2) + 1.736X_2(3)$$
$$+ 1.567X_2(4) - 0.868X_3(1) - 0.655X_3(2) - 0.403X_3(3) - 1.319X_4(0)$$
(4.12)

其中，$X_1(1)$, $X_2(2)$, $X_4(0)$ 均为控制变量。

式(4.12)是选择私家车出行和公共交通出行概率的自然对数模型结果。当其他条件一致时，男性出行者的概率自然对数比女性(参照类)平均多出 0.683 个单位，男性选择概率是女性的 1.98 倍，表明男性出行者更偏向于选择私家车出行；25~35 岁的出行者的概率自然对数要比 55 岁以上老年出行者(参照类)平均多出 2.87 个单位。前者选择概率是后者的 4.792 倍，年轻人明显更倾向于驾车出行，而城

市中老年人更倾向于使用公共交通出行，符合现实情况。

随着月收入从4500元以下到12000元以上的逐级增加，较高收入的出行者群体更倾向于选择开车出行，因为高收入群体相比其他群体的支付能力更强，可以承担私家车出行带来的较高出行费用，使其在出行过程中可以选择更具便捷性和舒适性的私家车。同时，无私家车的出行者在选择上更倾向于公共交通，可见私家车的拥有情况也会影响城市居民的出行选择。

表 4.6 私家车参数估计结果

变量	分类	B	标准误差	Wald	df	显著水平	exp(B)
—	截距	−2.932	0.917	10.218	1	0.001	—
$X_1(k)$	男	0.683	0.373	3.362	1	0.067	1.980
	女	—	—	0(参照类)	0	—	—
$X_2(k)$	25岁以下	2.269	0.726	9.778	1	0.002	9.670
	25~35岁	2.870	0.744	4.438	1	0.035	17.637
	35~45岁	1.736	0.822	4.460	1	0.035	5.674
	45~55岁	1.567	0.898	10.216	1	0.001	4.792
	55岁以上	—	—	0(参照类)	0	—	—
$X_3(k)$	4500元以下	−0.868	0.641	1.570	1	0.210	0.420
	4500~8000元	−0.655	0.580	0.009	1	0.225	0.519
	8000~12000元	−0.403	0.625	1.928	1	0.165	0.668
	12000元以上	—	—	0(参照类)	0	—	—
$X_4(k)$	无私家车	−1.319	0.397	11.051	1	0.001	0.267
	有私家车	—	—	0(参照类)	0	—	—

同理，出租车参数估计结果如表 4.7 所示。可以发现，出租车结果与私家车相似。出租车在城市交通中作为必不可少的一部分，一方面承担替代私家车出行的角色，另一方面是居民节省时间成本、追求出行效率的重要选择。根据表 4.7 同样可得

$$\begin{aligned} \text{Logit } P_{\text{taxi}} &= D_{\text{taxi}}(i) \\ &= -2.932 + 0.329 X_1(1) + 1.259 X_2(1) + 1.54 X_2(2) + 0.327 X_2(3) \\ &\quad + 0.345 X_2(4) - 0.99 X_3(1) - 0.551 X_3(2) + 0.139 X_3(3) + 0.538 X_4(0) \end{aligned}$$

(4.13)

式(4.13)是选择出租车出行和公共交通出行概率的自然对数模型结果。可以发现，在其他情况相同时，男性群体更倾向于选择出租车出行，年轻群体相比年长

的出行者在两种方式中更倾向于出租车,但横向对比私家车结果可以发现,私家车的选择倾向是最高的。收入方面,高收入群可以承担更多的出行费用,导致选择概率较高,与实际相符。

在仅考虑私家车情况时,无私家车的概率自然对数比有私家车(参照类)平均增加 0.538 个单位,概率比例是有私家车居民的 1.713 倍。无私家车居民选择出租车出行的取向大于有私家车居民,且统计上显著,即没有私家车的居民与有私家车的居民在出行选择上有明显差异。在生活中,前者将出租车作为私家车出行的替代,在出行需求上要比有私家车居民更大。

表 4.7 出租车参数估计结果

变量	分类	B	标准误差	Wald	df	显著水平	exp(B)
—	截距	−1.257	0.921	1.861	1	0.172	—
$X_1(k)$	男	0.329	0.348	7.124	1	0.008	1.390
	女	—	—	0(参照类)	0	—	—
$X_2(k)$	25 岁以下	1.259	0.749	2.826	1	0.093	3.522
	25~35 岁	1.540	0.752	0.210	1	0.647	4.665
	35~45 岁	0.327	0.806	0.164	1	0.685	1.387
	45~55 岁	0.345	0.847	3.307	1	0.069	1.412
	55 岁以上	—	—	0(参照类)	0	—	—
$X_3(k)$	4500 元以下	−0.990	0.603	2.695	1	0.101	0.372
	4500~8000 元	−0.551	0.610	6.471	1	0.011	0.576
	8000~12000 元	0.139	0.559	0.062	1	0.803	1.149
	12000 元以上	—	—	0(参照类)	0	—	—
$X_4(k)$	无私家车	0.538	0.412	1.705	1	0.192	1.713
	有私家车	—	—	0(参照类)	0	—	—

结合两表结果可以发现,私家车出行在三种出行方式中最受青睐,收入越高的群体越偏向于选择私家车出行,出租车出行受到无私家车群体的青睐。从结果上看,年龄越大的群体和收入较低的群体比其他居民更偏好于选择公共交通出行。在出行票方案的接受程度上,有近一半的居民可以响应出行票机制,但就结果来看,对他们的出行方式选择并没有太多影响。

综上所述,年龄、性别、月收入和私家车拥有情况是影响居民出行方式选择的主要因素,因此在出行票方案设定和价格设计的过程中应被重点考虑。

4.2 出行票方案设定

4.2.1 出行群体划分

在出行票方案中,出行票被视为一种可交易的商品,因此从商品经济的角度考虑,可将居民的日常消费分为出行商品消费和非出行商品消费两个部分。出行商品消费指使用交通工具出行产生的费用,例如在出行票方案实施后购买出行票的支出费用。非出行商品消费则是日常生活中除出行消费之外的其他各种消费统称。

在出行消费中,私家车拥有情况是影响居民出行选择的重要因素,尤其在出行票方案下,居民使用私家车出行时需要支付等里程数量的出行票。同时,私家车的出行需求溢出也是造成城市交通拥堵问题的主要原因,因此有必要依据私家车的有无对出行者进行分类,即根据车辆的情况可分为无车群体和有车群体。出行票方案下出行群体划分及行为示意图如图 4.5 所示。

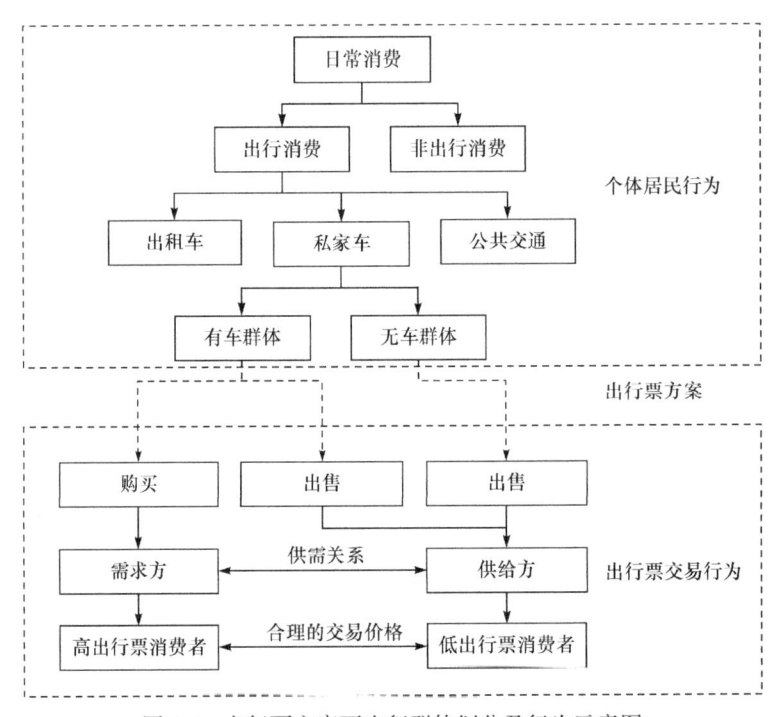

图 4.5 出行票方案下出行群体划分及行为示意图

1. 无车群体

无车群体指没有私家车的出行群体，本章不考虑借用、租赁私家车出行等情况，即无车群体只能使用出租车或公共交通出行。这部分出行者在收到出行票后将其视为意外收入，即交通出行的专项支出。他们可以通过出售出行票换取补贴，相比之前可以减少出行商品的消费支出，享受出行票方案带来的福利。

2. 有车群体

有车群体指拥有私家车且可以使用私家车出行的群体。在出行票方案下使用私家车出行时需要支付等里程的出行票，因此对有车群体而言，出行票对出行的影响较大。结合 4.1 节分析可知，出行者仍具有强烈的维持出行现状的意愿，通过改变出行方式来响应出行票机制的意愿较低，尤其是那些收入较高且有车的居民。因此，可以将有车群体分为两种，一种是出行者使用私家车出行较少，分配到的额度超过其以前出行里程，从而产生剩余的出行票。他们会将这部分出行票出售换作补贴，与无车群体一样作为出行票交易市场的供给方。另一种出行者由于原先使用私家车出行较多，出行里程超出分配到的出行票数量，他们为满足自身出行需求会支付费用，购买出行票，变成交易市场的需求方。

综上，根据居民对出行票的交易情况，出行者中作为供给方出售出行票的群体称为低出行票消费者，需要购买出行票的出行者称为高出行票消费者。二者在交易市场中以一个合理的价格进行出行票交易。在这个过程中，管理部门只负责发放出行票，并规定在出行票的有效期限内，不可以干涉居民的交易行为。同时，为杜绝出行票倒卖行为的发生，在一定时限内居民只能作为出行票供需关系中的一种角色。

4.2.2 初始分配模式设定

作为一种交通需求管理手段，出行票方案最重要的一个特点就是公平性，首先体现在初始出行票分配的数量上。此外，初始出行票的分配也直接影响交易结果[10]。

从行为心理学的角度看[11]，出行者对初始免费部分的出行票描述不同，低出行票消费者将其视为一种补贴手段，并且对他们原先的出行并没有太多影响。对高出行票消费者来说，当初始分配到的出行票远不能满足其原先的出行需求时，会对他们的出行造成较大的影响，此时通过支付额外费用购买出行票的方式往往会造成该群体的不满。

因此，出行票的初始分配模式是出行票方案运行的基础，合理的分配策略关系到机制实施的有效性。在过去研究中[12,13]，初始分配模式主要遵从平均分配的原则，即给实施出行票方案区域内所有居民平均分配等量的出行票，可称为平均分配模式，但缺乏对这种简单粗犷的分配模式下居民交易行为的分析。在考虑平均分配模式外，本章基于居民无出行票约束条件下的出行里程，构建一种历史分配模式。在该模式下，初始出行票分配的多少取决于实施前居民私家车出行里程数。两种分配模式的具体操作如下。

(1) 平均分配模式

在平均分配模式下，首先以出行票方案实施前所有居民私家车出行总里程作为历史数据，然后根据调控目标设定出行票方案下私家车出行里程的总目标量，最后将目标量平均分配给所有居民，作为出行者的初始分配出行票量。

此时有车群体中的高出行票消费者作为需求方，购买一定量的出行票来满足原来的私家车出行需求；有车群体中出行票有剩余的出行者与无车群体的出行者一起作为低出行票消费者，出售多余的出行票，在市场中属于出行票供给方。

(2) 历史分配模式

在历史分配模式下，只对有车群体发放出行票。先以每个居民在出行票方案实施前的私家车出行里程为基础，设定合适的额度作为有出行票方案下的初始出行票分配量。无车群体的居民不考虑私家车出行方式，因此不再分配初始出行票。

在此时的出行票交易市场中，高出行票消费者和低出行票消费者均来自有车群体。其中初始出行票量不足的居民作为需求方，另一部分出行票有剩余的居民作为供给方，他们在出行票市场自由地进行交易以满足自身需求。

综上，两种分配模式下的供需关系如表 4.8 所示。

表 4.8　两种分配模式下的供需关系

分配模式	供给方	需求方
平均分配模式	1.有车群体(低出行票消费者) 2.无车群体(出售得到的票额)	有车群体(高出行票消费者)
历史分配模式	有车群体(低出行票消费者)	有车群体(高出行票消费者)

4.3　考虑出行票方案的居民效用模型

4.3.1　出行效用理论概述

1. 出行效用理论

效用理论是经济学重要的理论之一[14,15]。传统效用理论认为，消费者购买的商品种类和商品数量决定了他在这个过程中获得的效用。此时效用与数量呈现正相关性，但是传统的效用理论没有考虑消费商品自身特性对消费者的影响，即商品的品质高低可能改变消费者的选择行为。因此，Lancaster 在 1966 年对传统的效用理论进行扩展，加入了商品特性，指出消费者对商品的需求来自对商品特性的需求，并认为其真正购买的目的是由这些特性获得满足。因此，在经济领域，效用理论被定义为居民在生活消费中做出某个选择后，能够在其中获得的满足感或者完成某种特殊的需求感。

随着效用理论的发展，在广义上人的出行选择可以被定义为一种购买行为。在交通领域，出行者的选择行为可以看作模拟消费并进行挑选的过程。在以下三种情况中可使用效用理论进行描述。

① 在实现出行活动的过程中，出行者因自身属性的差异使其在不同条件下对出行方式的选择不同。

② 出行者在出行选择上存在约束条件，如收入限制，同时在选择过程中实现个人最佳目的。

③ 当存在部分因素对出行选择有重要影响，但难以定性或定量分析时，如社会经济特性，可用效用理论进行描述。

因此，当出行票被视为可交易的商品时，居民的出行选择同样可被认为是商品选择。本节结合前面的结论以嵌套柯布-道格拉斯[16](Cobb-Douglas，CD)效用函数描述个体居民消费效用和出行效用。

2. 柯布-道格拉斯效用函数

如附录 A 所示，该效用函数由著名数学家 Cobb 和经济学家 Douglas 在 20 世纪 30 年代提出，他们根据当时美国制造业的相关数据，分析得到了劳动生产要素和资本生产要素对经济产量增长的生产函数，即

$$Q = AL^{\alpha}K^{\beta} \tag{4.14}$$

其中，Q 为经济产出；L 为劳动生产要素投入；K 为资本生产要素投入；A、α 和 β 为常数。

该模型刻画了生产过程中使用的生产要素数量与最大产值之间的关系，同时也可以作为效用函数描述消费者的效用，其形式为

$$U = Ax^{\alpha}y^{\beta} \tag{4.15}$$

其中，x 和 y 为消费者对两种商品的消费量，对居民出行效用而言，代表不同出行方式的出行里程数目。

在出行票交易过程中，CD 效用函数可描述为居民在日常生活中产生的商品消费效用和最大消费效用之间的关系，以及在出行过程中出行方式的效用与能够

实现的最大出行效用的关系。

4.3.2 居民消费效用建模及求解

在出行票方案中，出行票作为一种商品会引起居民对自身出行商品消费的改变。在权衡不同商品的消费过程中，居民会根据自身偏好选择消费，在满足约束条件的情况下，实现消费过程中的效用最大化。为简化描述，假设对出行票方案实施区域的 n 个居民而言，可选择消费出行商品或者非出行商品。此时，出行者 i 的月消费效用模型为

$$\max U_c(x_{nt}(i), x_t(i)) = x_{nt}(i)^{\alpha_c(i)} x_t(i)^{\beta_c(i)} \tag{4.16}$$

满足

$$p_{nt}x_{nt}(i) + p_t x_t(i) \leqslant I(i), \quad x_{nt}(i), x_t(i) \geqslant 0$$

其中，$x_{nt}(i)$ 为非出行商品消费量；$x_t(i)$ 为出行商品消费量；p_{nt} 为非出行商品消费的单价；p_t 为出行商品消费的单价；$I(i)$ 为出行者的月收入；$\alpha_c(i)$ 和 $\beta_c(i)$ 为出行者 i 对非出行商品和出行商品的消费偏好。

可以发现，居民追求消费效用的过程受自身收入的制约。CD 效用函数中的消费偏好 $\alpha_c(i)$ 和 $\beta_c(i)$ 由居民在出行商品和非出行商品上的支出份额确定，并且有 $\alpha_c(i) + \beta_c(i) = 1$，其中 $\alpha_c(i) \geqslant 0$，$\beta_c(i) \geqslant 0$。式(4.16)约束条件中含不等式，可以利用 KKT 条件求解，即

$$\alpha_c(i) x_{nt}^{\alpha_c(i)-1} x_{nt}^{\beta_c(i)} - \theta_1 p_{nt} + \theta_2 = 0 \tag{4.17}$$

$$\beta_c(i) x_{nt}^{\alpha_c(i)} x_{nt}^{\beta_c(i)-1} - \theta_1 p_t + \theta_3 = 0 \tag{4.18}$$

$$\theta_1(p_{nt}x_{nt}(i) + p_t x_t(i) - I(i)) = 0 \tag{4.19}$$

$$\theta_2 x_{nt}(i) = 0 \tag{4.20}$$

$$\theta_3 x_t(i) = 0 \tag{4.21}$$

其中，θ_i 为影子价格，即 θ_1 表示增加一单位收入时居民效用的变化，θ_2 和 θ_3 为多消费一单位商品时带来的边际收益。

针对消费偏好，日常生活中的居民可能存在三种消费情况，即只消费出行商品、只消费非出行商品、既消费出行商品又消费非出行商品。因此，针对两种商品的三种消费可能，当偏好参数取值不同时，CD 函数消费效用曲线如图 4.6 所示。可以发现，当两个居民对商品的偏好不同时，对应的消费效用也会产生偏差。消费偏好 $\alpha_c(i)$ 和 $\beta_c(i)$ 的取值反映居民消费两种商品的偏好情况。

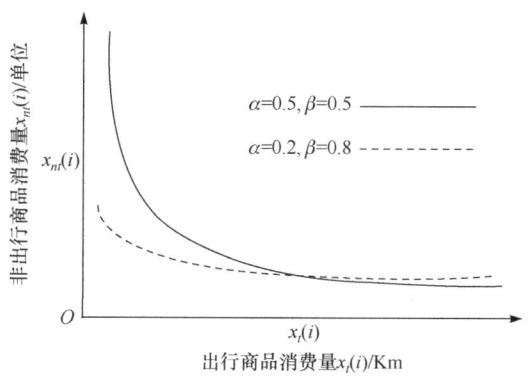

图 4.6 消费效用曲线

通过联立式(4.17)~式(4.21)可以得到消费效用求解结果,如表4.9所示。当$\alpha_c(i)$=0时,$\beta_c(i)$=1,此时为边界解(1),表现为居民收入只用来消费出行商品;当$\alpha_c(i)$=1时,$\beta_c(i)$=0,此时为边界解(2),表现为居民收入只用于消费非出行商品;当$\alpha_c(i)$和$\beta_c(i)$取值均大于0且小于1时,表明居民两种商品均有消费,即边界解(3)。

表 4.9 消费效用求解结果

边界解	$x_{nt}(i)$/单位	$x_t(i)$/km	现实意义
(1)	0	$\dfrac{I(i)}{p_t}$	只消费出行商品
(2)	$\dfrac{I(i)}{p_{nt}}$	0	只消费非出行商品
(3)	$\dfrac{I(i)}{p_{nt}}\alpha_c(i)$	$\dfrac{I(i)}{p_t}\beta_c(i)$	居民两种商品均有消费

由此可知,居民的选择偏好决定其消费量,为了描述出行者的日常消费行为,这里仅考虑$\alpha_c(i)$和$\beta_c(i)$取值均大于0且小于1时的情况,即两种商品都有消费。此时可用边界解(3)表示居民的两种商品消费情况,即

$$x_{nt}(i) = \frac{I(i)}{p_{nt}}\alpha_c(i) \tag{4.22}$$

$$x_t(i) = \frac{I(i)}{p_t}\beta_c(i) \tag{4.23}$$

4.3.3 居民出行效用建模及求解

1. 出行票方案下

在实施出行票方案后,出行票商品的出现会导致居民的日常生活发生改变。

此时出行者选择私家车出行时要考虑出行票产生的影响，例如是否选择成本较低的绿色出行方式等。在已有工作中发现[18]，城市居民愿意通过改变自身出行方式来降低个人造成的碳排放，但同时出行者也具有强烈维持现状出行需求的意愿。当管理部门给居民发放一定数量的出行票后，在有效期限内出行者仅有一种身份，即只能作为购买方或者出售方的一种，购买出行票后不能再将其出售，以杜绝倒卖出行票的行为。假设居民会维持原先的出行习惯，在考虑出行变化时，高出行票消费者具有较高的私家车出行里程，他们会在出行票交易时购买出行票以保证出行不受影响；低出行票消费者是通过出售其多余的出行票换取更多的补贴，并投入出行消费中，实现交通补贴的专项支出。

因此，居民的消费行为包括出行商品和非出行商品两种选择。假设在出行行为中居民可以选择私家车、出租车，以及公共交通，其选择行为同样可以通过 CD 函数刻画。此时居民除了考虑出行费用的约束，还需要考虑交易后的出行票总量必须满足出行需求，则出行者 i 的出行效用函数为

$$\max U_t\big(x_{tc}(i), x_{tt}(i), x_{tm}(i)\big) = x_{tc}(i)^{\alpha_t(i)} x_{tt}(i)^{\beta_t(i)} x_{tm}(i)^{\gamma_t(i)} \tag{4.24}$$

满足

$$p_{tc} x_{tc}(i) + p_{tt} x_{tt}(i) + p_{tm} x_{tm}(i) + p_e \varphi(i) \leqslant I_t(i)$$

$$x_{tc}(i) - \varphi(i) \leqslant \omega(i)$$

$$x_{tc}(i) \geqslant 0, \quad x_{tt}(i) \geqslant 0, \quad x_{tm}(i) \geqslant 0$$

其中，$x_{tc}(i)$ 为居民使用私家车出行的需求；$x_{tt}(i)$ 为居民使用出租车出行的需求；$x_{tm}(i)$ 为居民使用公共交通出行的需求；p_{tc} 为私家车出行成本单位价格；p_{tt} 为出租车出行成本单位价格；p_{tm} 为公共交通出行成本单位价格；$I_t(i)$ 为居民在出行上的投入；p_e 为居民交易出行票时的统一价格；$\varphi(i)$ 为居民的出行票交易量；$\omega(i)$ 为居民初始分配到的出行票量。

出行选择偏好系数 $\alpha_t(i) + \beta_t(i) + \gamma_t(i) = 1$ 且三个参数非负。同样，式(4.24)含有不等式约束条件，则通过 KKT 条件可得

$$\alpha_t(i) x_{tc}(i)^{\alpha_t(i)-1} x_{tt}(i)^{\beta_t(i)} x_{tm}(i)^{\gamma_t(i)} - \theta_4 p_{tc} - \theta_5 + \theta_6 = 0 \tag{4.25}$$

$$\beta_t(i) x_{tc}(i)^{\alpha_t(i)} x_{tt}(i)^{\beta_t(i)-1} x_{tm}(i)^{\gamma_t(i)} - \theta_4 p_{tt} + \theta_7 = 0 \tag{4.26}$$

$$\gamma_t(i) x_{tc}(i)^{\alpha_t(i)} x_{tt}(i)^{\beta_t(i)} x_{tm}(i)^{\gamma_t(i)-1} - \theta_4 p_{tm} + \theta_8 = 0 \tag{4.27}$$

$$\theta_4 \big(p_{tc} x_{tc}(i) + p_{tt} x_{tt}(i) + p_{tm} x_{tm}(i) + p_e \varphi(i) - I_t(i) \big) = 0 \tag{4.28}$$

$$\theta_5 \big(x_{tc}(i) - \varphi(i) - \omega(i) \big) = 0 \tag{4.29}$$

$$\theta_6 x_{tc}(i) = 0 \tag{4.30}$$

$$\theta_7 x_{tt}(i) = 0 \tag{4.31}$$

$$\theta_8 x_{tm}(i) = 0 \tag{4.32}$$

其中，θ_4 为增加一单位收入时居民效用的变化；θ_5 为增加一单位初始出行票数量时居民效用的变化；θ_6、θ_7 和 θ_8 为增加一单位里程带来的边际效用。

在出行选择中，居民可能存在多种组合，即仅使用某一种出行方式、使用两种方式或者三种方式都会使用，此时居民的出行选择由出行偏好决定，在模型中反映为 $\alpha_t(i)$、$\beta_t(i)$ 和 $\gamma_t(i)$ 的取值。

由此可知，居民群体可依据私家车拥有情况划分成有车群体和无车群体，有车群体可选择私家车、出租车、公共交通三种方式。此时，根据式(4.24)～式(4.32)可得出行票方案下有车群体出行效用函数结果，如表 4.10 所示。

表 4.10 出行票方案下有车群体出行效用函数结果

解	$x_{tc}(i)$ /km	$x_{tt}(i)$ /km	$x_{tm}(i)$ /km	出行方式
(1)	0	0	$\dfrac{I_t(i) + p_e \omega(i)}{p_{tm}}$	仅公共交通
(2)	0	$\dfrac{I_t(i) + p_e \omega(i)}{p_{tt}}$	0	仅出租车
(3)	$\dfrac{I_t(i) + p_e \omega(i)}{p_{tc} + p_e}$	0	0	仅私家车
(4)	0	$\dfrac{I_t(i) + p_e \omega(i)}{p_{tt}} \beta_t(i)$	$\dfrac{I_t(i) + p_e \omega(i)}{p_{tm}} \gamma_t(i)$	出租车、公共交通
(5)	$\dfrac{I_t(i) + p_e \omega(i)}{p_{tc} + p_e} \alpha_t(i)$	0	$\dfrac{I_t(i) + p_e \omega(i)}{p_{tm}} \gamma_t(i)$	私家车、公共交通
(6)	$\dfrac{I_t(i) + p_e \omega(i)}{p_{tc} + p_e} \alpha_t(i)$	$\dfrac{I_t(i) + p_e \omega(i)}{p_{tt}} \beta_t(i)$	0	私家车、出租车
(7)	$\dfrac{I_t(i) + p_e \omega(i)}{p_{tc} + p_e} \alpha_t(i)$	$\dfrac{I_t(i) + p_e \omega(i)}{p_{tt}} \beta_t(i)$	$\dfrac{I_t(i) + p_e \omega(i)}{p_{tm}} \gamma_t(i)$	三种都使用

从表 4.10 可知，当偏好参数的值为 0 时，出行者不使用该种出行方式。无车群体仅可选择私家车和公共交通，此时 $\alpha_t(i) = 0$，即他们不考虑私家车出行。根据 $\beta_t(i)$ 和 $\gamma_t(i)$ 取值可解得出行票方案下无车群体出行效用函数结果，如表 4.11 所示。

表 4.11　出行票方案下无车群体出行效用函数结果

解	$x_{tt}(i)$ /km	$x_{tm}(i)$ /km	出行方式
(1)	0	$\dfrac{I_t(i)+p_e\omega(i)}{p_{tm}}$	仅公共交通
(2)	$\dfrac{I_t(i)+p_e\omega(i)}{p_{tt}}$	0	仅出租车
(3)	$\dfrac{I_t(i)+p_e\omega(i)}{p_{tt}}\beta_t(i)$	$\dfrac{I_t(i)+p_e\omega(i)}{p_{tm}}\gamma_t(i)$	两种都使用

在出行票方案下，出行者使用私家车出行时要考虑其出行票情况，对出行者 i 而言，出行票交易量 $\varphi(i)$ 为

$$\varphi(i)=\frac{\alpha_t(i)I_t(i)+\left[(\alpha_t(i)-1)p_e-p_{tc}\right]\omega(i)}{p_{tc}+p_e} \tag{4.33}$$

居民只能作为市场供需方中的一种角色。当 $\varphi(i)>0$ 时，表示该出行者属于高出行票消费群体，需要购买更多出行票以满足其出行需求；当 $\varphi(i)\leqslant 0$ 时，表示该出行者属于低出行票消费群体，分配额度有剩余，可以出售其多余的出行票换取收入。这部分意外收入作为交通专项支出用来弥补居民出行上的费用。

2. 一般情况下

在无出行票方案下，居民的出行要考虑自身偏好和出行费用的约束。此时出行效用模型为

$$\max U_t\left(x_{tc}(i),x_{tt}(i),x_{tm}(i)\right)=x_{tc}(i)^{\alpha_t(i)}x_{tt}(i)^{\beta_t(i)}x_{tm}(i)^{\gamma_t(i)} \tag{4.34}$$

s.t.

$$p_{tc}x_{tc}(i)+p_{tt}x_{tt}(i)+p_{tm}x_{tm}(i)\leqslant I_t(i)$$

$$x_{tc}(i)\geqslant 0,\quad x_{tt}(i)\geqslant 0,\quad x_{tm}(i)\geqslant 0$$

参数定义同式(4.24)，其中参数 $\alpha_t(i)$、$\beta_t(i)$ 和 $\gamma_t(i)$ 为居民在一般情况下的出行偏好。本章分析中考虑居民出行方式改变意愿较低，即出行票交易方案实施前后参数取值不变。通过 KKT 条件可解得有车群体和无车群体的出行结果，一般情况下有车群体出行效用函数结果如表 4.12 所示。

表 4.12 一般情况下有车群体出行效用函数结果

解	$x_{tc}(i)$ /km	$x_{tt}(i)$ /km	$x_{tm}(i)$ /km	出行方式
(1)	0	0	$\dfrac{I_t(i)}{p_{tm}}\gamma_t(i)$	仅公共交通
(2)	0	$\dfrac{I_t(i)}{p_{tt}}\beta_t(i)$	0	仅出租车
(3)	$\dfrac{I_t(i)}{p_{tc}}\alpha_t(i)$	0	0	仅私家车
(4)	0	$\dfrac{I_t(i)}{p_{tt}}\beta_t(i)$	$\dfrac{I_t(i)}{p_{tm}}\gamma_t(i)$	出租车、公共交通
(5)	$\dfrac{I_t(i)}{p_{tc}}\alpha_t(i)$	0	$\dfrac{I_t(i)}{p_{tm}}\gamma_t(i)$	私家车、公共交通
(6)	$\dfrac{I_t(i)}{p_{tc}}\alpha_t(i)$	$\dfrac{I_t(i)}{p_{tt}}\beta_t(i)$	0	私家车、出租车
(7)	$\dfrac{I_t(i)}{p_{tc}}\alpha_t(i)$	$\dfrac{I_t(i)}{p_{tt}}\beta_t(i)$	$\dfrac{I_t(i)}{p_{tm}}\gamma_t(i)$	三种都使用

无车群体不考虑私家车出行,因此一般情况下无车群体出行效用函数求解结果如表 4.13 所示。

表 4.13 一般情况下无车群体出行效用函数求解结果

解	$x_{tt}(i)$ /km	$x_{tm}(i)$ /km	现实意义
(1)	0	$\dfrac{I_t(i)}{p_{tm}}$	仅公共交通
(2)	$\dfrac{I_t(i)}{p_{tt}}\beta_t(i)$	0	仅出租车
(3)	$\dfrac{I_t(i)}{p_{tt}}\beta_t(i)$	$\dfrac{I_t(i)}{p_{tm}}\gamma_t(i)$	两种都使用

通过上述求解可以发现,在没有出行票约束的情况下,居民的出行结果取决于出行支出 $I_t(i)$ 和出行偏好参数 $\alpha_t(i)$、$\beta_t(i)$ 和 $\gamma_t(i)$。在有出行票约束下,还需要考虑出行者分配到的初始出行票数量 $\omega(i)$,这直接由初始出行票分配模式决定。

4.3.4 出行票交易影响因素分析

本节对影响居民出行里程和出行票交易市场供需状态的因素依次进行分析,包括居民出行支出、偏好参数、初始分配和市场供需四个方面。

1. 出行支出

居民的收入支出可分为出行商品消费和非出行商品消费，而对这两种商品的消费偏好可直观地反映它们的支出额度，可以通过居民对某种商品愿意支出的额度占收入的比例确定出行者 i 的消费偏好。其中出行产生的费用包括私家车出行时产生的油费、保险费，出租车出行的路费，使用公共交通产生的票价费等。因此，针对出行者 i，根据出行商品总量等于所有出行方式产生的消费总量[16]可以得到式(4.35)，即

$$x_t(i) = x_{tc}(i) + x_{tt}(i) + x_{tm}(i) \tag{4.35}$$

居民对自身出行的投入成本不同，联立式(4.16)、式(4.24)、式(4.34)的求解结果可以得到出行者 i 的出行支出 $I_t(i)$。

在实施出行票方案下有

$$I_t(i) = \frac{I(i)\beta_c(i) - p_t p_e \omega(i)\left(\dfrac{\alpha_t(i)}{p_{tc}+p_e} + \dfrac{\beta_t(i)}{p_{tt}} + \dfrac{\gamma_t(i)}{p_{tm}}\right)}{p_t\left(\dfrac{\alpha_t(i)}{p_{tc}+p_e} + \dfrac{\beta_t(i)}{p_{tt}} + \dfrac{\gamma_t(i)}{p_{tm}}\right)} \tag{4.36}$$

一般情况下有

$$I_t(i) = \frac{I(i)\beta_c(i)}{p_t\left(\dfrac{\alpha_t(i)}{p_{tc}} + \dfrac{\beta_t(i)}{p_{tt}} + \dfrac{\gamma_t(i)}{p_{tm}}\right)} \tag{4.37}$$

其中，计算无车群体的结果时，$\alpha_t(i)$ 值为 0。

2. 偏好参数

在实际生活中，私家车、出租车和公共交通具有不同的出行效用特点。使用私家车出行的居民可以享受自驾带来的效用，打的出行对出行者而言可以节约时间成本，对无车群体而言是替代私家车出行的选择。以公交、地铁、共享单车为代表的公共交通出行绿色环保，并且出行费用相对较少。除日常出行习惯外，居民在一些特定情况下也会考虑其他替代出行方式，如常使用公交车出行的居民在出现紧急情况时为节省时间会选择自己开车或者打的出行；使用私家车和出租车出行较多的居民在不追求时间效率的情况下会使用公交车出行，从而降低出行成本。

在出行票方案下，城市居民愿意通过改变自身出行方式来响应新政策所提倡的绿色出行，但出行者也具有强烈维持现状出行需求的意愿，因此为满足自身出行需要进行出行票交易。因此，对个体居民而言，每个人消费偏好和出行方式的

选择偏好各不相同,在模型中反映为居民的偏好系数[14] $\alpha_t(i)$、$\beta_t(i)$ 和 $\gamma_t(i)$,表示居民根据自身条件(收入、私家车拥有情况等)做出的出行选择。出行者 i 的选择偏好可以通过选择不同出行方式的概率表示。

对有车群体而言,有

$$\alpha_t(i) = p_{\text{car}}(i) \tag{4.38}$$

$$\beta_t(i) = p_{\text{taxi}}(i) \tag{4.39}$$

$$\gamma_t(i) = p_{\text{mass}}(i) \tag{4.40}$$

$$\alpha_t(i) + \beta_t(i) + \gamma_t(i) = p_{\text{car}}(i) + p_{\text{taxi}}(i) + p_{\text{mass}}(i) = 1 \tag{4.41}$$

针对无车群体,不考虑私家车出行,则有 $\alpha_t(i) = 0$,即此时对参数 $\beta_t(i)$ 和 $\gamma_t(i)$ 修正为

$$\beta_t(i) = \frac{p_{\text{taxi}}(i)}{p_{\text{taxi}}(i) + p_{\text{mass}}(i)} \tag{4.42}$$

$$\gamma_t(i) = \frac{p_{\text{mass}}(i)}{p_{\text{taxi}}(i) + p_{\text{mass}}(i)} \tag{4.43}$$

3. 初始出行票量分配

根据 4.2.2 节的描述可知,对初始出行票分配总量 Q_a 可分两种情况讨论,即平均分配模式下的 Q_{a1} 或历史分配模式下的 Q_{a2}。同理,对居民初始分配到的出行票 $\omega(i)$ 也可分为平均分配模式下的 $\omega_1(i)$ 或历史分配模式下的 $\omega_2(i)$。

对 $\omega_1(i)$,在没有实施出行票方案时,N 个居民出行的私家车总里程 Q_{tc} 为

$$Q_{tc} = \sum_{i=1}^{N} x_{tc}(i) \tag{4.44}$$

管理部门以 Q_{tc} 为参考标准制定城市私家车出行调控目标,即分配的初始出行票总量 Q_{a1},对其有

$$Q_{a1} = \lambda_{a1} Q_{tc} \tag{4.45}$$

其中,λ_{a1} 为调控系数,由管理部门根据调控目标设定,取值范围为 $0 \leqslant \lambda_{a1} \leqslant 1$。

此时,在平均分配模式下,N 个居民可以得到等量的出行票,即

$$\omega_1(i) = \frac{Q_a}{N} \tag{4.46}$$

对 $\omega_2(i)$,在历史分配模式下,无车群体不再分配到出行票,有车群体的出行票是根据其在无出行票约束情况下的私家车里程数来制定,因此根据 $x_{tc}(i)$ 可得有车群体分配到的出行票为

$$\omega_2(i) = \lambda_{a2}(i) x_{tc}(i) \tag{4.47}$$

其中，$\lambda_{a2}(i)$ 为管理部门根据每个居民的出行情况设定的调控系数。

历史分配模式下的初始出行票总量 Q_{a2} 为

$$Q_{a2} = \sum_{i}^{N} \omega_2(i) = \sum_{i}^{N} \left(\lambda_{a2}(i) x_{tc}(i) \right) \tag{4.48}$$

当且仅当所有出行者的 $\lambda_{a2}(i)$ 的取值等于 λ_{a1} 时，两种模式的初始分配出行票总量相同。

4. 市场供需关系

在出行票方案下，市场核心问题就是出行票的供需关系。在决策部门不干涉出行票交易的情况下，居民除考虑自身出行的选择之外，还要在交易市场上扮演出行票交易者的角色，即低出行票消费者作为供给方出售出行票，高出行票消费者作为需求方购买出行票。在理想条件下，出行票交易最后达到供需均衡的状态，市场出清即出行票供给满足需求，出售出行票总量 Q_s 等于购买出行票总量 Q_d，满足供需均衡条件[19]，即 $D = S$。

由式(4.33)可知，出行者的出行票交易量 $\varphi(i) > 0$ 时表示购买行为，$\varphi(i) \leq 0$ 时表示出售行为。对全体出行者的出行票交易量应满足如下条件，即

$$\sum_{i=1}^{N} \varphi(i) = 0 \tag{4.49}$$

结合之前计算结果有

$$\sum_{i=1}^{N} \left(x_{tc}(i) - \omega(i) \right) = 0 \tag{4.50}$$

进一步代入计算结果，即

$$\sum_{i=1}^{N} \left[\frac{I(i)\beta_c(i)\alpha_t(i)}{p_t(p_{tc} + p_e)\left(\dfrac{\alpha_t(i)}{p_{tc} + p_e} + \dfrac{\beta_t(i)}{p_{tt}} + \dfrac{\gamma_t(i)}{p_{tm}} \right)} - \omega(i) \right] = 0 \tag{4.51}$$

则可以得到初始分配的出行票总量 Q_a，即

$$Q_a = \sum_{i=1}^{N} \omega(i) = \sum_{i=1}^{N} \left[\frac{I(i)\beta_c(i)\alpha_t(i)}{p_t(p_{tc} + p_e)\left(\dfrac{\alpha_t(i)}{p_{tc} + p_e} + \dfrac{\beta_t(i)}{p_{tt}} + \dfrac{\gamma_t(i)}{p_{tm}} \right)} \right] \tag{4.52}$$

此时可得到均衡价格 p_e，即当需求方的购买价格与供给方的出售价格统一设定为 p_e 时，市场可出清。由于式(4.49)无法得到 p_e 的解析解，因此可用下式表达，即

$$p_e = F(I(i), \omega(i), \beta_c(i), \alpha_t(i), \beta_t(i), \gamma_t(i)) \tag{4.53}$$

可以发现，p_e 受参与出行票交易的所有出行者的共同作用。对个体居民而言，主要有三个因素影响，包括居民收入 $I(i)$、消费和出行偏好（$\beta_c(i)$，$\alpha_t(i)$，$\beta_t(i)$，$\gamma_t(i)$），以及个人得到的初始出行票数量 $\omega(i)$。

结合对式(4.48)的分析可以发现，当统一定价大于 p_e 时，式(4.48)左边小于 0，此时出行票市场需求大于供给，出现供应不足的情况，影响居民的出行和交易市场的稳定。当统一定价小于 p_e 时，等式左边大于 0，此时出行票市场需求小于供给，出现供大于求的情况，市场出现出行票囤积的现象，不利于出行票交易政策的实施。因此，合理的定价策略是出行票机制推广的前提。为研究出行票机制对个体居民的影响，本章将出行票交易的买卖价格统一定价为市场出清价格 p_e。

4.4 算例分析

4.4.1 数据处理及参数设定

可交易出行票作为一种新颖的交通需求管理手段，需要居民对其有一定的了解后才能够在该政策下做出最适合自己的出行选择。为保证分析结果的合理性，以调查中能够积极响应并充分理解出行票机制的 110 名调查者作为分析对象，结合本章建模和分析结果，首先根据月收入的情况将他们分为 4 个等级，出行者群体人数划分如表 4.14 所示。其中有车群体人数占总人数的 33.4%，这也符合目前我国平均每 100 户拥有 36 辆私家车的现状。

表 4.14 出行者群体人数划分

群体	月收入/元	总人数	有车群体	无人群体
A	低于 4500	34	4	30
B	4500～8000	32	10	22
C	8000～12000	30	13	17
D	高于 12000	14	10	4

根据 Logistics 回归方法，可以得出不同收入群体对三种出行方式的选择偏好参数 $\alpha_t(i)$、$\beta_t(i)$ 和 $\gamma_t(i)$，其中不同群体的出行商品消费偏好 $\beta_c(i)$ 可以通过居民对某种商品愿意支出的额度占收入的比例确定，最后取值结果以平均值的形式表达。

有车群体的偏好参数如表 4.15 所示。

表 4.15 有车群体的偏好参数

群体	$\alpha_t(i)$	$\beta_t(i)$	$\gamma_t(i)$	$\beta_c(i)$
A	0.15	0.5	0.35	0.04
B	0.2	0.4	0.4	0.05
C	0.31	0.46	0.23	0.05
D	0.56	0.33	0.11	0.06

无车群体仅考虑出租车和公共交通两种出行方式，得到的无车群体的偏好参数如图 4.16 所示。

表 4.16 无车群体的偏好参数

群体	$\alpha_t(i)$	$\beta_t(i)$	$\gamma_t(i)$	$\beta_c(i)$
A	0	0.61	0.39	0.04
B	0	0.64	0.36	0.04
C	0	0.65	0.35	0.05
D	0	0.75	0.25	0.05

从表 4.15 和表 4.16 可以发现，对有车群体而言，随着收入的增长，高收入群体具有更高的时间成本，倾向于开车或乘出租车出行。在出行票方案下能担负更多的出行票支出，因此他们愿意为出行商品支付的意愿提升。低收入群体倾向于选择价格低廉的公共交通出行，但在收入增加时，他们会选择更方便的出租车来节省出行时间。

居民出行成本主要包括费用成本和时间成本。参考已有研究[17,19]设定出行的单位费用如表 4.17 所示。

表 4.17 出行的单位费用

参数	价格/(元/km)
p_t	0.85
p_{tc}	1.3
p_{tt}	2.5
p_{bm}	0.7

4.4.2 居民行为结果分析

初始出行票的分配模式直接影响居民的出行选择和出行票交易行为，通过对比平均分配模式和历史分配模式下的计算结果，探讨出行票方案对不同群体居民的影响。

1. 平均分配模式

根据 4.2.2 节对初始分配模式的描述，在一般情况下计算出居民使用私家车出行的总里程 Q_{tc} 为 8705.4 千米，在实施出行票机制后以减少 10% 私家车出行作为调控目标，则 λ_{a1} 为 0.9。此时，出行票总量 Q_{a1} 为 7834.9 单位，发放对象为 110 名居民，每个人得到的初始出行票量 $\omega_1(i)$ 为 71.2 单位，计算后得到出行票价格 p_e 为 0.3 元/单位。

当出行票平均分给每一个出行者时，无车群体可将这部分初始出行票出售换取 21.3 元的交通专项支出，并将这部分收入用于出行补贴，从而减少原先的支出。针对有车群体的出行者，他们要根据出行票的情况做出决定。对 37 名有车群体的计算结果进行详细分析。出行票实施前后有车群体出行结果对比(平均分配模式)如图 4.7 所示。

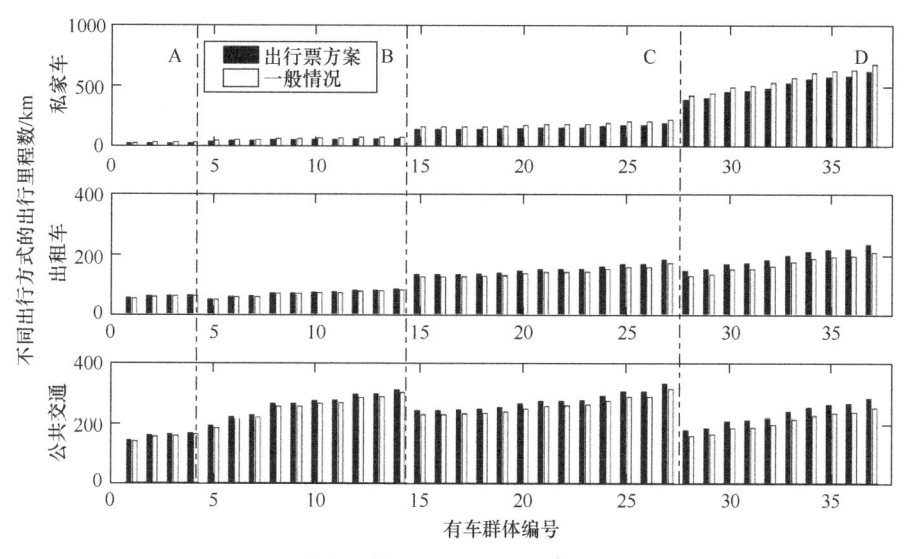

图 4.7 有车群体出行结果对比(平均分配模式)

可以发现，纵坐标为不同方式出行里程数。在实施出行票方案后，出行者使用私家车出行里程相比一般情况下都有所减少。尤其对高收入群体(群体 D)，因为他们需要购买足够多的出行票来满足出行需求，而较高的出行票购买成本使他们放弃原先使用私家车出行的方式。这也达到了出行票方案下控制居民私家车出行的目的。

对中等收入群体(群体 B 和 C)，他们考虑私家车出行需要支出部分原计划之外的出行费用，从而使用出租车出行替代，导致使用出租车出行的里程上升，出行所占的比例也相对提高。对低收入群体(群体 A)，私家车出行和出租车出行的成本都相对较高，居民更偏向于使用公共交通出行。

在此过程中，出行者为保持其出行需求不得不改变出行结构。出行里程的对比如表 4.18 所示。

表 4.18 出行里程的对比

出行方式	A 实施前/%	A 实施后/%	B 实施前/%	B 实施后/%	C 实施前/%	C 实施后/%	D 实施前/%	D 实施后/%
私家车	14.15	11.81	17.38	14.60	31.75	27.43	59.84	54.76
出租车	24.53	25.20	18.07	18.68	24.50	26.05	18.34	20.65
公共交通	61.32	62.99	64.55	6.72	43.75	46.52	21.83	24.59

从表 4.18 可以看出，出行票机制的实施能够提高公共交通出行的比例，减少私家车出行，对收入高的群体影响更大。在平均分配模式下，高出行票消费者得到的出行票相对其出行需求过少，不得不支付大量费用购买出行票，同时居民也会使用其他出行方式替代私家车出行，但新增的出行票费用支出仍会使其出行费用增加。出行费用的变化(平均分配模式)如图 4.8 所示。

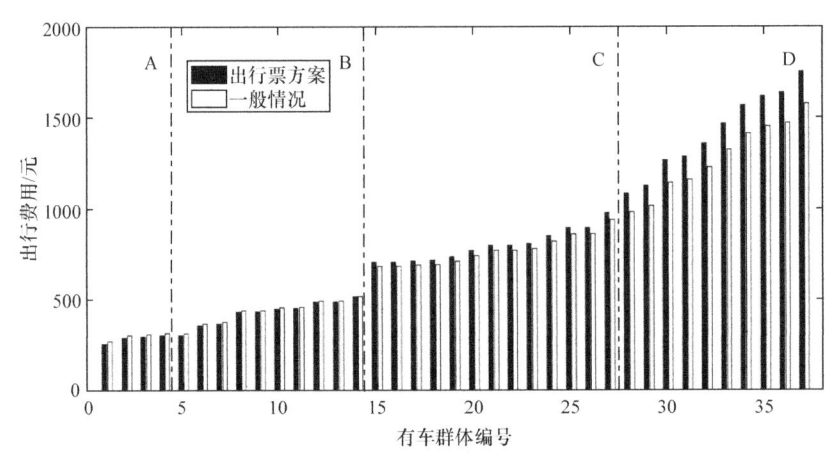

图 4.8 出行费用变化(平均分配模式)

可以发现，对有车群体中收入较低的居民，他们使用私家车出行相对较少，平均分配模式下得到的出行票超出其自身需求，因此会将多余的出行票卖出换取出行补贴，从而使其出行消费减少。这和无车群体的行为相同，他们不使用私家车出行，并将分配到的初始出行票全部卖出。因此，这部分居民作为低出行票消费者在交易市场中出售多余出行票，承担着出行票供给方的角色。高出行票消费者则作为出行票购买者，扮演出行票交易市场中的需求方。双方以统一规定的交易价格进行交易，此时有车群体的出行票交易情况(平均分配模式)如图 4.9 所示。

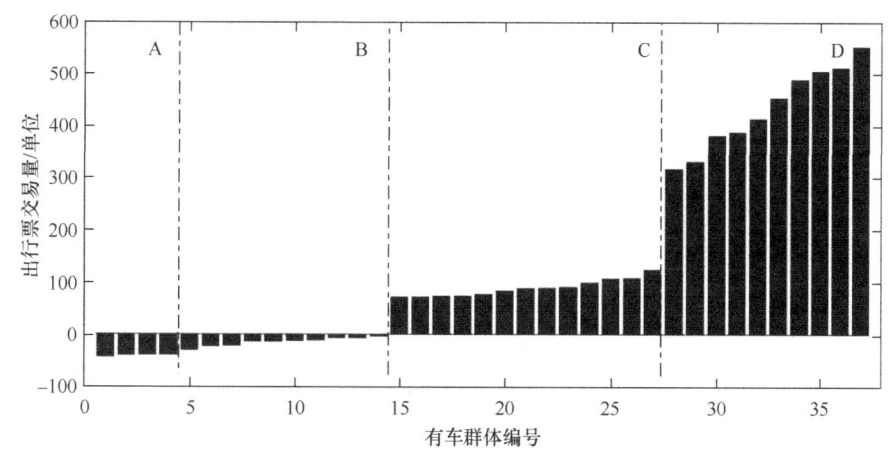

图 4.9　有车群体的出行票交易情况(平均分配模式)

可以发现，平均分配初始出行票的方案虽然对低出行票消费者来说可以获得一定的补贴，但是对高出行票消费者而言并不公平。他们为了维持原先的出行习惯不得不购买大量的出行票，增加出行成本。

结合表 4.18 可以发现，出行票方案不仅能够控制城市居民出行，解决城市交通问题，也能够借出行票交易实现收入的再分配，为居民带来福利。

2. 历史分配模式

在历史分配模式下，无车群体不再分配到初始的出行票，因此不能通过出售出行票的方式换取补贴。此时，出行票方案转变成只针对有车群体的政策，对无车群体没有任何影响。

根据分配规则，有车群体的每个出行者分配到的出行票数量 $\omega_2(i)$ 是基于他们在过去无出行票影响下使用私家车出行的里程。为方便对比两种分配模式的效果，对历史分配模式下居民个体的调控系数 $\lambda_{a2}(i)$ 均取同样的值 0.9。此时通过计算可以发现，在调控系数相同的两种分配模式下，总初始出行票量相同，市场出清时买卖价格为 0.3 元/单位。对居民出行结果没有改变，一方面居民有维持出行习惯不变的意愿，另一方面居民出行受其偏好参数决定。只要居民出行偏好不受影响，即使考虑不同的初始出行票分配方案，其出行结果仍是一样的。

然而，居民出行票交易行为发生了很大的变化。有车群体的出行票交易情况(历史分配模式)如图 4.10 所示。所有有车群体出行者的出行票交易量非常少，对比图 4.9，低收入群体(群体 A)和高收入群体(群体 D)在交易市场中承担的角色没有发生变化，但是对中收入群体(群体 B 和 C)而言，他们从平均分配模式下的购买方转变成历史分配模式下的出售方，因为此时中收入群体在减少私家车出行，选择其他方式替代后，所获出行票已经能够满足其私家车出行需求，甚至还有部分剩余可用来出售换取补贴。

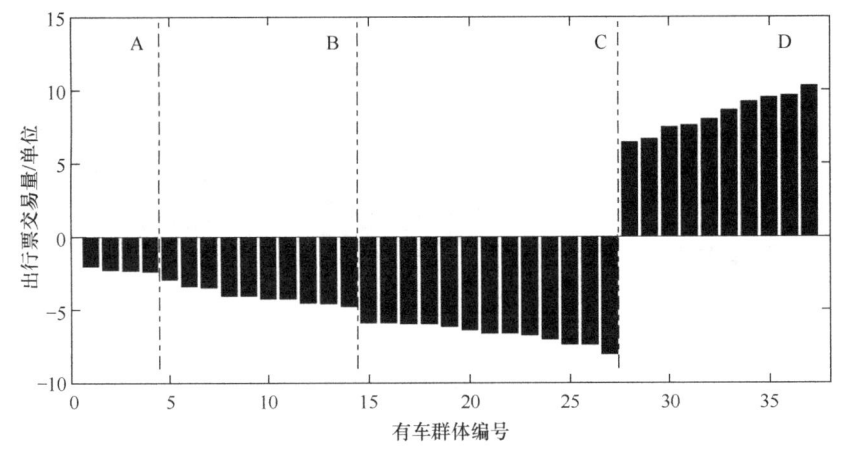

图 4.10　有车群体的出行票交易情况(历史分配模式)

在基于个体居民原先出行习惯的基础上发放出行票后，出行者为维持出行需求仅需要在市场中进行少量的出行票交易。供需关系中的身份也是根据出行者自身出行偏好和需求转化的。总体上，供给者和需求者之间的身份鉴定不如平均分配模式明显。

进一步对该模式下居民出行费用的变化进行分析，出行费用变化(历史分配模式)如图 4.11 所示。两种分配模式下出行费用对比如图 4.12 所示。

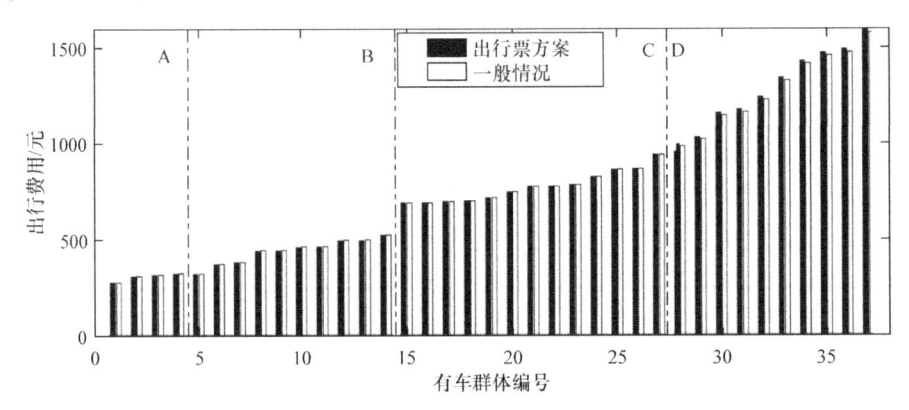

图 4.11　出行费用变化(历史分配模式)

第四章 基于居民效用视角的出行票方案分析

从图 4.11 中可以发现，历史分配模式对出行费用的影响结果和平均分配模式类似，而对比图 4.11 和图 4.8 可以得到图 4.11 中两种分配模式出行费用变化比例。可以发现，在历史分配模式下，中低收入群体(群体 A 和 B)的出行支出减少率不如平均模式，但是对中高收入群体(群体 C 和 D)而言，历史模式能够在平均模式的基础上进一步降低居民的出行成本。在平均分配模式下，群体 C 的出行者需要购买一定数量的出行票，因此出行费用比没有实施出行票机制时增加 3%~4%，但是在历史分配模式下他们通过改变出行选择结构，使用其他方式替代私家车出行后，得到的初始出行票能够满足其出行需要。

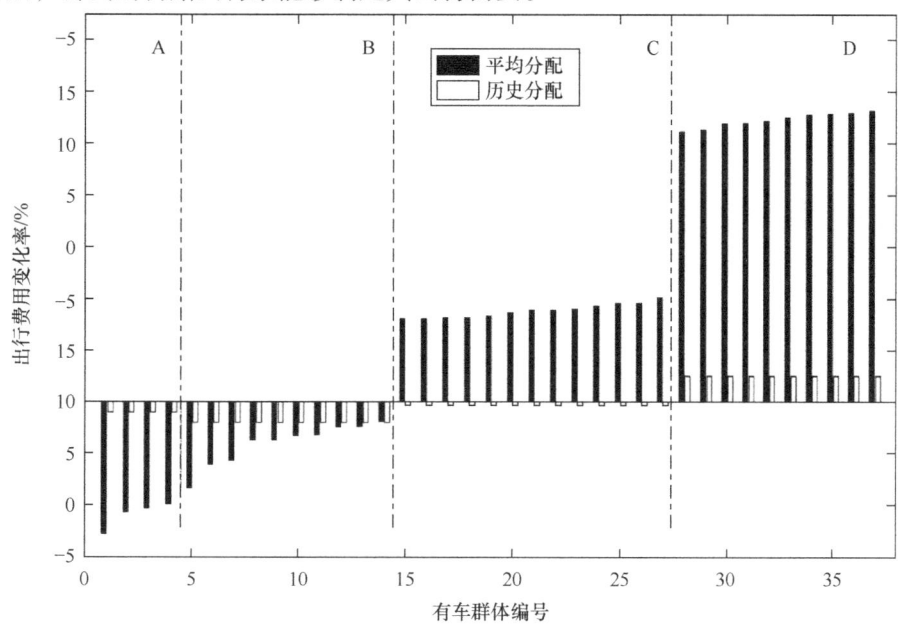

图 4.12 两种分配模式下出行费用对比

结合图 4.10 和图 4.12 可以发现，群体 C 的出行者从原先的购买方转变成出售方，享受到出行票补贴，使出行费用减少。对高收入群体 D，历史模式下的支出比平均模式下的支出减少 10%。这也表明，历史分配模式对高收入群体是非常友好的。平均模式对低收入群体收益更高，因为他们通过出售出行票获得的补贴相对较多，可以降低出行费用。

综上所述，可以总结出两种分配模式的特点：首先出行票方案下两种分配模式均可以有效地控制居民使用私家车出行。平均分配模式下出行票发放对象为全体出行者，具有公平性，并且对低收入群体具有倾斜性，有利于收入的再分配。由于出行情况不同，市场上出行票交易量较大，不利于市场管控。历史分配模式下的发放对象仅为有车群体，对高收入群体更友好。同时可依据出行者的个人情况对其调控系数进行调整，更具灵活性，比平均分配模式下的交易市场管控更

4.4.3 出行票供需关系分析

在出行票方案中,首先需要考虑的问题是出行票的供需关系。当市场出清时,低出行票消费者出售的票量等于高出行票消费者购买的票量,此时交易价格为均衡价格。本章假设买入价格和卖出价格相同。

出行票供需关系图(历史分配模式)如图 4.13 所示。

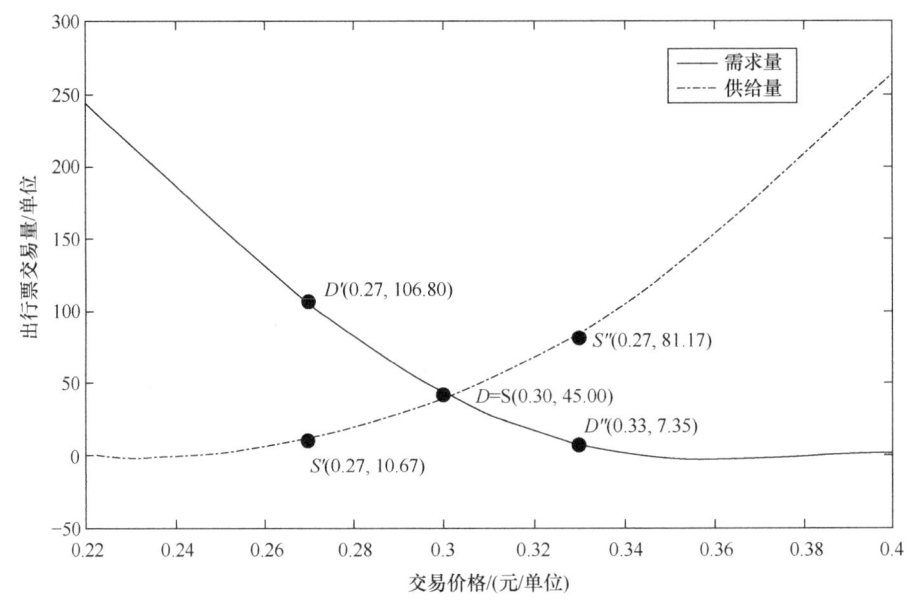

图 4.13 出行票供需关系图(历史分配模式)

从上图可以发现,在历史分配模式下,当市场供需相等时,均衡价格为 0.3 元/单位,此时市场的出行票交易量为 90,即供给方出售的出行票量为 45,需求方购买的出行票量也为 45,供需均衡。

当出行票交易价直接定价为 0.2 元/单位时(点 D' 和 S'),此时定价小于均衡价格 p_e,由于出售出行票带来的补贴较少,部分居民不会将其出售而是选择留作自用。市场供给减少为 10.67,需求量上升为 106.8,出行票数量供给不足,此时居民出行受到影响。

当出行票买卖价格定为 0.26 元/单位时(点 D'' 和 S''),出售出行票会带来较可观的补贴,原先部分居民会使用其他出行方式替代私家车出行,将多余的出行票出售,市场供给增至 81.17,而需求量仅为 7.35,供大于求,市场上出行票冗余。

同样,平均分配模式下的出行票供需关系仍呈现类似图 4.13 的结果。出行票供需关系(平均分配模式)如表 4.19 所示。可以发现,当交易价格为 0 时,出行票市场处于初始状态，居民此后通过交易行为满足其自身出行需求，最后在均衡价格时达到市场出清。这个过程中的出行票供给源一部分是无车群体出售的出行票，另一部分是有车群体中初始出行票超过私家车出行需求的出售量，而出行票需求来源于初始出行票低于日常私家车出行需求的有车群体。

表 4.19 出行票供需关系(平均分配模式)

p_e/元	供给/单位	需求/单位	差值/单位	结果
0	5383.74	6279.17	−895.43	供不应求
0.26	5476.7	5588.16	−111.46	供不应求
0.28	5484.34	5539.59	−55.25	供不应求
0.3	5491.82	5491.82	0	供需平衡
0.32	5495.49	5468.01	27.48	供大于求
0.34	5499.13	5444.49	54.64	供大于求
0.36	5506.29	5397.93	108.36	供大于求

区别于历史模式，平均模式的出行票交易量非常大，有两个方面的原因：一是无车群体加入出行票交易市场中，作为供给方会出售分配到的出行票，且不会随着出行票价格的波动改变其交易行为，价格的变化只会影响他们获得的补贴额度；二是部分有车群体，尤其是高出行票出行群体对出行票的需求较大，初始分配到的出行票难以满足其日常需求。因此，在这种情况下，出行票价格的波动对整个交易市场的影响较弱，远不如历史模式。

结合以上对比可以发现，一个合理的出行票交易价格会直接影响出行票市场的稳定性，过高或过低的价格都会导致市场紊乱。决策部门虽然不直接参与交易行为，但是设定合理的定价机制是出行票方案推广的重要保证。

4.5 本章小结

本章通过对出行票方案的描述，首先将居民的出行选择视为特殊的商品消费，并以居民月收入和私家车拥有情况作为约束条件，分类讨论平均分配和历史分配两种初始出行票分配模式。然后，基于 CD 函数构建嵌套的效用模型，刻画出行者的消费和出行选择行为，利用 KKT 条件求解出模型解并对解的实际意义进行讨论，以市场出清下的均衡价格为统一定价。最后，在案例分析中发现，实施出行票机制能够实现交通需求管理的目的，控制居民私家车出行。两种分配模式各具特点，平均分配更具公平性，历史分配更加灵活；同时在具体实施过程中，不能忽略出行票价格对市场的影响。统一定价虽然能够维持市场供需稳定，但是市场出清条件在现实操作过程中过于理想。因此，为满足广大居民的出行需求，同时兼顾出行票方案的可操作性，需要设计一种有效的出行票价格机制，保证出行票交易市场的运营。

参 考 文 献

[1] Xu M, Grant M S. VMT reduction and potential environment effects with a tradable credits scheme: A simulation case study of Great Britain. International Journal of Sustainable Development and World Ecology, 2016, 23(6): 514-525.
[2] 华雪东. 基于供需平衡的多方式交通系统出行结构优化研究. 南京: 东南大学, 2016.
[3] 耿纪超, 龙如银, 陈红. 居民出行方式选择影响因素的研究述评. 北京理工大学学报(社会科学版), 2016, 18(5): 1-9.
[4] Meng M, Memon A A, Wong Y D, et al. Impact of traveller information on mode choice behaviour. Transport, 2018, 171(1): 11-19.
[5] 赵凯华. 交通出行选择行为理论与模型应用分析. 中国铁路, 2017, 2(2): 55-61.
[6] 李啟华, 徐永能. 基于多项logit模型的老城区通勤出行方式选择研究. 现代交通技术, 2015, 12(2): 66-68.
[7] 宗芳. 基于非集计模型的交通需求管理策略评价研究. 长春: 吉林大学, 2008.
[8] 井润田, 高遐, 柳银军. 国内问卷调查研究方法的综述: 现状与建议. 管理学家: 学术版, 2008, 1(1): 53-57.
[9] Wallace A A, Irvine K N, Wright A J, et al. Public attitude to personal carbon allowances: Findings from a mixed-method study. Journal of Policy Analysis and Management, 2011, 30(4): 880-905.
[10] Nie Y. Transaction costs and tradable mobility credits. Transportation Research Part B: Methodological, 2012, 46 (1): 189-203.
[11] 鲍月. 基于可交易电子出行票的交通管理建模与分析. 北京: 北京交通大学, 2017.
[12] 褚昭明. 考虑公平性的多方式交通拥挤收费方法研究. 南京: 东南大学, 2016.
[13] 高歌. 基于电子出行票的城市交通需求管理问题研究. 北京: 北京交通大学, 2017.
[14] Damodar N. Basic Econometrics. Beijing: China Renmin University Press, 2011.
[15] Li Z N. Basic Econometrics. Beijing: Higher Education Press, 2015.
[16] Yin Y H, Mizokami S, Maruyama T. An analysis of the influence of urban form on energy consumption by individual consumption behaviors from a microeconomic viewpoint. Energy Policy, 2013, 61(3): 909-919.
[17] Xu M, Grant M S. Trip mode and travel pattern impacts of a tradable credits scheme: A case study of Beijing. Transport Policy, 2016, 47(1): 72-83.
[18] Zanni A M, Bristow A L, Wardman M. The potential behavioural effect of personal carbon trading: Results from an experimental survey. Journal of Environmental Economics and Policy, 2013, 2(2): 222-243.
[19] Li Y, Fan J, Zhao D, et al. Tiered gasoline pricing: A personal carbon trading perspective. Energy Policy, 2016, 89(1): 194-201.

第五章　基于分层定价的出行票价格设计

在出行票方案中，出行票由管理部门发放给城市居民，居民在日常生活中可以根据自身情况在市场中进行交易。此时，出行票可视为一种特殊的商品，拥有可交易的基本属性，也是交通需求管理的一种媒介[1,2]。第四章的分析以市场出清时的均衡价格作为出行票交易时的购买定价和出售定价。在实际出行票方案的实施过程中，均衡价格虽然可作为定价方案的参考指标，但仍然存在实现完全供需均衡状态过于理想化的困难及统一定价不能很好地控制出行票交易市场等问题。同时，购买价格的制定关系到市场供需关系，当购买价格相对较高时，高出行票消费者的出行成本会增加，在购买需求量较大的平均分配模式下，会引起部分出行者对出行票方案的排斥，同时增加市场出行票可能性，影响居民的基本出行。价格相对过低时又会导致私家车出行上升和出行票供不应求的现象。

本章以均衡价格为参考标准，结合出行票特点，进一步针对平均分配模式下出行票的购买价格提出更合理的分层定价方案，以便于出行票方案的有效实施。

5.1　出行票分层定价方案分析

5.1.1　出行票价格影响分析

在 4.4.3 节的结论中，当交易市场出清时，会产生一个均衡价格 p_e，出行票的购买价格 p_d 和出售价格 p_s 等于均衡价格 p_e，市场中出行票的供给量 Q_s 等于需求量 Q_d。出行票买卖价格与需求量关系 1 如图 5.1 所示。此时市场供需均衡。

进一步，以均衡价格 p_e 作为参考标准，设定出行票的出售价格 p_s 等于 p_e，出行票的购买价格 p_d 小于 p_e 时，出行票买卖价格与需求量关系 2 如图 5.2 所示。由于，出行票购买价格的降低，高出行票消费者会增加出行票需求量 Q_d，导致 $Q_d > Q_s$，出行票供给量不足以满足部分城市居民出行需求，进而对出行票方案的实施产生影响。

同样，以均衡价格 p_e 作为参考标准，设定出行票的出售价格 p_s 等于 p_e，出行票的购买价格 p_d 大于 p_e 时，出行票买卖价格与需求量关系 3 如图 5.3 所示。此时，高出行票消费者因为出行票购买价格增加而降低出行票需求量 Q_d，使

$Q_d < Q_s$，最终交易市场的出行票供给大于需求。从宏观资源控制的角度看，出行票和电力等传统能源类似，交易市场供给量剩余在一定范围内是合理的。

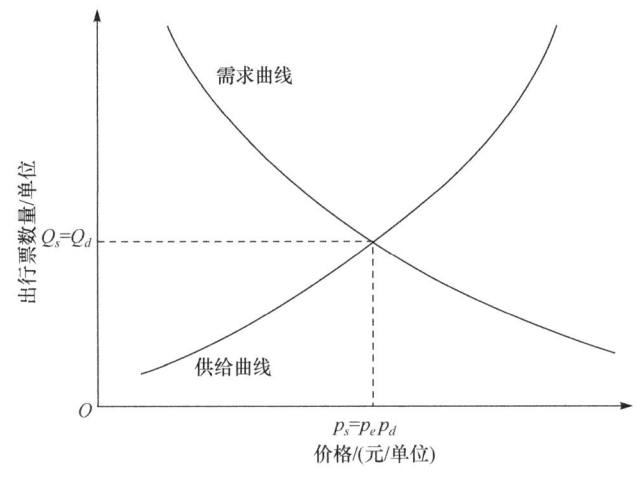

图 5.1　出行票买卖价格与需求量关系 1

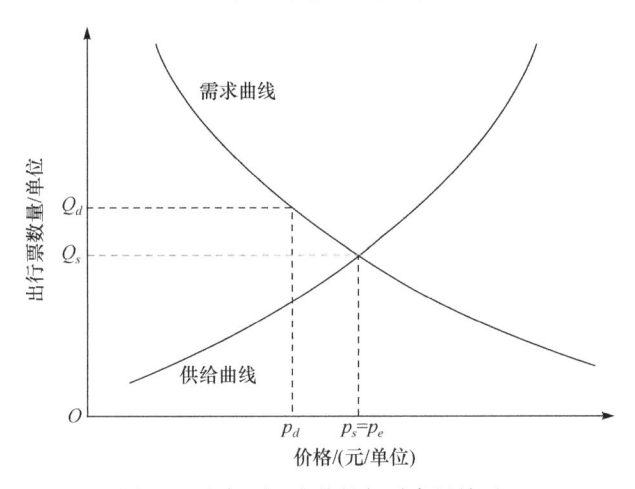

图 5.2　出行票买卖价格与需求量关系 2

定价策略直接影响出行票方案实施的有效性，而实际生活中的居民出行情况更复杂，出行票交易也存在多种可能。此时，市场供需均衡产生的单一内生价格 p_e 可作为衡量市场关系的重要指标。为了维持出行票方案的运行，本章设定出行票市场的出行票供给大于或者等于需求量。借鉴目前较为完善的电力、个人碳等能源交易体系[3,4]，结合出行票市场供需双方均为城市居民的这一特点，可采用一种较为多见的"价格杠杆策略"控制出行票交易量，即分层定价机制。

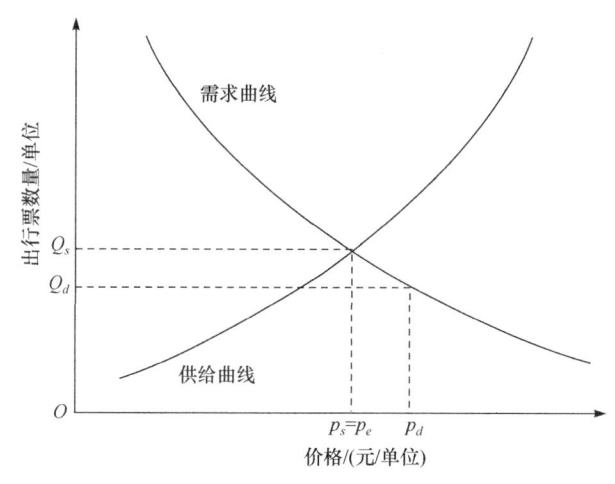

图 5.3 出行票买卖价格与需求量关系 3

5.1.2 分层定价结构概述

分层定价机制是兼具价格调控和数量控制的经济策略，一方面能够正确反映市场信息，另一方面能够很好地协调市场交易的经济性目标与收入再分配的社会性目标之间的矛盾。

在本章分析出行票交易市场的分层定价时，我们以购买价格为分层目标，以交易市场中的需求方，即高出行票消费者为研究对象，为保证市场供需关系稳定，维护供给方的生产者剩余不变，设定出售出行票的价格为市场出清时的均衡价格。定价规则如表 5.1 所示。

表 5.1 定价规则

价格	原定价方案	新定价方案
购买价格	市场出清时的均衡价格 p_e	以原市场出清均衡价格 p_e 为参考，制定分层定价
出售价格	市场出清时的均衡价格 p_e	原市场出清时的均衡价格 p_e (维持供给)

考虑分层定价策略的购买价格可以划归三档。

① 第一档为低档，主要保证高出行票消费者基本的出行生活需求，覆盖 60% 左右的居民，购买价格保持原有水平不变。

② 第二档为中档，主要改善部分高出行票消费居民的出行，覆盖 85% 左右的居民，购买价格在原来的水平上略有提高。

③ 第三档为高档，为体现出行票的稀缺性，针对 15% 的高出行票消费用户，购买价格在中档的基础上进一步提高。

假设出行者 i 在三个档上的出行票购买价格为

$$p_e = \begin{cases} p_{e1}, & q(i) \leqslant q_1 \\ p_{e2}, & q_1 \leqslant q(i) \leqslant q_2 \\ p_{e3}, & q_2 \leqslant q(i) \end{cases} \quad (5.1)$$

其中，p_{e1}、p_{e2}、p_{e3} 分别为低中高三个档次下的出行票购买价格；q_1 和 q_2 分别为低、中档和中、高档的临界出行票购买量；$q(i)$ 为出行者 i 的出行票购买量。

当购买量不超过 q_1 时为低档，此时出行票购买价格为 p_{e1}；购买量在 q_1 和 q_2 之间时为中档，出行票支出可以划分为两个部分，其中购买量 q_1 按照 p_{e1} 价格支付，超出 q_1 部分按照 p_{e2} 支出。高档同理。

因此，出行者购买出行票需要支付的总费用 $C_e(i)$ 为

$$C_e(i) = \begin{cases} p_{e1}q(i), & q(i) \leqslant q_1 \\ p_{e2}(q(i)-q_1)+p_{e1}q_1, & q_1 \leqslant q(i) \leqslant q_2 \\ p_{e3}(q(i)-q_2)+p_{e2}(q_2-q_1)+p_{e1}q_1, & q_2 \leqslant q(i) \end{cases} \quad (5.2)$$

原则上，一般的分层定价三个档次价格可按照 1∶1.2∶1.5 的比例设定，q_1 设定的临界购买量覆盖 60%的出行者，q_2 设定的临界购买量覆盖 85%的出行者。中高档价格呈现阶梯式的提升，此时购买出行票的均价相比现有单一定价要高，居民出行成本上升。

因此，在分层定价模式下，可通过价格策略和数量控制策略调控居民购买出行票量：一方面购买量较少的居民出行需求得到保证，另一方面控制高购买量的居民，使其出行成本增加，从而减少私家车出行里程，实现出行调控的目的。在具体设定层级和价格的过程中，仍需要进一步结合出行票市场的特点进行方案设计和分析。

5.1.3 分层定价方案设计

1. 传统分层定价

首先根据经济学中的无差异效用曲线[5]，绘制在统一定价与传统分层定价下的居民无差异曲线，如图 5.4 所示。图中，q_1 和 q_2 将出行票购买量划分为三档，直线 AB 表示在统一定价下的预算约束，即出行费用，斜率表示统一定价方案下的出行票购买价格与其他出行方式平均价格的比。当出行票购买价格上升时，使用私家车出行的平均成本上升，此时斜率变大。因此，直线斜率可以反映出行票价格的相对大小。ACDE 表示传统分层定价下的预算约束，其中对斜率有 $k_{AB} = k_{AC} < k_{CD} < k_{DE}$，即分层定价第一档价格等于统一定价，二三两档价格高于第一档。

假设有两个出行者，其中一个出行者 T_1 对出行票的购买量相对较少，另一个

出行者 T_2 的购买量较多。对出行者 T_1，两种定价下的无差异曲线 M 与预算约束线切于 a 点；对出行者 T_2，统一定价下的无差异曲线 L 与预算约束线切于 b 点。传统分层定价下的无差异曲线 L_1 与预算约束线切于 b_1 点。

可以发现，对出行者 T_1 而言，两种定价策略对其影响相同，但对出行者 T_2 而言，此时无差异曲线从 L 下降到 L_1，切点从 b 下降到 b_1，出行票购买量减少。这意味着，在统一定价方案下，作为出行票需求方的高出行票消费者效用至少不比传统分层定价方案 $ACDE$ 低，随着购买量上升，AB 方案效用会逐渐高于 $ACDE$ 方案。

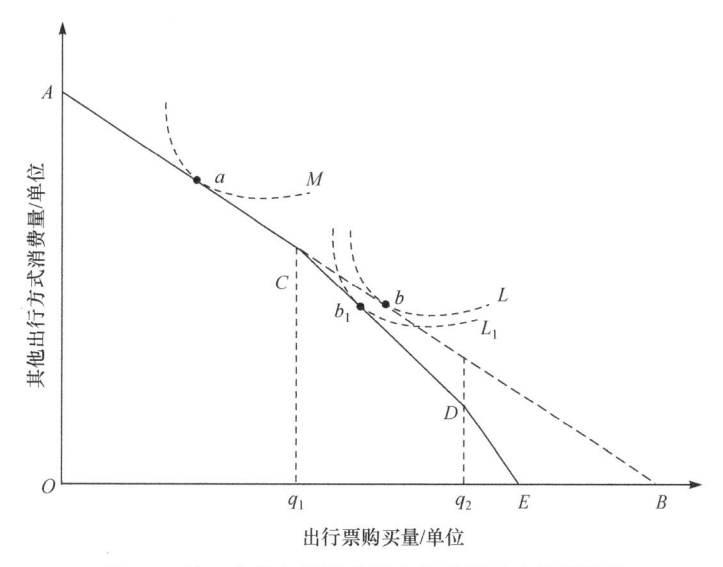

图5.4 统一定价与传统分层定价下居民无差异曲线

2. 改进的分层定价方案

由第四章的研究结论可知，出行票方案实施的核心对象是城市居民中的有车群体。显然，出行票购买价格的上升会使部分居民放弃使用私家车出行，转而使用公共交通出行。但是，分层定价策略会导致出行票方案对该出行者的效用降低。具体体现在两个方面，一是购买出行票带来的经济压力，居民不得不考虑改变原先的出行方式，增加出行负担；二是高收费、强行限制出行的特点会让民众对这种新兴的交通管理政策产生抵触情绪，不利于出行票方案推广。因此，传统分层定价方案需要结合出行票方案的特点进一步提升。下面在原先分层价格的基础上，提供更能被出行者接受的策略，并具体进行分析。

出行票分层定价方案的改进主要有三种途径。

① 降低第一档价格，提高第二档和第三档价格。已有的关于天然气、电力的

价格研究发现，分层定价中价格之间的差距越大，整体效用越高。

② 降低第一档价格，同时降低第一档的覆盖率。第一档原先要求覆盖到60%的通勤者，改进后可将比例降低到60%以下。这是因为如果仅降低第一档价格时，60%的出行者将面临更低的出行票购买价格，需求量必然上升，不符合出行票市场控制的目的。因此，可调低第一档价格的同时降低第一档的覆盖率。

③ 重新划分档次，在低档适当添加新档位。新的分层定价策略可以保证处于低档群体的利益，并且档次的增多有利于收入的再分配，体现出行票方案的公平性。

根据以上思路，统一定价与改进后分层定价下居民无差异曲线对比如图 5.5 所示。

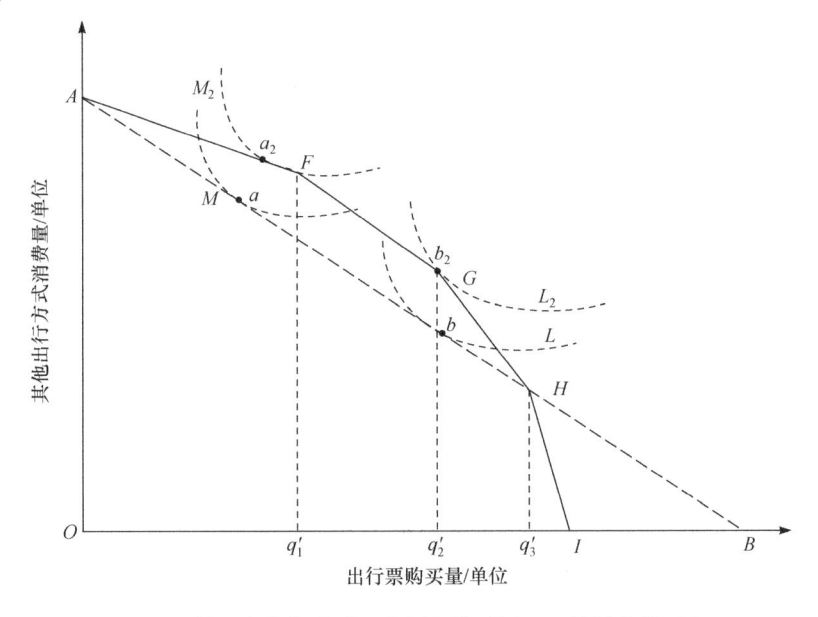

图 5.5 统一定价与改进后分层定价下居民无差异曲线对比

在图 5.5 中，q_1'、q_2' 和 q_3' 将出行票购买量划分为四档。设 $q_2' = q_1$、$q_3' = q_2$，表明降低了第一档的覆盖率。直线 AB 表示在统一定价下的预算约束(出行费用)，其斜率表示统一定价方案下的出行票购买价格与其他出行方式平均价格的比，而曲线 AFGHI 表示改进后分层定价下的预算约束，其中对曲线 AFGHI 的斜率有 $k_{AF} < k_{AB} = k_{FG} < k_{GH} < k_{HI}$，即新分层下的第一档价格小于统一定价，二档价格等于统一定价，三四档价格大于统一定价。

同样，假设两个出行者中的一个出行者 T_1 对出行票的购买量相对较少，另一个出行者 T_2 的购买量较多。此时，对出行者 T_1，在统一定价下，无差异曲线 M 与预算约束线切于 a 点。改进后的分层定价下，无差异曲线 M_2 与预算约束线切于

a_2 点。对该出行者而言，效用上升，同时可以购买更多的出行票用于出行。对出行者 T_2，在统一定价下，无差异曲线 L 与预算约束线切于 b 点，改进分层定价下的无差异曲线 L_2 与预算约束线切于 b_2 点。

可以发现，对购买量少的出行者 T_1 而言，两种定价策略对其影响相同，但是对购买量较多的出行者 T_2。此时，无差异曲线从 L 上升到 L_2，切点从 b 变为 b_2，意味着出行票购买量减少，转而使用其他方式代替私家车出行。定价策略使其在出行票方案下的出行效用上升。在改进分层定价策略下，对大多数购买出行票的出行者而言，其效用都有所提高，而高档的定价也会使原先购买量较多的出行者减少购买，使用其他出行方式代替私家车。因此，多层次的购买价格不仅可以给居民更多的选择，也可以避免单一高购买价格导致出行者对出行票排斥的问题。可见，分层定价策略有利于出行票方案的推广和实施。

综上，针对出行票的分层定价策略可以将统一定价下的均衡价格作为参考标准，设定新的阶梯价格，并考虑不同层级覆盖的人数。本章将在数值算例中对多种不同的定价方案细化，通过分析对比，从中总结出最适合出行票方案的分层定价策略。

5.2 考虑分层定价的出行票需求响应模型

5.2.1 出行票需求响应分析

在设计不同的价格方案时，首先需要确定出行票的需求响应。分层定价是典型的非线性定价结构，其边际价格会随着消费量变化，同时消费量是价格的非线性函数。出行者在面临这种分层价格时，选择行为是一个离散且连续的选择问题[6]。此时，出行者购买需求被划分成不同的区间，将导致原先较为简单的出行票方案变得更加复杂。

以一个三档的分层定价为例，分层定价下的居民购买曲线如图 5.6 所示。当出行者出行票需求为 D_1 时，购买量在第一档中，此时价格为 p_{e1}。随着出行票的购买量增加至 D_2，购买量增至第二档，超出的部分价格上升为 p_{e2}。出行者可能因为增长的价格而减少购买量，而非进一步提升购买量，其最优选择又变成 D_1，造成大量出行者的购买量都落在低档。同样，当居民需求刚刚到达 D_4 时，超过 q_2 的部分要付出更多的成本，当处于第三档的出行票量对居民出行影响较小时，出行者可能放弃使用多出部分的出行票，将购买量控制在较低的一个档内。此时，分层价格的变化使临近点附近的购买量发生阶梯跳跃。可以预见，当分层定价档数越多时，这种在临界购买量附近的聚集现象越明显。

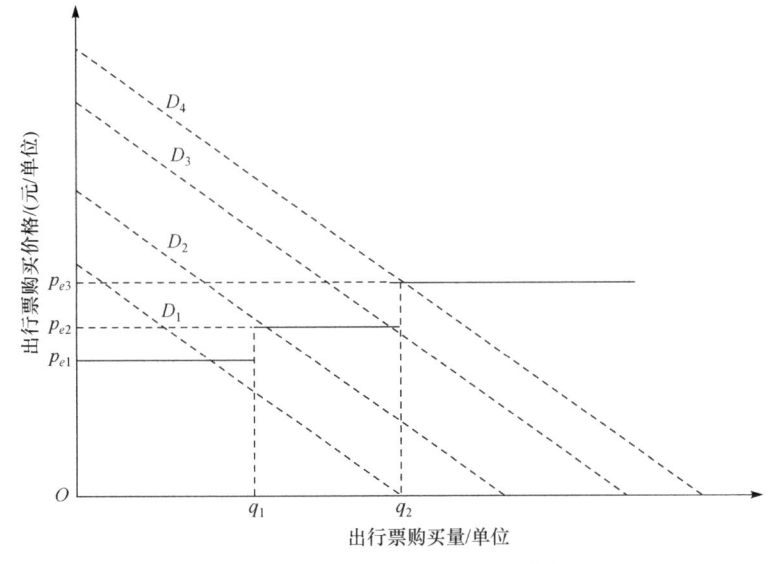

图 5.6 分层定价下的居民购买曲线

出行者能够很好地对定价策略进行响应,根据层级变化和临界购买量的设定,改变自身出行方式和出行票购买量。当部分出行者难以正确理解定价策略时,则无法优化自身的出行需求,在市场中处于劣势地位,造成不公平现象。这会使出行票方案实施和推广的响应程度降低。

因此,需要结合个人碳和电力市场的已有研究,应从系统科学与经济学角度分析出行者在分层定价下的出行票需求响应问题。

5.2.2 出行票需求响应建模及求解

通常,出行者购买出行票主要受价格和出行费用两个方面的影响。其出行票需求函数可以描述为[7,8]

$$D(i) = F\left[p_e(i), I_2(i)\right] \tag{5.3}$$

其中,$D(i)$ 为分层定价下出行者 i 的出行票需求;$p_e(i)$ 为出行者 i 购买出行票时对应的价格;$I_2(i)$ 为出行者 i 的出行费用。

据此,假定分层定价下出行者出行票的需求函数形式为

$$\ln D(i) = \delta + \alpha \ln p_e(i) + \beta \ln I_2(i) \tag{5.4}$$

其中,δ 为控制变量;α 和 β 为不同的修正系数。

在出行票方案中,出行者对出行票的需求具有价格弹性,价格的波动会影响出行者的购买需求。但是,分层定价中价格的跳跃性会使购买者的预算约束线呈现分段性。各个层级的价格差异也会对出行者的购买行为造成不同的影响,产生

尖点问题，即集聚现象。

在通常情况下，当统一定价策略转变为分层定价策略后，出行者首先会根据原定价方案下的购买量评估其在新方案下的支出情况，再做出新的需求响应。由于居民对分层定价策略的理解各有差异，部分出行者无法直观地判断分层定价后支出是增加还是减少。尤其在第一档价格相比统一定价的价格更低时，多数居民以平均价格 $\bar{p}_e(i)$ 作为衡量分层定价效果的指标，取代无法直接得出的边际价格。

综上所述，我们可以平均价格 $\bar{p}_e(i)$ 作为出行者在分层定价下对出行票需求响应的参考指标。此时，出行票的平均价格 $\bar{p}_e(i)$ 以统一定价下的总购买量 $D_0(i)$ 为基准，通过计算在分层定价后对应的出行票支出费用，求出平均出行票购买价格。

出行者 i 对应的平均出行票购买价格 $\bar{p}_e(i)$ 为

$$\bar{p}_e(i) = \frac{\sum_{j=1}^{t}\left(p_{ej}q_j(i)\right)}{\sum_{j=1}^{t}q_j(i)} \tag{5.5}$$

其中，$q_j(i)$ 为出行者 i 在考虑分层定价时对应第 j 档上的购买量；$\sum_{j=1}^{t}q_j(i) = D_0(i)$；$p_{ej}$ 为第 j 档上的购买价格。

居民通过原出行票需求量判断在分层定价下的平均支付价格，再根据价格做出新的出行票响应。需求响应示意图如图 5.7 所示。

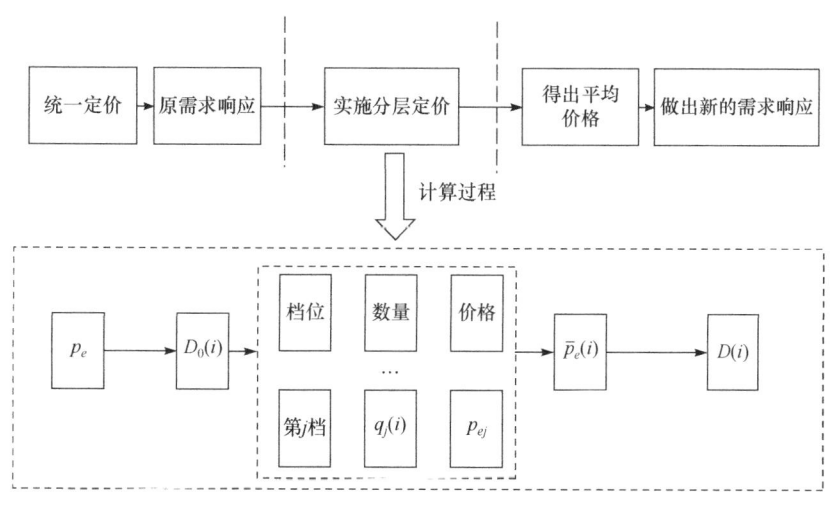

图 5.7 需求响应示意图

根据 4.3.4 节的计算可以发现，居民的出行费用 $I_2(i)$ 是关于出行票交易价格的函数，因此式(5.4)可以进一步描述为

$$\ln D(i) = \delta + \alpha \ln(\bar{p}_e(i)) \tag{5.6}$$

此时，α 为出行者的需求价格弹性 $\xi(i)$，表示出行票价格发生变化时需求量发生的变化，即

$$\xi(i) = \frac{\partial D(i)/D_0(i)}{\partial \bar{p}_e(i)/p_{e0}(i)} \tag{5.7}$$

其中，$p_{e0}(i)$ 为统一定价时的价格，即均衡价格 p_e。

由此可知，出行票价格上升必然导致需求量下降。对出行票、个人碳、电力等居民日常生活必需的能源或物资[2]来说，其需求特点是随价格的波动变化较小，即需求缺乏弹性。此时，$-1 < \xi(i) < 0$，通常情况取值多为-0.1和-0.2。

在分层定价下，出行者通过购买出行票带来的效用函数可以表示为

$$U(D(i)) = B(D(i)) - \bar{p}_e(i)D(i) \tag{5.8}$$

其中，$U(D(i))$ 为出行者在分层定价下购买出行票后的出行效用；$B(D(i))$ 为出行者使用出行票的收益。

根据优化原理，当得到 $U(D(i))$ 最大值时，其一阶导数等于零，即

$$\frac{\partial U(D(i))}{\partial D(i)} = \frac{\partial B(D(i))}{\partial D(i)} - \bar{p}_e(i) = 0 \tag{5.9}$$

$$\frac{\partial B(D(i))}{\partial D(i)} = \bar{p}_e(i) \tag{5.10}$$

对 $B(D(i))$，通过泰勒展开可以得到如下形式[9]，即

$$B(D(i)) \cong B(D_0(i)) + \frac{D(i)p_{e0}(i)}{1+\xi(i)^{-1}}\left[\left(\frac{D(i)}{D_0(i)}\right)^{\xi(i)^{-1}} - 1\right] \tag{5.11}$$

对 $B(D(i))$ 求一阶导数，可得

$$\frac{\partial B(D(i))}{\partial D(i)} = \frac{p_{e0}(i)}{1+\xi(i)^{-1}}\left[\left(\frac{D(i)}{D_0(i)}\right)^{\xi(i)^{-1}} - 1\right] + \frac{D(i)p_{e0}(i)}{1+\xi(i)^{-1}}\left[\frac{\xi(i)^{-1}}{p_{e0}(i)}\left(\frac{D(i)}{D_0(i)}\right)^{\xi(i)^{-1}-1}\right] \tag{5.12}$$

联立式(5.10)和式(5.12)可得

$$\left(1+\xi(i)^{-1}\right)\frac{\bar{p}_e(i)}{p_{e0}(i)} = \left(1+\xi(i)^{-1}\right)\left(\frac{D(i)}{D_0(i)}\right)^{\xi(i)^{-1}} - 1 \tag{5.13}$$

整理可得

$$D(i) = D_0(i)\left(\frac{\bar{p}_e(i)}{p_{e0}(i)} + \frac{1}{1+\xi(i)^{-1}}\right)^{\xi(i)} \tag{5.14}$$

当 $\xi(i)$ 很小时,有

$$D(i) = D_0(i)\left(\frac{\overline{p}_e(i)}{p_{e0}(i)}\right)^{\xi(i)} \tag{5.15}$$

根据式(5.15)可以得到需求响应与价格的关系,如图 5.8 所示。

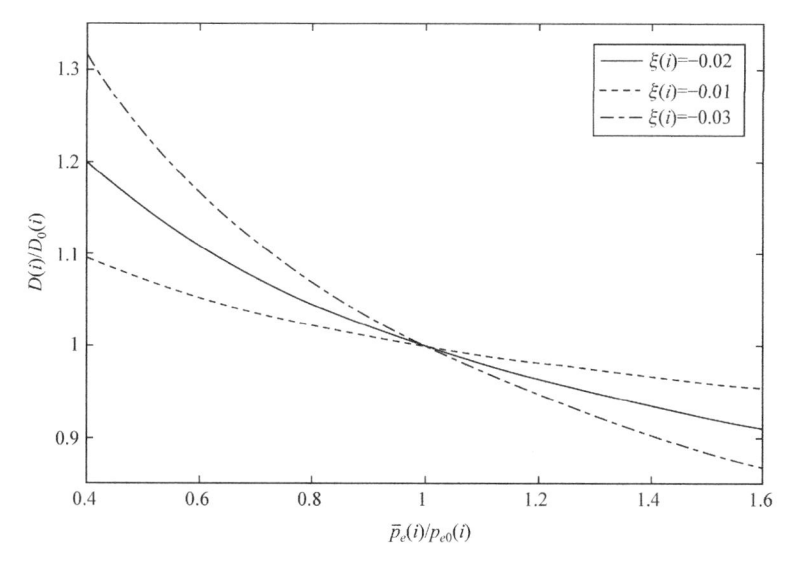

图 5.8 需求响应与价格的关系

在图 5.8 中,首先可以发现出行票需求量的比值 $D(i)/D_0(i)$ 与购买价格比值 $\overline{p}_e(i)/p_{e0}(i)$ 的关系同样符合需求函数的特点,即居民在分层定价下的出行票需求量随着预判所得的平均价格的升高而减少。当居民认为分层定价方案下购买原来所需要的出行票所支付的平均价格 $\overline{p}_e(i)$ 大于统一定价下的购买价格 $p_{e0}(i)$ 时,他们会减少购买出行票,反之会购买更多的出行票。

对需求价格弹性 $\xi(i)$,当 $\xi(i)=-0.1$ 时,出行者 i 对实施分层定价方案价格相对不敏感,即出行票购买价格的变化对其购买出行票的影响较小。随着 $\xi(i)$ 取值的减小($\xi(i)=-0.2$、$\xi(i)=-0.3$),出行者对购买价格的敏感程度变高,此时出行票购买量的变化更容易受平均购买价格的影响。

因此,进一步可以得到在分层定价策略下出行票需求响应与价格的关系,即

$$D(i) = D(\overline{p}_e(i)) \tag{5.16}$$

式(5.16)表示出行者对出行票的需求响应是关于出行票平均购买价格的函数。因此,结合式(5.6)和式(5.15),分层定价下出行票的需求响应可以表示为

$$\ln D(i) = \ln D_0(i) + \xi(i)\ln\frac{\overline{p}_e(i)}{p_{e0}(i)} \tag{5.17}$$

5.2.3 分层定价方案评价指标构建

分层定价实施后，出行票价格的变化会引起需求响应变化，导致出行者相关利益发生变化。针对需要购买出行票的出行者，主要用消费者剩余和社会公平性进行分析。

1. 消费者剩余

消费者剩余[5]常用来描述消费者的福利变化，指出行者愿意为出行票支付的价格和实际支付价格之间的差额，用来度量部分高出行票消费者在市场上购买出行票后出行情况的改变。在分层定价下，消费者剩余的变化对评价交易策略而言尤其重要。因为不同的出行者对出行票的需求响应不同，所以他们愿意为其支付的价格也不同。

在分层定价下，生产者剩余与消费者剩余如图 5.9 所示。当出行票供给方以低于市场出清时的价格 p_{e1} 出售出行票时，他们的生产者剩余从 $OCBA$ 降低到 OCB_1A_1，得到的补贴减少。因此，对原来出售出行票的出行者而言，假设他们仍会以统一定价 p_e 作为出售价格，卖出多余的出行票换取补贴，在出行票方案中获得福利。这部分群体作为供给方，为维护其利益，保证生产者剩余不变。对购买出行票的出行者，由于分层定价策略下的消费者剩余会随着价格变化而发生波动，消费者剩余从统一定价下的 DAB 变为 DA_2B_2。

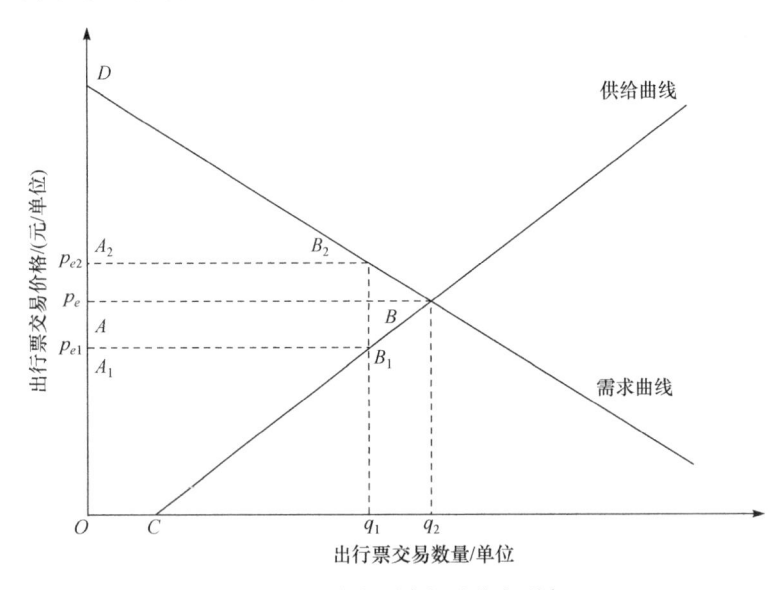

图 5.9　生产者剩余与消费者剩余

结合式(5.5)和式(5.15)，出行者i在统一定价下的购买价格有$p_{e0}(i) = p_{e0}$，在分层定价下，出行者i的消费者剩余变化为

$$\Delta \mathrm{CS}(i) = \int_{\bar{p}_e(i)}^{p_{e0}} D(\bar{p}_e(i)) \mathrm{d}(\bar{p}_e(i)) \tag{5.18}$$

可得

$$\Delta \mathrm{CS}(i) = \frac{D_0(i) p_{e0}(i)}{1 + \xi(i)} \left[1 - \left(\frac{\bar{p}_e(i)}{p_{e0}(i)} \right)^{1+\xi(i)} \right] \tag{5.19}$$

当$\Delta \mathrm{CS}(i) \geqslant 0$时，分层定价下消费者剩余相比统一定价有所提升。从整体角度考虑，实施分层定价，总体消费者剩余可以提高。

2. 社会公平性

出行票方案作为一种福利性质的交通管理政策，其社会公平性体现在收入再分配上，即低出行票消费者或无车群体可以通过出售多余出行票获得补贴，而高出行票消费者需要购买出行票满足出行需求。

分层定价的实施是为了在统一定价策略的基础上进一步提高社会公平性。其中存在多种评价指标反映定价策略的优劣[10]。常见的评价指标有社会福利指数、基尼系数[11-13]等。基尼系数常用来定量评价社会居民收入分配的差异程度。其具体含义指在全部的居民收入中，用于不平均分配的收入占总收入的比值，取值在0~1之间。当基尼系数为0.2时，表示20%的人占有100%的收入。在分层定价下，消费者剩余变化可能存在负值。因此，消费者剩余的基尼系数表示消费者剩余变化为正的出行者人数的占比，并以此刻画社会公平性[14]。计算公式为

$$\mathrm{SE} = \frac{n_t}{N_t} \tag{5.20}$$

其中，n_t为分层定价下消费者剩余变化为正的出行者人数；N_t为分层定价下购买出行票的出行者总人数。

可以发现，对SE而言，其取值在0~1之间。SE的值大时表示分层定价实施后购买出行票的出行者的消费者剩余总体上升，相当于社会公平性有所提高。

5.3 算例分析

本节以之前的建模分析为理论基础，通过简单的数值算例对比不同方案的效果，提出值得借鉴的定价策略。

5.3.1 数值处理及分层方案设定

由之前的分析可以发现，新定价策略的实施需要在统一定价的基础上，参考原来的交易价格，设定出行票出售价格，并以此来制定更合理的出行票购买价格。其中有车群体的高出行票消费者作为主要的出行票购买方，在做出新的出行票购买决策时需要考虑原统一定价下的出行票购买量和购买价格。由于第四章的出行票购买方样本较少，因此根据之前的计算结果，仿真 200 名居民的出行票购买情况，即 $D_0(i)$。出行票需求量分布如图 5.10 所示。

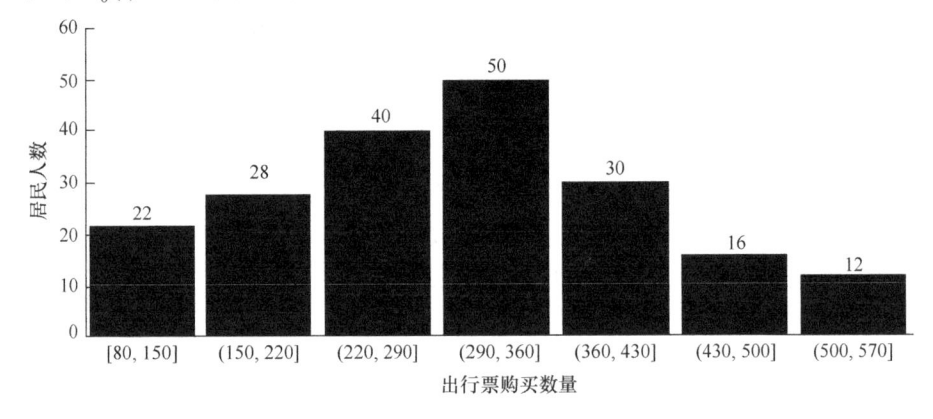

图 5.10 出行票需求量分布

由 5.1.2 节的分析可以发现，分层定价下出行者 i 的出行票需求响应会随着分层价格和分层档数变化，因此对分层定价方案进行细化。定价方案主要有以下思路。

① 降低第一档价格，提高第二档和第三档价格。
② 降低第一档价格，同时降低第一档的覆盖率。
③ 重新划分档次，在低档中适当添加新档位。

以统一定价时的出行票交易价格 $p_{e0}(i)$ 为基准，构建 5 种不同的分层定价策略。为简化计算，设定统一定价时的出行票交易价格 $p_{e0}(i)$ 为 0.6 元/单位，$\xi(i)$ 取 -0.2。定价方案的具体价格及结构如表 5.2 所示。

在这 5 种方案中，根据居民在统一定价下的出行票购买量 $D_0(i)$ 可以确定分层定价方案下的覆盖率，其中月购入量为 289 单位出行票，覆盖总居民人数的 45%，即 90 名出行者的购买量在 289 单位以下，同理 321 单位购买量覆盖 60% 的出行者，412.2 单位购买量覆盖 85% 的出行者。设定统一定价下的购买价格为 0.6 元/单位，在此基础上降低或升高不同档次对应的购买价格如表 5.2 所示。这五种方案设定如下。

表 5.2　定价方案的具体价格及结构

方案	分层价格/(元/单位)				临界购买量(覆盖率/%)		
	p_{e1}	p_{e2}	p_{e3}	p_{e4}	Q_1	Q_2	Q_3
一	0.6	0.78	1.02	—	321(60)	412.2(85)	
二	0.48	0.9	1.2	—	321(60)	412.2(85)	
三	0.48	0.78	1.02	—	289(45)	412.2(85)	
四	0.48	0.6	0.78	1.02	289(45)	321(60)	412.2(85)
五	0.48	0.6	0.78	1.2	289(45)	321(60)	412.2(85)

方案一代表传统的分层定价，并以均衡价格作为第一档价格，第二、三两档价格以此为标准进行设定。方案二~五则在传统分层定价下进行改进。

方案二表示降低第一档价格，提高第二、三档价格，覆盖率保持不变。

方案三表示降低第一档价格，同时减少第一档对应的覆盖率。

方案四和方案五表示重新划分层级，并根据新的层级重新调整覆盖率。方案五在方案四的基础上提升了最后一个层级的出行票购买价格。

5.3.2　评价指标计算及结果分析

1. 平均价格

根据计算，首先可以得到五种方案下出行者的购买价格(平均价格 $\bar{p}_e(i)$)，并以此衡量分层定价的效果。不同方案下的出行票定价如图 5.11 所示。图中对 200 名购买者按照购买量从低到高编号为 1~200。

可以发现，平均价格会随着出行者出行票购买量的增加而上升。方案一(传统的分层定价)策略下的平均价格比其他方案都要高，这是因为其他方案的第一档定价要低于基准价格，且第一档的覆盖率是最高的。这说明，只要降低低档的价格，所有出行者都能感受到新价格策略下的"降价福利"。

以方案一为基础，对比方案二和方案三可以发现，在档次不变的情况下，对购买量在第三档之前的居民而言，方案二的效果要优于方案三，表明一味地降低第一档覆盖率的策略并不是最佳的；对购买量达到第三档的居民来说，方案二下的第三档价格较高。从平均价格的角度看，方案二支出比方案三高，此时方案三的效果优于方案二。因此，在调整价格和覆盖结构上，处于第一、二档的居民渴望提升低档覆盖率以获取福利，而处于第三档的居民更希望降低高档价格。

方案二与方案五阶跃上升的程度更明显，可见层级价格差异越大，居民感知的平均价格变化越明显，价格阶跃性对临界购买量附近的出行者来说更明显，但从平均后的购买价格来看，居民感受到的价格阶跃上升效果并不明显。

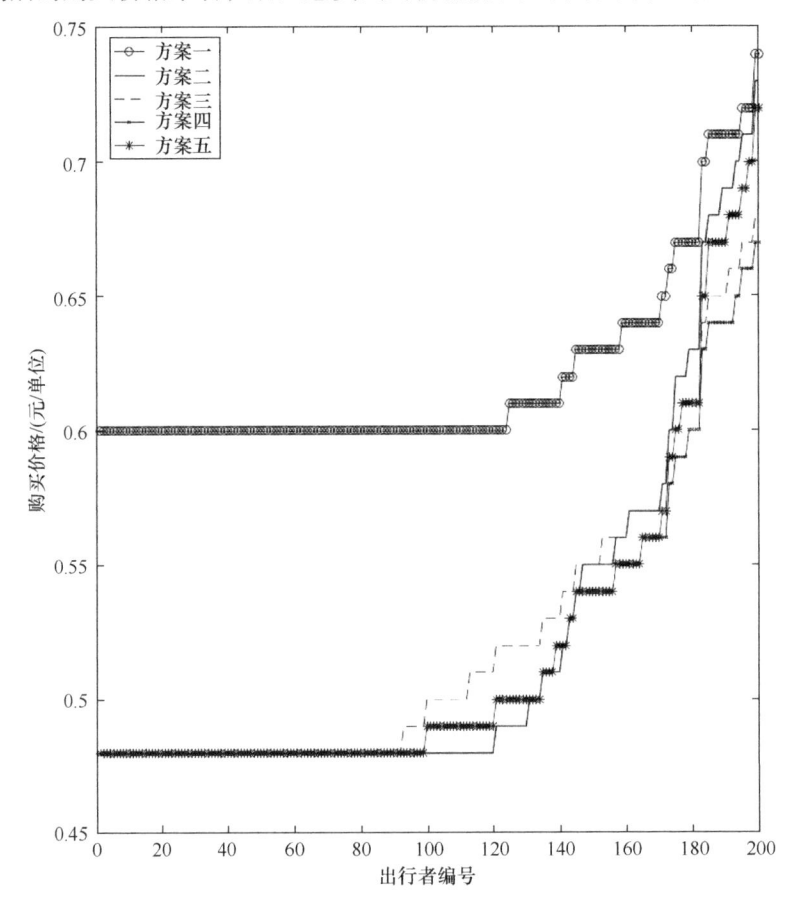

图 5.11　不同方案下的出行票定价

对比方案三和方案四可以发现，在重新划分层级后，出现的新层级价格处于原第一档和第二档之间。这对出行票购买量在 289～412.2 单位的居民来说，层级的增多使其感受到价格降低，方案四优于方案三；对高购买量居民(购买量多于 412.2 单位)，即便最高档价格相同，但受益于重新分层后的低价福利，方案四的平均价格相对较低。因此，重新划分层级在价格感知上是有利于所有居民的。

在此基础上对比方案二和方案四可以发现，虽然方案四第一档的覆盖率较低，但更合理的价格结构使较多居民感知到的平均价格低于方案二，仅编号为 100～130 的居民认为方案二的效果优于方案四。

对比方案四和方案五，在其他条件相同的情况下，方案五提高了第四档的价格，使高购买量出行群体的费用增多，维持原出行需求成本更高，在方案四的基础上可以进一步控制高出行票消费者的购买行为，也有利于调控该群体的私家车出行。

计算结果对比如表 5.3 所示。可以发现，相比传统的分层定价方案一，其余 4 种方案下的出行票购买价格基本相同，且都比均衡价格 0.6 要低。价格下降虽然导致出行票需求量的上升，但是变化幅度较低(不足 3%)，一方面因为居民本身也具有维持现状出行的意愿，另一方面出行票作为出行必需的媒介，居民的需求缺乏弹性。从宏观的角度考虑，出行票需求量增加不足 2.5%处于可控范围。

表 5.3 计算结果对比

方案	平均价格/(元/单位)	出行票总需求量/%
一	0.63	减少 1
二	0.54	增加 2.29
三	0.54	增加 2.25
四	0.53	增加 2.49
五	0.54	增加 2.41

综上所述，从平均价格的结果来看，合理的阶梯价格和覆盖结构使方案四效果最佳，即在低档中多次分级并保持价格的阶梯性。同时，可以通过提升高档价格的方式控制高出行票群体的购买量。

2. 评价指标

进一步对评价指标计算，出行票消费者剩余对比如图 5.12 所示。从图 5.12 可以发现，在改进后的分层定价策略下，消费者剩余都有所上升，降低第一档价格可使所有出行者都享受到福利。方案四效果最明显，表明重新划档后的分层定价策略是改进方案中效果最好的。对购买量处于最高档的出行者，他们是消费出行票最多的群体，对比方案四和方案五的结果可以发现，一味地提高价格虽然可以更好地控制出行票需求(表 5.3)，但相比变化幅度极低的需求量，这些出行者损失的社会福利更多，因此从居民福利的角度考虑，方案四更合适。

社会公平性结果如表 5.4 所示。其中社会公平性为消费者剩余变化大于 0 的人数占总人数的比例，反映各方案对居民的影响。在方案四下，实施 4 个层级的分层定价，可以最大限度地提高居民消费者剩余，使受益的人数达到最高。

表 5.4 社会公平性结果

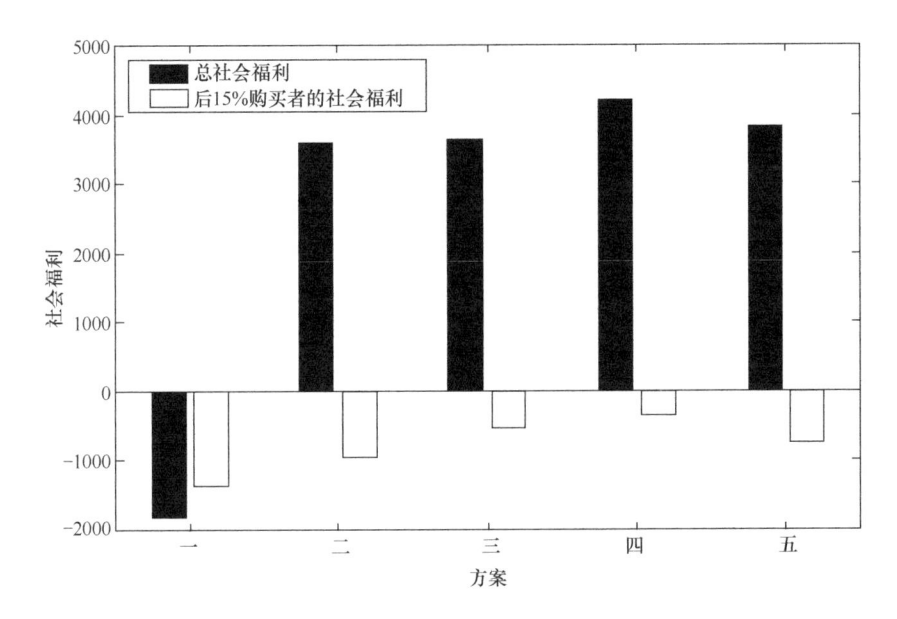

方案	社会公平性
一	0.6
二	0.86
三	0.875
四	0.915
五	0.875

图 5.12 出行票消费者剩余对比

在先前的模型分析中，不同结构的分层定价策略的效果会带来不同的效果。在算例计算中，居民在新策略下对感知到的价格低于统一定价的购买价格，而不同方案的差别主要体现在价格设计和层级规划上。综上结果可以发现，为了使分层定价方案更好地匹配不同出行票消费者群体，需要对原先传统的三档分层定价重新划档，以便降低第一档覆盖率和价格，保证低出行票消费者的利益，方便出行票方案的推广。针对高出行票出行群体，合理的阶梯支付方案同样可以使其享受到一定的价格优惠，但高档层次下的高支付价格也会让居民减少私家车出行，降低出行票需求量。因此，政府管理部门在调控出行票交易市场时，不仅要根据居民出行数据合理划分出行票购买层级，还要制定合适的临界购买量。同时，可以一方面利用低档低价吸引出行者，提高出行票的推广效率；另一方面从提高高档位出行票购买价格的角度入手，降低出行票使用量，控制私家车出行，达到交通需求管理的目的。

5.4 本章小结

出行票作为一种可交易商品，其定价机制是推广过程中不可忽视的一部分。本章在分层定价理论的基础上，结合出行票的特点分析购买出行票时实行分层定价的必要性。在此过程中，建立了新策略下出行者的出行票需求响应，以平均价格作为衡量标准，判断分层定价对出行者的影响，并令消费者剩余和社会公平性作为分层定价方案的评价指标。在仿真算例中，本章对 5 种不同思路的分层定价方案进行数值计算和结果对比，从中选出最合适的定价方案，从理论分析、需求响应和方案评估三个角度为出行票交易过程中价格方案的制定提供理论依据。

参考文献

[1] Li J, Wang S Y, Fan J. Study on the effect of personal carbon trading scheme on consumers' energy consumption. Systems Engineering-Theory and Practice, 2016, 36(1): 77-85.

[2] 王善勇, 李军, 范进, 等. 个人碳交易视角下消费者能源消费与福利变化研究. 系统工程理论与实践, 2017, 37(6): 1512-1524.

[3] Aalami H A, Moghaddam M P, Yousefi G R. Evaluation of nonlinear models for time-based rates demand response program. International Journal of Electrical Power and Energy System, 2015, 65(1): 282-290.

[4] Sibly H, Tooth R. The consequences of using increasing block tariffs to price urban water. Australian Journal of Agricultural and Resource Economics, 2014, 58(2): 223-243.

[5] Damodar N. Basic Econometrics. Beijing: China Renmin University Press, 2011.

[6] 张昕竹, 田露露. 阶梯电价实施及结构设计——基于跨国数据的经验分析. 财经问题研究, 2014, 6(7): 23-29.

[7] 龚承柱. 天然气终端市场定价模型与政策模拟研究. 武汉: 中国地质大学, 2016.

[8] 张昕竹, 刘自敏. 分时与阶梯混合定价下的居民电力需求——基于 DCC 模型的分析. 经济研究, 2015, 2(3): 146-158.

[9] Schweppe F C, Caramanis M C, Tobors R D. Spot Pricing of Electricity. New York: Springer, 2013.

[10] Li Z N. Basic Econometrics. Beijing: Higher Education Press, 2015.

[11] Erdenee O, Paramita S A, Yamazaki C, et al. Distribution of health care resources in Mongolia using the Gini coefficient. Human Resources for Health, 2017, 15(1): 56-70.

[12] Lin B, Liu C, Lin L. The effect of China's natural gas pricing reform. Emerging Markets Finance and Trade, 2015, 51(4): 812-825.

[13] 朱博. 中国基尼系数问题研究. 成都: 西南财经大学, 2014.

[14] Yan K, Jiang Y, Qiu J, et al. The equity of China's emergency medical services from 2010-2014. International Journal for Equity in Health, 2017, 16(1): 10-30.

第六章 出行票机制下基于活动的瓶颈模型

作为分析个人出行活动计划行为的一种工具，基于活动的分析方法得到了广泛的关注和认可[1]。基于活动的模型认为出行是一种派生需求。这种需求是由居民参与日常活动产生的。个人的出行活动模式是连续时间域(如一天)内时间使用决策的结果。在基于活动的模型中，出行模式是由一系列相关的多次出行组成的。开始和结束于同一地点(如通勤者的家)的出行称为闭合出行。基于活动的模型可以有效描述出行和活动在时间和空间上的相互依赖关系，以及个人在一天中做出的时间决策。关于活动的分析方法，可以参考 Jones 等[2]、Ettema 等[3]和 Timmermans[4]等的研究。本章在经典的瓶颈模型(参见附录 C)基础上，提出一种基于活动的交通瓶颈模型，同时考虑家庭和工作活动对出行者出发时间选择的影响，有助于理解出行者活动时间分配与出行时间分配之间的相互作用，解决动态的交通瓶颈拥挤问题[5]。

6.1 基于活动的分析方法

6.1.1 研究背景

交通规划的核心内容之一就是对交通需求进行预测，即在特定的经济状况、土地规划和交通设施布局条件下，预测可能的出行行为。精确的交通需求预测有助于交通网络的设计、道路服务水平的提高和交通政策的制定。1962 年，Alan[6]提出基于出行的"四阶段"交通预测模型。基于出行的"四阶段"交通需求预测框架如图 6.1 所示。首先是根据居民出行调查的 OD 数据，获取交通的产生量与吸引量，将获得的交通分区出行量与吸引量转化为各小区之间的出行交换量，即得出各出行端与区间出行交换量的关系，然后根据各类交通方式的特点划分各类出行方式的分担比例，最后把各种出行方式的 OD 分配到具体的交通网络上。20 世纪 60 年代，该交通需求预测的思路是作为分析和确定新建道路网络布局形态和规模的主要依据。

基于出行的"四阶段"方法以单次出行作为分析单元，对不同的交通出行行为单独建模，没有考虑各类出行之间的相互关系。此外，该方法忽略了出行活动还应受到的时间和空间的约束。例如，在含有停车活动的出行链中，停车活动是否会受到停车场位置的影响,以及是否会受到时间的影响。从分析个人出行行为和评价交通需求管理政策的角度来看,基于出行的方法存在一定的局限性。这在很大程度上促进了基于活动的交通需求分析方法的出现。

```
—调查→ 交通生成 —分析→ 交通分布 —建模→ 交通方式划分 —预测→ 交通分配
         第一阶段         第二阶段           第三阶段            第四阶段
```

图 6.1 基于出行的"四阶段"交通需求预测框架

基于活动的分析方法将居民的出行视为一种派生需求,即出行需求是由个体参与不同活动需求产生的。该方法采用一个更加宏观、更具有全局意识的分析框架,考虑出行与活动之间存在某种复杂的相互作用关系。基于活动的分析方法强调活动对居民出行的重要性,使关于活动行为的顺序,以及个体活动决策的研究受到更多的关注。

Hägerstraand[7]、Chapin[8]和 Cullen 等[9]的创造性工作为基于活动的分析方法奠定了坚实的理论基础。研究表明,活动模式是由社会条件和个体内在需求共同作用形成的,个体活动受到活动时间和空间的分布限制,这为时空棱柱概念的提出奠定了基础。大量的实证研究发现,时间对活动的限制更为严格,而且与活动的类型密切相关。例如,工作活动对时间的要求比休闲娱乐活动更严格。自此,基于活动的分析方法得到广泛的关注和研究,主要集中在以下几个方面,即活动的生成、活动的时间安排、出行和活动的相互作用等。基于活动的分析方法具有模拟个体出行活动行为和不同个体间相互作用的优势,可用来分析和评价交通需求管理措施,同时还能提供细化的高峰和非高峰时期车流量的变化特征。

6.1.2 基本概念

1. 出行

出行指出行者利用某种交通工具从一个地点到另一个地点的单向移动过程。两点之间不存在第三个停留点。出行者的每一次出行通常都有明确的出行目的,即不会为了出行而出行,到达目的地意味着本次单次出行的结束。根据 OD 是否一致,可以把出行分为闭合出行和非闭合出行。出行是构成活动链的基本要素。以出行作为分析单元的模型称为基于出行的模型,如"四阶段"模型中的预测模型等。

2. 活动

活动指个体为满足家庭或者自身需要而在某件事情中的实体参与,包括生存型、维持型和娱乐型三类活动。活动源于个体在生理、经济、社会和精神等多方面的需求，体现个体在某个连续时间段内，采用特定的交通工具和优先权在某个场所实现某种目的的过程。该过程存在时间和空间的约束。每个人都需要根据自己的意愿安排活动，而把时空上存在差异的各个活动连接起来就需要出行。因此，活动引发出行，同时影响目的地、出发时间和出行方式等诸多要素。活动概念的引入使出行需求的分析对象由简单的单次出行拓展到考虑个人或者家庭的各种决策，以及引起出行根本原因的分析上等[10]。

3. 出行链

出行链指把一系列的出行按照先后顺序首尾连接起来的封闭链，有时也叫往返行程，起源于20世纪60年代马尔可夫链理论。个体的出行链总是由某地点出发，经过一系列的出行后又回到此出发点。这一过程包括出发时间、出行活动、出行方式等信息。在实际分析过程中，基于家的出行链(即从家出发，最终又回到家的出行链)占大多数，因此若不作特别说明，出行链就是基于家的出行链。出行链的分类方式各异，例如根据出行目的的不同，出行链又可分为上班出行链、娱乐出行链、上学出行链和生活出行链四种；根据出行方式划分，可分为汽车出行链、步行出行链、公共交通出行链等。出行链可以清晰地记录出行者一天的出行安排，包括出发时间、出行距离、出行方式、活动时间等重要信息。

为了更直观地理解活动方法的基本概念，个体一天的出行活动安排如图6.2所示。可以看出，出行者早晨从家出发去往单位，中途从单位出发去往餐厅，午餐过后回到单位，下班后从单位出发去往商场购物，然后回家。该出行者一天的出行活动安排包括5次出行(家-单位、单位-餐厅、餐厅-单位、单位-商场、商场-家)和3个活动(上班、就餐、购物)。图中包含两条出行链，第一条是主要的出行链(家-单位-商场-家)，可称为基于家的出行链；第二条是次要的出行链(单位-餐厅-单位)，可称为基于单位的出行链。

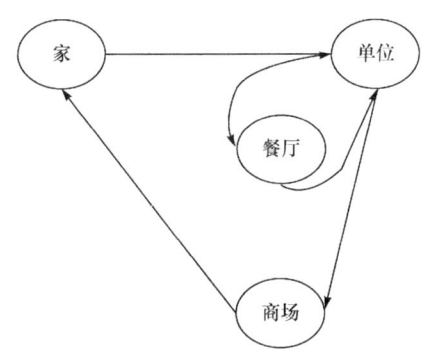

图6.2 个体一天的出行活动安排

6.1.3 场景描述

基于活动的分析方法认为个体生活在时间和空间的连续统一体中。个体要想在特定时间内到达某个地点完成活动，必须通过出行消耗一定的时间和费用才能达到目的。个体的出行活动模式会受到时间和空间的限制，例如购物活动会受到商场位置和时间的影响，进而影响居民对出行方式或者出发时间的选择。为了更好地描述个体出行活动模式的时空特性，更加真实、全面地模拟个体日常的出行行为，国内外学者构建了各自的描述体系，如二维时空图、时空棱柱和超级网络等。

1. 二维时空图

二维时空图可以分别用时间和空间平面表示出行者一天出行活动安排的时空特性，如图 6.3 所示。

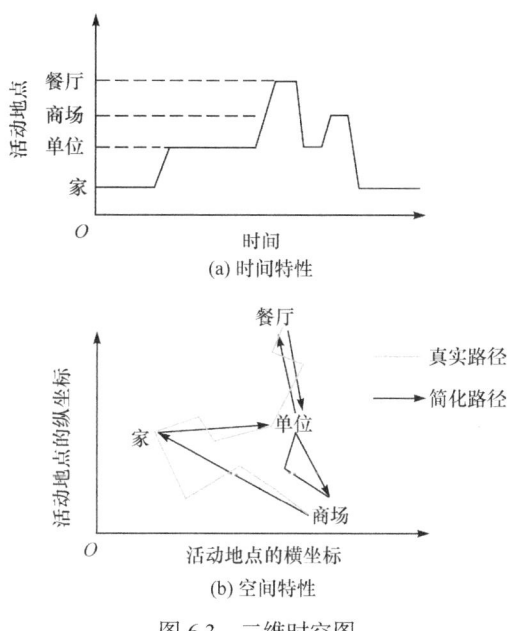

图 6.3 二维时空图

从图 6.3 可以看出，该出行者一天的出行活动安排：早晨从家出发去往单位上班，中途去往餐厅就餐，就餐完毕后返回工作单位，下班之后去往商场购物然后返回家中。该出行者一天的出行计划包括 5 次出行(家-单位、单位-餐厅、餐厅-单位、单位-商场、商场-家)和 3 个活动(上班、购物、就餐)，构成一个基于家的出行链(家-单位-餐厅-单位-商场-家)。二维时空平面的描述方式可以清晰地展现个体参与活动的时间、次序，以及到达不同活动地点的时间和出行距离。该方法有两点不足：一是无法展现具体的路网形态；二是没有涵盖个体的出行方式信息。

2. 时空棱柱

时空棱柱可以表达特定时间段内个体可以到达的时空范围。出行者一天的出行活动计划由活动地点及其在时间轴上的排列构成。时空棱柱示意图如图 6.4 所示。

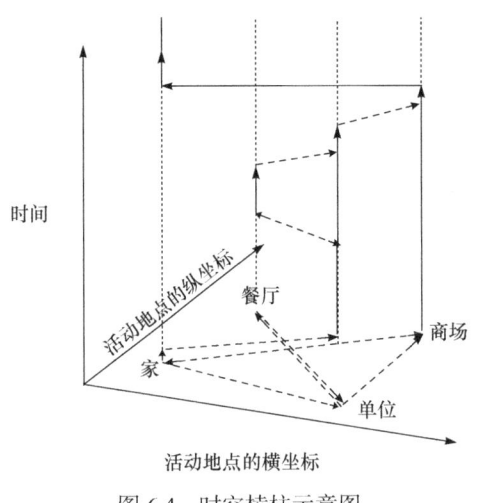

图 6.4 时空棱柱示意图

相较二维时空图，时空棱柱能够以更加直观、简洁的方式展示个体的出行计划，为研究个体出行行为提供一种新思路。该方法仍然存在改进之处，例如无法提供出行者的出行方式信息，展现复杂的道路网。

3. 超级网络

超级网络是通过在两个子网络(私家车道路网络和公共交通网络)中添加连接构成的。该方法可以展现个体利用不同交通工具完成位置转移的过程。该超级网络的路径既涵盖出行者的出行方式信息，又包括车辆状态和活动状态[4]。超级网络示意图如图 6.5 所示。

图 6.5 中的路径描述了个体从家出发去往商场购物的出行计划：出行者从家开车去往商场，停车结束后开始购物，之后开车返回家中。该行程包括 2 次出行(家-商场、商场-家)和 2 个活动(停车、购物)。相较二维时空图和时空棱柱，超级网络可以提供更多的关于个体的出行活动安排信息，如个体的出行方式、车辆的使用状态、活动的完成状态等，但是该方法的主要缺陷是无法提供个体详细的出行时间和活动时间信息。

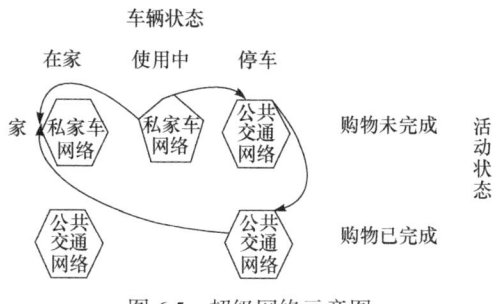

图 6.5 超级网络示意图

纵观上述描述个体出行活动安排的三种方式，无论哪种方式都不能提供完备的个体出行活动安排信息，总有个别信息缺失，但是对研究某一个具体的问题来说，已经达到了预期的目标。本章在这三种方式的基础上，提出一种一般性的既能涵盖个体的出行行为信息，又能涵盖活动信息的描述方法。

6.2 基于活动的瓶颈模型

经典的瓶颈模型及其改进模型往往假定出行者的出行成本只由瓶颈处的排队成本和计划延误成本构成。这意味着只考虑从生活区到工作区这一路段的出行者的出行行为，其本质是基于出行的分析方法。这一方法虽然为分析早高峰交通拥堵现象和基于个体的出行行为奠定了坚实的理论基础，但是仍然存在很多不足。例如，基于出行的模型只是以离散的出行单元为研究对象，没有考虑出行的根本动机。因此，它们不能反映不同出行目的之间的联系、出行与活动之间的联系，以及参与有关活动的时间和空间限制[11-13]。此外，基于出行的分析方法无法准确地获悉个人在活动上的时间分配,在分析交通政策对个人出行活动计划的影响时，可能得到有偏的估计。

在现实生活中，通勤者在早上离开家，晚上离开工作场地做出的出发时间选择，除了与瓶颈处的排队拥堵和计划延误等因素有关以外，通常还与家庭和工作活动的效用有关[14-17]。例如，当早晨家庭活动(如为孩子准备早餐)的边际效用高于工作活动时，通勤者可能会晚离开家，通过参与家庭活动获得更高的效用；反之，通勤者可能会在办公室花费更长的时间。此外，当晚上家庭活动(如家庭聚餐、看电视或睡觉)的边际效用高于工作活动时，通勤者可能提早下班，以便在晚上进行更多的家庭活动。从上述事例可以发现，考虑通勤者活动安排的传统瓶颈模型，揭示活动效用对通勤者出发时间选择和时间使用决策的影响具有重要意义。为了更加准确地描述和分析出行者的出行行为，基于活动的瓶颈模型不仅以单次出行行为研究对象，还考虑活动对出行者出发时间选择的影响。2014 年，Li 等[18]根据这一思路,利用基于活动的建模方法改进了经典的瓶颈模型,并且考虑出行者一天的出行活动计划。该研究指出,基于出行的瓶颈模型会对分析出行者的出行行为产生偏差,但存在较多的改进之处。例如,该研究没有考虑出行者在时间价值和出行方式方面的异质性。此外,对出行者而言,一天的出行成本等于早晚高峰期的出行成本之和。在没有外界干扰的情况下,出行者早晚高峰的出行行为相互独立,二者没有较大的差别。因此,本节只考虑早高峰的情形,并以用户的异质性为研究重点,构建基于活动的瓶颈模型来模拟不同类型用户在早高峰的出行行为。

6.2.1 同质用户

1. 出行者的效用分析

假设每天有 N 位同质的出行者在早高峰时段从生活区出发去往工作区,基于活动的瓶颈模型示意图如图 6.6 所示。按照活动分析方法中的基本概念,该出行者的出行活动计划涉及一次出行(生活区-工作区)和两个活动(家庭活动和工作活动)。

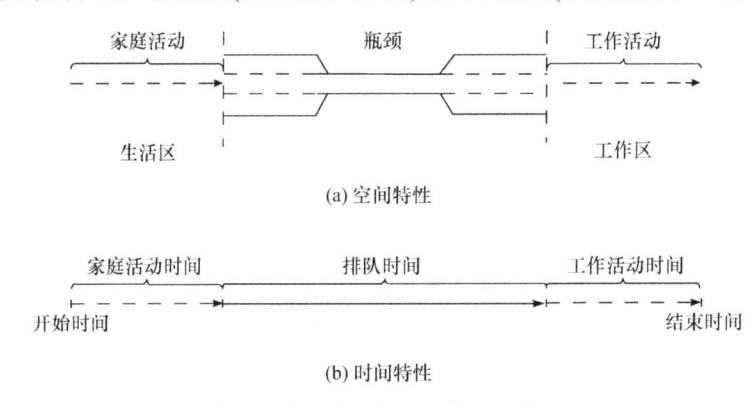

图 6.6 基于活动的瓶颈模型示意图

首先,分析出行者的出行效用。不失一般性,假定出行者的自由流行驶时间为零,出行者在 t 时刻出发的出行效用 U_t^g 由排队成本和计划延误成本构成,可表示为

$$U_t^g = \alpha T_t + \begin{cases} \beta\left(t^* - t - T_t\right), & t \in [t_e, \bar{t}] \\ \gamma\left(t + T_t - t^*\right), & t \in [\bar{t}, t_l] \end{cases} \tag{6.1}$$

其中, α、β、γ、t、t^*、t_e、$\bar{t}$、t_l、T_t 的含义同附录 C 的符号,同时满足 $\gamma > \alpha > \beta > 0$。

然后分析出行者的活动效用。活动的边际效用示意图如图 6.7 所示。可以看出,出行者的出行活动安排涵盖两种活动:一是到达瓶颈前的家庭活动;二是离开瓶后的工作活动。因此，出行者的活动效用由家庭活动效用与工作活动效用这两部分构成，而每个活动的效用由该活动的边际效用和活动时长决定。本节假定家庭和工作活动的边际效用为常数，出行者的活动效用可以用图 6.7 中阴影部分的面积表示。

如图 6.7 所示，$t=0$ 表示一天时间的开始，$t=t_d$ 表示出行者一天出行活动计划的结束。每个出行者在 t 时刻出发的活动效用等于图中阴影部分面积的总和，即

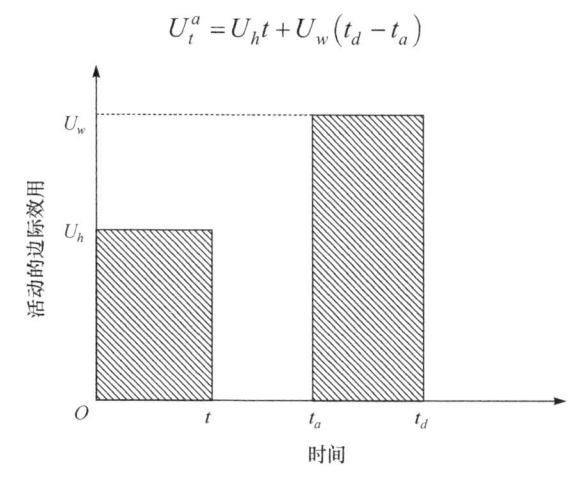

$$U_t^a = U_h t + U_w(t_d - t_a) \tag{6.2}$$

图 6.7 活动的边际效用示意图

其中，$U_h t$ 为出行者的家庭活动效用；U_h 为家庭活动的边际效用，家庭活动时长从早上的零点开始到出发时间 t 结束；$U_w(t_d - t_a)$ 为出行者的工作活动效用；U_w 为工作活动的边际效用，工作活动的时长从到达工作区的时间 t_a 开始到下班时间 t_d 结束。

最后，分析出行者在高峰期出行的总效用。出行者的总效用由出行效用和活动效用构成。其中出行效用为负效用，活动效用为正效用。因此，出行者的总效用可表示为

$$\begin{aligned}\text{DisU}_t &= U_t^g - U_t^a \\ &= \alpha T_t + \begin{cases} \beta(t^* - t - T_t) - U_h t - U_w(t_d - t_a), & t \in [t_e, \bar{t}] \\ \gamma(t + T_t - t^*) - U_h t - U_w(t_d - t_a), & t \in [\bar{t}, t_l] \end{cases}\end{aligned} \tag{6.3}$$

由此可以看出，出行者的总效用主要由早高峰期间的出发时间 t 决定。

2. 均衡求解

基于效用理论，出行者总是更愿意选择使其出行总效用(负值)最小的出发时间出行。在本节，出行者的出行总效用为负值，因此目标函数可设为

$$\min_t \mathrm{DisU}_t \tag{6.4}$$

根据均衡的定义，所有出行者的出行效用相同，没有任何一个出行者可以通过单方面地改变自己的出发时间使自己的出行效用更低，满足以下均衡条件，即

$$\frac{\mathrm{dDisU}_t}{\mathrm{d}t} = 0 \tag{6.5}$$

化简可得

$$\frac{\mathrm{dDisU}_t}{\mathrm{d}t} = \begin{cases} -U_h + U_w - \beta + (\alpha - \beta + U_w)\dfrac{\mathrm{d}T_t}{\mathrm{d}t} = 0, & t \in [t_e, \bar{t}] \\ -U_h + U_w + \gamma + (\alpha + \gamma + U_w)\dfrac{\mathrm{d}T_t}{\mathrm{d}t} = 0, & t \in [\bar{t}, t_l] \end{cases} \tag{6.6}$$

其中，t_e 和 t_l 为所有出行者中最早和最晚出发时间；$\bar{t}$ 为出发率发生改变的临界时间点。

根据式(6.6)，可得

$$\frac{\mathrm{d}T_t}{\mathrm{d}t} = \begin{cases} \dfrac{U_h + \beta - U_w}{\alpha - \beta + U_w}, & t \in [t_e, \bar{t}] \\ \dfrac{U_h - U_w - \gamma}{\alpha + \gamma + U_w}, & t \in [\bar{t}, t_l] \end{cases} \tag{6.7}$$

根据式(6.7)，结合附录 C 式(C.2)~式(C.4)，可以得到均衡状态下出行者在瓶颈处的出发率，即

$$r_t = \begin{cases} \dfrac{\alpha + U_h}{\alpha - \beta + U_w} s, & t \in [t_e, \bar{t}] \\ \dfrac{\alpha + U_h}{\alpha + \gamma + U_w} s, & t \in [\bar{t}, t_l] \end{cases} \tag{6.8}$$

根据均衡状态的定义，可知所有出行者中最早和最晚出发的出行者的总效用也是相等的，即

$$\mathrm{DisU}_{t_e} = \mathrm{DisU}_{t_l} \tag{6.9}$$

对瓶颈模型来说，瓶颈处的开始排队时间和结束时间分别对应所有出行者中最早和最晚的出发时间。因此，排队时长应由最早和最晚出发时间之差决定，等于瓶颈的通行能力消散所有出行者需要的时间，即

$$t_l - t_e = \frac{N}{s} \tag{6.10}$$

结合式(6.3)、式(6.9)和式(6.10)，可以得出关键时刻的出发时间，即最早、最晚和临界出发时间，即

$$\begin{cases} t_e = t^* - \dfrac{U_w - U_h + \gamma}{\beta + \gamma} \dfrac{N}{s} \\ t_l = t^* + \dfrac{U_h - U_w + \beta}{\beta + \gamma} \dfrac{N}{s} \\ \bar{t} = t^* - \dfrac{(U_w - U_h + \gamma)(U_h - U_w + \beta)}{(\alpha + U_h)(\beta + \gamma)} \dfrac{N}{s} \end{cases} \quad (6.11)$$

根据均衡状态下出发率和关键时刻的出发时间，可以得出基于活动的瓶颈模型的累计出发和到达人数随时间变化的曲线，如图6.8所示。

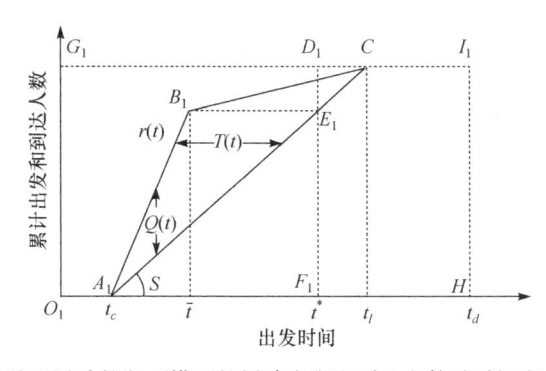

图6.8 基于活动的瓶颈模型的累计出发和到达人数随时间变化的曲线

从图6.8可以看出，基于活动的瓶颈模型与基于出行的瓶颈模型在累计到达和出发人数随时间变化的曲线有类似的变化趋势。由于家庭和工作活动的影响，基于活动的瓶颈模型推导出的解析解与基于出行的瓶颈模型有所区别。

6.2.2 异质用户

纵观考虑异质性的瓶颈模型研究，异质性主要体现在以下三个方面。一是，考虑个体单位时间价值的异同。在实际生活中，由于个体收入水平和生活条件的差异，不同出行者对时间价值的感知是不一样的。例如，对高收入人群，其单位时间价值更高，更愿意通过支付一定的道路通行费减少其出行时间；在基于活动的瓶颈模型中，考虑个体时间价值的异同有助于分析不同群体之间出行行为的差异性，从而制定更加合理的交通需求管理政策。二是，考虑延误惩罚的异同。对行驶在同一通勤廊道的所有出行者来说，由于瓶颈处的通行能力受限，他们无法全部准时到达上班地点，必定存在部分早到者和迟到者。因此，他们面临的早到和迟到惩罚可能存在差异性。考虑这一差异性有助于出行者权衡排队成本和计划延误成本来选择更

加合理的出发时间，优化其出行总成本。三是，考虑最优上班时间点的异同。早在20世纪70年代，英国、德国等为了削减高峰期间的交通出行，避免所有员工统一上下班造成的高峰期交通拥堵，实行错峰上下班制度。例如，在上午9点至下午5点的工作时间段内，员工可根据自身需求选择合理的上班时间点，而不是必须在固定的上班时间到达工作地点。此举为缓解高峰期的交通压力起到了关键的作用。本节将构建基于出行者异质性的出行活动效用函数，分析出行者通过道路瓶颈的出发时间选择行为及其对交通均衡的影响。其异质性主要体现在个体时间价值和延误惩罚的差异上。

1. 出行者的效用分析

与同质用户的模型假设一致，我们假设所有出行者每天早晨经由瓶颈路段从生活区去往工作区。这一过程涉及一次出行(生活区-工作区)和两个活动(家庭活动和工作活动)。与同质用户设定不同，这里按照收入水平将 N 位出行者划分为高收入人群和低收入人群，人数分别为 N_1 和 N_2。

为便于描述这两类用户的单位时间价值与早到和晚到惩罚之间的关系，记

$$\begin{cases} \dfrac{\beta_i}{\alpha_i} = \varphi_i \\ \dfrac{\gamma_i}{\alpha_i} = \varnothing_i \\ \dfrac{\gamma_i}{\beta_i} = \eta \end{cases} \quad (6.12)$$

其中，$i = 1, 2$。

式(6.12)表明，这两类群体在早到和晚到惩罚与个体的单位时间价值比值上存在差异，但早到惩罚和晚到惩罚与单位时间价值的比值保持一致。

一般来说，高收入人群的单位时间价值较高，因此模型中的各项参数满足下列条件，即

$$\alpha_1 > \alpha_2, \quad \varphi_1 < \varphi_2, \quad \varnothing_1 < \varnothing_2 \quad (6.13)$$

式(6.13)表明，与低收入人群相比，高收入人群的计划延误与个体的单位时间价值的比值更低。这意味着工作灵活性更高。工作灵活性一般由延误成本和单位时间成本的比值决定，表示出行者愿意减少多少出行时间来换取延误时间成本的增加。该值越小，表明工作时间越灵活[19]。

在考虑出行者异质性的瓶颈模型中，系统的均衡状态指每一类人群中各出行者的出行总效用相等。出行总效用函数的构造与同质用户一样，由出行效用和活动效用的差值决定，其中出行效用由排队成本和计划延误成本构成，即

$$\mathrm{DisU}_{ti} = U_{ti}^g - U_{ti}^a$$
$$= \alpha_i T_{ti} + \begin{cases} \beta_i\left(t^* - t - T_{ti}\right) - U_h t - U_w(t_d - t_a), & t \in [t_e, \bar{t}] \\ \gamma_i\left(t + T_{ti} - t^*\right) - U_h t - U_w(t_d - t_a), & t \in [\bar{t}, t_l] \end{cases} \quad (6.14)$$

其中，α_i、β_i、γ_i 为第 i 类出行者的单位时间价值、早到和晚到惩罚系数；U_h 和 U_w 分别为出行者早晨在家和工作地点的边际活动效用。为简单起见，假定所有出行者的活动边际效用相等，关于活动边际效用的异质性问题可作为下一步的研究方向。

结合式(6.13)和模型的假定，单位时间价值较低的低收入人群因为较低的工作时间灵活性，宁愿承受较高的排队成本也不愿意承受因为早出发或者晚出发带来的计划延误成本，从而选择在高峰时段的中部时间出行。对时间价值较高的高收入人群来说，因为这类人群的工作时间灵活性较高，为了减小排队成本，他们往往会选择在高峰时间的开始和结束时段出行。因此，两类出行者的出发次序为高收入人群-低收入人群-高收入人群。

基于活动的异质瓶颈模型中累计到达和出发人数如图 6.9 所示。可以看出，在考虑异质性的模型中，所有出行者将按照其单位时间价值的大小形成自发的出发顺序：高收入人群选择在高峰时间的开始和结束时期出发($t_{e1} \sim t_{e2}$, $t_{l2} \sim t_{l1}$)，低收入人群选择在高峰时段的中部时间 $t_{e2} \sim t_{l2}$ 出发。该出发次序与基于出行的瓶颈模型保持一致，可参考 Arnott 等[20]的研究。

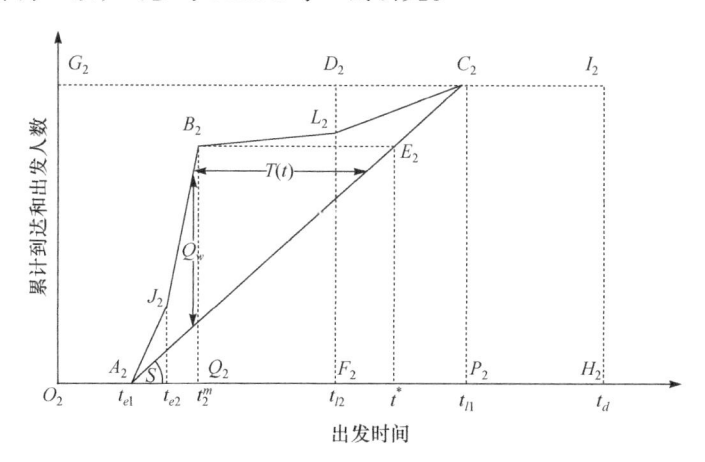

图 6.9 基于活动的异质瓶颈模型中累计到达和出发人数

2. 均衡求解

根据均衡的定义，也就是两类用户的出行总效用相等，没有任何一个出行者可以通过单方面地改变出发时间使其出行总效用降低。为求解异质出行者的出发时间选择问题，得出均衡状态下解的形式，我们以两类用户的最早和最晚出发时间为切入点。图 6.9 中 t_{e1} 和 t_{l1} 分别对应时间价值较高的人群在早高峰期间的出行中最早和最晚的出发时间，t_{e2} 和 t_{l2} 分别对应时间价值较低的人群在早高峰期间的出行中最早和最晚的出发时间。根据均衡的定义，可以得到以下关系式，即

$$\begin{cases} \text{DisU}_{t_{e1}} = \text{DisU}_{t_{l1}} \\ \text{DisU}_{t_{e2}} = \text{DisU}_{t_{l2}} = \text{DisU}_{t_2^m} \end{cases} \tag{6.15}$$

为便于表述解的形式，记 $\theta = \dfrac{U_w - U_h + \gamma_1}{\beta_1 + \gamma_1}$，$1 - \theta = \dfrac{U_h - U_w + \beta_1}{\beta_1 + \gamma_1}$，结合式(6.14)，可以得到两类人群的出发率和关键出发时间，即

$$r_{ti} = \begin{cases} \dfrac{\alpha_i + U_h}{\alpha_i - \beta_i + U_w} s, & t \in [t_e, \overline{t}] \\ \dfrac{\alpha_i + U_h}{\alpha_i + \gamma_i + U_w} s, & t \in [\overline{t}, t_l] \end{cases} \tag{6.16}$$

$$\begin{cases} t_{e1} = t^* - \theta \dfrac{N}{s} \\ t_{l1} = t^* + (1 - \theta) \dfrac{N}{s} \\ t_{e2} = t^* - \theta \left(\dfrac{U_h - U_w + \beta_1}{\alpha_1 + U_h} \dfrac{N_1}{s} + \dfrac{N_2}{s} \right) \\ t_2^m = t^* - \theta \left(\dfrac{U_h - U_w + \beta_1}{\alpha_1 + U_h} \dfrac{N_1}{s} + \dfrac{U_h - U_w + \beta_2}{\alpha_2 + U_h} \dfrac{N_2}{s} \right) \\ t_{l2} = t^* + (1 - \theta) \left(\dfrac{N_2}{s} - \dfrac{U_w - U_h + \gamma_1}{\alpha_1 + U_h} \dfrac{N_1}{s} \right) \end{cases} \tag{6.17}$$

6.2.3 无人驾驶车辆的影响

无人驾驶车辆是智能汽车的一种。这种车辆无须人为操作就具有自动的行驶车速。它们处于行驶状态时可以靠得很近，速度也比普通车辆更快。在其他条件相同的情况下，一组无人驾驶车辆能以比普通汽车更大的车流密度行驶，从而增加道路的通行能力。除了这一优势，相较使用普通车辆的出行者，在乘坐无人驾驶汽车时可以进行除驾驶以外的活动，这样就可以提高出行者的出行效率，降低出行者的出行成本。因此，对使用普通车辆和无人驾驶车辆的出行者来说，他们的单位时间价值是不一样的。这种异质性从理论层面来说可能会对道路拥挤的分析和评估产生影响，间接影响交通需求管理政策(如拥挤收费、

道路改造等)的制定和评价。

无人驾驶汽车有望长期对城市交通和城市布局产生较大的影响,这就解释了为什么政策制定者、媒体和公众对无人驾驶汽车有浓厚的兴趣,并认为它可以在一定程度上解决复杂的城市交通问题。本节研究无人驾驶汽车的普及对交通拥堵的影响,集中体现在研究无人驾驶汽车如何通过降低出行者的单位时间价值损失来影响瓶颈处的交通拥堵。本节不考虑用户的异质性,无论是使用普通汽车还是无人驾驶汽车的出行者,他们的单位时间价值、延误惩罚系数都是一样的。这两类用户的差异性体现在出行总效用函数的构造上,即使用无人驾驶车辆的出行者可以通过在车内执行某种活动获得活动效用,从而降低出行成本。为了探讨无人驾驶对交通拥堵的影响,本节提出基于活动的瓶颈模型,构造这两类出行者的出行总效用函数,再根据均衡理论,确定这两类出行者内生的出发时间,并评估瓶颈处的交通指标(如排队时长、延误成本等)。

1. 出行者的效用分析

本节在瓶颈模型中考虑活动和无人驾驶汽车对出行者活动和出行计划的影响。考虑无人驾驶车辆的基于活动的瓶颈模型示意图如图 6.10 所示。

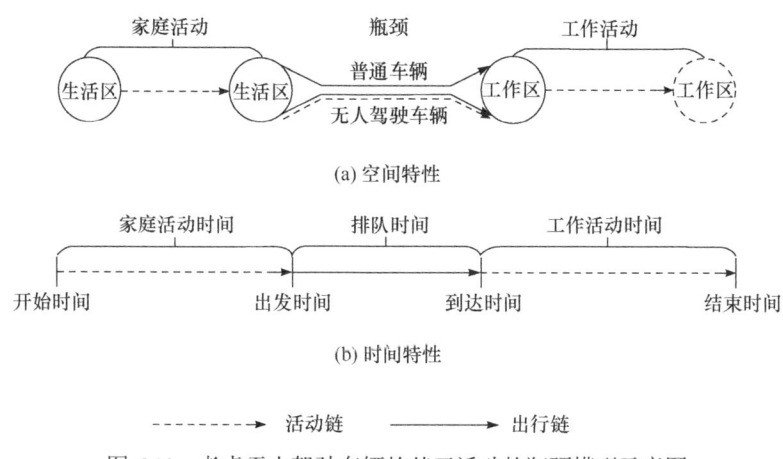

图 6.10　考虑无人驾驶车辆的基于活动的瓶颈模型示意图

图 6.10 分别从时间和空间维度描述出行者一天的出行活动安排,出行者可选择普通车辆或者无人驾驶车辆出行。图中的虚线和实线分别表示出行者在执行活动和出行,箭头表示出行者地点转移的方向。活动链和出行链共同组成出行者一天的出行活动模式。对使用普通车辆出行的人来说,他们的出行活动模式包含一次出行(生活区-工作区)和两个活动(家庭和工作活动)。对乘坐无人驾驶车辆的出行者来说,他们的出行活动模式不仅包含从生活区到工作区的出行,还包括出发

前的家庭活动，出行中的车上活动和出行后的工作活动。图 6.10 包含时空两个维度。在空间，出行者首先会在出发前执行某些活动，如准备早餐、阅读、锻炼等，这些活动统称为出发前的家庭活动。这里仍然假定自由流行驶时间为零，这一假定并不改变瓶颈模型的基本性质。因此，出行者会在离开家后立即到达道路的瓶颈，在瓶颈处排队结束后立即到达工作区。在时间上，出行者的时间安排包括家庭活动时间、排队时间和工作活动时间。值得注意的是，对乘坐无人驾驶汽车的出行者来说，其可以在车内进行除驾驶以外的活动(如休息、阅读、发邮件等)。使用传统交通工具的出行者只能专注于驾驶活动。此外，为了简化模型，假定各类活动的边际效用为常数，并且所有出行者都在上班时间之前到达工作区，即不考虑迟到行为[①]。在这个前提下，每个出行者执行工作活动的时长是相同的，等同于所有出行者的工作效用一致。为了减少模型的参数，在构造出行总效用函数时，我们忽略此部分效用。

假定每天早上有 N 位出行者从生活区去往工作区，途经一段通行能力为 S 的瓶颈路段。出行者通过执行各类活动获得的效用值等于活动的边际效用乘以活动的持续时间。出行者的出行总效用包括出行成本和从执行活动中获得的效用。

对使用普通车辆和无人驾驶汽车出行的出行者而言，其出行总效用函数可以构造如下，即

$$\mathrm{DisU}_t^{\mathrm{CV}} = \alpha T_t^{\mathrm{CV}} + \beta\left(t^* - t - T_t^{\mathrm{CV}}\right) - \int_0^t U_h \mathrm{d}t \tag{6.18}$$

$$\mathrm{DisU}_t^{\mathrm{AV}} = \alpha T_t^{\mathrm{AV}} + \beta\left(t^* - t - T_t^{\mathrm{AV}}\right) - \int_0^t U_h \mathrm{d}t - \int_t^{t+T_t^{\mathrm{AV}}} U_t \mathrm{d}t \tag{6.19}$$

其中，$\mathrm{DisU}_t^{\mathrm{CV}}$ 为使用普通车辆出行的出行者在 t 时刻出发的出行总效用；$\mathrm{DisU}_t^{\mathrm{AV}}$ 为使用无人驾驶汽车出行的出行者在 t 时刻出发的出行总效用；U_t 为使用无人驾驶汽车出行的出行者在车上执行活动的边际效用；T_t^{CV} 为使用普通车辆出行的出行者在 t 时刻出发的排队时间；T_t^{AV} 为使用无人驾驶汽车出行的出行者在 t 时刻出发的排队时间。

2. 均衡求解

根据 van den Berg 等[21,22]的研究结果，当同时存在普通车辆和无人驾驶车辆时，使用无人驾驶车辆出行的出行者的出发时间会被安排在高峰时段的头部，而使用普通车辆出行的出行者的出发时间会被安排在高峰时段的尾部。为了便于表述，我们分三种情况讨论均衡状态下的累计到达和离开人数随时间的变化情况。

---

① 对于大多数出行者来说，迟到将面临严重的惩罚。该假设符合实际生活场景的设定。

① 所有出行者均乘坐普通车辆出行。
② 所有出行者均乘坐无人驾驶汽车出行。
③ 部分出行者乘坐无人驾驶汽车出行，部分乘坐普通车辆出行。

在不同条件下(所有出行者均使用无人驾驶车辆出行和普通车辆出行)基于活动的瓶颈模型的均衡状态如图 6.11 所示。

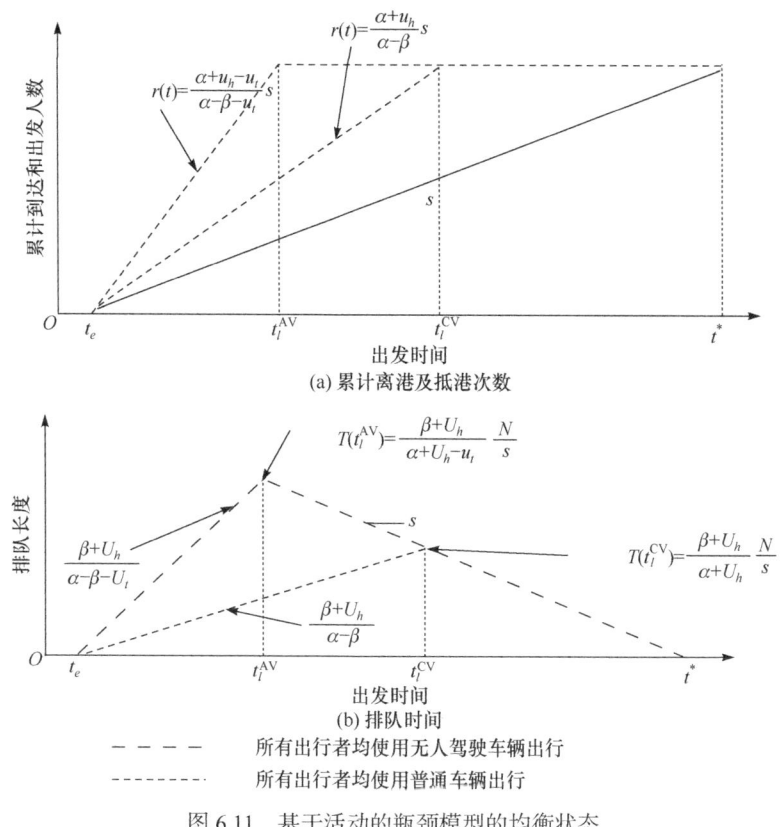

图 6.11 基于活动的瓶颈模型的均衡状态

对第一种和第二种情况，即所有出行者使用普通车辆或无人驾驶车辆出行。其均衡状态下的最早出发时间 t_e 相同，但使用无人驾驶车辆出行的出行者最晚出发时间 t_l^{AV} 早于使用普通车辆出行的出行者 t_l^{CV}。此外，使用无人驾驶车辆出行的出行者最大排队长度 T_{tl}^{AV} 要比使用普通车辆出行的出行者最大排队长度 T_{tl}^{CV} 长。这是由于使用无人驾驶车辆出行的出行者在车上可以通过执行除驾驶以外的活动获得部分效用造成的。相当于这部分出行者面临更高的正外部性，即在车上经历更长的排队时间，以达到用户平衡状态。乘坐无人驾驶车辆出行的出行者经历的拥堵时间 $\left(t_l^{AV}-t_e\right)$ 小于使用普通车辆出行的出行者 $\left(t_l^{CV}-t_e\right)$。这意味着，乘坐无人驾驶汽车出行可以缩短高峰时段的拥堵时间。

在部分出行者使用无人驾驶车辆出行，部分出行者使用普通车辆出行的情形下，基于活动的瓶颈模型的均衡状态如图 6.12 所示。对第三种情况，在有两类车辆通过瓶颈路段的情况下，这两类通勤者将自发形成一定的出行顺序。使用无人驾驶车辆出行的出行者先离开生活区，当最后一位使用无人驾驶车辆出行的出行者通过瓶颈路段时，使用普通车辆出行的出行者开始出发。t_e 和 t_l^A 分别代表使用无人驾驶出行的出行者中最早和最晚的出发时间。t_e^C 和 t_l^{CV} 分别代表使用普通车辆出行的出行者中最早和最晚的出发时间。

(a) 累计离港及抵港次数

(b) 排队时间

── ·· ── 部分出行者使用无人驾驶车辆出行,部分出行者使用普通车辆出行

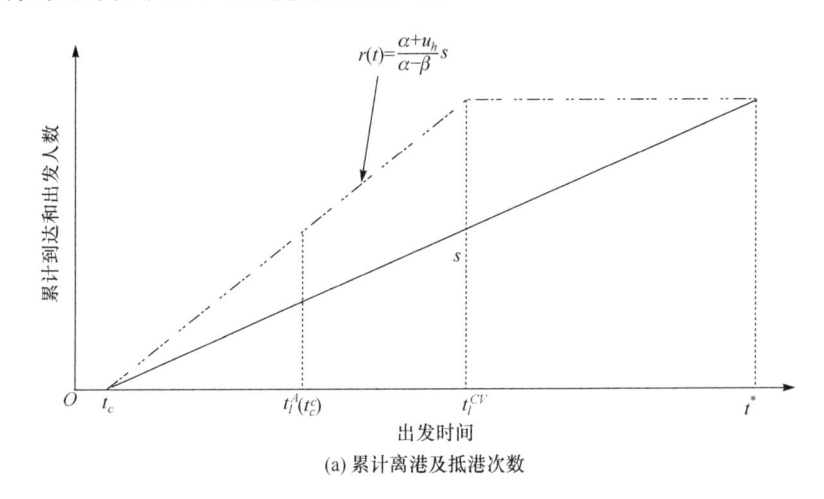

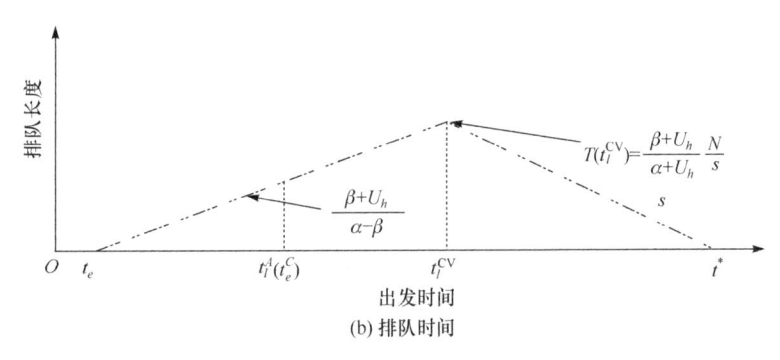

图 6.12　在部分出行者使用无人驾驶车辆出行，部分出行者使用普通车辆出行的情形下，基于活动的瓶颈模型的均衡状态

式(6.20)给出了使用无人驾驶车辆和普通车辆出行的出行者在均衡状态下的出行总效用，即

$$\overline{\mathrm{DisU}}_t = \left(\beta + U_h\right)\frac{N}{s} - U_h t^*\tag{6.20}$$

模型的均衡解(包括出行总效用、出发率、关键出发时间、排队时间等)的推导过程见附录 C。

6.2.4　与经典瓶颈模型的比较

本节对比分析基于活动的瓶颈模型与基于出行的瓶颈模型在评估道路拥挤指标上的异同。这些指标可以分为两类。

① 出行者出行活动时间，包括出行者的平均出行时长、家庭活动平均时长、工作活动平均时长和车上活动平均时长，分别用 ATT、ADH、ADW、ADV 表示。

② 出行者出行活动效用，包括总出行时间成本、总计划延迟成本、家庭活动总效用、工作活动总效用和车上活动总效用，分别用 TTC、SDC、TUH、TUW、TUV 表示。

以基于活动的瓶颈模型为例，可参考图 6.8。该模型计算瓶颈路段交通系统指标值为

$$\begin{cases} \mathrm{ATT} = \dfrac{\mathrm{area}\left(A_1 B_1 C_1 A_1\right)}{N} \\ \mathrm{ADH} = \dfrac{\mathrm{area}\left(O_1 A_1 B_1 C_1 G_1 O_1\right)}{N} \\ \mathrm{ADW} = \dfrac{\mathrm{area}\left(A_1 H_1 I_1 C_1 A_1\right)}{N} \\ \mathrm{TTC} = \alpha\,\mathrm{area}\left(A_1 B_1 C_1 A_1\right) \\ \mathrm{SDC} = \beta\,\mathrm{area}\left(A_1 E_1 F_1 A_1\right) + \gamma\,\mathrm{area}\left(C_1 D_1 E_1 C_1\right) \\ \mathrm{TUH} = U_h\,\mathrm{area}\left(O_1 A_1 B_1 C_1 G_1 O_1\right) \\ \mathrm{TUW} = U_w\,\mathrm{area}\left(A_1 H_1 I_1 C_1 A_1\right) \end{cases}\tag{6.21}$$

为了探讨基于活动的同质瓶颈模型、基于活动的异质瓶颈模型(包括出行者单位时间价值和是否选择无人驾驶汽车出行的异质)、基于出行的瓶颈模型的关系，以及异质性和活动分析方法对道路拥挤评估产生的影响，本节将三种模型得到的平均出行活动时间和出行活动效用汇总，如表 6.1 和表 6.2 所示。从表 6.1 和表 6.2 可以看出，当活动的边际效用为零时，基于活动的瓶颈模型和经典的瓶颈模型的解是一致的。因此，经典的瓶颈模型可以看作基于活动的瓶颈模型的特例。在一定程度上，基于活动的瓶颈模型更具广泛性。

表 6.1 平均出行活动时间

时长	基于活动的同质模型	基于活动的异质模型 — 单位时间价值的异质	基于活动的异质模型 — 普通车辆和无人驾驶汽车的异质	基于出行的经典瓶颈模型
ATT	$\dfrac{N}{2s}\dfrac{(U_h-U_w+\beta)(U_w-U_h+\gamma)}{(\beta+\gamma)(\alpha+U_h)}$	$\mathrm{ATT}^1=\left(\dfrac{U_h-U_w+\beta}{\alpha_1+U_h}\dfrac{N_1}{2s}+\dfrac{U_h-U_w+\beta_2}{\alpha_2+U_h}\dfrac{N_2}{s}\right)$ $\mathrm{ATT}^2=\theta\dfrac{U_h-U_w+\beta}{\alpha_2+U_h}\dfrac{N_2}{2s}$	$\dfrac{N}{2s}\dfrac{\beta+U_h}{\alpha+U_h-U_t}$	$\dfrac{N}{2s}\dfrac{\beta\gamma}{\alpha(\beta+\gamma)}$
ADH	$t^*+\dfrac{N}{2s}\left[\dfrac{(U_h-U_w+\beta)(3U_h-U_w+2\alpha-\gamma)}{(\beta+\gamma)(\alpha+U_h)}-1\right]$	$\mathrm{ADH}^1=t^*+(1-2\theta)\dfrac{N_1}{2s}-\theta\dfrac{U_h-U_w+\beta_1}{\alpha_1+U_h}\dfrac{N_1}{2s}-\theta\dfrac{U_h-U_w+\beta_2}{\alpha_2+U_h}\dfrac{N_2}{s}$ $\mathrm{ADH}^2=t^*+(1-2\theta)\left(\dfrac{N_1}{s}+\dfrac{N_2}{2s}\right)-\theta\dfrac{U_h-U_w+\beta_2}{\alpha_2+U_h}\dfrac{N_2}{2s}$	$t^*-\dfrac{N}{2s}\dfrac{\alpha+\beta+2U_h-U_t}{\alpha+U_h-U_t}$	—
ADW	$t_d-t^*-\dfrac{N}{2s}\dfrac{2U_h-2U_w+\beta-\gamma}{\beta+\gamma}$	$\mathrm{ADW}^1=t_d-t^*+\theta\dfrac{N_2}{s}-(1-2\theta)\dfrac{N_1}{2s}$ $\mathrm{ADW}^2=t_d-t^*+\theta\dfrac{N_2}{s}-(1-\theta)\dfrac{N_2}{2s}-(1-2\theta)\dfrac{N_1}{2s}$	—	—
ADV	—	—	$\dfrac{N}{2s}\dfrac{\beta+U_h}{\alpha+U_h-U_t}$	—

表 6.2 出行活动效用

效用	基于活动的同质模型	基于活动的异质模型 — 单位时间价值的异质	基于活动的异质模型 — 普通车辆和无人驾驶汽车的异质	基于出行的经典瓶颈模型
TTC	$\dfrac{\alpha N^2}{2s}\dfrac{(U_h-U_w+\beta)(U_w-U_h+\gamma)}{(\beta+\gamma)(\alpha+U_h)}$	$\text{TTC}^1 = \alpha_1 N_1 \theta\left(\dfrac{U_h-U_w+\beta_1}{\alpha_1+U_h}\dfrac{N_1}{2s}+\dfrac{U_h-U_w+\beta_2}{\alpha_2+U_h}\dfrac{N_2}{s}\right)$ $\text{TTC}^2 = \alpha_2 N_2 \theta \dfrac{U_h-U_w+\beta_2}{\alpha_2+U_h}\dfrac{N_2}{2s}$	$\dfrac{\alpha N^2}{2s}\dfrac{\beta+U_h}{\alpha+U_h-U_l}$	$\dfrac{N^2}{2s}\dfrac{\beta\gamma}{\beta+\gamma}$
SDC	$\dfrac{N^2}{2s(\beta+\gamma)^2}\left[\beta(U_w-U_h+\gamma)^2+\gamma(U_h-U_w+\beta)^2\right]$	$\text{SDC}^1 = \left(\theta^2 \dfrac{N_1 N_2}{s}\beta_1+(1-\theta)^2\dfrac{N_1^2}{2s}\right)\gamma_1$ $\text{SDC}^2 = \left(\theta^2\dfrac{N_1 N_2}{s}\beta_1+\theta^2\dfrac{N_2^2}{2s}\right)\beta_2$ $+\left[(1-\theta)^2\dfrac{N_1 N_2}{s}+(1-\theta)^2\dfrac{N_2^2}{2s}\right]\gamma_2$	$\dfrac{\beta N^2}{2s}$	$\dfrac{N^2}{2s}\dfrac{\beta\gamma}{\beta+\gamma}$
TUH	$NU_h\left[t^*+\dfrac{N}{2S}\left[\dfrac{(U_h-U_w+\beta)(3U_h-U_w+2\alpha-\gamma)}{(\beta+\gamma)(\alpha+U_h)}-1\right]\right]$	$\text{TUH}^1 = NU_h\left[t^*+(1-2\theta)\dfrac{N_1}{2s}-\theta\dfrac{U_h-U_w+\beta_1}{\alpha_1+U_h}\dfrac{N_1}{2s}\right.$ $\left.-\theta\dfrac{U_h-U_w+\beta_2}{\alpha_2+U_h}\dfrac{N_2}{s}\right]$ $\text{TUH}^2 = N_2 U_h\left[t^*+(1-2\theta)\dfrac{N_1}{2s}-\theta\dfrac{U_h-U_w+\beta_1}{\alpha_1+U_h}\dfrac{N_1}{2s}\right.$ $\left.-\theta\dfrac{U_h-U_w+\beta_2}{\alpha_2+U_h}\dfrac{N_2}{s}\right]$	$NU_h\left(t^*-\dfrac{N}{2s}\dfrac{\alpha+\beta+2U_h-U_l}{\alpha+U_h-U_l}\right)$	—
TUW	$NU_w\left[t_d-t^*-\dfrac{N}{2s}\dfrac{2U_h-2U_w+\beta-\gamma}{\beta+\gamma}\right]$	$\dfrac{NU_w}{2}\left[t_d-t^*-(1+\theta)\dfrac{N}{s}\right]\left[t_d-t^*+\theta\dfrac{N}{s}\right]$	—	—
TUV	—	—	$\dfrac{N^2 U_l}{2s}\dfrac{\beta+U_h}{\alpha+U_h-U_l}$	—

6.3 考虑出行票影响的基于活动的瓶颈模型

在以往的研究中，大多数学者将出行票方案用于城市网络均衡建模，基于不同的场景，构建不同出行票方案下的均衡配流模型，仅有少部分学者将该方案用于经典的瓶颈模型研究。通过前几节的论述，可以发现基于出行的瓶颈模型对瓶颈处的交通拥挤估计是有偏的。本节在基于活动的瓶颈模型的基础上，研究出行票方案下的出行者出发时间选择问题。本节的主要研究内容包括以下两个方面：一是构建出行票方案下的出行者出行活动效用函数；二是确定社会最优的出行票方案。本节仅对同质用户的出行行为建模，探讨同质出行者在出行票方案下的出发时间选择问题。

为了简化问题，本节的假设条件如下。

① 假定所有出行者准点或提前到达工作地点，即不考虑出行者的迟到行为。
② 假定出行者的自由流行驶时间为零。
③ 假定所有行驶于生活区至工作区路段的出行者均为出行票的接受者，决策部门向他们分发数量相等的出行票。

在出行票政策下，出行者不仅需要权衡排队成本和计划延误成本之间的关系选择合理的出发时间，还需要考虑出行票的成本。本节将构建出行者在出行票方案下的出行总效用函数，并求解系统达到均衡状态时的出行者出发率、出发时间，确定系统达到最优时的出行票收费方案、发放总量和交易价格。

6.3.1 模型构造

由于所有出行者具有相同的工作活动效用，为简化模型，在构建出行者的出行总效用函数时省略此部分效用。因此，对 N 个同质的出行者来说，他们的出行活动计划包括一个活动(出发前的家庭活动)和一次出行(生活区-工作区)。

首先，分析出行者的出行效用。在出行票方案下，出行者在 t 时刻出发的出行效用 U_t^{gc} 由瓶颈处的排队成本、出行票成本和计划延误成本构成，可表示为

$$U_t^{gc} = \alpha T_t^c + \beta\left(t^* - t - T_t^c\right) + p\kappa_t \tag{6.22}$$

其中，T_t^c 为出行票方案下，出行者在 t 时刻出发的排队时间；αT_t^c 为出行者的排队成本，由出行者的单位时间价值 α 和排队时长 T_t^c 决定；$\beta\left(t^* - t - T_t^c\right)$ 为出行者的早到成本，由早到惩罚系数 β 和早到时间 $t^* - t - T_t^c$ 决定；$p\kappa_t$ 为出行者的出行票成本，由出行票的单位交易价格 p 和 t 时刻出发收取的出行票数量 κ_t 决定。

然后，分析出行者的活动效用。在该出行活动计划下，出行者的活动效用由

家庭活动的时长和边际效用组成,即

$$U_t^{ac} = \int_0^t U_h \mathrm{d}t \tag{6.23}$$

其中,U_h 为家庭活动的边际效用,家庭活动的时长从 $t=0$ 时刻开始到出发时间 t 结束。

最后,分析出行者在高峰期出行的总效用。出行者的出行总效用由出行成本、出行票成本和活动效用构成,其中出行成本和出行票成本对出行者来说是负效用,活动效用为正效用。因此,出行者的总效用可表示为

$$\mathrm{DisU}_t^c = U_t^{gc} - U_t^{ac} = \alpha T_t^c + \beta\left(t^* - t - T_t^c\right) + p\kappa_t - \int_0^t U_h \mathrm{d}t \tag{6.24}$$

其中,出行者的出发时间 t 为决策变量。

6.3.2 均衡求解

根据式(6.24),出行者在早高峰期间的出行总效用函数是关于出发时间 t 的函数,因此一旦给定出行者的出发时间 t,该出行者的出行总效用 DisU_t^c 就能被确定。根据效用理论,出行者更愿意选择使其出行总效用(负值)最小的出发时间出行,可以给定出行者的目标函数,即

$$\min_t \mathrm{DisU}_t^c \tag{6.25}$$

由此可知,该模型本质上求解的是一个出发时间选择均衡问题。该模型的解相当于一个决策变量为出发时间 t 的纯策略纳什均衡。因此,在均衡状态下,任何出发时间 t 都能产生相同的出行总效用。该定义表示到达平衡状态时,在任何出发时间 t 下,所有的出行者都具有相同的出行总效用,并且没有任何一个出行者能够通过单方面地改变自己的出发时间使出行总效用变得更低。

根据多元函数极值理论,关于决策变量 t 的模型,即式(6.25)的临界点要求其一阶导数为零,即

$$\frac{\mathrm{dDisU}_t^c}{\mathrm{d}t} = 0 \tag{6.26}$$

结合式(6.24)和式(6.26),可以得出以下关系式,即

$$(\alpha - \beta)\frac{\mathrm{d}T_t^c}{\mathrm{d}t} + p\frac{\mathrm{d}\kappa_t}{\mathrm{d}t} - \beta - U_h = 0 \tag{6.27}$$

根据 Vickrey 的定义,最优的收费策略能够使所有出行者的排队时间为零,即 $T_t^c = 0$。因此,结合式(6.27)可以得到最优的出行票方案,应满足以下条件,即

$$\frac{d\kappa_t}{dt} = \frac{\beta + U_h}{p} \tag{6.28}$$

不失一般性，假定出行票的收取数量从 0 开始，即当 $t=0$ 时，出行票的收取数量为 0。因此，结合式(6.28)，可以得到最优出行票方案的收取数量，即

$$\kappa_t^* = \frac{\beta + U_h}{p} t \tag{6.29}$$

最早出发者和最晚出发者具有相同的出行总效用，即

$$\text{DisU}_{t_e^c}^c = \text{DisU}_{t_l^c}^c \tag{6.30}$$

其中，瓶颈处排队消散的时间 $t^* - t_e^c$ 应等于瓶颈的通行能力消散所有出行者的时间，即

$$t^* - t_e^c = \frac{N}{s} \tag{6.31}$$

利用式(6.30)和式(6.31)，可以推导出最早和最晚出发时间，即

$$\begin{cases} t_e^c = t^* - \dfrac{N}{s} \\ t_l^c = t^* \end{cases} \tag{6.32}$$

此外，当市场达到均衡时，在出行票单位交易价格下，所有出行者消耗的出行票数量应等于决策部门发放的出行票总量，即

$$K = \int_{t_e^c}^{t_l^c} r_t \kappa_t \, dt \tag{6.33}$$

由于出行票方案的影响，所有出行者在道路瓶颈处不会面临拥挤排队现象，因此出行者的出发率等于瓶颈的通行能力，即

$$r_t^c = s \tag{6.34}$$

在均衡状态下，出行票的发放总量和出行票单位交易价格之间的关系为

$$K = \frac{(\beta + U_h)s}{2p^*} \left(\frac{2Nt^*}{s} - \frac{N^2}{s^2} \right) \tag{6.35}$$

6.4 数值算例

前面章节分别介绍了利用基于活动的分析方法研究同质和异质个体在早高峰时段的出发时间选择问题，以及出行票方案下出行者在早高峰时段的出行安排问

题。本节将结合具体的数值算例定量分析不同的瓶颈模型下出行者的出发时间，以及他们在整个高峰期花费的出行成本和获取的活动效用的区别。为了突出基于活动的瓶颈模型对出行者出行行为的影响，本节先用数值算例对基于出行的瓶颈模型做简单分析和说明。在同等条件下，再比较基于活动的瓶颈模型与经典的瓶颈模型的差别。

6.4.1 基于出行的瓶颈模型

在一定程度上，基于出行的瓶颈模型可看作基于活动的瓶颈模型的特例，即不考虑出行者出行前后参与活动获取的活动效用。出行总成本只包含排队成本和计划延误成本这两个部分。此外，经典的瓶颈模型假定所有出行者的单位时间价值、计划延误惩罚都相等。基于出行的瓶颈模型参数设置如表 6.3 所示。

表 6.3 基于出行的瓶颈模型参数设置

参数	设置
N	5000/人
S	2000/(人/h)
t^*	9:00
α	10 元/h
β	6 元/h
γ	19 元/h

根据附录 C 中式(C.10)和式(C.12)，结合本节的参数设置，可以得出系统达到平衡状态时，出行者的出发率和关键出发时间点的数值解。基于出行的瓶颈模型中累计到达和出发人数如图 6.13 所示。

由图 6.13 可以看出，利用基于出行的瓶颈模型估算出的所有出行者中最早和最晚的出行者的出发时间分别为 7：06 和 9：36，意味着整个高峰期拥挤时间一共持续了 2.5h。在整个高峰时段，出行者会先以 5000 人/h 的出发率出发，离开生活区。此时的出发率远高于瓶颈的通行能力(2000 人/h)，因此在瓶颈处会产生排队现象，并且排队长度随时间的增加而变长。直到 7：52，出行者的出发率开始降低，剩余的出行者将以 1250 人/h 的出发率出发通过瓶颈路段，此时的出发率小于瓶颈的通行能力。于是，瓶颈处的排队开始消散，直至所有出行者通过瓶颈到达工作区。

结合表 6.1 和表 6.2 中的计算公式，可得出基于出行的瓶颈模型中出行者的平均出行活动时间和出行活动效用值，如表 6.4 和表 6.5 所示。

表 6.4　基于出行的瓶颈模型中出行者的平均出行活动时间

项目	ATT/h	ADH/h	ADW/h	ADV/h
数值	0.57	—	—	—

表 6.5　基于出行的瓶颈模型中出行者的出行活动效用值

项目	TTC /元	SDC /元	TUH /元	TUW /元	TUV /元
数值	28500	28500	—	—	—

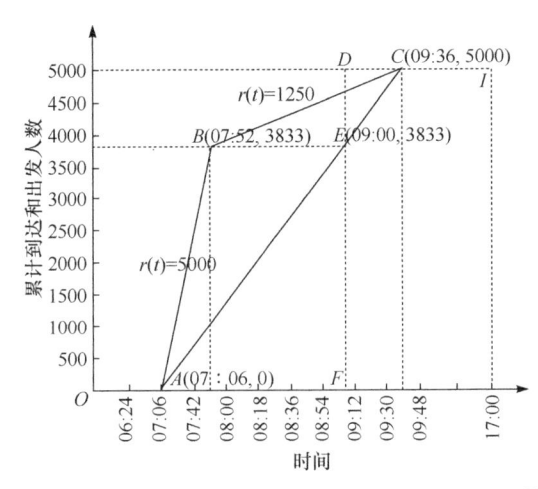

图 6.13　基于出行的瓶颈模型中累计到达和出发人数

从表 6.4 和表 6.5 可以看出，所有出行者通过瓶颈路段的平均时间为 0.57h，在瓶颈处排队将造成总价值 28500 元的损失。此外，计划延误(早到或者晚到工作区)使所有出行者面临 28500 元的总计划延误成本。

6.4.2　基于活动的同质瓶颈模型

基于活动的瓶颈模型在经典的瓶颈模型基础上，考虑活动对出行者出行行为的影响，出行总效用函数包含出行成本和活动效用两个部分。本节先分析同质用户的出行行为。同质性体现在所有出行者的单位时间价值、计划延误惩罚相等上。在 6.4.1 节参数设置的基础上，补充了出行者关于活动效用方面的参数，主要包括两个部分：一部分是假定出行者出发前后参与的家庭和工作活动的边际效用取值分别为 $U_h = 8$ 元/h、$U_w = 11$ 元/h；另一部分是假定所有出行者下班时间的取值为 $t_d = 17:00$。

根据式(6.8)和式(6.11)，结合参数设置，可以得出系统达到均衡时，基于活动的同质瓶颈模型的累计到达和出发人数如图 6.14 所示。

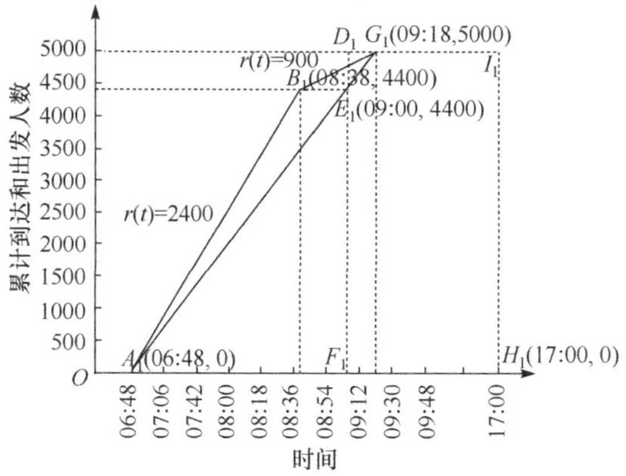

图 6.14 基于活动的同质瓶颈模型中累计到达和出发人数

从图 6.14 可以看出，利用基于活动的同质瓶颈模型可以估算出所有出行者中最早和最晚的出发时间分别为 6:48 和 9:18。这意味着，整个高峰期拥挤时间一共持续 2.5h。在整个高峰时段，出行者会先以 2400 人/h 的出发率出发，离开生活区。此时的出发率远高于瓶颈的通行能力(2000 人/h)，因此在瓶颈处会产生排队现象，并且排队长度随时间的增加而变长。直到 8:38 时刻，出行者的出发率开始降低，剩余的出行者将以 900 人/h 的出发率出发通过瓶颈路段。此时的出发率小于瓶颈的通行能力，因此瓶颈处的排队开始消散，直至所有出行者通过瓶颈到达工作区。

结合表 6.1 和表 6.2，可得出基于活动的同质瓶颈模型中出行者的平均出行活动时间和出行活动效用值，如表 6.6 和表 6.7 所示。

表 6.6 基于活动的同质瓶颈模型中出行者的平均出行活动时间

项目	ATT/h	ADH/h	ADW/h	ADV/h
数值	0.18	7.87	8.95	—

表 6.7 基于活动的同质瓶颈模型中出行者的出行活动效用值

项目	TTC/元	SDC/元	TUH/元	TUW/元	TUV/元
数值	9167	30750	314667	492250	—

从表 6.6 和表 6.7 可以看出，在基于活动的建模框架下，所有同质的出行者通过瓶颈路段的平均时间为 0.18h，在出行前后执行家庭和工作活动的平均时长分别为 7.87h 和 8.95h。由于瓶颈处的排队行为，所有出行者将面临 9167 元的总出行

时间成本。此外，由于计划延误(早到或者晚到工作区)使所有出行者面临 30750 元的总计划延误成本。但是，由于考虑家庭和工作活动的影响，出行者将获取 314667 元和 492250 元的家庭活动总效用和工作活动总效用。

6.4.3 基于活动的异质瓶颈模型

在实际生活中，由于环境背景和经济水平等的差异，个体之间存在无法避免的差异性。为了更加直观地描述异质出行者在早高峰时间通过瓶颈路段的出发时间选择行为，本节用两个数值算例来分析和说明异质性对出行者出发时间选择的影响。异质性主要体现在单位时间价值和车辆使用偏好上。

1. 单位时间价值

本节探讨的内容是出行者单位时间价值的异质性对出行者出发时间选择的影响。所有出行者按照收入水平划分为单位时间价值较高和较低两类。结合式(6.12)和式(6.13)的要求，基于活动的异质(单位时间价值)瓶颈模型参数设置如表 6.8 所示。

表 6.8 基于活动的异质(单位时间价值)瓶颈模型参数设置[①]

参数	设置
N_1	3000/人
N_2	2000/人
α_1	20/(元/h)
α_2	8/(元/h)
β_1	12/(元/h)
β_2	5/(元/h)
γ_1	46.8/(元/h)
γ_2	19.5/(元/h)
U_h	18/(元/h)
U_w	20/(元/h)

根据式(6.16)和式(6.17)，结合表 6.8 的参数设置，可以得出系统达到均衡时，基于活动的异质(单位时间价值)瓶颈模型中累计到达和出发人数如图 6.15 所示。

---

① 假定两类出行者的晚到惩罚与早到惩罚的比值是一致的，并且 $\dfrac{\gamma_i}{\beta_i}=3.9, i=1,2$。

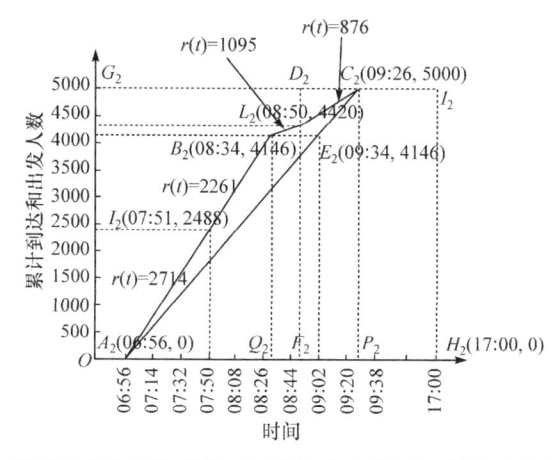

图 6.15 基于活动的异质(单位时间价值)瓶颈模型中累计到达和出发人数

由图 6.15 可以看出,利用基于活动的异质瓶颈模型可以估算所有出行者中最早和最晚的出行者的出发时间分别为 6:56 和 9:26。同样,整个高峰期拥挤时间一共持续了 2.5h。在整个高峰时段,单位时间较高的第一类出行者先以 2714 人/h 的出发率出发,离开生活区。此时的出发率远高于瓶颈的通行能力(2000 人/h),因此在瓶颈处会发生排队现象,并且排队长度随时间的增加而变长。到 7:51。单位时间价值较低的第二类出行者以 2261 人/h 的出发率出发。直到 8:35,第二类出行者的出发率开始降低,剩余的第二类出行者将以 1095 人/h 的出发率出发。此时的出发率小于瓶颈的通行能力,因此瓶颈处的排队开始消散。直到 8:50,第二类出行者出发完毕,剩余的第一类出行者以 876 人/h 的出发率出发直至所有出行者通过瓶颈到达工作区。

结合表 6.1 和表 6.2 中的计算公式,可得出基于活动的异质(单位时间价值)瓶颈模型中出行者的平均出行活动时间和出行活动效用值,如表 6.9 和表 6.10 所示。

表 6.9 基于活动的异质(单位时间价值)瓶颈模型中出行者的平均出行活动时间

出行者	ATT/h	ADH/h	ADW/h	ADV/h
第一类出行者	0.26	8.25	9.57	—
第二类出行者	0.05	7.63	9.24	—

表 6.10 基于活动的异质(单位时间价值)瓶颈模型中出行者的出行活动效用值

出行者	TTC/元	SDC/元	TUH/元	TUW/元	TUV/元
第一类出行者	15600	21643	445262	574200	—
第二类出行者	800	16032	274771	369600	—

从表 6.9 和表 6.10 可以看出，在基于活动的建模框架下，单位时间价值异质的出行者通过瓶颈路段的平均时间各异。对单位时间价值较高的第一类出行者来说，他们通过瓶颈路段的平均时间为 0.26h，在瓶颈处的平均排队时间多于第二类出行者(0.05h)。第一类出行者在出行前后执行家庭和工作活动的平均时长分别为 8.25h 和 9.57h，高于第二类出行者(其家庭活动和工作活动的平均时长分别为 7.63h 和 9.24h)。由于瓶颈处的排队行为，第一类和第二类出行者将分别面临 15600 元和 800 元的总出行时间成本。此外，由于计划延误(早到或者晚到工作区)，这两类出行者分别面临 21643 元和 16032 元的总计划延误成本。由于模型考虑家庭和工作活动的影响，这两类出行者将分别获取 445262 元、274771 元的家庭活动总效用和 574200 元、369600 元的工作活动总效用。

2. 普通车辆与无人驾驶汽车

本节用数值算例分析出行者选择普通车辆和无人驾驶车辆出行对出行者出发时间选择的影响。基于活动的异质(普通车辆和无人驾驶车辆)瓶颈模型参数设置如表 6.11 所示。

表 6.11　基于活动的异质(普通车辆和无人驾驶车辆)瓶颈模型参数设置[①]

参数	设置
N	5000/人
μ	0.5
s	2000/(人/h)
t^*	9:00
u_t	2/(元/h)
u_h	8/(元/h)
α	10/(元/h)
β	6/(元/h)

根据附录 C 中的公式，结合表 6.11 的参数设置，可以得出系统达到均衡时，基于活动的异质(普通车辆和无人驾驶车辆)瓶颈模型中累计到达和出发人数，如图 6.16 所示。

从图 6.16 可以看出，对第一种情况，即所有出行者均采用普通车辆出行时，最早和最晚的出发时间分别为 6:30 和 7:03，意味着整个高峰时段持续了 33 分钟；对第二种情况，即所有出行者使用无人驾驶车辆出行时，最晚的出发时间

[①] 假定两类出行者的晚到惩罚与早到惩罚的比值是一致的，并且 $\dfrac{\gamma_i}{\beta_i}=3.9, i=1,2$。

提前至 6:49，使瓶颈处的交通拥堵时间缩短至 19 分钟；对第三种情况，即一半出行者使用普通车辆出行，另一半出行者使用无人驾驶车辆出行时，使用无人驾驶车辆的出行者会在 6:30 到 6:47 出发，使用普通车辆的出行者后出发，直至 7:03 时刻，所有出行者通过瓶颈路段。

为避免烦琐，以使用无人驾驶车辆出行的出行者为例，结合表 6.1 和表 6.2 中的计算公式，可得出使用无人驾驶车辆出行的出行者的平均出行活动时间和出

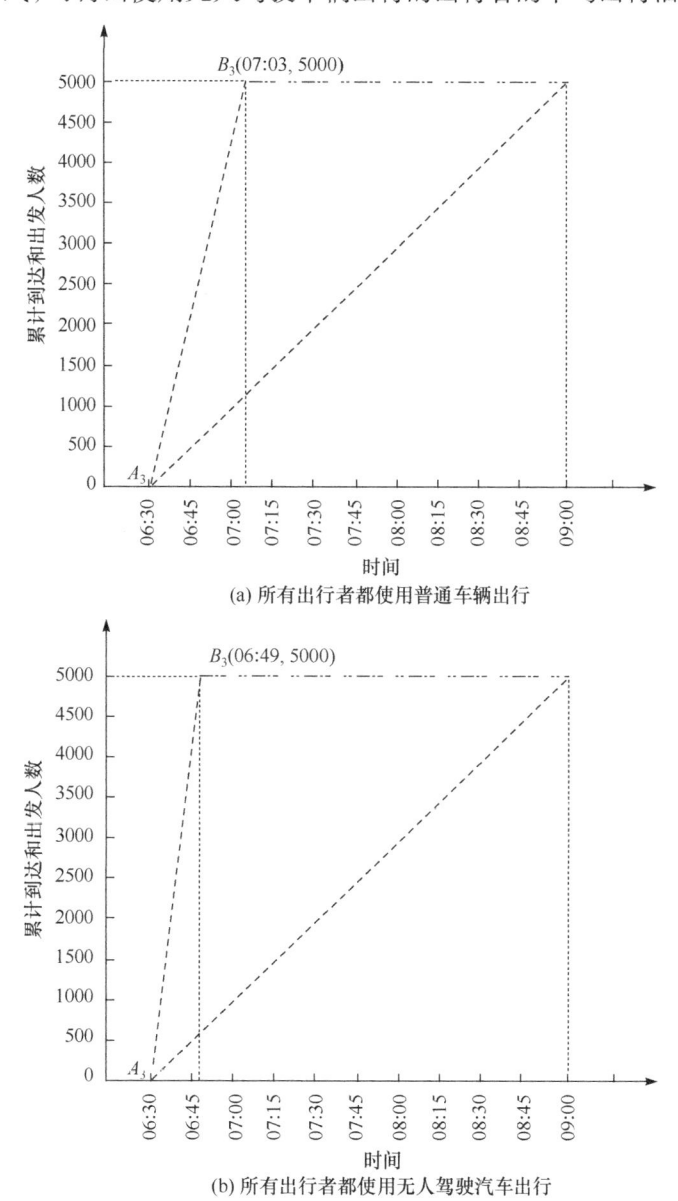

(a) 所有出行者都使用普通车辆出行

(b) 所有出行者都使用无人驾驶汽车出行

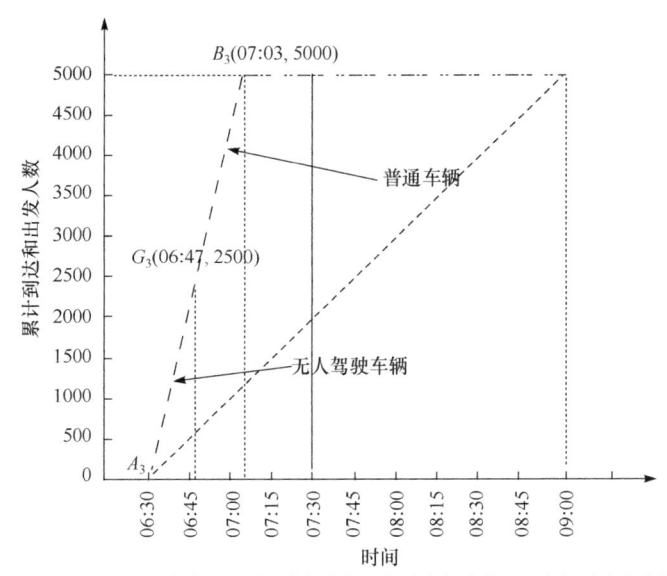

(c) 部分出行者使用普通车辆出行，部分出行者使用无人驾驶汽车出行

图 6.16　基于活动的异质(普通车辆和无人驾驶车辆)瓶颈模型中累计到达和出发人数

行活动效用值，如表 6.12 和表 6.13 所示。

表 6.12　使用无人驾驶车辆出行的出行者的平均出行活动时间

项目	ATT/h	ADH/h	ADW/h	ADV/h
数值	1.09	6.66	—	1.09

表 6.13　使用无人驾驶车辆出行的出行者的出行活动效用值

项目	TTC/元	SDC/元	TUH/元	TUW/元	TUV/元
数值	54688	37500	266400	—	10938

从表 6.12 和表 6.13 可以看出，在基于活动的建模框架下，使用无人驾驶车辆出行的出行者通过瓶颈路段的平均时间为 1.09h。他们在出行前和出行中执行家庭活动和车上活动的平均时长分别为 6.66h、1.09h。由于瓶颈处的排队行为，使用无人驾驶出行的出行者将面临 54688 元的总出行时间成本。此外，由于计划延误(早到工作区)，出行者面临 37500 元的总计划延误成本。由于模型考虑家庭和车上活动的影响，这类出行者将分别获取 266400 元的家庭活动总效用和 10938 元的车上活动总效用。

6.4.4　出行票下基于活动的瓶颈模型

在没有出行票机制的影响时，出行者主要权衡出行成本、计划延误成本和活动效用选择合理的出发时间。在出行票机制的影响下，出行者还需考虑出行票成本，间接地影响出行者的出发时间选择。本节利用数值算例，确定出行票政策对出行者出行活动安排的影响，并且给出具体的出行票方案来缓解道路瓶颈的拥挤现状。本节采用如表 6.14 所示的模型参数，举例说明在出行票政策下，基于活动的瓶颈模型的性质。

表 6.14 出行票政策下基于活动的瓶颈模型参数设置

参数	设置
N	5000/人
s	2000/(人/h)
t^*	9:00
U_h	8/(元/h)
α	10/(元/h)
β	6/(元/h)
K	100000/单位

根据式(6.32)和式(6.34)，结合本节的参数设置，可以得出在出行票政策下，系统达到平衡状态时，基于活动的瓶颈模型中累计到达和出发人数，如图 6.17 所示。

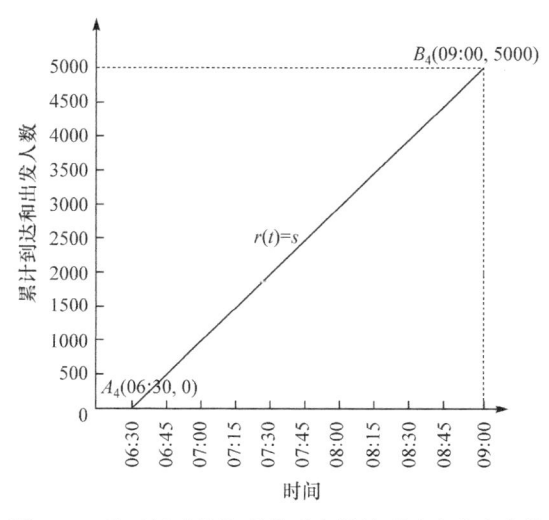

图 6.17 基于活动的瓶颈模型中累计到达和出发人数

由图 6.17 可以看出，在出行票政策下，出行者的最早和最晚出发时间分别为 6:30 和 9:00。这意味着整个高峰时期的拥挤时长为 2.5h。在整个高峰时段，所有出行者将保持出发率为 2000 人/h。因为出发率始终等于瓶颈的通行能力，所以出行者在道路瓶颈处不会面临拥挤排队现象。

出行票政策下，基于活动的瓶颈模型下出行者的平均出行活动时间和出行活动效用值如表 6.15 所示。

表 6.15 出行票政策下基于活动的瓶颈模型下出行者的平均出行活动时间和出行活动效用值

项目	ATT/h	ADW/h	TTC/元	SDC/元	TUH/元
数值	0	7.75	0	37500	310000

从表 6.15 可以看出，由于出行票方案的影响，出行者无须在瓶颈处排队，因此出行者的平均出行时间为 0，导致总出行时间成本也为 0。出行者在出发前的家庭活动平均时长为 7.75h，总共获取了 310000 元的家庭活动效用。此外，由于计划延误(早到工作区)的影响，使出行者面临 37500 元的总计划延误成本。

根据式(6.29)和式(6.35)，结合本节的参数设置，可以确定最优的出行票方案，即

$$\begin{cases} p^* = 5.425 \\ \kappa_t = \dfrac{80}{31}t, \ t \in [6:30, 9:00] \end{cases} \quad (6.36)$$

由式(6.36)可以看出，当决策部门决定分配 100000 单位出行票时(在该出行票发放总量下，每位出行者分配得到的出行票数量为 20)，出行票的单位交易价格为 5.425 元，收取的出行票数量随时间的增加而增加，斜率为 $\dfrac{80}{31}$。该方案可以完全消除瓶颈处的排队，成为最优的出行票方案。

6.5 本章小结

本章的主要内容包括两部分，第一部分是利用活动分析方法构建同质和异质出行者的出发时间选择模型，同时考虑出行票对出行者出行行为的影响；第二部分是通过数值算例分析出行者在早高峰时段的出行活动时间和出行活动效用，以及考虑出行票影响的出行者在早高峰时段的出行安排问题。首先，构建同质出行者的出发时间选择模型，并推导系统达到均衡状态时模型的解析解形式。对比基于活动和基于出行的瓶颈模型可以发现，当活动的边际效用为零时，二者求解结果相同。这意味着，基于出行的瓶颈模型可以看作基于活动的瓶颈模型的特例。因此，基于活动的建模方法更具备广泛性。在基于活动的建模框架下，将所有出

行者按单位时间价值的高低分成两类人群，在其他条件相同时，确定当活动的边际效用为常数时，出行者的均衡出发率和关键出发时间。对比这两类出行者可以发现，单位时间价值较高的出行者会选择在高峰时段的开始和结束时段出发，而单位时间价值较低的出行者会选择在高峰时段的中间时段出发。其次，当出行者选择无人驾驶车辆出行时，由于在瓶颈处的排队时间可以用来执行除驾驶以外的活动，因此出行者的出行总效用函数中增加了车上活动效用。对比所有出行者都使用普通车辆或者无人驾驶车辆出行的情形可以发现，无人驾驶车辆使瓶颈处的交通拥堵时间变短，在一定程度上有利于缓解城市的交通拥堵现状。此外，当交通系统中同时存在使用普通车辆和无人驾驶车辆出行的出行者时，这两类出行者会自发地形成一定的出发顺序使系统达到均衡状态，即使用无人驾驶车辆出行的出行者先出发，使用普通车辆出行的出行者后出发。再次，考虑出行票对出行者出行行为的影响。在没有政策影响时，出行者主要权衡出行成本、计划延误成本和活动效用选择合理的出发时间。在收费政策的影响下，出行者还需考虑出行票成本，从而间接地影响出行者的出发时间选择。因此，我们利用活动的分析方法构建出行票方案下的出行者出行总效用函数，同时求解均衡状态下的出行者出发时间，以及确定最优的出行票方案。最后，利用数值算例可以直观地揭示基于出行的同质瓶颈模型、基于活动的同质瓶颈模型和基于活动的异质瓶颈模型之间的区别，并将结果进行比较，探讨基于活动的分析方法和出行者的异质性对模型结果的影响。同时，还利用数值分析出行者在出行票方案下的出行活动安排，给出能够缓解瓶颈拥堵现状的具体的出行票方案。数值算例表明，存在一个能够完全消除瓶颈拥堵的出行票方案，并且该方案中出行者的最早和最晚出发时间均早于经典的瓶颈模型下出行者的出发时间。

参 考 文 献

[1] Kitamura R. An evaluation of activity-based travel analysis. Transportation, 1988, 15(1-2): 9-34.
[2] Joncs P M. Activity analysis: State-of-the-art and future directions. New Developments in Dynamic and Activity-Based Approaches to Travel Analysis, 1990: 34-55.
[3] Ettema D, Timmermans H J P. Activity-Based Approaches to Travel Analysis. Oxford: Pergamon, 1997.
[4] Timmermans H J P. Progress in Activity-Based Analysis. Amsterdam: Elsevier, 2005.
[5] Small K A. The scheduling of consumer activities: Work trips. The American Economic Review, 1982, 72(3): 467-479.
[6] Alan B. The Chicago area transportation study: A case study of rational planning. Journal of Planning Education and Research, 1990, 10(1): 27-37.
[7] Hägerstraand T. What about people in regional science. Papers in Regional Science, 1970, 24(1): 7-24.

[8] Chapin F S. Human activity patterns in the city: Things people do in time and in space. New York: Wiley, 1974.
[9] Cullen I, Godson V. Urban networks: The structure of activity patterns. Progress in Planning, 1975, 4(1): 91-96.
[10] 江国俊. 基于出行链的自行车出行方式选择实证研究. 北京: 北京交通大学, 2012.
[11] Fu X, Lam W H K. A network equilibrium approach for modeling activity-travel pattern scheduling problems in multi-modal transit networks with uncertainty. Transportation, 2014, 41(1): 37-55.
[12] Lam W H K, Yin Y. An activity-based time-dependent traffic assignment model. Transportation Research Part B: Methodological, 2001, 35(6): 549-574.
[13] Lam W H K, Huang H J. A combined activity/travel choice model for congested road networks with queues. Transportation, 2002, 29 (1): 5-29.
[14] Ettema D, Bastin F, Polak J W, et al. Modeling the joint choice of activity timing and duration. Transportation Research Part A: Policy and Practice, 2007, 41(9): 827-841.
[15] Jenelius E, Mattsson L G, Levinson D. Traveler delay costs and value of time with trip chains, flexible activity scheduling and information. Transportation Research Part B: Methodological, 2011, 45(5): 789-807.
[16] Jenelius E. The value of travel time variability with trip chains, flexible scheduling and correlated travel times. Transportation Research Part B: Methodological, 2012, 46 (6): 762-780.
[17] Zhang X N, Yang H, Huang H, et al. Integrated scheduling of daily work activities and morning-evening commutes with bottleneck congestion. Transportation Research Part A: Policy and Practice, 2005, 39 (1): 41-60.
[18] Li Z C, William H K, Lam W, et al. Bottleneck model revisited: An activity-based perspective. Transportation Research Part B: Methodological, 2014, 68(1): 262-287.
[19] 何娇娇. 基于活动的异质出行者出发时间选择研究. 苏州: 苏州大学, 2016.
[20] Arnott R, de Palma A, Lindsey R. Schedule delay and departure time decisions with heterogeneous commuters. Transportation Research Record Journal of the Transportation Research Board, 1988, (1197): 56-67.
[21] van den Berg V A C, Verhoef E T. Congestion tolling in the bottleneck model with heterogeneous values of time. Transportation Research Part B: Methodological, 2011, 45(1): 60-78.
[22] van den Berg V A C, Verhoef E T. Autonomous cars and dynamic bottleneck congestion: The effects on capacity, value of time and preference heterogeneity. Transportation Research Part B: Methodological, 2016, 94(1): 43-60.

第七章 组合可交易出行票的城市道路交通网络设计问题

Wang 等[1]建立了可交易出行票机制下的城市交通连续均衡网络设计问题(network design problem,NDP)的双层规划模型(bi-level programming, BLP),研究在给定可交易出行票方案下,如何增加道路能力使交通网络的总出行时间最小,同时研究不公平性约束对可交易出行票机制下的城市交通连续均衡网络设计问题的影响。在上述研究中,上层决策者在考虑下层网络用户路径选择行为的情况下,通过优化增加路段的能力使交通网络总出行时间最小,得到在可交易出行票方案下使交通网络总出行时间最小的路段能力增加方案。然而,路段能力的增加会改变网络用户的出行路径。此时,原来的可交易出行票方案可能不再是管理交通需求的最优方案。简而言之,路段能力增加和可交易出行票方案是相互影响的,因此我们可以同时从这两个方面考虑如何缓解交通拥挤。本章将路段能力增加和可交易出行票方案结合起来研究,从道路能力增加和交通需求管理两个方面出发,探讨实现城市交通综合治理的有效对策。在固定 OD 需求情况下,研究可交易出行票方案与城市交通连续均衡网络设计问题的组合模型,并将该模型推广到弹性条件。最后研究组合基于路段的离散可交易出行票方案和离散网络设计问题(discrete network design problem,DNDP)的优化模型。本章假设可交易出行票免费发放给所有的出行者,同时是根据 OD 分配的,并且总的可交易出行票数量是确定的。可交易出行票是按一定的周期(如月、周、日等)分配的,因此没有人能够通过存储可交易出行票获得未来的收益。

7.1 固定需求下的组合问题

在早晚高峰出行的大部分都是上下班的人,这两个时段的出行需求弹性比较小,一般用固定 OD 需求来描述早晚高峰的交通出行。本节考虑固定 OD 需求下可交易出行票机制与城市道路交通连续均衡问题的组合模型。在该模型中,上层决策者同时优化路段的可交易出行票收取数量和路段能力增量以最小化交通网络的总出行时间,下层用户根据出行成本(包括出行时间和收取的可交易出行票的价值)选择最优路径。

7.1.1 模型描述

对给定的固定 OD 需求 q_w 和可交易出行票分配方案 φ_w, 交通网络中分配的可交易出行票的总数量为 $K = \sum_{w \in W} q_w \varphi_w$。上层决策者的目标是在给定总投资的情况下选择路段能力增量和路段可交易出行票的收取数量使交通网络的系统总阻抗最小。下层用户的目标是通过选择最优路径，最小化他们的出行成本(包括出行时间和收取可交易出行票的价值)。我们用下面的 BLP 模型描述，即

$$\min_{y,\kappa,v} F(y,\kappa,v) = \sum_{a \in A} v_a t_a(v_a, y_a) \tag{7.1}$$

$$\underline{y}_a \leqslant y_a \leqslant \overline{y}_a, \quad a \in A \tag{7.2}$$

$$\sum_{a \in A} g_a(y_a) \leqslant B \tag{7.3}$$

$$\kappa_a \geqslant 0, \quad a \in A \tag{7.4}$$

其中，v 是下面问题的解，即

$$\min_v G(y,\kappa,v) = \sum_{a \in A} \int_0^{v_a} t_a(\theta, y_a) \mathrm{d}\theta \tag{7.5}$$

满足

$$\sum_{a \in A} \kappa_a v_a \leqslant K \tag{7.6}$$

$$\sum_{r \in R_w} f_{r,w} = q_w, \quad w \in W, r \in R_w \tag{7.7}$$

$$v_a = \sum_{w \in W} \sum_{r \in R_w} f_{r,w} \delta_{a,r}^w, \quad a \in A \tag{7.8}$$

$$f_{r,w} \geqslant 0, \quad w \in W, \quad r \in R_w \tag{7.9}$$

其中，$t_a(v_a, y_a)$ 为路段 $a \in A$ 上的行驶时间；v_a 为路段 $a \in A$ 上的交通流量；q_w 为研究时段内 OD 对 $w \in W$ 的均衡交通流量；y_a 为路段 $a \in A$ 的能力增量；$g_a(y_a)$ 为路段 $a \in A$ 能力增加 y_a 的投资函数；B 为路段能力增加时总投资额的预算值；κ_a 为通过路段 $a \in A$ 时收取的出行票数量；$f_{r,w}$ 为 OD 对 $w \in W$ 路径 $r \in R_w$ 上的交通流量；$\delta_{a,r}^w$ 表示如果路径 $r \in R_w$ 使用路段 $a \in A$，则 $\delta_{ar} = 1$，反之 $\delta_{ar} = 0$。

式(7.1)~式(7.9)是基于路段/路径关系的城市交通连续均衡网络设计模型，其中路段/路径关联矩阵表示路段流量和路径流量之间的关系。式(7.1)和式(7.5)是上层决策者和下层决策者的目标函数。上策决策者在考虑网络用户反应的基础上选择路段的能力增量和路段可交易出行票的收取数量。式(7.2)是能力增量的上下界约束。式(7.3)是增加路段能力的资金预算约束。式(7.4)是使用路段所收取可交易出行票的上下界约束。式(7.5)~式(7.9)给出了用户均衡条件。式(7.6)是可交易出行票的可行性约束。式(7.7)是 OD 对 $w \in W$ 的交通需求量与路径的流量之间的关系。式(7.8)是

路段 $a \in A$ 的流量与路径流量之间的关系。式(7.9)是决策变量的非负约束。

对任意给定的 y 和 κ，下层规划问题的可行解域定义为 $\varnothing(y,\kappa) = \{v \in \Omega_v | f \in \Omega_f, \sum_{a \in A} \kappa_a v_a \leqslant K\}$，其中 $\Omega_f = \{f | f_{r,w} \geqslant 0, w \in W, r \in R_w; \sum_{r \in R_w} f_{r,w} = q_w, w \in W, r \in R_w\}$ 表示可行路径流量模式的集合，$\Omega_v = \{v | v_a = \sum_{w \in W} \sum_{r \in R} f_{r,w} \delta_{a,r}^w, a \in A\}$ 表示可行路段流量模式的集合。

下层规划问题可以写为 $v \in \Psi(y,\kappa) = \arg\min_v \{G(y,\kappa,v) | v \in \varnothing(y,\kappa)\}$。由于目标函数是关于路段流量的凸函数，因此下层规划问题是一个凸规划，有唯一的最优路段流量分配[2]。因为线性约束的数学规划问题 Abadie 约束规划总是成立的[3]，所以下面给出的 KKT 条件是下层规划问题存在最优路段流量的充分必要条件[4,5]。假设变量 μ_w 和 p 分别是最小的广义 OD 出行时间和可交易出行票的交易价格。下层规划问题式(7.5)~式(7.9)的 KKT 条件为

$$\left[\sum_{a \in A}\left(t_a\left(v_a^*, y_a\right) + \gamma p \kappa_a\right)\delta_{a,r}^w - \mu_w\right]f_{r,w}^* = 0, \quad r \in R_w, w \in W \tag{7.10}$$

$$\sum_{a \in A}\left(t_a\left(v_a^*, y_a\right) + \gamma p \kappa_a\right)\delta_{a,r}^w - \mu_w \geqslant 0, \quad f_{r,w}^* \geqslant 0, r \in R_w, w \in W \tag{7.11}$$

$$\left(K - \sum_{a \in A}\kappa_a v_a^*\right)p = 0 \tag{7.12}$$

$$K - \sum_{a \in A}\kappa_a v_a^* \geqslant 0, \quad p \geqslant 0 \tag{7.13}$$

其中，γ 为金钱与时间的比例系数；p 为出行票的交易价格；μ_w 为 OD 对 $w \in W$ 之间的最小广义出行时间。

由于下层规划问题式(7.5)~式(7.9)是关于路段流量 v 的带有线性约束的非线性凸规划，因此均衡路段流量分配 v^* 是唯一的。正如标准的用户均衡模型，均衡路径流量分配 f^* 并不总是唯一的，而市场均衡时可交易出行票价格 p^* 的唯一性可由下面的结论描述。

命题 7.1 在给定路段能力增加方案 y 和路段可交易出行票收取方案 κ 时，均衡的可交易出行票交易格 p^* 唯一的条件是至少存在一个 OD 对，并且该 OD 对之间至少包含两条具有不同可交易出行票收取方案的均衡路径。

证明： 当约束条件式(7.6)不起作用时，即发放的可交易出行票数量过多。此时，均衡可交易出行票价格等于零，因此它是唯一的。我们只需要考虑满足可交易出行票约束条件式(7.6)时的情况。假设路径 $r_1, r_2 \in R_w$ 在任何均衡流量分配和可交易出行票价格下都是 OD 对 $w \in W$ 之间的均衡路径，并且他们有不同的路径可交易出行票收取方案，即

$$t_{r_1,w}^* + \gamma p^* \kappa_{r_1,w} = \mu_w \tag{7.14}$$

$$t_{r_2,w}^* + \gamma p^* \kappa_{r_2,w} = \mu_w \tag{7.15}$$

其中，$t_{r,w}^* = \sum_{a \in A} t_a(v_a^*, y_a^*) \delta_{a,r}^w$ 和 $\kappa_{r,w} = \sum_{a \in A} \kappa_a \delta_{a,r}^w$ 分别为路径的行驶时间和路径可交易出行票的收取数量，并且他们在用户均衡下是唯一确定的。

因此，均衡的可交易出行票价格存在，并且可以由下式表示，即

$$p^* = \frac{t_{r_1,w}^* - t_{r_2,w}^*}{\gamma(\kappa_{r_2,w} - \kappa_{r_1,w})}, \quad \kappa_{r_2,w} \neq \kappa_{r_1,w} \tag{7.16}$$

如果所有的均衡路径流量分配方式都有一个 OD 对，且至少包含两条具有不同可交易出行票收取方案的均衡路径，则市场均衡的可交易出行票交易价格是唯一的。证明完毕。

对任意确定的 y 和 κ，令满足下层规划问题的 Slater 约束条件(Slater's constraint qualification，Slater's CQ)。下层规划问题可用它的 KKT 条件进行替换，因此二层规划问题可以转化为下面等价的单层规划，即

$$\min_{y,\kappa,v,\mu,p} F(y,\kappa,v) = \sum_{a \in A} v_a t_a(v_a, y_a) \tag{7.17}$$

满足式(7.2)～式(7.4)，式(7.10)～式(7.13)。

单层规划问题(single-level programming, SLP)表示特殊结构的具有互补约束的数学规划(mathematical programs with complementarity constraints, MPCC)，有时也称带均衡约束的数学规划(mathematical programmes with equilibrium constraints, MPEC)。有关 MPCC 的讨论可以参阅文献[6]～[9]。有关 MPEC 的讨论可以参阅文献[10],[11]。

7.1.2 算法设计

如果存在 $\varepsilon > 0$ 使下式成立，即

$$F(\bar{y},\bar{\kappa},\bar{v}) \leqslant F(y,\kappa,v), \quad (y,\kappa,v) \in \text{ghp}\,\Psi, y \in S, \kappa \in Q, |(y,\kappa,v) - (\bar{y},\bar{\kappa},\bar{v})| < \varepsilon \tag{7.18}$$

那么可行点 $(\bar{y},\bar{\kappa},\bar{v})$ 是 BLP 的局部最优解。

这里，$\text{ghp}\,\Psi = \{(y,\kappa,v) | v \in \Psi(y,\kappa)\}$ 表示下层规划问题的解集映射 $\Psi: R^{2m} \to 2^{R^m}$ 的图，$m = |A|$ 表示交通网络中路段的数量。SLP 的局部最优解可以类似定义。如果 ε 可以任意选取，那么局部最优解也是全局最优解。

因此，我们可以给出下面的定理。

定理 7.1 BLP 的可行解 (y^*,κ^*,v^*) 是全局最优解的充分必要条件是存在 μ^* 和 p^* 使 $(y^*,\kappa^*,v^*,\mu^*,p^*)$ 是 SLP 的全局最优解。

证明： 首先，假设 (y^*,κ^*,v^*) 是 BLP 的全局最优解，因此有 $v^* \in \Psi(y^*,\kappa^*)$。因为下层规划问题是关于路段流量分配 v 的凸规划，所以 Slater 约束规格在 $v = v^*$ 处满足。下层规划问题的 KKT 条件是存在 μ^* 和 p^* 使 (v^*,μ^*,p^*) 在给定 y^* 和 κ^* 时满足式(7.10)~式(7.13)。所以，$(y^*,\kappa^*,v^*,\mu^*,p^*)$ 是 SLP 的全局最优解。

其次，假设 $(y^*,\kappa^*,v^*,\mu^*,p^*)$ 是 SLP 的全局最优解，那么至少存在 μ^* 和 p^* 使 (v^*,μ^*,p^*) 在给定 y^* 和 κ^* 时满足式(7.10)~式(7.13)。由于 BLP 的目标函数与 μ 和 p 无关，因此任意 (y^*,κ^*,v^*,μ,p) 都是 BLP 的全局最优解。假设 (y^*,κ^*,v^*) 不是 BLP 的全局最优解，那么存在 BLP 的可行解 (y,κ,v) 使 $F(y,\kappa,v) < F(y^*,\kappa^*,v^*)$。由于 $v \in \Psi(y,\kappa)$，而且下层规划问题是关于路段流量分配 v 的凸规划，Slater 约束规划在 v 处成立，因此 KKT 条件成立，存在 κ 和 p 使 (v,μ,p) 在给定 y 和 κ 时满足式(7.10)~式(7.13)。这说明，(y,κ,v,μ,p) 是 SLP 的可行解。加上 $F(y,\kappa,v) < F(y^*,\kappa^*,v^*)$，于是我们可以得到 $(y^*,\kappa^*,v^*,\mu^*,p^*)$ 不是 SLP 的全局最优解。这与假设矛盾，所以结论成立。证明完毕。

因此，我们可以通过求解 SLP 得到原 BLP 的最优解。然而，由于 SLP 存在互补条件，因此该单层数学规划模型是非凸的，而且在任意可行点处，MFCQ（及更强的 linear independency 约束条件）不成立[10,12,13]。因此，直接求解该单层非线性规划问题一般来说是困难的。为了克服这些问题，很多方法都是围绕如何处理这个难点而构造的。Leyffer[14]通过松弛互补条件成功地求解了该非线性问题。Ban 等[15]将城市交通连续均衡网络设计问题转化为 MPCC 模型，然后用一个松弛参数来松弛严格互补条件。进而，在逐渐降低该参数的情况下用现有的非线性求解器可以得到松弛非线性规划问题。同样，我们也采用松弛算法来迭代求解这个非线性规划问题 SLP。该算法的主要思想是为每个 OD 对 $w \in W$ 引入辅助参数 $\theta^w > 0$，为每个可交易出行票市场均衡条件引入辅助参数 $\theta^p > 0$。这样就可以用原来的松弛互补条件了。也就是说，在每次迭代中，式(7.10)和式(7.12)可由下面的两个不等式代替，即

$$\left[\sum_{a \in A}\left(t_a(v_a^*,y_a) + \gamma p \kappa_a\right)\delta_{a,r}^w - \mu_w\right] f_{r,w}^* \leqslant \theta^w, \quad r \in R_w, w \in W \quad (7.19)$$

$$\left(K - \sum_{a \in A} \kappa_a v_a^*\right) p \leqslant \theta^p \quad (7.20)$$

下面通过不断减小 $\theta = (\theta^w, \theta^p) > 0$ 的值求解相应的松弛 SLP。虽然松弛 SLP 仍然是非凸的，但是 MFCQ 成立[10]。因此，可以用现有的非线性规划算法来求解松弛 SLP。我们用 GAMS[16]中标准非线性规划求解器求解松弛 SLP。综上，迭代算法的详细步骤如下。

Step 1，初始化。辅助参数设为 $\theta^0 > 0$，$\varepsilon > 0$，更新因子 $\lambda \in (0,1)$，迭代步数计数器 $n = 0$。

Step 2，迭代。为每个互补条件式(7.19)和式(7.20)设置辅助参数 θ^n，应用 GAMS 中的 CONOPT 求解器求解如下松弛单层非线性规划问题，即

$$(\text{Relaxed} - \text{SLP}) \min_{y,\kappa,v,\mu,p} F(y,\kappa,v) = \sum_{a \in A} v_a t_a(v_a, y_a) \tag{7.21}$$

满足式(7.2)~式(7.4)、式(7.11)、式(7.13)、式(7.19)和式(7.20)

Step 3，停止条件。如果 $\theta^n > \varepsilon$，算法停止并转到 Step 4；否则，设置 $\theta^{n+1} = \lambda\theta^n$，转到 Step 2。

Step 4，输出结果。最优解是 $y^* = y^n$ 和 $\kappa^* = \kappa^n$，可以由 Step 2 的最后一次迭代得到。

这里给出的松弛算法是非常容易实现的。当前许多已有的求解非线性规划的算法也可以用来处理 Step 2 中的 Relaxed-SLP 问题。本节松弛算法的基本思想与文献[9]一样，就是用一系列参数化的 Relaxed-SLP 问题代替 SLP 问题。

7.1.3 数值实验

我们选择一个典型的网络作为测试网络。在数值实验中，使用的计算机配置如下：Intel Core 2 Duo 2.10GHz CPU、2GB RAM、Windows XP 操作系统。另外，我们使用 GAMS 的版本为 GAMS 23.5.2，用 CONOPT 求解器来求解近似的平滑问题。

如图 7.1 所示，网络取自文献[17]，有 9 个节点，18 条路段，4 个 OD 对，即(1,3)、(1,4)、(2,3)、(2,4)。OD 交通需求与相关数据与文献[17]相同。

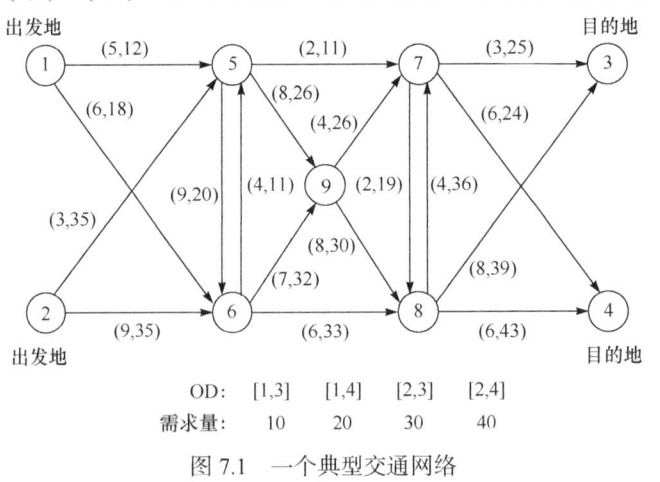

图 7.1 一个典型交通网络

每条路段 a 旁边的元组是 (T_a, b_a)，表示路段 a 上的自由流出行时间和初始容

量的参数。这里，我们用美国公路局[18]给出的路段出行函数确定每条路段的出行时间，该函数为 $t_a(v_a, y_a) = T_a \left[1 + 0.15 \left(\dfrac{v_a}{y_a + b_a} \right)^4 \right]$，其中 T_a 为路段 $a \in A$ 的自由流行驶时间，b_a 为路段 $a \in A$ 初始的路段容量。

本节数值实验的初始参数设置如下：$\theta^0 = 1$、$\varepsilon = 10^{-6}$、$\lambda = 0.2$、$\gamma = 0.2$、$\varphi_w = 10(w \in W)$ 和 $B = 1500$。

① 交通网络出行总时间随着 OD 需求增加的变化结果如图 7.2 所示。在不同 OD 需求情况下，本节模型得到的结果与城市道路交通连续网络设计问题 (continuous network design problem, CNDP) 得到的结果的比较。其中，$OD1_1$ 表示当第一个 OD 交通需求按照 10%的比例递增而其他 OD 交通需求不变时，模型得到的系统总出行时间；$OD2_1$、$OD3_1$ 和 $OD4_1$ 定义类似；$OD5_1$ 表示所有 OD 交通需求都按照 10%的比例递增时，模型得到的系统总出行时间。$OD1_2$ 表示当第一个 OD 交通需求按照 10%的比例递增而其他 OD 交通需求不变时，模型 CNDP 得到的系统总出行时间；$OD2_2$、$OD3_2$ 和 $OD4_2$ 定义类似；$OD5_2$ 表示所有的 OD 交通需求都按照 10%的比例递增时，模型 CNDP 得到的系统总出行时间。

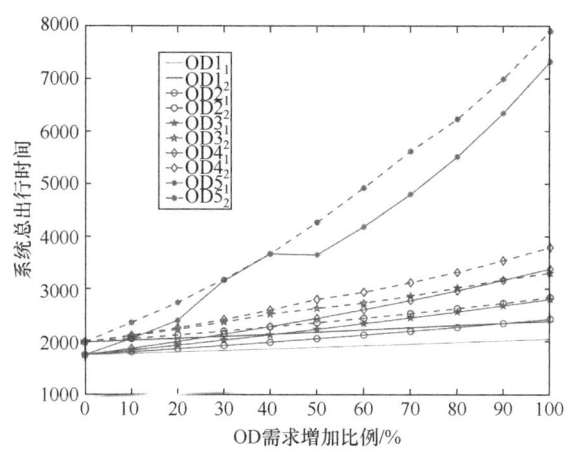

图 7.2 交通网络出行总时间随着 OD 需求增加的变化结果

② 我们构造的 BLP 模型用松弛算法进行求解，然后将得到的最优解与相关文献中的结果进行比较。

第一，黄海军等[19]构造的交通分配问题 (traffic assignment problem, TAP) 模型是在固定 OD 交通需求情况下确定交通网络的均衡流量分配。这里我们求解该模型是为了得到初始的交通拥挤状况。

第二，求解 Hearn 等[17]提出的最优收费问题(first-best toll pricing problem,

FBTP)[13]可以得到收费后的结果。

第三,求解 Yang 等[20]构造的可交易出行票模型(记为 TC 模型)得到可交易出行票机制下的结果。

第四,求解 Luathep 等[21]构造的 CNDP 模型得到路段增加能力方案在改善交通拥挤方面的效果。

第五,给出我们模型的结果。

需要说明的是,这里比较的是最优解和最优值。为了统一起见,对不同的模型用本章给出的松弛算法进行求解,结果如表 7.1 所示。

表 7.1 不同模型的结果

路段	TAP 模型		FBTP 模型			TC 模型			CNDP 模型			本节的模型			
	v	t	Toll	v	t	κ	v	t	y	v	t	y	κ	v	t
1	8.165	5.161	0.000	10.639	5.463	0.000	10.639	5.463	1.159	20.000	5.250	2.932	0.018	12.777	5.402
2	21.835	7.949	2.400	19.361	7.205	2.532	19.361	7.205	2.922	58.379	6.752	2.267	0.382	17.223	6.469
3	51.341	5.083	2.251	41.281	3.871	2.375	41.281	3.871	2.551	11.621	5.629	4.633	4.340	49.437	4.089
4	18.659	9.109	0.651	28.719	9.612	0.687	28.719	9.612	0.045	0.000	9.016	0.223	0.000	20.563	9.157
5	0.000	9.000	0.000	0.000	9.000	0.000	0.000	9.000	0.000	0.000	9.000	0.000	0.000	0.000	9.000
6	4.998	4.026	0.000	7.660	4.141	0.000	7.660	4.141	0.000	68.379	4.000	0.000	0.057	0.000	4.000
7	27.686	14.039	10.400	20.713	5.771	10.973	20.713	5.771	20.717	0.000	8.481	19.427	9.774	49.502	4.102
8	26.822	9.359	2.400	23.549	8.807	2.532	23.549	8.807	0.000	0.000	8.000	0.112	0.364	12.712	8.067
9	0.000	7.000	0.000	16.049	7.066	0.000	16.049	7.066	0.000	31.621	7.000	0.000	0.000	0.016	7.000
10	45.492	9.250	7.200	39.690	7.883	7.596	39.690	7.883	1.650	0.000	6.624	2.186	1.421	37.770	7.195
11	26.822	4.680	0.000	29.271	4.964	0.000	29.271	4.964	0.000	0.000	4.000	0.041	0.000	12.728	4.034
12	0.000	8.000	0.000	10.326	8.017	0.000	10.326	8.017	0.000	0.000	8.000	0.000	0.000	0.000	8.000
13	1.835	2.000	16.880	0.000	2.000	17.810	0.000	2.000	0.000	0.000	2.000	0.000	0.742	0.000	2.000
14	0.000	4.000	0.055	0.000	4.000	0.058	0.000	4.000	0.000	40.000	4.000	0.000	0.000	0.000	4.000
15	40.000	5.949	7.200	29.391	3.860	7.596	29.391	3.860	5.407	28.379	4.348	6.268	2.856	39.626	4.161
16	16.343	6.194	4.572	20.593	6.488	4.823	20.593	6.488	0.000	0.000	7.759	1.129	0.000	22.603	6.589
17	0.000	8.000	0.000	10.609	8.007	0.000	10.609	8.007	0.000	31.621	8.000	0.000	1.435	0.374	8.000
18	43.657	6.956	1.372	39.407	6.635	1.448	39.407	6.635	1.563	20.000	6.228	2.022	3.284	37.397	6.428
Z	2499.362		2239.931			2239.931			2001.315			1756.916			
p	—		—			4.739			—			4.251			

注:Toll 表示使用路段时收取的费用。

③ 不同投资额度下求解本节模型。交通网络出行总时间随着总投资的预算值增加的变化结果如图 7.3 所示。

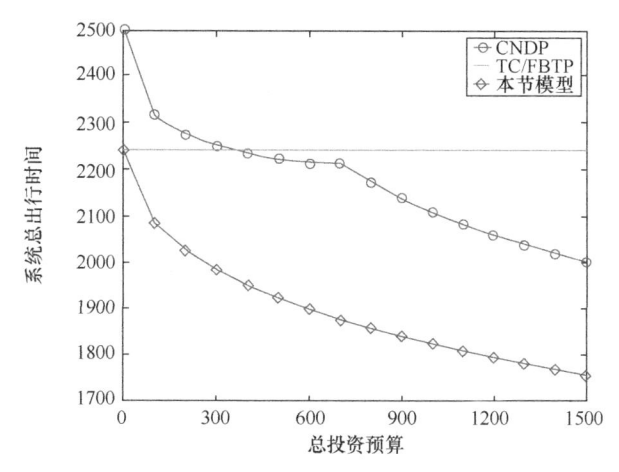

图 7.3 交通网络出行总时间随着总投资的预算值增加的变化结果

以系统最优为目标求解 TAP，得到系统总出行时间是 2499.362。由 FBTP 和 TC 得到的系统总出行时间与 TAP 相比下降 10.38%。由于 FBTP 和 TC 得到的系统总出行时间一样，因此它们可以取得相同的效果。Yang 等[20]假定出行者的时间价值都是 1，因此如果道路规划者设置如下方式的可交易出行票收取方案：$\kappa^{so} = \tau^{so}$ 或 $\kappa_a^{so} = \tau_a^{so}, a \in A$，那么就可以达到预先给定的系统最优下的路段流量分布 (v^{so}, q^{so})，并且均衡的可交易出行票交易价格为 1。这里的时间价值并不等于 1，所以可交易出行票收取的数量和收费之间存在倍数关系。当预先给定的投资额是 1500 时，CNDP 得到的系统总出行时间与 TAP 相比下降 19.93%。只要 $B > 400$，CNDP 得到的系统总出行时间就会比 FBTP 和 TC 得到的系统总出行时间少。本节模型得到的系统总出行时间仅为 1756.916，与 TAP 相比下降了近 30%。显然，系统总出行时间随着 OD 需求量的增加而增加。从图 7.2 可以看出，在任何相同 OD 交通需求情况下，本节模型得到的系统总出行时间比 CNDP 模型得到的结果都要小。同样，系统总出行时间随着投资额的增加而降低。从图 7.3 可以看出，投资额度在 0~1500 之间时，本节模型得到的系统总出行时间比 CNDP 模型得到的结果都要小。

7.1.4 小结

本节建立 BLP 模型研究在固定 OD 需求情况下路段可交易出行票收取与城市交通连续均衡网络设计问题的组合问题。在该模型中，上层决策者同时优化路段收取可交易出行票的数量和路段能力增量以最小化交通网络的总出行时间，下层用户根据出行成本(包括出行时间和收取的可交易出行票的价值)选择最优路径，并用一个典型网络进行数值实验。

7.2 弹性需求下的组合问题

7.1 节交通网络中的每条路段上都收取可交易出行票，这与最优收费类似。然而，最优收费在实际中难以实施。主要问题在于对所有路段收费会带来高额的运营成本，并且会招致公众的反对。同样，由于收取可交易出行票带来的成本，使无法对所有的路段收取可交易出行票，而只是对主要的拥挤路段收取可交易出行票。这样也更加公平，可以保护低收入者不用交纳可交易出行票，同时提高公众对可交易出行票方案的支持度。因此，我们考虑基于路段的次优可交易出行票收取方案，也就是只对交通网络的部分路段收取可交易出行票，如特别拥挤的路段等。确定在哪些路段收取可交易出行票，即收取可交易出行票路段的定位问题，也是一个值得研究的问题[22]。本节暂不考虑收取可交易出行票的定位问题，只研究路段可交易出行票收取的数量。

一般来说，城市交通网络设计问题涉及道路网络的长期投资问题，必然影响出行需求量。在城市交通网络设计问题中，对 OD 需求量的预测都是在一个事先假定的服务水平条件下得出的。随着交通网络的改善，相应的 OD 需求量也会发生变化。因此，有必要对固定需求条件下的网络设计问题进行扩展，将弹性需求条件与平衡网络设计问题结合起来以便更加贴切地反映实际问题。

7.2.1 模型描述

对于一个交通网络 $G = (N, A)$，假设每个出行者都是同质的，他们有同一的时间价值。我们首先给出一些假设条件[23]。

① 每条路段的行驶时间只是该路段自身流量的函数,与路网其他路段的流量无关。也就是说，路段之间的相互影响不做考虑。另外，由于拥挤效应，在给定路段能力 y_a 时，路段行驶时间函数 $t_a(v_a, y_a)$ 是路段流量 v_a 的单调递增连续函数。

② 路段行驶时间函数 $t_a(v_a, y_a)$ 和 $\dfrac{\partial_a(v_a, y_a)}{\partial y_a}$ 都是关于 (v_a, y_a) 的连续函数。

③ 路段能力增加的投资函数 $g_a(y_a)$ 是关于 y_a 连续可微的。

令 $\bar{A} \subseteq A$ 是实施路段能力增加的路段集合，$\hat{A} \subseteq A$ 是收取可交易出行票的路段集合。考虑可交易出行票是免费分给所有出行者的，同时可交易出行票分配是根据 OD 对来分配的，并且总的可交易出行票数量是确定的，可交易出行票是按周期(例如月、周、日)分配的，因此没有人能够通过储存可交易出行票取得未来的收益。同时，决策部门财政收入为零(不收取或支付任何费用)，有助于明确其缓解拥堵和减少污染的决心，减少公众对该项措施的质疑。本节采用基于路段的可交易出行票收取方案。为了表述方便，我们假设可交易出行票收取量是非负的，即不存在补贴的现象。出行者的出发地、目的地和路径选择不一样,因此他们对可交易出行票的需求也不一样。假定有一个可以自由交易出行票的市场,出行者可以根据他们的需求买卖可交易出行票。决策部门只负责管理和监督这个系统。我们还假定出行票交易市场是竞争的,也就是说可交易出行票的交易价格是由市场形成的。同时,先进的电子设备使可交易出行票的交易成本和系统的管理成本较小,因此可以忽略不计。有关可交易出行票交易成本的讨论可参阅文献[24]。可交易出行票方案还有助于收入再分配,优化资源配置 (可交易出行票从低收入人群流向高收入人群的同时,货币反向从高收入人群流入低收入人群),因此具有收益中性的特征[20]。更多有关可交易出行票的讨论可参阅文献[25]。

1. 上层问题

令 $K = \left\{ \kappa \mid 0 \leqslant \kappa_a \leqslant \bar{\kappa}_a, a \in \hat{A} \right\}$ 表示可行的可交易出行票收取方案。路段能力增加可行方案的集合可以定义为

$$S = \left\{ y \mid \sum_{a \in \bar{A}} g_a(y_a) \leqslant B, \underline{y}_a \leqslant y_a \leqslant \bar{y}_a, a \in \bar{A} \right\} \tag{7.22}$$

社会总福利可以定义为

$$\text{TSB} = \sum_{w \in W} \int_0^{q_w} B_w(\omega) \mathrm{d}\omega - \sum_{a \in A} v_a t_a(v_a, y_a) \tag{7.23}$$

其中,等式右端第一项是用户出行获得的收益,后一项是交通网络的系统总阻抗; $B_w(\cdot)$ 是用户出行的收益函数,假定是单调递减的。

因此,上层决策者的目标为

$$\min_{y \in S, \kappa \in K} H(y, \kappa, v, q) = \sum_{a \in A} v_a t_a(v_a, y_a) - \sum_{w \in W} \int_0^{q_w} B_w(\omega) \mathrm{d}\omega \tag{7.24}$$

2. 下层问题

令 $\Omega_{(v,q)}$ 表示可行的 OD 需求和路段流量模式,定义为

$$\Omega_{(v,q)} = \left\{ (v, q) \mid v_a = \sum_{w \in W} \sum_{r \in R_w} f_{r,w} \delta_{a,r}^w, \sum_{r \in R_w} f_{r,w} = q_w, f_{r,w} \geqslant 0, q_w \geqslant 0, r \in R_w, w \in W, a \in A \right\}$$

(7.25)

一般来说, NDP 通常考虑确定性用户均衡或随机用户均衡。考虑确定性用户均衡,在给定可交易出行票收取方案和路段能力增加方案情况下,弹性需求下的用户均衡条件可以由下面的凸规划描述,即

$$\min_{(v,q) \in \Omega_{(v,q)}} h(y, \kappa, v, q) = \sum_{a \in A} \int_0^{v_a} t_a(\theta, y_a) \mathrm{d}\theta - \sum_{w \in W} \int_0^{q_w} B_w(\omega) \mathrm{d}\omega \tag{7.26}$$

满足

$$\sum_{a\in \hat{A}} \kappa_a v_a \leqslant K \tag{7.27}$$

$$q_w \leqslant \bar{q}_w, \quad w \in W \tag{7.28}$$

其中，$\bar{q}_w \geqslant 0$ 为 OD 对 $w \in W$ 潜在的交通流量，是均衡交通需求 q_w 充分大的上界。

3. 二层规划模型

弹性需求条件下基于可交易出行票机制的城市交通连续平衡网络设计问题有两类决策者，即网络用户和网络规划者。它们具有不同的目标函数，一方面从用户的角度考虑，使网络上的用户行为符合弹性需求条件下的广义出行成本(出行时间和可交易出行票的价值的和)最小；另一方面从系统的角度(也是从上层决策者的角度)考虑，在满足投资预算约束条件下使整个网络的社会福利最大。这两个决策目标相互影响，而且决策具有主从递阶关系，因此可以采用 BLP 模型来描述此类问题。弹性需求条件下基于可交易出行票机制的城市交通连续平衡网络设计问题的 BLP 模型可表示为

$$\min_{y\in S, \kappa \in K, v, q} H(y, \kappa, v, q) = \sum_{a \in A} v_a t_a(v_a, y_a) - \sum_{w \in W} \int_0^{q_w} B_w(\omega) \mathrm{d}\omega \tag{7.29}$$

其中，(v, q) 是下面问题的解，即

$$\min_{(v,d) \in \Omega_{(v,d)}} h(y, \kappa, v, q) = \sum_{a \in A} \int_0^{v_a} t_a(\theta, y_a) \mathrm{d}\theta - \sum_{w \in W} \int_0^{q_w} B_w(\omega) \mathrm{d}\omega \tag{7.30}$$

满足

$$\sum_{a \in \hat{A}} \kappa_a v_a \leqslant K \tag{7.31}$$

$$q_w \leqslant \bar{q}_w, \quad w \in W \tag{7.32}$$

在给定路段能力增加方案 $y \in S$ 和可交易出行票收取方案 $\kappa \in K$ 后，下层规划问题是带有线性约束的凸规划，因此线性无关约束规格成立，可以得到下层规划问题式(7.30)~式(7.32)的 KKT 条件，即

$$\left[\sum_{a \in A} \left(t_a(v_a, y_a) + \gamma p \kappa_a \right) \delta_{a,r}^w - \mu_w \right] f_{r,w} = 0, \quad r \in R_w, w \in W \tag{7.33}$$

$$\sum_{a \in A} \left(t_a(v_a, y_a) + \gamma p \kappa_a \right) \delta_{a,r}^w - \mu_w \geqslant 0, f_{r,w} = 0, \quad r \in R_w, w \in W \tag{7.34}$$

$$q_w(\mu_w + \rho_w - B_w(q_w)) = 0, \quad w \in W \tag{7.35}$$

$$\mu_w + \rho_w - B_w(q_w) \geqslant 0, \quad q_w \geqslant 0, w \in W \tag{7.36}$$

$$\rho_w(\bar{q}_w - q_w) = 0, \quad w \in W \tag{7.37}$$

$$\rho_w \geqslant 0, \bar{q}_w - q_w \geqslant 0, \quad w \in W \tag{7.38}$$

$$\left(K - \sum_{a \in \hat{A}} \kappa_a v_a\right) p = 0 \tag{7.39}$$

$$K - \sum_{a \in \hat{A}} \kappa_a v_a \geq 0, \quad p \geq 0 \tag{7.40}$$

其中，μ_w 为 OD 对 $w \in W$ 的最小出行成本；p 为在可交易出行票市场中可交易出行票的交易价格；ρ_w 为式(7.32)的对偶乘子。

由于下层规划问题式(7.30)~式(7.32)是带有线性约束条件的凸规划问题，因此下层规划问题关于路段流量 v 是凸的，均衡的路段流量分配 v^* 是唯一的。正如标准的用户均衡模型，均衡路径流量分配 f^* 并不总是唯一的[20]。市场均衡时的可交易出行票价格 p^* 的唯一性可以由下面的结论描述。

命题 7.2 在某一给定路段扩充方案 y^* 时，给定可交易出行票方案的情况下，均衡的可交易出行票交易价格 p^* 唯一的条件是至少存在一个 OD 对，并且该 OD 对至少包含两条具有不同可交易出行票收取方案的均衡路径。

证明：当约束条件式(7.31)不起作用，即发行的可交易出行票过多时，均衡可交易出行票价格等于零，因此它是唯一的。我们只需要考虑满足可交易出行票约束条件式(7.31)的情况。假设路径 $r_1, r_2 \in R_w$ 在任何均衡流量分配和可交易出行票价格情况下都是 OD 对 $w \in W$ 之间的均衡路径，并且它们有不同的路径可交易出行票收取方式，即

$$\mu_w = \sum_{a \in A} \left(t_a\left(v_a^*, y_a^*\right) + \gamma p^* \kappa_a\right) \delta_{a,r_1}^w = t_{r_1,w}^* + \gamma p^* \kappa_{r_1,w} \tag{7.41}$$

$$\mu_w = \sum_{a \in A} \left(t_a\left(v_a^*, y_a^*\right) + \gamma p^* \kappa_a\right) \delta_{a,r_2}^w = t_{r_2,w}^* + \gamma p^* \kappa_{r_2,w} \tag{7.42}$$

其中，$t_{r,w}^* = \sum_{a \in A} v_a t_a\left(v_a^*, y_a^*\right) \delta_{a,r}^w$ 和 $\kappa_{r,w} = \sum_{a \in A} \kappa_a \delta_{a,r}^w$ 分别是路径 $r = r_1$ 和 $r = r_2$ 上行驶时间和收取的可交易出行票数量，并且他们在用户均衡下是唯一的。

因此，均衡的可交易出行票交易价格存在并且可以由下式表示，即

$$p^* = \frac{t_{r_1,w}^* - t_{r_2,w}^*}{\gamma\left(\kappa_{r_2,w} - \kappa_{r_1,w}\right)}, \quad \kappa_{r_2,w} \neq \kappa_{r_1,w} \tag{7.43}$$

如果所有的均衡路径流量分配方式都至少有一个 OD 对，至少包含两条具有不同可交易出行票收取方案的均衡路径，则市场均衡下的可交易出行票交易价格是唯一的。证明完毕。

因此，下层规划问题用其 KKT 条件代替，BLP 可以转化下面等价的单层规划问题，即

$$\min_{y,\kappa,v,q,\mu,\rho,p} H(y,\kappa,v) = \sum_{a \in A} v_a t_a(v_a, y_a) - \sum_{w \in W} \int_0^{q_w} B_w(\omega) \mathrm{d}\omega \tag{7.44}$$

满足 $y \in S, \kappa \in K, (v,q) \in \Omega_{v,q}$，以及式(7.33)~式(7.40)。

7.2.2 求解算法

自从 20 世纪 70 年代以来，由于现实中存在许多主从递阶决策问题，二层规划问题受到学者的广泛关注和研究[27]。然而，即使最简单的二层线性规划也是一个非凸规划问题[28]。因此，求解二层规划问题非常困难。本节城市交通连续均衡网络设计模型可以等价地转化为一个单层的非线性数学规划问题。然而，该非线性数学规划由于存在互补条件，缺乏良好的数学性态。事实上，正是由于存在互补条件，该单层数学规划模型是非凸的。更困难的是在任意可行点处，MFCQ 不成立[10,12]。因此，直接求解该单层非线性规划问题一般来说是困难的。为了解决这些问题，大部分方法围绕如何处理这个难点而展开[29]。本节采用松弛算法来迭代求解这个非线性规划问题。该算法的主要思想是对每个互补条件引入一个辅助参数来定义松弛的互补条件。换句话说，每次迭代时，互补约束条件式(7.33)、式(7.35)、式(7.37)和式(7.39)可由下面的式子代替，即

$$\left[\sum_{a \in A}(t_a(v_a,y_a)+\gamma p \kappa_a)\delta_{a,r}^w - \mu_w\right]f_{r,w} \leqslant \theta^w, \quad r \in R_w, w \in W \tag{7.45}$$

$$q_w(\mu_w + \rho_w - B_w(q_w)) \leqslant \theta^q, \quad w \in W \tag{7.46}$$

$$\rho_w(\bar{q}_w - q_w) \leqslant \theta^\rho, \quad w \in W \tag{7.47}$$

$$\left(K - \sum_{a \in A} v_a \kappa_a\right)p \leqslant \theta^p \tag{7.48}$$

通过用预先给定的因子不断减小辅助参数 $\theta = (\theta^w, \theta^q, \theta^\rho, \theta^p) > 0$ 的值从而反复求解松弛的非线性规划问题。显然，尽管松弛的非线性规划问题仍然是非凸的，但是 MFCQ 约束规格成立[10]。因此，可以采用现有的非线性规划问题求解算法得到松弛的非线性规划问题的解。本节采用 GAMS[16]中标准的非线性求解器来求解松弛的非线性规划问题。该算法的具体步骤如下。

Step 1，初始化。

设置 $\theta^0 > 0$，$\varepsilon > 0$，更新因子 $\lambda \in (0,1)$，迭代步数计数器 $n = 0$。

Step 2，迭代。

为每个互补条件式(7.33)、式(7.35)、式(7.37)和式(7.39)设置辅助参数 θ^n，应用 GAMS 中标准的非线性求解器求解如下松弛单层非线性规划问题，即

$$\min_{y,\kappa,v,\mu,p} F(y,\kappa,v) = \sum_{a \in A} v_a t_a(v_a, y_a) \tag{7.49}$$

满足式(7.34)、式(7.36)、式(7.38)、式(7.40)、式(7.45)~式(7.48)。

Step 3，停止条件。

如果 $\theta^n > \varepsilon$，算法停止并转到 Step 4；否则，设置 $\theta^{n+1} = \lambda\theta^n$，转到 Step 2。
Step 4，输出结果。

最优解是 $y^* = y^n$ 和 $\kappa^* = \kappa^n$，可以由 Step 2 的最后一次迭代得到。

这里给出的松弛算法是非常容易实现的。特别地，当前许多已有的求解非线性规划的算法也可以用来处理 Step 2 中的松弛 SLP 问题。松弛算法的基本思想与文献[9]一样，都是用一系列参数化的 RSLP 问题代替松弛 LP 问题。因此，收敛性结果可以像文献[9],[30]一样类似得到。

7.2.3 数值实验

我们应用 Sioux Falls 网络作为测试网络，Sioux Falls 网络如图 7.4 所示。在数值实验中，计算机的配置为 Intel Core 2 Duo 2.10 GHz CPU、2 GB RAM、Windows XP 操作系统。另外，我们使用的 GAMS 版本为 GAMS 23.5.2，用 CONOPT 求解

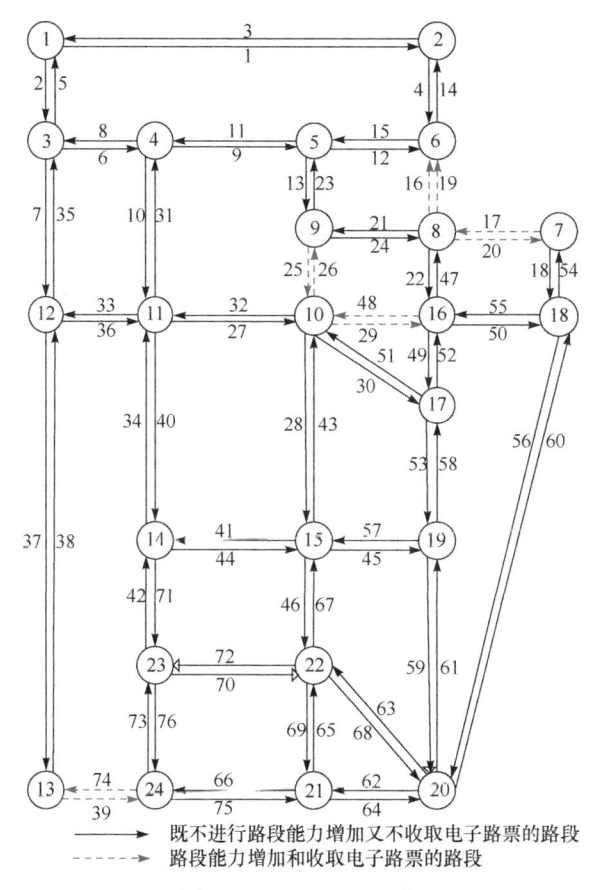

图 7.4 Sioux Falls 网络

器来求解松弛的非线性规划问题。Sioux Falls[31]网络有 24 个节点，76 条路段和 552 个 OD 对。OD 对交通需求和相关数据与文献[31]相同。集合 $\bar{A} = \hat{A} =$ (16,17,19,20,25,26,29,39,48,74)，即仅增加这十条路段的路段能力，同时收取可交易出行票。这些路段能力增加的上界是 25，路段收取可交易出行票的上界是 20。

数值实验的参数设置为 $\theta^0 = 0.1$、$\varepsilon = 10^{-6}$、$\lambda = 0.2$、$\gamma = 0.2$ 和 $B = 5500$。$\bar{q}_w$ 与文献[23]中的 OD 需求量相同。逆需求函数取如下形式[26]，即

$$Q_w(q_w) = -5\ln\frac{q_w}{220} \tag{7.50}$$

第一，黄海军等[19]构造的交通分配模型是在弹性 OD 交通需求情况下确定交通网络的均衡流量分配。这里我们求解该模型是为了得到初始的交通拥挤状况。

第二，求解 Friesz 等[32]提出的次优收费问题(the second-best toll pricing problem, SBTP)，可以得到收费后的结果。

第三，求解高自友等[26]提出的弹性需求下交通网络设计问题，可以得到路段增加能力方案在改善交通拥挤方面的效果。

第四，给出本节模型的结果。

需要说明的是，这里比较的是最优解或最优值。为了统一，不同的模型都用本节给出的松弛算法进行求解。本章相关模型结果的比较如表 7.2 所示。

从表 7.2 可以看出，通过求解弹性需求下的配流模型，可以得到模型的目标函数值是 5836.666，其中系统总出行时间是 6200.450。此时，均衡的总 OD 需求是 363.784。在实施弹性需求下的网络设计后，系统总出行时间降低为 6065.071，下降 2.23%，并且大部分路段的出行时间有所改观。此时，均衡的总 OD 需求量为 370.181，表明通过网络设计可以使网络的系统总阻抗下降。在选取的 10 条路段上实施收费后，系统总出行时间下降到 4605.878，较之前下降 34.62%，同时这 10 条路段上的出行时间大大改善。然而，收费对用户的出行有极大的抑制作用，此时均衡的总 OD 需求量仅为 302.996。可以看到，本节模型得到的系统总出行时间是 4600.352，与之前相比下降 34.78%，在改善交通拥挤方面比收费的效果更好，同时除了路段 16、19 和 26 外，其他路段的出行时间都比收费时要低。此时均衡的总 OD 需求量为 314.675。因此，本节模型也通过降低 OD 交通需求来缓解交通拥挤。但是，与收费不同的是，出行者可以将分配给他们的可交易出行票以市场均衡价格卖掉来补偿因为减少交通出行带来的不便。更重要的是，因为可交易出行票是在所有的出行者之间进行交易的，所以可交易出行票机制的收益是中性的。

第七章 组合可交易出行票的城市道路交通网络设计问题

表 7.2 本章相关模型结果的比较

路段	本节模型 v_a	本节模型 t_a	本节模型 y_a	本节模型 κ_a	收费模型 v_a	收费模型 t_a	收费模型 $toll_a$	网络设计模型 v_a	网络设计模型 t_a	网络设计模型 y_a	配流模型 v_a	配流模型 t_a
16	3.154	2.032	0.628	10.597	1.730	2.005	24.418	11.726	11.850	0.000	11.511	11.147
17	1.188	3.000	0.000	12.397	1.684	3.001	17.885	11.261	4.168	1.030	11.333	4.963
19	6.507	2.120	3.289	5.080	2.954	2.040	15.425	12.804	6.760	1.517	11.511	11.147
20	5.402	3.065	0.907	6.070	5.388	3.100	8.651	12.220	5.149	0.425	11.333	4.963
25	0.627	3.000	0.000	16.253	0.961	3.000	25.000	21.996	4.098	3.684	21.006	5.336
26	6.345	3.018	0.288	10.443	2.049	3.000	21.707	25.211	4.847	3.797	21.006	5.336
29	13.616	5.552	9.569	4.624	5.168	5.770	15.515	10.590	18.583	0.000	10.493	18.092
39	2.663	4.033	0.418	14.746	2.523	4.036	25.000	9.963	12.800	0.000	9.999	12.927
48	7.100	5.274	3.996	9.034	5.406	5.923	15.485	19.915	7.483	9.631	10.493	18.092
74	2.696	4.034	0.437	14.704	2.523	4.036	25.000	11.993	7.461	2.647	9.999	12.927
H	4285.677				4302.882			5694.890			5836.666	
TC	4600.352				4605.878			6065.071			6200.450	
TD	314.675				302.996			370.181			363.784	

注：可交易出行票的交易价格 p=5.607；$toll_a$ 表示在路段 a 上的收费；TC=$\sum_{a\in A} v_a t_a$，TD=$\sum_{w\in W} q_w$。

7.2.4 小结

本节研究了弹性需求下可交易出行票机制与城市道路交通网络设计的组合问题,此时上层决策者的目标是使整个网络的社会福利最大化。然后,用 Sioux Falls 网络作为测试网络进行数值实验,证明本节提出的模型可以通过降低 OD 交通需求来缓解交通拥挤。

7.3 离散的组合问题

城市交通在经济活动、经济增长和个人生活中发挥着重要的作用,然而交通需求和城市路段通行能力在空间和时间上的不协调会导致交通拥堵、汽车尾气、噪声污染和交通事故等问题,大量的研究集中于从交通网络规划和交通管理的角度解决这些问题。

传统的城市道路交通网络设计问题可以分成城市交通连续网络设计问题、城市道路交通离散网络设计问题,以及城市交通混合网络设计问题(mixed network design problem, MNDP)[33]。由于传统城市道路交通网络设计问题潜在的复杂性,大多数研究集中于处理城市道路交通连续网络设计问题。然而,Boyce 等[34]指出城市道路交通离散网络设计模型可以更好地描述交通网络改进问题,因为实际道路通行能力的增加是通过车道的增加得到的。

已有文献对传统城市道路交通网络设计问题和城市道路交通需求管理这两个主题分别进行了研究。近来,学者越来越关注集成这两种手段来缓解交通拥挤问题,尤其是从建模的角度同时考虑道路拥挤收费(或可交易出行票)和改善路段通行能力对交通网络的影响。本节构造确定路段车道数量增加和可交易出行票收取等级的集成优化模型,用于综合道路通行能力增加和降低交通需求来缓解交通拥挤。此外,与连续可交易出行票收取相比,离散可交易出行票收取方案可以降低确定可交易出行票收取方案的复杂性。本节的模型旨在解决以下两个问题。

① 如何确定可交易出行票收取和增加车道的位置。

② 如何确定选定的路段中车道增加的数量,以及可交易出行票收取的等级(如零,低,中,高)来增加交通网络性能。

该优化问题是一个非线性 BLP。下层模型是给定路网设计下的交通网络用户均衡模型。其中,最优的路网设计方案和可交易出行票收取等级由上层模型决定。下层模型中的路网用户通过选择出行路线最小化广义出行成本,上层决策者通过确定不同路段的最优路网设计方案和可交易出行票收取等级来最小化系统总出行时间。上层模型中的决策变量(即增加的车道数量和可交易出行票收取等级)是整数,下层模型中的决策变量(即路段的交通流量)是连续的。

7.3.1 模型描述

由于路网设计和可交易出行票收取都是长期决策,因此假设每个 OD 对之间的出行需求是固定的。路网用户被认为是同质的,他们拥有相同的时间价值。在选择路径时,他们遵从用户均衡原则。模型在固定预算约束下通过确定最优离散可交易出行票收取方案和路段通行能力来最小化系统总出行时间。此外,我们首先选择增加车道和收取可交易出行票的路段位置,然后优化车道增加的数量和可交易出行票收取的等级。也就是说,在确定车道增加数量和可交易出行票收取等级的同时,优化增加车道和收取可交易出行票的路段位置。

使用可分离的路段阻抗函数 $t_a(v_a)$ 可以减少复杂性。假设该函数随交通量 v_a 的增加是非负的、可微的、凸的和单调递增的。本节使用美国联邦公路局提出的路段阻抗函数 $t_a(v_a) = T_a\left[1+\alpha\left(\dfrac{v_a}{b_a}\right)^\beta\right]$ 确定每条路上的出行时间,其中 T_a 和 b_a 表示路段 $a \in A$ 上的自由行驶时间和实际通行能力,α 和 β 是模型待定参数,通常取值为 0.15 和 4。

传统的离散网络设计模型在确定是否将一组新的候选路段加入交通网络时,假设这些新的候选路段已经通过一个无穷(或极大)自由行驶时间相关联而存在,如果增加一个或多个车道,实际的自由行驶时间在相应的路段阻抗函数中被假定。因此,备选路段的路段阻抗函数具有以下形式,即

$$t_a(v_a, z_a) = \begin{cases} +\infty, & b_a = 0 \text{ 且 } z_a = 0 \\ T_a\left[1+0.15\left(\dfrac{v_a}{z_a \text{CL} + b_a}\right)^4\right], & \text{其他} \end{cases}, \quad a \in \bar{A} \tag{7.51}$$

其中,CL 为一条新增车道的路段通行能力;z_a 为路段 $a \in A$ 新增的车道数量。

当 $b_a = 0$ 且 $z_a \neq 0$ 时,则增加新的路段。$b_a \neq 0$ 且 $z_a \neq 0$ 表示通过增加车道数量提高现有路段道路通行能力。$b_a = 0$ 且 $z_a = 0$ 表示无变化。因此,本节的离散网络设计模型包括增加新的路段和在现有路段中增加车道。

基于市场存在竞争性的假设,存在唯一且稳定的可交易出行票价格[20]。在给定 OD 需求 q_w 和可交易出行票分配方案 φ_w 的情况下,可交易出行票总量为 $K = \sum q_w \varphi_w$。交通管理者可通过最初可交易出行票的总发放数量来确定并达成政策目标。当可交易出行票从高收入群体向低收入群体流动时,资金反向流动,因此可交易出行票可以增强出行者的收入分配,可交易出行票比拥挤收费的接受度更高。

Ω_f 表示可行路径流模式集合,定义为

$$\Omega_f = \left\{ f \mid f_{r,w} \geqslant 0, \sum_{r \in R_w} f_{r,w} = q_w, w \in W \right\} \tag{7.52}$$

Ω_v 表示可行路段流模式集合，定义为

$$\Omega_v = \left\{ v \mid v_a = \sum_{w \in W} \sum_{r \in R} f_{r,w} \delta_{a,r}^w, f \in \Omega_f, a \in A \right\} \tag{7.53}$$

集合中的任意可行点 z 都是给定可交易出行票分配方案 K 下的一种方案。集合为

$$S = \left\{ z \mid \sum_{a \in \bar{A}} c_a z_a + \sum_{a \in \hat{A}} e_a \min\{\kappa_a, 1\} \leqslant B \right\} \tag{7.54}$$

其中，e_a 表示在可交易出行票收费数量不为 0 的情况下，路段 $a \in \hat{A}$ 可交易出行票收费设备的建设和运营成本。

交通管理者需要从一组备选路段 $\bar{A}$ 中选择可进行路段通行能力改善的路段集合，并确定应在所选路段中增加的车道数量。车道数量的决策变量是离散的。同时，交通管理者还需要从一组备选路段 $\hat{A}$ 中选择收取可交易出行票的路段的集合并确定所选路段可交易出行票收费等级(如零、低、中、高)。也就是说，可交易出行票的收取也是离散的。此外，可交易出行票收费等级由交通管理者根据实际情况给出。因此，城市道路交通 DNDP 可描述为以下 BLP 模型，即

$$\min_{z,\kappa,v} F(z,\kappa,v) = \sum_{a \in A \setminus \bar{A}} v_a t_a(v_a) + \sum_{a \in \bar{A}} v_a t_a(v_a, z_a) \tag{7.55}$$

满足

$$\sum_{a \in \bar{A}} c_a z_a + \sum_{a \in \hat{A}} e_a \min\{\kappa_a, 1\} \leqslant B \tag{7.56}$$

$$\sum_{a \in \bar{A}} \min\{z_a, 1\} = n_1 \tag{7.57}$$

$$\sum_{a \in \hat{A}} \min\{\kappa_a, 1\} = n_2 \tag{7.58}$$

$$z_a \in I_a, \quad a \in \bar{A} \tag{7.59}$$

$$\kappa_a \in J_a, \quad a \in \hat{A} \tag{7.60}$$

v 是下面问题的解，即

$$\min_v G(z,\kappa,v) = \sum_{a \in A \setminus \bar{A}} \int_0^{v_a} t_a(\theta) \mathrm{d}\theta + \sum_{a \in \bar{A}} \int_0^{v_a} t_a(\theta, z_a) \mathrm{d}\theta \tag{7.61}$$

满足

$$\sum_{a \in \hat{A}} v_a g_a(\kappa_a) \leqslant K = \sum_{w \in W} q_w \varphi_w \tag{7.62}$$

$$\sum_{r \in R_w} f_{r,w} = q_w, \quad w \in W \tag{7.63}$$

$$v_a = \sum_{w \in W} \sum_{r \in R_w} f_{r,w} \delta_{a,r}^w, \quad a \in A \tag{7.64}$$

$$f_{r,w} \geqslant 0, \quad w \in W, r \in R_w \tag{7.65}$$

其中，z_a 为路段 $a\in\overline{A}$ 上要新增的车道数量集合；J_a 为路段 $a\in\hat{A}$ 上要收取的出行票数量集合；n_1 为新增的车道总数量；n_2 为收取的可交易出行票总数量。

式(7.55)和式(7.61)分别为上层模型和下层模型的目标函数。上层决策者(交通管理者)根据路网用户(下层决策者)的响应引起的用户均衡结果的改变来确定可交易出行票收取等级和不同路段车道数量。

式(7.55)~式(7.65)是基于路段-路径的邻接矩阵，能够很好地将路径流量转换为路段流量。约束条件式(7.56)是预算约束；约束条件式(7.57)表示增加车道的路段数量；约束条件式(7.58)表示收取可交易出行票的路段数量；约束条件式(7.59)表示增加车道的决策变量；约束条件式(7.60)表示可交易出行票收取的等级；约束条件式(7.61)~式(7.65)是进行可交易出行票收取方案时的用户均衡条件；约束条件式(7.62)是可交易出行票可行性约束；约束条件式(7.63)是 OD 对与路径流量间的守恒关系；约束条件式(7.64)是路径流量守恒，可以表达路段流量与路径流量之间的关系；约束条件式(7.65)表示路径流量的非负性。

7.3.2 求解算法

BLP 问题的求解相当困难。当存在离散变量时，由于传统解决方案不适用于求解连续 BLP 问题，求解混合整数 BLP 问题会更加困难。此外，本节提出的模型还存在另一个挑战，同时确定增加车道和收取可交易出行票的路段数量。由于遗传算法对函数的可微性没有要求，本节采用遗传算法求解混合整数 BLP 问题[35]。在此遗传算法中，仅有上层决策变量采用二进制编码。通过使用 Frank-Wolfe 算法求解下层规划后可获得每条染色体的适应度。在初始化群体后，进行交叉、变异和选择可以很容易地检验出在染色体解码之后，是否满足用于确定增加车道和收取可交易出行票的道路数量的不可微约束函数。

1. Frank-Wolfe 算法求解下层问题

对上层确定的决策变量 $Z_a^*(a\in\overline{A})$ 和 $K_a^*(a\in\hat{A})$，下层问题可描述为

$$\min_v H(v) = G(K^*, Z^*, V) = \sum_{a\in A\setminus\overline{A}}\int_0^{v_a}t_a(\theta)\mathrm{d}\theta + \sum_{a\in\overline{A}}\int_0^{v_a}t_a(\theta, z_a^*)\mathrm{d}\theta \quad (7.66)$$

满足

$$\sum_{a\in\hat{A}}v_a g_a(\kappa_a^*) \leqslant K \quad (7.67)$$

$$\sum_{r\in R_w}f_{r,w} = q_w, \quad w\in W \quad (7.68)$$

$$v_a = \sum_{w\in W}\sum_{r\in R_w}f_{r,w}\delta_{a,r}^w, \quad a\in A \quad (7.69)$$

$$f_{r,w}\geqslant 0, \quad w\in W, r\in R_w \quad (7.70)$$

此问题是带有可交易出行票机制的 TAP。由于这是一个具有线性约束的凸非线性规划问题，因此路段流量 v^* 是均衡且唯一的。实际操作往往采用经典的静态交通分配模型。这种经典模型是 20 世纪 50 年代开发的，此后人们也提出不同的算法求解此模型。Perederieieva 等[36]开发了 11 种算法来求解 TAP，并且从不同算法框架的角度分析和比较求解 TAP 的有效方式，从而确定不同算法的优缺点。从历史上看，第一个求解 TAP 的算法是基于路段的。其中最著名的是 Frank-Wolfe 算法，这是一种解决凸优化问题的通用算法[37]。该算法的简单性和低内存需求被沿用至今，在不同的商业软件中被广泛使用。在 Frank-Wolfe 算法的迭代过程中，可以将所有交通流量分配给广义成本最小的路径来解决最小化线性化的目标函数的子问题。其中，主问题的广义路段成本由当前方案中的路径流量决定。

给定 Z_a^* 和 K_a^* 情况下带有可交易出行票机制的 TAP 的 Frank-Wolfe 算法求解步骤如下。

Step 1，可行路径流量解。

给定 Z_a^* 和 K_a^*，通过将所有交通流量分配给最短路径生成可行路径流量解 f^0，同时可以获得相应的路段流量 v^0。设置迭代次数 $n=0$。

Step 2，下降方向。

通过使用 CPLEX 求解器求解线性规划问题找出下降方向 s^n，即

$$\min \ \nabla H(v^n)^{\mathrm{T}} f \tag{7.71}$$

满足式(7.67)~式(7.70)。路径流 s^n 为最优解，是改进的可行方向，其中 V_s^n 表示相应的路段流量。

Step 3，线性搜索。

使用线性搜索法寻找最大步长，即

$$\min \ H\left[v^n + \lambda\left(V_s^n - V^n\right)\right] \tag{7.72}$$

满足

$$0 \leqslant \lambda \leqslant 1 \tag{7.73}$$

上述问题是利用一维优化(如黄金分割、斐波那契等)来确定沿着 $(s^n - f^n)$ 方向的步长 λ^*。

Step 4，更新。

更新方案 $f^{n+1} \to f^n + \lambda^*(s^n - f^n)$

Step 5，停止。

如果满足条件，则迭代停止，且最优路径流量为 f^{n+1}；否则，转回 Step 2。

2. 遗传算法求解模型

在该部分中,我们详细描述遗传算法的步骤。

(1) 二进制编码方案

上层决策变量式是 $(Z;U) = \left(z_1, z_2, \cdots, z_{|\bar{A}|}; u_1, u_2, \cdots, u_{|\hat{A}|}\right)$,其中 $|\bar{A}|$ 和 $|\hat{A}|$ 分别表示路网中增加车道的路段数量和收取可交易出行票的路段数量。

染色体二进制编码用来表示上层决策变量。如果在每条路段中添加的最大车道数不超过 3,且可交易出行票收费等级有 4 类,即零、低、中、高,则可以用两个基因分别代表路段上车道数量增加和收取可交易出行票,因此染色体编码如图 7.5 所示。

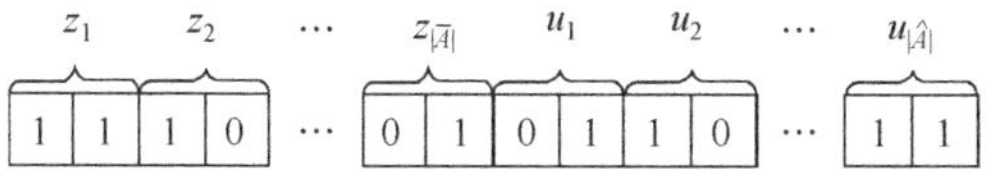

z_1	z_2	$\cdots$	$z_{|\bar{A}|}$	u_1	u_2	$\cdots$	$u_{|\hat{A}|}$
1 1	1 0	$\cdots$	0 1	0 1 1 0	$\cdots$	1 1

图 7.5 染色体编码

设第 $2i-1$ 和第 $2i$ 基因表示在路段 i 上增加车道的数量,$i = 1, 2, \cdots, |\bar{A}|$,即

$$\text{第}2i-1\text{和第}2i\text{基因} = \begin{cases} 00, & \text{增加0个车道} \\ 01, & \text{增加1个车道} \\ 10, & \text{增加2个车道} \\ 11, & \text{增加3个车道} \end{cases} \quad (7.74)$$

其中,$i = 1, 2, \cdots, |\bar{A}|$。

设第 $2|\bar{A}|+2j-1$ 和第 $2|\bar{A}|+2j$ 基因表示路段 j 上收取可交易出行票的等级,$j = 1, 2, \cdots, |\hat{A}|$,即

$$\text{第}2|\bar{A}|+2j-1\text{和第}2|\bar{A}|+2j\text{基因} = \begin{cases} 00, & \text{电子出行票收取水平为零} \\ 01, & \text{电子出行票收取水平为低} \\ 10, & \text{电子出行票收取水平为中} \\ 11, & \text{电子出行票收取水平为高} \end{cases}$$

(7.75)

其中,$j = 1, 2, \cdots, |\hat{A}|$。

因此,染色体的长度为 $l = 2(|\bar{A}|+|\hat{A}|)$。如果添加车道的路段数量大于 4 或者可交易出行票收取等级多于 4 种,则可以使用更多的基因得到染色体编码方案,并用其代表上层决策变量。

(2) 交叉算子

在交叉点对选定的两个父代染色体进行单点交叉：子代前 m 部分与父代相同(如来自第一个父代的第一个子代，来自第一个父代的第二个子代)。

剩余的部分根据以下规则进行选择：第一个子代的第 $m+i$ 部分被第二个父代的第 $l-i+1$ 部分代替；第二个子代的第 $m+i$ 部分被第一个父代的第 $l-i+1$ 部分代替 ($i=1,2,\cdots,l-m$)。

例如，3 个路段(路段 1~3)是增加车道和收取可交易出行票的备选路段。增加车道和收取可交易出行票的路段数量都为 2。两个可行的决策变量(增加车道和收取可交易出行票)可以编码为两个父代。如果第 9 个基因是交叉点，则可以使用提出的遗传算法交叉程序获得子代，他们被解码为两个可行决策变量。交叉算子如图 7.6 所示。在对染色体进行解码之后，我们可以很容易地检验出相应的可行决策变量是否满足用于确定增加通道和收取可交易出行票的道路的约束条件式(7.57)和式(7.58)。

可以看出，提出的交叉算子产生的染色体更加多样化，因为该算子可以使同样的父个体产生不同的子个体。

(3) 变异算子

基因变异过程如下，所选基因的值如果为 1 则更改为 0，如果为 0 则更改为 1。

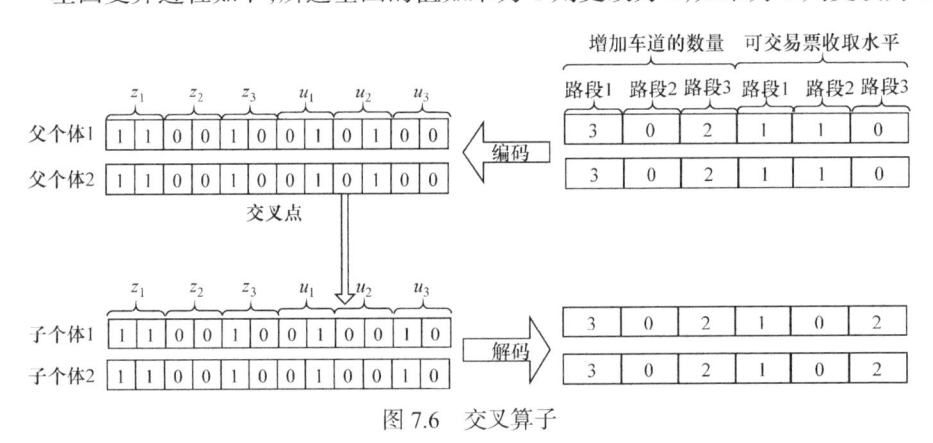

图 7.6 交叉算子

例如，有 3 条路段(路段 1~3)是增加车道和收取可交易出行票的候选路段。此外，两个可行的决策变量(增加车道和收取可交易出行票)可以编码为两个父代。如果选择第 3 个基因作为变异点，则可以使用提出的遗传算法变异程序获得子代 1。解码后，由于它不满足约束条件式(7.57)，我们很容易得出 1 是不可行的。如果选择第 7 个基因作为突变点，通过同样的方式可以获得子代 2。在解码之后，由于子代 2 满足约束条件式(7.57)，因此子代 2 是可行的。变异算子如图 7.7 所示。

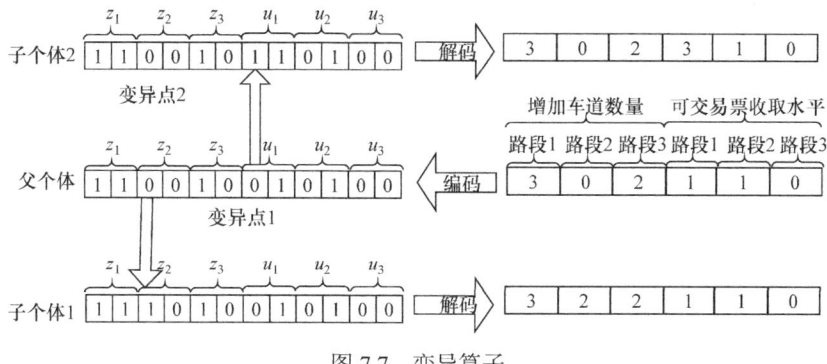

图 7.7 变异算子

(4) 选择算子

通过排序选择可以产生新的种群。这种选择的优点在于它只需要考虑两条染色体的适应度，而不需要考虑这两条染色体的适应度符号[38]。

算法步骤如下。

Step1，初始化参数。

设置参数，如种群大小 M、交叉率 P_c、变异率 P_m 和算法最大迭代次数 T，计数器归零 $t=0$。

Step2，生成初始种群 $P(0)$。

初始种群 $P(0)$ 由一组可行的染色体组成。染色体是随机选择的。如果染色体满足上层规划的约束，则生成的染色体是可行的。下层规划问题可以使用 Frank-Wolfe 算法求解。上层目标函数值被赋给染色体的适应值，在产生足够数量的染色体后，进行下一步。

Step3，记录当前最好的染色体。

如果当前代计数器 $t=0$，则将初始种群中的最佳染色体记录为当前最佳染色体；否则，将当前种群的最佳染色体与记录的最佳染色体对比，如果前者优于后者，则将当前种群的最佳染色体记录为最佳染色体；否则，不变。

Step4，交叉。

交叉(也称为重组)是产生新染色体的主要方法。这涉及交换选择用于重组的两条染色体的一些基因。采用随机匹配作为匹配策略，将 M 个染色体随机分成 $[M/2]$ 个匹配组。对每个匹配组中的两条染色体，通过区间 $[1,l]$ 中生成随机整数 m，将第 m 个基因指定为交叉点。根据交叉率 P_c，在交叉点对它们实行单点交叉。如果新的染色体不在可行或不可行列表中，则采用 Step 2 的方法对它们进行评估，并分配合适的适应度值。如果生成的染色体不可行，则将它们加入不可行列表并删除。

Step 5，变异。

变异是一种遗传算子，用来维持一代到下一代之间的遗传多样性。变异的目的是防止种群中的染色体过于相似使算法局部收敛。根据变异率 P_c 选择变异点，使染色体发生突变。如果新的染色体不在可行或不可行列表，则采用 Step 2 的方法对它们进行评估，并分配合适的适应度值。如果生成的染色体不可行，则将它们加入不可行列表并删除。

Step 6，选择。

将染色体按其适应度进行升序排列。将选择概率设置为顺序，通过排序选择与原始种群规模相对应的下一个种群。

Step 7，终止标准。

到达最大迭代次数时终止该算法。通过之前保留的所有迭代中的当前最佳染色体得到最优生成方案，即该遗传算法的解。

算法流程图如图 7.8 所示。

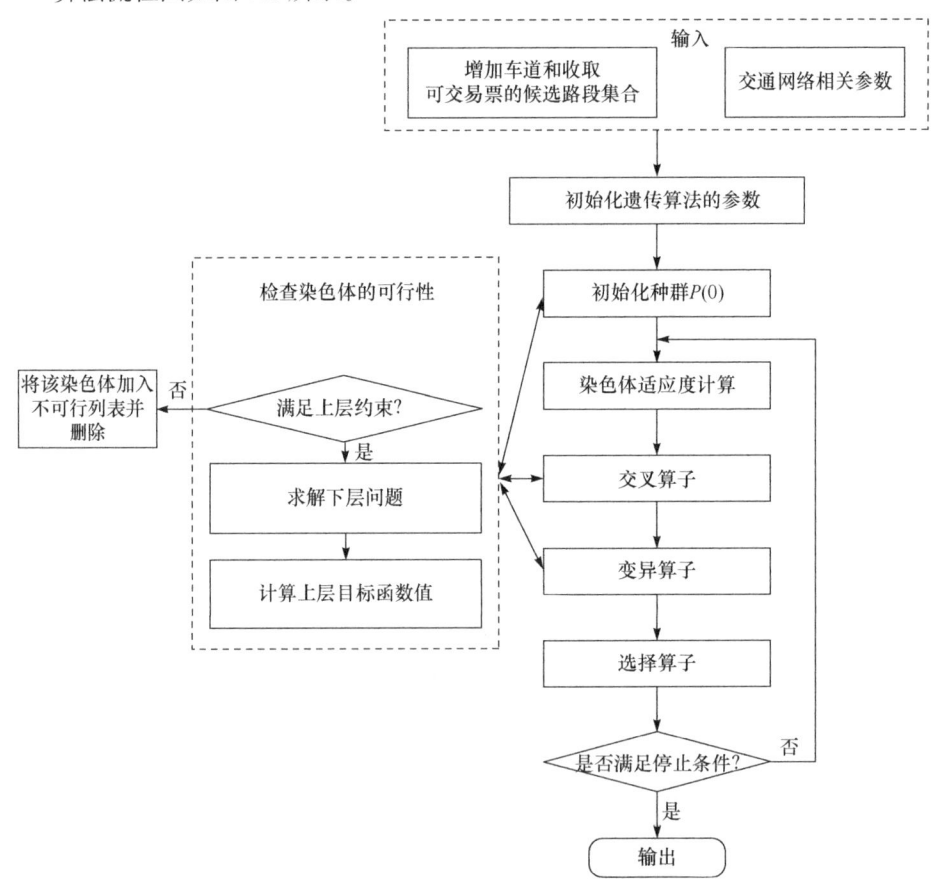

图 7.8 算法流程图

这种生成规则的优点在于生成的染色体都是可行的。交叉和变异步骤中检查染色体的可行性可以保证由此获得的染色体都是可行的。虽然在交叉和变异步骤中检查生成的染色体的可行性会浪费时间,但是总体上该规则依旧可以节约时间。

7.3.3 数值实验

为了说明模型的可行性和性能,我们使用 Sioux Falls 网络进行数值实验。Sioux Falls 网络如图 7.9 所示。Sioux Falls 网络共有 24 个节点,76 个路段和 552 个 OD 对。OD 需求和路段阻抗函数与 Suwansirikul 等[31]提出的相同。遗传算法设置种群数为 80、P_c=0.85、P_m=0.1,迭代次数为 500。本节使用 MATLAB 7.0 进行编程。电脑配置如下:Intel Core 2 Duo 2.10 GHz CPU, 2 GB RAM,Windows XP 操作系统。使用 Cplex 处理 Frank-Wolfe 算法求解下层问题。为了避免对比时出现偏差,除了用户均衡和系统最优以外的模型结果均由遗传算法求得。用户均衡和系统最优的结果由 Frank-Wolfe 算法求得。为了便于描述,本节可交易出行票方案用 TCS 表示,离散网络设计模型用 DNDP 表示。

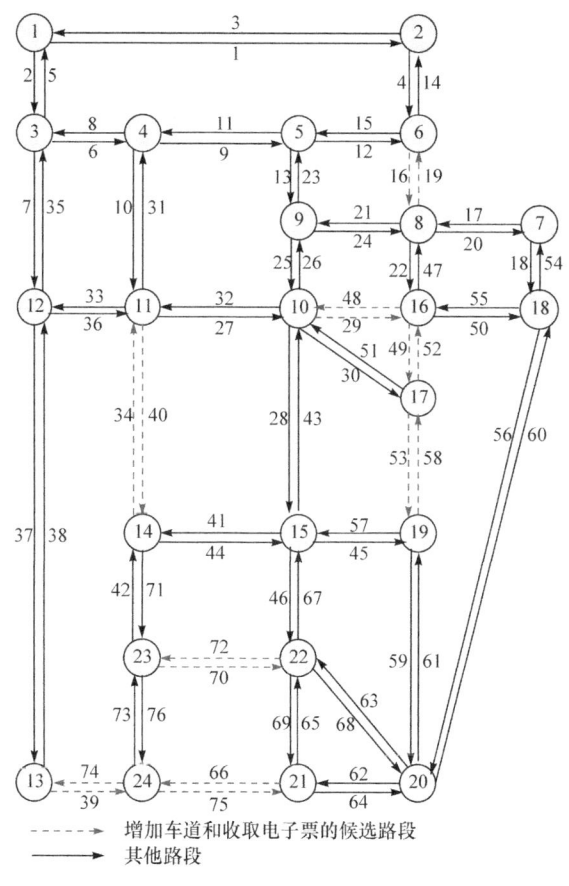

图 7.9 Sioux Falls 网络

1. 不同模型数值实验结果比较

在这部分的数值实验中，用户均衡和系统最优结果由 Frank-Wolfe 算法求得。除此以外的模型均使用遗传算法求解 20 次。我们记录了相应的结果，如车道增加方案、可交易出行票收取方案，以及路段流量。此外，我们还计算了交通流量和路段通行能力的比值。由于车道增加和可交易出行票收取等级都是整数，我们在 20 次数值实验中选择最好的一次(而非平均值)作为结果。

第一，我们按照用户均衡原则分配交通网络中的流量，通过求解 TAP 可以获得道路初始拥堵情况。由于下层规划是用户均衡，只能将上层决策变量赋值为 0 求解。用户均衡下路段流量与通行能力的比值如图 7.10 所示。选取路网中最拥挤的路段即图 7.10 中路段流量与路段通行能力比值超过 2.0 的 16 条路段。这 16 条路段在图 7.9 中用虚线表示。不同方案下的结果如表 7.3 所示。在不实行任何缓解交通拥堵的方案时，系统总出行时间为 10062.74。

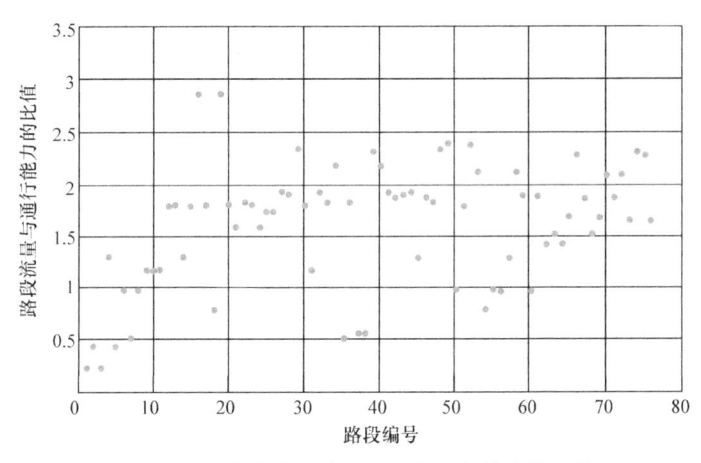

图 7.10　用户均衡下路段流量与通行能力的比值

第二，我们可以通过 TCS 下的结果检验其缓解拥堵的性能，因此不考虑模型中的容量改进方案(即向路段中添加 0 车道)。在图 7.9 中，我们把 16 条收取离散可交易出行票的拥挤路段用虚线表示。因此，收取可交易出行票的路段集合为 $\hat{A}$ = {16,19,29,34,39,40,48,49,52,53, 58,66,70,72,74,75}。收取可交易出行票的路段数量为 10。假定可交易出行票收取设备的建设成本为零。由于此交通网络中仅有 16 条路段(并非所有路段)考虑收费，因此 TCS 模型是一个次优收费方案。该模型不需要考虑路段通行能力改善(即在路段中增加 0 车道)，就可得到 TCS 的结果来检验它在缓解交通拥堵方面的性能。表 7.3 仅列出了 16 条最拥堵路段的路段流量和通行能力的比值，以及可交易出行票收取等级。系统总出行时间是 10003.99，低于用户均衡下的系统总出行时间。这表明，TCS 能够有效地缓解交通拥堵，但

表 7.3 不同方案下的结果

路段		UE v_a	UE r_a	TCS κ_a	TCS v_a	TCS r_a	系统最优 v_a	系统最优 r_a	DNDP z_a	DNDP v_a	DNDP r_a	本节模型 (集成TCS和DNDP) z_a	本节模型 κ_a	本节模型 v_a	本节模型 r_a	场景1 (先DNDP,后TCS) z_a	场景1 κ_a	场景1 v_a	场景1 r_a	场景2 (先TCS,后DNDP) z_a	场景2 κ_a	场景2 v_a	场景2 r_a
16	6~8	14.017	2.862	1	13.957	2.849	13.786	2.814	3	19.04	1.37	2	1	17.737	1.627	3	1	18.758	1.35	1	1	15.979	2.023
19	8~6	14.017	2.862		14.09	2.876	13.786	2.814	2	18.473	1.695	2		17.87	1.64	2	1	17.928	1.65	2		18.184	1.668
29	10~16	11.926	2.323	2	11.805	2.3	11.769	2.293	1	14.965	1.84	2		17.042	1.531	1	2	14.591	1.79	2	2	15.041	1.351
34	11~14	10.624	2.179	1	10.489	2.151	10.326	2.117		8.649	1.774		1	8.614	1.767	2	2	7.856	1.68	1	1	12.736	1.559
39	13~24	11.728	2.304	3	11.17	2.194	11.64	2.286	3	19.075	1.354	3		19.332	1.372			19.394	1.38	1	3	10.989	1.358
40	14~11	10.624	2.179	1	10.481	2.149	10.326	2.117		8.66	1.776		1	8.619	1.767		1	8.175	1.61	1	1	12.280	1.617
48	16~10	11.926	2.323	1	11.93	2.324	11.769	2.293	1	15.068	1.853	2	2	17.247	1.549	1		14.977	1.84	1	1	15.964	1.434
49	16~17	12.441	2.379	2	12.101	2.314	11.591	2.216	1	14.608	1.775		2	11.106	2.124	1		14.702	1.79	2	2	10.678	2.042
52	17~16	12.441	2.379		11.913	2.278	11.591	2.216	1	14.618	1.776			11.448	2.189	1	2	14.378	1.75			10.450	1.998
53	17~19	10.169	2.108	3	9.424	1.954	8.822	1.829	2	10.242	2.123	3	2	8.509	1.764	3	3	9.815	2.04		3	7.488	1.552
58	19~17	10.169	2.108	3	9.16	1.899	8.822	1.829	2	10.252	2.125	1	3	8.712	1.806	2	2	9.491	1.97	1	3	6.820	1.414
66	21~24	11.089	2.27		10.932	2.238	10.739	2.198	2	16.349	1.502	1	2	13.215	1.676		2	16.112	1.48	1	1	7.889	1.615
70	22~23	10.373	2.075	2	10.309	2.062	10.179	2.036	1	9.199	1.84	1	2	12.812	1.602			9.116	1.72	2	2	17.375	1.422
72	23~22	10.373	2.075		10.436	2.087	10.179	2.036	1	9.19	1.838	1		12.663	1.583	2		8.594	1.82	3		19.914	1.580
74	24~13	11.728	2.304	3	11.202	2.2	11.64	2.286	3	19.234	1.365	3		19.081	1.354	3		19.848	1.41	1	3	10.642	1.315
75	24~21	11.089	2.27	1	10.734	2.197	10.739	2.198	2	16.208	1.489	1	1	13.615	1.727	2	1	15.874	1.46	1	1	6.246	1.279
F		10062.74			10003.99		9826.453			6976.82				6895.141				6940.688				7263.077	
p		—			1.795		—			—				1.3				1.37				4.605	

它与用户均衡结果相比，系统总出行时间仅减少 0.58%，即 58.75，因此 TCS 缓解交通拥堵的效果不明显。

第三，通过求解 TAP 模型得到的系统总出行时间为 9826.453。Yang 等[20]认为由于系统最优和 FBTP 都有相同的性能，因此系统最优等价于 FBTP。在系统最优下，系统总出行时间相较用户均衡可减少 2.4%。因此，在实施定价方案时，FBTP 在缓解交通拥挤方面优于 SBTP。

第四，我们令通行能力改善的路段集合和收取可交易出行票的路段集合相同，即 $\overline{A}=\hat{A}$。因此，交通局考虑是否需要在路段集合 $\overline{A}$ 中添加 0~3 条车道，16 条路段的路段阻抗函数采用式(7.51)中的形式。增加车道的路段数量为 10，我们假设预算 $B=5000$，每条车道的路段通行能力为 3。增加车道的建设成本为线性函数。由于通行能力改善的路段是离散的，因此该方案是 DNDP。在路段 $a\in\overline{A}$ 上，增加一条车道的成本如表 7.4 所示。

表 7.4 增加一条车道的成本

路段		c_a	路段		c_a
16	6~8	260	49	16~17	330
19	8~6	260	52	17~16	330
29	10~16	380	53	17~19	280
48	16~10	380	58	19~17	280
34	11~14	320	66	21~24	210
40	14~12	320	75	24~21	210
39	13~24	240	70	22~23	290
74	24~13	240	72	23~22	290

使用 DNDP 模型求解出的系统总出行时间为 6976.82，DNDP 模型可以通过为每位出行者发放足够的可交易出行票获得。与用户均衡模型相比，DNDP 模型可以减少 30.67%的系统总出行时间。因此，增加道路供给可以很大程度上减少交通拥堵。

第五，集成 TCS 和 DNDP 模型，系统总出行时间仅为 6895.141。与用户均衡模型相比，减少 31.48%。因此，同时增多路段通行能力和收取可交易出行票是缓解交通拥堵最有效的方法。另外，我们提出的模型减少的系统总出行时间大于 TCS 和 DNDP 分别减少的系统总出行时间之和。也就是说，TCS 和 DNDP 之间的交互作用对缓解交通拥挤具有积极的作用。这两种方案的结合比同时分别进行这两种方案具有更好的效果。简而言之，集成 TCS 和 DNDP 可以带来协同效应，即同时使用两种或更多种方案要大于同时单独使用其中一种方案带来的好处。

为了进一步说明此模型的效果，我们考虑两个顺序决策模型。一个模型在实现 DNDP 之后考虑 TCS(表示为场景 1)，另一个模型在获得最优 TCS 之后考虑 DNDP(表示为场景 2)。在场景 1 和场景 2 下，系统的总出行时间分别为 6940.688

和 7263.077。与用户均衡模型结果相比，系统总出现时间分别减少 31.03%和 27.82%。此外，我们提出的集成模型在最小化系统总出行时间方面比场景 1 和场景 2 要好，即两种方案的集成相比这两种序列决策方案(场景 1 和场景 2)，集成效果更好。

综合而言，TCS 作为次优收费计划，并不能有效缓解交通拥堵。TCS 的系统总出行时间小于用户均衡模型，但大于系统最优模型。DNDP 通过增加路段上的车道数量来增加交通供给，可以大大缓解交通拥挤。我们提出的模型整合了离散可交易出行票和离散车道增加方案，可以比上述方案减少更多的拥堵。此外，我们的方案可以获得比同时单独使用 TCS 和 DNDP 更小的系统出行时间。由于 TCS 和 DNDP 之间的交互效应放大了 TCS 和 DNDP 的个体效应，因此将 TCS 和 DNDP 方案结合起来考虑它们之间的交互效应，对缓解交通拥挤有很好的作用。此外，在降低系统总出行时间方面，该集成模型优于序列决策问题。

2. 不同方案下的路段流量与通行能力比

为了比较不同方案在缓解交通拥挤方面的效率,对用户均衡和系统最优模型，通过运行 Frank-Wolfe 算法得到集合 A 中路段流量与通行能力比。对除 UE 和系统最优以外的模型，通过遗传算法计算 20 次的平均值，可以得到集合 A 中路段流量与通行能力比。

然后，我们计算路网中 16 条最拥挤路段和全部路段在不同场景下最大值、平均值、标准差的值。局部与全局网络描述性统计结果如表 7.5 所示。最大值表示集合 $\hat{A} \cup \bar{A}$ 和 A 中路段流量与通行能力比最大的值，用来说明在局部和全局路网中路段流量与通行能力比最差的情况。平均值表示集合 $\hat{A} \cup \bar{A}$ 和 A 中路段流量与通行能力比的平均值，用来说明局部和全局路网中路段流量与通行能力比的平均情况。标准差表示集合 $\hat{A} \cup \bar{A}$ 和 A 中路段流量与通行能力比的标准差，用来说明局部和全局路网中路段流量与通行能力比的均匀性。

TCS 方案可以降低局部和全局路网中路段流量与通行能力比的平均值，但是会增加局部和全局路网中路段流量与通行能力比的最大值。也就是说，TCS 方案会增加局部和全局路网中最差的路段流量与通行能力比，增加该路段的拥堵程度。TCS 方案会增加局部网络的标准差，降低全局网络的标准差。换句话说，TCS 方案会增加局部网络的不均匀性和全局网络的均匀性。与 TCS 方案相比，SO 方案可以降低局部和全局网络中路段流量与通行能力比的最大值和平均值。此外，在路段流量与通行能力比的标准差方面，SO 方案与 TSC 方案在局部网络有相同的结果，但 SO 方案在全局网络中的结果更好。因此，在单独实施的时候，SO 方案比 TCS 方案可以更好地缓解拥堵。与 TCS 方案和 SO 方案相比，DNDP 方案可以大大降低局部和全局路网中路段流量与通行能力比的最大值、平均值和标准差。

然而，DNDP 方案并没有降低局部路网中路段流量与通行能力比的标准差。与其他方案相比，路段流量与通行能力比的平均值和标准差小于其他场景，我们的方案可以极大地减少交通拥堵，提高局部和全局网络的均匀性。然而，由于 TCS 方案是集成的，我们的方案与 DNDP 相比使局部网络中最坏的情况变得更差，但依旧比 UE 方案、TCS 方案和 SO 方案要好。究其原因，TCS 方案会使某些路段流量与通行能力比更差。场景 1 和场景 2 在局部网络上优于我们模型的性能，他们对全局网络的影响与我们的模型相同。因此，序列决策模型在局部网络上表现出比集成模型更好的性能，但是它们拥有更高的系统总出行时间。

表 7.5 局部与全局网络描述性统计结果

网络	描述性统计量	UE 方案	TCS 方案	SO 方案	DNDP 方案	本节方案	场景 1 (先 DNDP, 然后 TCS)	场景 2 (先 TCS, 然后 DNDP)
局部网络	最大值	2.86	2.88	2.81	2.13	2.19	2.04	2.02
	平均值	2.31	2.25	2.22	1.72	1.69	1.67	1.64
	标准差	0.24	0.27	0.27	0.24	0.22	0.21	0.20
全局网络	最大值	2.86	2.88	2.81	2.19	2.19	2.19	2.02
	平均值	1.59	1.59	1.59	1.42	1.41	1.41	1.42
	标准差	0.59	0.58	0.54	0.45	0.44	0.44	0.43

3. 关于预算的灵敏度分析

为了对预算进行灵敏度分析，我们求解预算从 0 增加到 9000，增量为 1000 的模型。对每个不同的预算，我们都求解 20 次。系统总出行时间是这 20 次运行结果的平均值。系统总出行时间随预算增加的变化如图 7.11 所示。可以看到，随

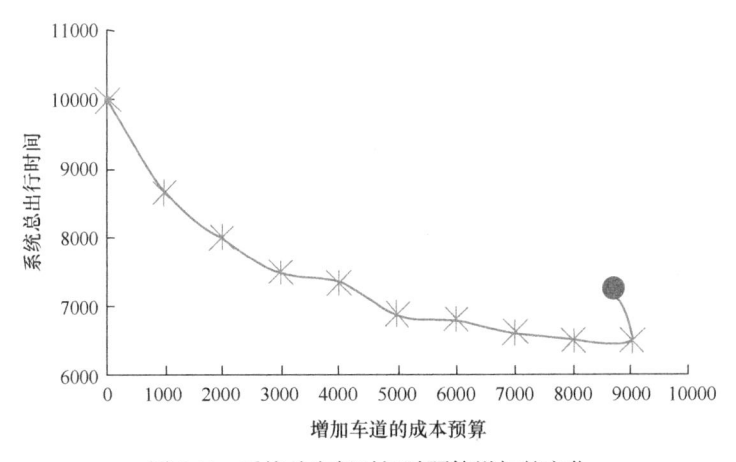

图 7.11 系统总出行时间随预算增加的变化

着预算的增加，系统总出行时间减少。通过投入更多的资金来增加道路供给，可以缓解交通拥堵。当预算超过 7760 时，由于最大的增加车道数量为 3，系统总出行时间达到最小值。当 $B \geqslant 7760$ 时，路段通行能力改善方案如表 7.6 所示。

表 7.6　当 $B \geqslant 7760$ 时，路段通行能力改善方案

路段	z_a	路段	z_a
16	2	52	3
19	3	53	3
29	0	58	3
34	0	66	3
39	0	70	0
40	2	72	0
48	3	74	3
49	2	75	0

此外，连接 29、34、39、70、72、75 的车道只有 2 条，预算甚至超过 7760。当连接 29、34、39、70、72、75 的车道数增加到 3 时，增加车道的成本达到 8670，系统总出行时间为 7289.267(图 7.11 的圆点)，比预算为 7760 时还要多。这证明路段容量的提高并不一定会导致系统总出行时间减少这一悖论。

4. 组合 n_1 和 n_2 对路网的影响

我们求解了增加车道和收取可交易出行票不同组合下的模型，并记录了相应的系统总出行时间。对每一组 n_1 和 n_2，我们都求解 20 次，并计算这 20 次系统总出行时间的平均值。路段车道增加和收取可交易出行票路段数量改变对系统总出行时间的影响如图 7.12 所示。n_1 和 n_2 表示增加车道和收取可交易出行票的路段数量。坐标轴里的圆圈 (n_1, n_2) 表示在路段增加 n_1 个车道，收取 n_2 个可交易出行票时的系统总出行时间(数值是圆圈上方的数字)。圆圈的颜色和大小表示系统总出行时间的值。圆圈的大小由系统总出行的大小决定。(n_1, n_2) 的 16 种组合的最大值和最小值之差的八分之一为增量。

从图 7.12 中，我们可以得出以下结论。

① 当增加车道的路段数量较少(即数量为 6)时，系统总出行时间会随着收取可交易出行票路段数量的增加而减少。特别是，增加车道的路段数量为 0 时，此时只实现了 TCS 方案，最优收费方案优于次优收费方案。

② 当增加车道的路段数量较多(即数量为 8)时，系统总出行时间将小于向更多路段收取可交易出行票的情况。然而，当收取可交易出行票的路段数量增加时，系统总出行时间只有轻微的变化。

③ 当增加车道的路段数量足够多(即数量为 10 和 12)时,系统总出行时间将随着收取可交易出行票路段数量的增加而增加。也就是说,考虑集成 DNDP 时,对更多路段收取可交易出行票将导致路网性能变差。因此,建议使用次优收费方案。

综上所述,增加车道和确定可交易出行票收取的路段位置对缓解交通拥挤是非常重要的。我们应该协调增加车道和收取可交易出行票路段的数量,以达到更好的缓解交通拥堵的效果。

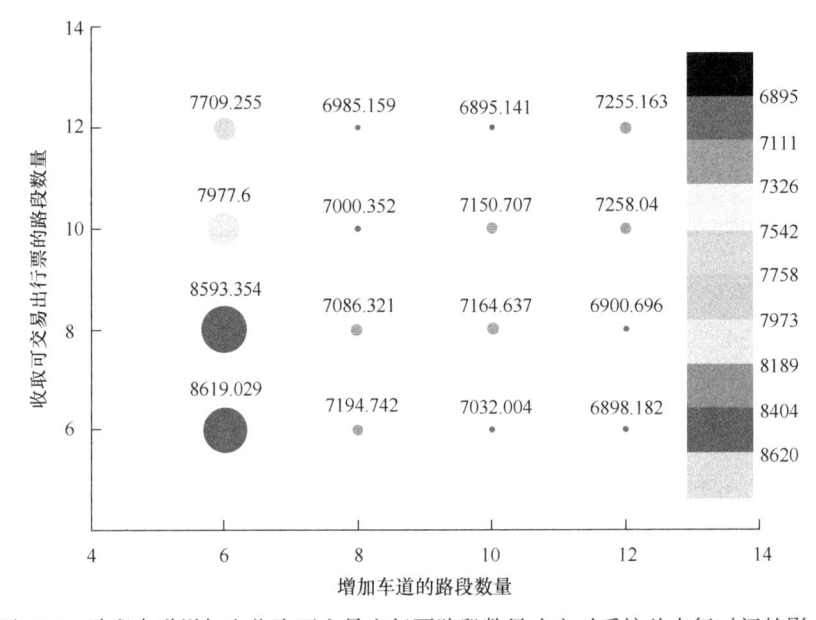

图 7.12 路段车道增加和收取可交易出行票路段数量改变对系统总出行时间的影响

7.3.4 小结

本节提出离散 BLP 模型来缓解交通拥堵问题。在预算约束下,上层决策在考虑路网用户路径选择的同时,选择最优的基于路段的离散可交易出行票收取等级和路段增加车道的数量来最小化系统总出行时间。BLP 模型为增加道路供给,减少出行需来提高路网性能提供了新的思路。更重要的是,该模型不仅考虑收取可交易出行票和增加车道,还考虑收取可交易出行票的等级和增加车道的数量。Sioux Falls 网络的数值实验包括两部分:将所提出的模型与其他模型进行对比;从系统总出行时间、路段流量和通行能力比的角度分析两种方案(场景 1 和场景 2)。最后对提升路段通行的预算,以及收取可交易出行票和增加车道的组合进行灵敏度分析。

本节采用遗传算法求解混合整数 BLP 问题,重点关注如何使用遗传算法获得不同方案下的结果。本节较少关注遗传算法的计算效率和算法的准确性。遗传算法的校准包括对参数的灵敏度分析、收敛证明、收敛速度，以及与其他现有启发式算法的比较是待研究的工作。本节讨论的是固定需求下的扩展情况，后续可以继续研究弹性需求的情况。此外，将模型扩展到具有不同时间价值的出行者将增加模型的复杂性，但模型分析会更加具体。

7.4 本章小结

本章将路段能力增加和可交易出行票收取结合起来研究，从道路能力供给和交通需求管理两个方面出发，研究了实现城市交通综合治理的有效对策。本章内容主要包括三部分。

第一，建立 BLP 模型，研究在固定 OD 需求下路段可交易出行票收取与城市交通连续均衡网络设计问题的组合问题。在该模型中，上层决策者同时优化路段收取可交易出行票的数量和能力来增加最小化交通网络的总出行时间，下层用户根据出行成本(包括出行时间和收取的可交易出行票的价值)来选择最优路径。

第二，研究弹性需求下可交易出行票机制与城市道路交通网络设计的组合问题。此时上层决策者的目标是使整个网络的社会福利最大化。

第三，提出离散 BLP 模型来分析缓解交通拥堵问题。

在预算约束下，上层决策在考虑路网用户路径选择行为的同时，选择最优的基于路段的离散可交易出行票收取等级和路段增加车道的数量来最小化系统总出行时间。该模型的提出为结合增加道路供给和减少出行需求来提高路网性能提供了新的思路。更重要的是，该模型不仅考虑收取可交易出行票和增加车道，还考虑收取可交易出行票的等级和增加车道的数量。

参 考 文 献

[1] Wang G M, Gao Z, Xu M, et al. Joint link-based credit charging and road capacity improvement in continuous network design problem. Transportation Research Part A: Policy and Practice, 2014, 67: 1-14.

[2] Sheffi Y. Urban Transportation Networks: Equilibrium Analysis with Mathematical Programming Methods. New Jersey: Prentice-Hall,1985.

[3] Bazaraa M S, Sherali H D, Shetty C M. Nonlinear Programming: Theory and Algorithms. New Jersey: Wiley, 2006.

[4] Marcotte P, Patriksson M. Traffic Equilibrium//Barnhart C, Laporte G. Handbook in Operations Research and Management Science. Amsterdam: Elsevier, 2007: 623-713.

[5] Patriksson M. The Traffic Assignment Problems: Models and Methods. Utercht:VSP, 1994.

[6] Bouza G, Still G. Mathematical programs with complementarity constraints: Convergence properties

of a smoothing method. Mathematics of Operations Research, 2007, 32(2): 467-483.
[7] Chen X, Fukushima M. A smoothing method for a mathematical program with P-matrix linear complementarity constraints. Computational Optimization and Applications, 2004, 27(3): 223-246.
[8] Ralph D, Wright S J. Some properties of regularization and penalization schemes for MPECs. Optimization Methods Software, 2004, 19(5): 527-556.
[9] Scholtes S. Convergence properties of a regularization scheme for mathematical programs with complementarity constraints. SIAM Journal on Optimization, 2001, 11(4): 918-936.
[10] Luo Z Q, Pang J S, Ralph D. Mathematical Programs with Equilibrium Constraints. Cambridge: Cambridge University Press, 1996.
[11] Outrata J, Kocvara M, Zowe J. Nonsmooth Approach to Optimization Problems with Equilibrium Constraints. Dordrecht: Kluwer, 1998.
[12] Chen Y, Florian M. The nonlinear bilevel programming problem: Formulations, regularity and optimality conditions. Optimization, 1995, 32(3): 193-209.
[13] Scheel H, Scholte S. Mathematical programs with complementarity constraints: Stationarity, optimality, and sensitivity. Mathematics of Operations Research, 2000, 22 (1): 1-22.
[14] Leyffer S. Complementarity constraints as nonlinear equations: theory and numerical experience//Dempo S, Kalashnikov V. Oprimi Zatnon and Multivalved Mappings. New York: Springer, 2006: 169-208.
[15] Ban J X, Liu H X, Ferris M C, et al. A general MPCC model and its solution algorithm for continuous network design problem. Mathematical and Computer Modelling, 2006, 43(5-6): 493-505.
[16] GAMS. GAMS-The Solver Manuals. Washington, D.C.: GAMS, 2009.
[17] Hearn D W, Ramana M V. Solving congestion toll pricing models// Marcotte P, Nguyen S. Equilibrium and Advanced Transportation Modeling. Boston: Kluwer Academic Publishers, 1998: 109-124.
[18] US Bureau of Public Roads. Traffic Assignment Manual. Washington, D.C.: US Department of Commerce, 1964.
[19] 黄海军. 城市交通网络平衡分析: 理论与实践. 北京: 人民交通出版社, 1994.
[20] Yang H, Wang X L. Managing network mobility with tradable credits. Transportation Research Part B: Methodological, 2011, 45(3): 580-594.
[21] Luathep P, Sumalee A, Lam W H K. Global optimization method for mixed transportation network design problem: A mixed-integer linear programming approach. Transportation Research Part B: Methodological, 2011, 45(5): 808-827.
[22] 张华歆. 拥挤道路收费理论与方法. 上海: 上海交通大学出版社, 2011.
[23] Robert N S. Transaction costs and tradable permits. Journal of Environmental Economics and Management, 1995, 29 (2): 133-148.
[24] Nie Y, Marco Y. Transaction costs and tradable mobility credits. Transportation Research Part B: Methodological, 2012, 46 (1): 189-203.
[25] Sovacool B K. The policy challenges of tradable credits: A critical review of eight markets.

Energy Policy, 2011, 39(2): 575-585.
[26] 高自友, 宋一凡, 四兵锋, 等. 公交网络中基于弹性需求和能力限制条件下的 SUE 配流模型及算法. 北京交通大学学报, 2000, (6): 1-7.
[27] 王广民, 万仲平, 王先甲. 二层规划综述. 数学进展, 2007, 36(5): 513-529.
[28] Bialas W F, Karwan M H. Two-level linear programming. Management Science, 1984, 30(8): 1004-1020.
[29] Eliasson J, Mattsson L G. Equity effects of congestion pricing: Quantitative methodology and a case study for Stockholm. Transportation Research Part A: Policy and Practice, 2006, 40(7): 602-620.
[30] Hoheisel T, Kanzow C, Schwartz A. Theoretical and numerical comparison of relaxation methods for mathematical programs with complementarity constraints. Mathematical Programming, 2013, 137(1): 257-288.
[31] Suwansirikul C, Friesz T L, Tobin R L. Equilibrium decomposed optimization: A heuristic for the continuous equilibrium network design problem. Transportation Science, 1987, 21(4): 254-263.
[32] Friesz T L, Cho H J, Mehta N J, et al. A simulated annealing approach to the network design problem with variational inequality constraints. Transportation Science, 1992, 26(1): 18-26.
[33] Farahani, R Z, Miandoabchi E, Szeto W Y, et al. A review of urban transportation network design problems. European Journal of Operational Research, 2013, 229(2): 281-302.
[34] Boyce D E, Janson B N. A discrete transportation network design problem with combined trip distribution and assignment. Transportation Research, 1980, 14(1): 147-154.
[35] Goldberg R S, Barker S J, Perez G L. Regulation of gene expression during plant embryogenesis. Cell, 1989, 56(2): 149-160.
[36] Perederieieva O, Ehrgott M, Raith A, et al. A framework for and empirical study of algorithms for traffic assignment. Computers & Operations Research, 2015, 54(1): 90-107.
[37] Frank M, Wolfe P. An algorithm for quadratic programming. Naval Research Logistics, 1956, 3(1): 95-110.
[38] Back T. The interaction of mutation rate, selection and self-adaptation within a genetic algorithm// Manner R, Manderick B. Parallel Problem Solving from Nature. Amsterdam: Elsevier, 1992: 85-94.

第八章 可交易出行票方案下的私营融资和交通管理研究

私营部门参与交通设施修建越来越普遍。这改变了公共部门和社会私营部门在公共服务供给中的角色。这种公共部门和社会私营部门之间的合作通常称作公共私营合作制(public-private partnership, PPP)。由于修建交通公共设施所需的巨额投资对公共部门来说是一个很大的挑战,因此 PPP 受到特别关注。公共部门希望私营部门可以在修建交通公共设施的投资方面发挥更大的作用。社会普遍认为,私营企业运营由于追求利润最大化而能产生更高的效率,从而降低公共设施供给的成本,并提供更好的服务。这也使私营化得到了更大的支持[1]。本章根据可交易出行票的特点,提出一种新的公私合作修建公共道路的模式,即修建-股权-出行票(build-equity-credit, BEC),将交通管理与公私合作建设道路相结合。该模式一方面可以保证公共部门拥有道路的运营权和决策权,另一方面可以解决公共部门财政预算不足的问题。同时,私人公司可以在避免公众抵制的情况下获取建设利润。另外,通过路网的整体管理措施,使全体出行者分担道路建设和维护成本,从而兼顾效率和公平。我们针对这一模式建立 BLP 模型,并分别以社会福利最大化和公司利润最大化为目标分析了模型的性质。

8.1 修建-股权-出行票方案

一般来讲,根据公共部门和私营部门在服务、角色、责任和不同融资方式之间的分工,存在多种形式的 PPP 模式。Mu 等[2]给出了不同的 PPP 模式,如设计-投标-建设(design-bid-build, DBB)、设计-建设(design-build, DB)、设计-建设-运营(design-build-operate, DBO)、设计-建设-运营-维护(design-build-operate-maitain, DBOM)、建设-运营-转让(build-operate-transfer, BOT)、建设-运营-拥有(build-operate-own, BOO)、设计-建设-融资-运营(design-build-finance-operate, DBFO)等。PPP 模式的二维框架如图 8.1 所示。横坐标代表供给方式,由 PPP 项目中各个要素(设计、建设、运营、维护)的捆绑程度来衡量,纵坐标代表融资方式,由公共部门和私营部门在融资中承担的责任大小来衡量。

第八章 可交易出行票方案下的私营融资和交通管理研究

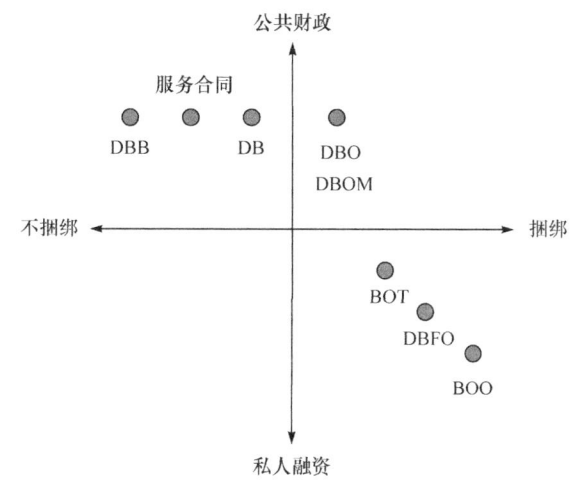

图 8.1 PPP 模式的二维框架

作为 PPP 项目中最常见的一种，BOT 项目指由私人企业自行出资修建新的道路，在建成后向使用该道路的出行者收取一定的费用以收回投资并盈利，在达到预期盈利后将道路的运营权转让给政府的模式[3]。通过 BOT 模式修建新的道路具有一些优点[3]，例如私人企业可以更有效率地建设、运营和管理交通设施[4]；公共部门面对纳税人的抵制，很难筹集到修建新的道路所需要的巨额投资，而私人企业融资可以解决这一问题；新修建的道路不仅可以使使用者受益，还可以使那些没有使用新建道路的出行者因为交通拥堵缓解而受益[1]。

现有的关于 BOT 的研究，大多集中在通行能力的选择、收费的设置，以及相应的企业利润和社会福利上[1,5,6,7]。Yang 等[8]研究了弹性需求下道路网络的 BOT 项目，分析了几种不同通行能力-收费设置组合下的企业利润和社会福利。Tsai 等[9]分析了 BOT 项目对交通流量、出行成本、收费收入、通行能力和社会福利的影响，并进行了仿真研究。Subprasom 等[10]建立了 BOT 项目的 BLP 模型，其中下层规划是给定道路通行能力后出行者的路径选择模型，上层规划是企业利润或者社会福利模型。Verhoef[11]探讨了通过道路特许经营期的拍卖机制来限制企业对通行能力和收费设置的选择，从而达到社会福利的最大化。Ubbels 等[12]分析了公共部门如何组织私人企业的竞价过程(通行能力和收费设置)以达到社会福利的最大化。Guo 等[13]研究了社会福利最大化 BOT 项目中的特许经营期、通行能力和收费设置的联合决策问题，并提出通过双边谈判和竞争拍卖的方式达成最优 BOT 合同的方案。

关于 BOT 项目中的路段服务水平和道路资金自筹能力也有大量的研究。Xiao 等[14]通过研究两条平行路段模型中的通行能力和收费设置问题发现私营企业运营收费道路中的路段服务水平(流量-通行能力比值)为常数的性质。Yang 等[15]进一步通过数值算例在一般路网中证实了这一性质。Tan 等[16]采用双目标规划方式研究社会福利和企业利润的帕累托最优边界，发现最优特许经营期应该等于道路的使用寿命，而且流量-通行能力的比值在一定条件下与系统最优状态下相应的值相同。Wu 等[17]通过假设新建道路上的用户均衡流量是其通行能力和收费的连续可导函数，严格证明一般路网中流量-通行能力比值为常数这一性质。Wang 等[18]进一步证明在不满足这一假设条件的情况下，仍然能保证这一性质的成立。

通过以上研究现状可以发现，BOT 项目在提供公共交通设施中具有很大潜力。但是随着 BOT 项目在现实应用中的增加，其潜在问题也逐渐浮现。例如，BOT 项目使公共部门在一定时期内失去了对新建道路的控制权，从而无法对整个路网进行统一规划和管理，也无法处理和应对一些特殊情况。一个典型的例子是北京五环路。北京五环路于 2003 年初建成时是收费公路。但是当时的平均流量只有 200~300veh/h，而它的通行能力是 3000veh/h。因此，道路的使用率和日收费收入远低于预估情况，公共部门不得不停止收费。由于五环路是一家上市公司的 BOT 项目，公共部门只得全额买回控制权，公共部门和公司都因此蒙受了很大的损失。关于 BOT 的另一个问题是 BOT 项目的特许运营期问题。现有案例显示，国内的很多 BOT 项目存在收取期过长，甚至在特许运营期结束很久之后仍然继续收费的现象。即使停止收费，也会有新的问题出现，例如缺乏维护和管理、出行需求骤增，以及由此导致的拥堵。一个典型的例子是北京首都机场高速，停止收费后流量增加了百分之四十，拥堵从上午六点持续到下午六点。另外，既然所有出行者都可以从新修道路中获益，那么仅由新道路的使用者来承担修建费用也是不公平的，尤其是对那些没有其他道路可选的出行者。

考虑这些问题，本章提出一种新的 PPP 模式，即 BEC，用可交易出行票代替收费。在这一模式中，同样是由私人公司首先出资修建新的道路。与 BOT 不同的是，私人公司不再拥有新修道路的经营权，不能再对道路使用者收费。取而代之的是，公共部门会给予私人公司一部分路网管理的股权作为修建道路的回报。同时，公共部门通过可交易出行票方案对整个路网进行管理。BEC 流程图如图 8.2 所示。该模式可以分为四个阶段。第一阶段，私人公司自行出资修建新的道路。第二阶段，公共部门对新的路网系统进行整体管理，并将路网系统的一部分股权转让给私人公司作为修建道路的回报。但路网系统的绝大部分股权仍然由公共部门拥有，以保证公共部门对路网的控制权。私人公司获得的股权比例可以由公共部门根据给予私人公司的预期利润、社会福利目标等决定。第三阶段，公共部门根据既定目标(如系统最优、社会福利最大等)设计可交易出行票方案对路网进行整体管理。可交易出行票方案分为出行票发放方案和出行票收取方案。在出行票发放方案中，私人公司根据其拥有的股权比例得到一部分出行票，其余出行票免费发放给出行者(分配方式可以是平均分配或者基于 OD 分配等)。在出行票收取方案中，公共部门根据期望的均衡路网流量模式设计基于路段的出行票收取方案，出行者通过支付出行票获取道路通行权。出行者和私人公司均可以在出行票市场自由交易出行票，私人公司通过出售出行票收回建设成本并盈利，出行者通过购买额外出行票增加出行或者通过出售多余的出行票盈利。公共部门对出行票市场进行监管，但是并不直接参与和干涉市场。私人公司在取得预期利润后将其拥有的股权转让给公共部门，私人公司与公共部门的合同结束。第四阶段，公共部门重新设计出行票发放方案，并保留一部分作为路网维护和管理的费用，其余出行票仍然免费发放给出行者。原有的出行票收取方案保持不变，防止出行需求和均衡流量波动过大。

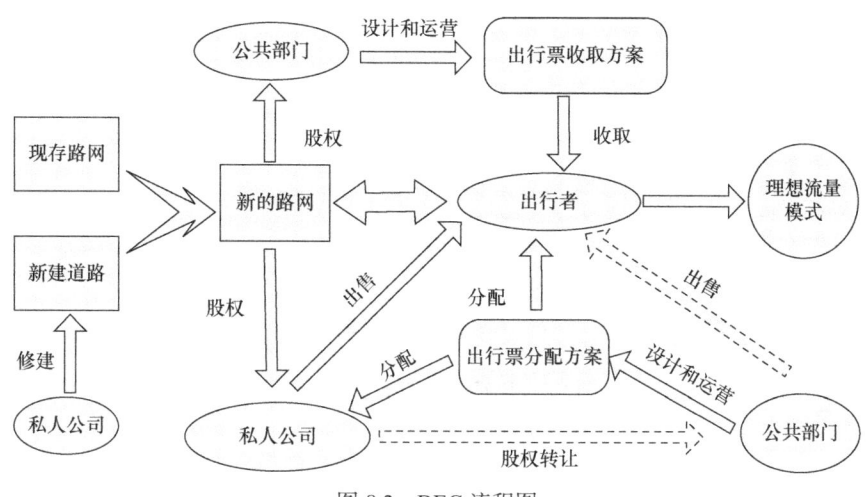

图 8.2 BEC 流程图

BOT 流程图和交通管理如图 8.3 所示。对比图 8.1 和图 8.3 可以看出，BEC 和 BOT 的共同点是由私人公司出资修建道路并获利。不同点是，新建道路的运营主体、私人公司获取利润的方式，以及公共部门对路网的管理。在 BOT 模式中，私人公司直接运营新建道路并收费盈利。BEC 模式由公共部门对包括新建道路在内的整个路网进行运营，而私人公司通过出售出行票盈利。换句话说，BOT 模式中私人公司拥有新建道路的运营权，而 BEC 模式中公共部门拥有新建道路的运营权，并对整个路网进行统一规划和管理。因此，BEC 模式可以将交通供给与交通需求相结合，在利用私营融资提供公共交通设施的同时，避免交通需求的增加，同时保证公共部门对整个交通系统的控制权，从而得到期望的均衡路网流量模式。

综上所述，BEC 模式能够使公共部门、私人公司、出行者达到共赢状态。对公共部门而言，道路由私人公司融资修建完成，可以解决预算不足的问题，同时保证其对整个路网的控制权，避免 BOT 项目终止后的一系列问题(如出行需求骤增、缺乏管理和维护等)。对私人公司而言，BEC 模式可以降低公众对其收费的反对和抵触情绪,同时降低因道路使用率过低而导致的无法达到预期利润的风险;对出行者而言,首先每个出行者都可以因为新建道路和交通状况的改善而受益,其次每个受益者均需支付新建道路的建设成本,更加公平。由于整个路网的出行者数量巨大,这使每个出行者实际支付的金额非常小,从而可以提高公众对这一模式的接受程度。

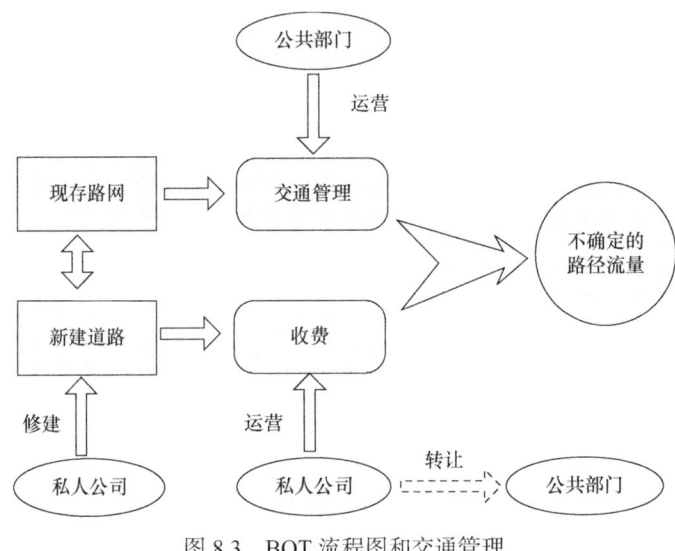

图 8.3 BOT 流程图和交通管理

8.2 BEC 模式中的双层规划模型

假设道路的建设成本函数 $I(y_l)$ 是关于路段通行能力的连续、可微、递增函数。路网流量的可行集合可以定义为

$$\Omega = \left\{ \begin{array}{l} (v,q) \mid v_a = \sum_{w \in W} \sum_{r \in R_w} f_{r,w} \delta_{a,r}^w, q_w \\ = \sum_{r \in R_w} f_{r,w}, f_{r,w} \geqslant 0, 0 \leqslant q_w \leqslant \bar{q}_w, r \in R_w, w \in W, a \in A \end{array} \right\} \quad (8.1)$$

其中,$f_{r,w}$ 为 OD 对 $w \in W$ 之间路径 $r \in R_w$ 上的总流量;q_w 为 OD 对 $w \in W$ 之间的实际出行需求;$\bar{q}_w$ 为 OD 对 $w \in W$ 之间的最大潜在出行需求;$\delta_{a,r}^w$ 表示若 OD 对 $w \in W$ 之间路径 $r \in R_w$ 使用路段 $a \in A$,则 $\delta_{a,r}^w = 1$,反之 $\delta_{a,r}^w = 0$。

假设公共部门需要修建一条通行能力为 y_l 的路段 l,并通过可交易出行票方案进行交通管理。OD 对 $w \in W$ 之间每个潜在的出行者均可以得到数量为 φ_w 的出行票,公共部门发放的出行票总量为 K,满足 $\sum_{w \in W} \varphi_w \bar{q}_w + \gamma K = K$,其中 γ 是私人公司得到的出行票比例。出行者通过支付基于路段的、数量非负的出行票

$\kappa = (\kappa_a \geqslant 0, a \in A)$ 使用道路。因此，BEC 模型可以表示为如下 BLP 问题，即

$$\max_{\kappa, y_l} F(\kappa, y_l, v, q) \tag{8.2}$$

满足

$$G(\kappa, y_l, v, q) \leqslant 0 \tag{8.3}$$

其中，(v,q) 可以通过求解如下非线性规划模型得到，即

$$\min_{(v,p)\in\Omega} \sum_{a\in A} \int_0^{v_a} t_a(\omega)\mathrm{d}(\omega) - \sum_{w\in W} \int_0^{q_w} B_w(\omega)\mathrm{d}\omega \tag{8.4}$$

满足

$$\sum_{a\in A} \kappa_a v_a \leqslant K \tag{8.5}$$

其中，$t_a(v_a)$ 表示路段 $a \in A$ 上的出行时间函数，是路段集计流量 v_a 非负、可微、单调递增的凸函数；κ_a 为路段 $a \in A$ 收取的出行票数量；K 为出行票发放总量；$B_w(q_w)$ 为 OD 对 $w \in W$ 之间出行需求函数的反函数。

式(8.5)是路网的出行票可行约束，表示出行者支出的出行票数量之和不能超过公共部门发放的出行票数量之和。给定出行票方案和路段通行能力，通过下层规划式(8.4)和式(8.5)即可得到用户均衡流量和出行需求。$F(\kappa, y_l, v, q)$ 和 $G(\kappa, y_l, v, q)$ 分别是上层规划的目标函数和约束条件。一般来讲，上层规划的目标函数是社会福利和私人公司利润的均衡。本章只考虑两种极端情况，以社会福利最大化或者私人公司利润最大化作为目标函数。社会福利依赖出行票方案和工程规模(新建路段的通行能力)，可以定义为消费者剩余和生产商剩余之和[1,14]，即

$$Z(\kappa, y_l, v, q) = \sum_{w\in W} \int_0^{q_w} B_w(\omega)\mathrm{d}\omega - \sum_{a\in A, a\neq l} t_a(v_a)v_a - t_l(v_l, y_l)v_l - \beta I(y_l) \tag{8.6}$$

其中，β 为总建设成本转化到每一期出行票方案中的参数；$I(y_l)$ 为道路建设成本函数。

私人公司的利润等于其出售出行票的收入减去道路的建设成本。建设成本取决于工程规模，而出行票收入取决于公共部门发放出行票的市场总价值、公司分得的出行票比例及其持有路网股权的时长。假设公司持有路网股权的时长是给定的，公共部门发放出行票的市场总价值可以表示为 $\prod = pK$，那么，公司在一个出行票方案持续期的利润可以表示为

$$\Gamma(\kappa, y_l, v, q) = \gamma\left(\sum_{w\in W} q_w B_w(q_w) - \sum_{a\in A, a\neq l} t_a(v_a)v_a - t_l(v_l, y_l)v_l\right) - \beta I(y_l) \tag{8.7}$$

其中，γ 为私人公司得到的出行票比例。

根据 Yang 等[19]的研究，可交易出行票方案中均衡出行票价格是唯一存在的，

并可以通过求解如下公式得到，即

$$\hat{p} = \left(\sum_{w \in W} \hat{q}_w B_w(\hat{q}_w) - \sum_{a \in A} t_a(\hat{v}_a)\hat{v}_a\right)/K \tag{8.8}$$

其中，$(\hat{v}, \hat{q})$ 为给定出行票方案和新建道路通行能力下的均衡路段流量和出行需求。

达到均衡状态时，出行票方案满足 $\sum_{a \in A} \kappa_a \hat{v}_a \leq K$。

Yang 等[19]的研究证实，所有满足如下条件的可交易出行票方案均可以使用户均衡流量达到系统最优状态 (v^{so}, q^{so})，即

$$\sum_{a \in A} \left(t_a(v_a^{so}) + \kappa_a\right) \delta_{a,r}^w \geq B_w(q_w^{so}), \quad r \in R_w, w \in W \tag{8.9}$$

$$\sum_{a \in A} \left(t_a(v_a^{so}) + \kappa_a\right) v_a^{so} = \sum_{w \in W} B_w(q_w^{so}) q_w^{so} \tag{8.10}$$

$$\sum_{a \in A} \kappa_a v_a^{so} = K \tag{8.11}$$

在任何满足以上条件的可交易出行票方案中，出行者路径选择的用户均衡流量均是系统最优的，因此均是以下最优化问题的解，即

$$\max_{(v,p) \in \Omega} \sum_{w \in W} \int_0^{q_w} B_w(\omega)\mathrm{d}\omega - \sum_{a \in A} t_a(v_a) v_a \tag{8.12}$$

因此，如果可交易出行票方案满足式(8.9)~式(8.11)，则 BEC 双层规划模型中的下层规划模型可以用式(8.12)代替。

下面的分析只研究两种可交易出行票方案。在第一种方案中，新的道路建成后，路网中所有道路的出行票收取方案均需改变以使用户均衡流量始终保持系统最优状态。在第二种方案中，只有新建道路的出行票收取方案改变，其他道路的出行票收取方案保持不变。为方便，下面把第一种方案称作最优可交易出行票方案，第二种方案称作次优可交易出行票方案。最优可交易出行票方案能够保证用户均衡流量总是系统最优的，但实施过程比较复杂。次优可交易出行票方案更容易在现实中实施，但不能保证系统最优的用户均衡流量。本章用到如下假设条件。

① 出行者的路径选择只取决于包括路径出行时间和路径收取的出行票数量在内的广义路径出行成本，与公共部门免费发放的初始出行票数量无关。

② 私人公司不能通过减少出售的出行票数量来控制出行票价格。

③ 路段出行时间函数 $t_a(v_a, y_a)$ 是路段流量和路段通行能力的零次齐次函数。

④ 道路建设成本的规模效应不变，即 $I(y_l) = \lambda y_l$，其中 λ 是道路建设单位成本。

⑤ 下层规划问题的解 $v(\kappa, y_l)$ 和 $q(\kappa, y_l)$ 是路段通行能力 y_l 和出行票收取方案 κ 连续、可微的函数。

8.2.1 最优可交易出行票方案 BEC 模型

如果可交易出行票方案满足式(8.9)~式(8.11)，则下层用户均衡流量和上层目标函数值均不依赖具体的出行票方案，只依赖新建道路的通行能力。给定新建道路的通行能力 y_l，下层系统最优模型式(8.12)等价于如下优化模型，即

$$\max_{(v,p)\in\Omega} \sum_{w\in W}\int_0^{q_w} B_w(\omega)\mathrm{d}\omega - \sum_{a\in A} t_a(v_a)v_a - \beta I(y_l) \tag{8.13}$$

上述优化模型的目标函数与社会福利的定义式(8.6)相同。因此，在最优可交易出行票方案中，社会福利最大化 BEC 模型可以表示为如下单层优化问题，即

$$\max_{y_l\geqslant 0,(v,p)\in\Omega} \sum_{w\in W}\int_0^{q_w} B_w(\omega)\mathrm{d}\omega - \sum_{a\in A, a\neq l} t_a(v_a)v_a - t_l(v_l,y_l)v_l - \beta I(y_l) \tag{8.14}$$

如果上层规划的目标函数是公司利润最大化，其目标函数为式(8.7)，与下层规划的目标函数并无相似之处。因此，公司利润最大化的 BEC 模型仍然是 BLP 模型，可以表示为

$$\max_{y_l\geqslant 0} \Gamma(y_l,v^{\mathrm{so}},q^{\mathrm{so}}) = \gamma\left(\sum_{w\in W} q_w^{\mathrm{so}} B_w\left(q_w^{\mathrm{so}}\right) - \sum_{a\in A} t_a\left(v_a^{\mathrm{so}}\right)v_a^{\mathrm{so}}\right) - \beta I(y_l) \tag{8.15}$$

其中，(v^{so},q^{so}) 为给定路段通行能力的下层优化模型式(8.12)的解。

现有研究证明 BOT 模式下的路段服务水平是只取决于其路段出行时间函数和建设成本函数的常数，与目标函数无关。在满足假设条件③和④的情况下，只要每条路段均收费且路段通行能力是系统最优的，BOT 模式中的所有道路都可以实现资金自筹，从而保证公司利润非负[20]。因此，有必要分析对应的 BEC 模式下这些性质是否仍然成立。如果不成立，BEC 模式下的路段服务水平和道路的资金自筹能力受出行票的什么影响？根据上面分析，BEC 模式中公司的利润取决于公共部门发放出行票的市场总价值、出行票的分配比例和道路建设成本，而非新建道路的收入。因此，有必要进一步分析 BEC 模型中公司的利润是否非负。

8.2.2 社会福利最大化 BEC 模型性质

$y_l=0$ 表示新建道路的通行能力为零，即没有修建新的道路，因此我们只考虑 $y_l>0$ 的情况。相应的福利最大化 BEC 模型的一阶条件可以表示为

$$\frac{\partial Z}{\partial y_l^{\mathrm{so}}} = \sum_{w\in W} B_w\left(q_w^{\mathrm{so}}\right)\frac{\partial q_w^{\mathrm{so}}}{\partial y_l^{\mathrm{so}}} - \sum_{a\subset A}\left(t_a\left(v_a^{\mathrm{so}},y_l^{\mathrm{so}}\right) + \frac{\partial t_a\left(v_a^{\mathrm{so}},y_l^{\mathrm{so}}\right)}{\partial v_a^{\mathrm{so}}}v_a^{\mathrm{so}}\right)\frac{\partial v_a^{\mathrm{so}}}{\partial y_l^{\mathrm{so}}} \\ - \frac{\partial t_l\left(v_l^{\mathrm{so}},y_l^{\mathrm{so}}\right)}{\partial y_l^{\mathrm{so}}}v_l^{\mathrm{so}} - \beta\lambda = 0 \tag{8.16}$$

对每个 OD 对 $w \in W$，只考虑 $q_w < \bar{q}_w$ 的情况。在最优可交易出行票方案中，均衡流量模式总是系统最优的。达到均衡时可以得到如下条件(附录 D)，即

$$\sum_{a \in A} \left(t_a\left(v_a^{so}, y_l^{so}\right) + v_a^{so} \frac{\partial t_a\left(v_a^{so}, y_l^{so}\right)}{\partial v_a^{so}} \right) \frac{\partial v_a^{so}}{\partial y_l^{so}} = \sum_{w \in W} B_w\left(q_w^{so}\right) \frac{\partial q_w^{so}}{\partial y_l^{so}} \quad (8.17)$$

根据假设条件③，路段出行时间仅取决于路段流量与路段通行能力的比值，所以有

$$\frac{\mathrm{d} t_l(v_l/y_l)}{\mathrm{d}(v_l/y_l)} = y_l \frac{\partial t_l(v_l, y_l)}{\partial v_l} = -\frac{y_l^2}{v_l} \frac{\partial t_l(v_l, y_l)}{\partial y_l} \quad (8.18)$$

定义路段流量与路段通行能力比的单调递增函数 $g(v_l/y_l)$，即

$$g(v_l/y_l) = (v_l/y_l)^2 \frac{\mathrm{d} t_l(v_l/y_l)}{\mathrm{d}(v_l/y_l)} \quad (8.19)$$

结合式(8.16)~式(8.18)，有

$$g(v_a^{so}/y_l^{so}) = \beta\lambda \quad (8.20)$$

其中，λ 为道路建设单位成本。

因此，新建道路的路段流量与路段通行能力比值仅取决于路段出行时间函数的常数，即最优可交易出行票方案中的 BEC 模型可以保证路段服务水平为常数，而且与相应的 BOT 模式下的路段服务水平相同[21]。

在最优可交易出行票方案中，每条路段收取的出行票数量和新建道路的通行能力均是系统最优的。根据式(8.20)，新道路的建设成本满足

$$\beta I(y_l) = \beta \lambda y_l^{so} = -\frac{\partial t_l(v_l^{so}, y_l^{so})}{\partial y_l^{so}} v_l^{so} y_l^{so} \quad (8.21)$$

由于系统最优状态下的均衡出行票价格为 $1^{[19]}$，结合式(8.18)，如果要求新建道路收取的出行票数量的市场价值与其建设成本相等，那么收取的最优出行票数量必须满足如下条件，即

$$\kappa_l^{so} = \frac{\partial t_l(v_l^{so}, y_l^{so})}{\partial y_l^{so}} v_l^{so} = -\frac{\partial t_l(v_l^{so}, y_l^{so})}{\partial y_l^{so}} y_l^{so} \quad (8.22)$$

显然，$\kappa_a = v_a^{so} \partial t_a(v_a^{so}, y_a^{so})/\partial v_a^{so}, a \in A$ 可以满足式(8.9)~式(8.11)和式(8.22)，即至少存在一种满足式(8.9)~式(8.11)的最优可交易出行票方案可以使新建道路收取的出行票数量的市场价值与其建设成本相等。综合以上分析，可以得到如下定理。

定理 8.1 在最优可交易出行票方案中，社会福利最大化 BEC 模型可以保证

新建道路的路段服务水平为常数，且等于相应 BOT 模型中的水平。另外，如果新建道路收取的出行票数量等于流量的边际出行时间成本，则其收取的出行票数量的市场价值与其建设成本相同。

根据式(8.7)，给定出行票市场总价值和道路建设成本，公司的利润取决于其分得的出行票比例 γ。如果出行票的分配比例是公共部门自行决定的常数，则总可以通过调整该分配比例使公司利润为正；反之，如果出行票的分配比例 γ 满足 $\gamma = \kappa_l^{\mathrm{so}} v_l^{\mathrm{so}}/K$，则公司的利润可以表示为

$$\varGamma = \kappa_l^{\mathrm{so}} v_l^{\mathrm{so}} - \alpha I\left(y_l^{\mathrm{so}}\right) \tag{8.23}$$

根据定理 8.1，若新建道路收取的出行票等于其流量的边际出行时间成本，新建道路收取出行票的市场价值恰好可以等于其建设成本。因此，在最优可交易出行票方案中，社会福利最大化的 BEC 模型的新建道路路段服务水平为常数，同时可以保证新建道路的资金自筹能力和非负的公司利润。

8.2.3 利润最大化 BEC 模型

在利润最大化模型中，可交易出行票方案和道路通行能力设置的目标是私人公司利润的最大化。其得到的利润一定不小于其他目标函数下的公司利润。上节已经证明，社会福利最大化 BEC 模型可以达到非负的公司利润，所以利润最大化 BEC 模型一定能保证公司利润的非负性。因此，下面仅分析新建路段服务水平的性质。

首先，假设出行票的分配比例 γ 是可以由公共部门自行决定的外生常数，则利润最大化 BEC 模型的一阶条件可以表示为

$$\gamma\left[\sum_{w\in W}\left(B_w\left(q_w^{\mathrm{so}}\right) + q_w^{\mathrm{so}}\frac{\partial B_w\left(q_w^{\mathrm{so}}\right)}{\partial q_w^{\mathrm{so}}}\right)\frac{\partial q_w^{\mathrm{so}}}{\partial y_l^{\mathrm{so}}}\right.\\ \left. -\left(\sum_{a\in A}\left(t_a\left(v_a^{\mathrm{so}}\right)+\frac{\partial t_a\left(v_l^{\mathrm{so}}\right)}{\partial v_a^{\mathrm{so}}}v_a^{\mathrm{so}}\right)\frac{\partial v_a^{\mathrm{so}}}{\partial y_l^{\mathrm{so}}}-\frac{\partial t_l\left(y_l^{\mathrm{so}}\right)}{\partial y_l^{\mathrm{so}}}v_l^{\mathrm{so}}\right)\right]-\beta\lambda = 0 \tag{8.24}$$

将式(8.17)~式(8.19)代入式(8.24)，可得

$$g\left(v_l^{\mathrm{so}}/y_l^{\mathrm{so}}\right) = \frac{\beta\lambda}{\gamma} - \sum_{w\in W}q_w^{\mathrm{so}}\frac{\partial B_w\left(q_w^{\mathrm{so}}\right)}{\partial q_w^{\mathrm{so}}}\frac{\partial q_w^{\mathrm{so}}}{\partial y_l^{\mathrm{so}}} = \frac{\beta\lambda}{\gamma} - \sum_{w\in W}q_w^{\mathrm{so}}\frac{\partial B_w\left(q_w^{\mathrm{so}}\right)}{\partial y_l^{\mathrm{so}}} \tag{8.25}$$

给定新建道路的通行能力，如果出行票的分配比例 γ 为常数，则不影响系统最优的均衡流量模式。因此，式(8.25)表明，新建道路的路段流量与路段通行能力的比值与出行票的分配比例和新建道路通行能力的边际出行成本成反比。因此，可以得到以下定理。

定理 8.2 在最优可交易出行票方案中,如果出行票的分配比例是由公共部门决定的外生常数,则使公司利润最大化的 BEC 模型对应的路段服务水平不是常数。其值取决于出行票的分配比例和新建道路通行能力的边际出行成本。

考虑出行票的分配比例 γ 是内生的情况,并假设公司得到的出行票数量等于新建道路上收取的出行票数量。给定 $y_l^{so} > 0$,新建道路的路段流量 v_l^{so} 和道路建设成本 $I(y_l^{so})$ 是固定的。根据式(8.23),公司利润仅取决于新建道路上收取的出行票数量。将 $\bar{f}_{r,w}$ 记作路径 $r \in R_w, w \in W$ 上使用新建道路的流量,而 $\bar{v}_a, a \in A$ 和 $\bar{q}_w, w \in W$ 为这些路径流量对应的关联路段流量和 OD 需求,则可以得到新建道路收取出行票的最大数量和路段流量与路段通行能力比值的性质(附录 E),即

$$\kappa_l^{so} = \frac{1}{v_l^{so}} \left(\sum_{w \in W} B_w(q_w^{so}) \bar{q}_w^{so} - \sum_{a \in A} t_a(v_a^{so}) \bar{v}_a^{so} \right) \tag{8.26}$$

$$g(v_l^{so}/y_l^{so}) = \beta\lambda - \sum_{w \in W} \frac{\partial B_w}{\partial y_l^{so}} \bar{q}_w^{so} - \sum_{a \in A} \eta_a \bar{v}_a^{so} \frac{\partial t_a(v_a^{so})}{\partial y_l^{so}} \tag{8.27}$$

其中,$\eta_a = \left(\dfrac{v_a^{so}}{\bar{v}_a^{so}} \cdot \partial \bar{v}_a^{so} / \partial v_a^{so} - 1 \right), a \in A$。

显然,该种情况下的路段服务成本也不是常数。除了新建道路的建设成本和出行时间函数,路段服务成本还受到与新建道路相关的其他因素的影响,例如新建道路通行能力的边际出行时间成本。

定理 8.3 在最优可交易出行票方案中,如果出行票的分配比例是内生的且公司得到的出行票数量等于新建道路上收取的出行票数量,则使公司利润最大化的 BEC 模型对应的路段服务水平不是常数,而是与新建道路相关的多种因素相关。

8.2.4 次优可交易出行票方案 BEC 模型

在次优可交易出行票方案中,仅新建道路收取的出行票数量发生变化,其他路段收取的出行票数量保持不变。因此,只有新建道路通行能力和其收取的出行票数量是变量,而且相应的流量模式仅是用户均衡,不是系统最优均衡。次优可交易出行票方案中社会福利最大化 BEC 模型可以表示为

$$\max_{\kappa_l \geq 0, y_l \geq 0} Z(\kappa_l, y_l) = \sum_{w \in W} \int_0^{\hat{q}_w} B_w(\omega) d\omega - \sum_{a \in A, a \neq l} t_a(\hat{v}_a)\hat{v}_a - t_l(\hat{v}_l, y_l)\hat{v}_l - \beta I(y_l) \tag{8.28}$$

次优可交易出行票方案中公司利润最大化 BEC 模型可以表示为

$$\max_{\kappa_l \geq 0, y_l \geq 0} \Gamma(\kappa_l, y_l) = \gamma \left(\sum_{w \in W} \hat{q}_w B_w(\hat{q}_w) - \sum_{a \in A, a \neq l} t_a(\hat{v}_a)\hat{v}_a - t_l(\hat{v}_l, y_l)\hat{v}_l \right) - \beta I(y_l)$$

$$\tag{8.29}$$

其中，$(\hat{v},\hat{q})$ 是给定 (κ_l,y_l) 的下层规划模型式(8.4)和式(8.5)的解。

8.2.5 社会福利最大化 BEC 模型的性质

仍然考虑 $y_l>0$ 和 $q_w<\overline{q}_w,w\in W$ 的情况，由于建设成本 $I(y_l)$ 只是道路通行能力的函数，与收取的出行票数量无关，因此社会福利最大化 BEC 模型的一阶条件可以表示为

$$\sum_{w\in W}B_w(\hat{q}_w)\frac{\partial \hat{q}_w}{\partial y_l}-\sum_{a\in A}\left(t_a(\hat{q}_w)+\frac{\partial t_a(\hat{v}_a)}{\partial \hat{v}_a}\hat{v}_a\right)\frac{\partial \hat{v}_a}{\partial y_l}-\frac{\partial t_l(y_l)}{\partial y_l}\hat{v}_l-\beta\lambda=0 \quad (8.30)$$

$$\sum_{w\in W}B_w(\hat{q}_w)\frac{\partial \hat{q}_w}{\partial \kappa_l}-\sum_{a\in A}\left(t_a(\hat{v}_a)\frac{\partial \hat{v}_a}{\partial \kappa_l}+\frac{\partial t_a(\hat{v}_a)}{\partial \kappa_l}\hat{v}_a\right)=0 \quad (8.31)$$

如果均衡出行票价格为零，可交易出行票方案不起作用，因此只考虑均衡出行票价格大于零的情况。下层规划式(8.4)和式(8.5)达到均衡时，可以得到如下关于用户均衡流量的性质(附录 F)，即

$$\sum_{a\in A}t_a(\hat{v}_a)\frac{\partial \hat{v}_a}{\partial \hat{y}_l}=\sum_{w\in W}B_w(\hat{q}_w)\frac{\partial \hat{q}_w}{\partial \hat{y}_l} \quad (8.32)$$

$$\sum_{a\in A}t_a(\hat{v}_a)\frac{\partial \hat{v}_a}{\partial \hat{\kappa}_l}-\sum_{w\in W}B_w(\hat{q}_w)\frac{\partial \hat{q}_w}{\partial \hat{\kappa}_l}=\hat{p}\hat{v}_l \quad (8.33)$$

将式(8.32)代入式(8.30)，可得

$$\sum_{a\in A}\frac{\partial t_a(\hat{v}_a)}{\partial \hat{v}_a}\frac{\partial \hat{v}_a}{\partial \hat{y}_l}\hat{v}_a+\frac{\partial t_l(\hat{v}_l,\hat{y}_l)}{\partial \hat{y}_l}\hat{v}_l=-\beta\lambda \quad (8.34)$$

综合式(8.18)、式(8.19)和式(8.34)，有

$$g(\hat{v}_l/\hat{y}_l)=\beta\lambda+\sum_{a\in A}\hat{v}_a\frac{\partial t_a(\hat{v}_a)}{\partial \hat{y}_l} \quad (8.35)$$

其中，$\hat{v}_a\dfrac{\partial t_a(\hat{v}_a)}{\partial \hat{y}_l},a\in A$ 为新建道路通行能力的边际出行时间成本。

因此，次优可交易出行票方案中社会福利最大化 BEC 模型的路段服务水平不是常数，而是依赖新建道路通行能力的边际出行时间。

如果出行票的分配比例是公共部门自行决定的常数，则可以通过调整分配比例使公司利润为正。另外，根据式(8.34)，新建道路的建设成本满足

$$\beta\lambda\hat{y}_l=\left(\sum_{a\in A,a\neq l}\frac{\partial t_a(\hat{v}_a)}{\partial \hat{y}_l}\hat{v}_a+\frac{\partial t_l(\hat{v}_l,\hat{y}_l)}{\partial \hat{y}_l}\hat{v}_l\right)\hat{y}_l=\hat{y}_l\sum_{a\in A}\frac{\partial t_a(\hat{v}_a)}{\partial \hat{y}_l}\hat{v}_a \quad (8.36)$$

新建道路上收取的出行票的市场价值为 $S=\hat{p}\hat{\kappa}_l\hat{v}_l$。根据式(8.31)和式(8.33)，有

$$S = \left(\sum_{a \in A} t_a \frac{\partial \hat{v}_a}{\partial \hat{\kappa}_l} - \sum_{w \in W} B_w \frac{\partial \hat{q}_w}{\partial \hat{\kappa}_l} \right) \hat{\kappa}_l = \hat{\kappa}_l \sum_{a \in A} \frac{\partial t_a(\hat{v}_a)}{\partial \hat{\kappa}_l} \hat{v}_a \tag{8.37}$$

因此，只要满足如下条件，新建道路收取的出行票的市场价值就等于其建设成本，即

$$\hat{\kappa}_l / \hat{y}_l = \sum_{a \in A} \frac{\partial t_a(\hat{v}_a)}{\partial \hat{y}_l} \hat{v}_a / \sum_{a \in A} \frac{\partial t_a(\hat{v}_a)}{\partial \hat{\kappa}_l} \hat{v}_a \tag{8.38}$$

式(8.38)表明，如果新建道路收取的最优出行票数量和选择的最优通行能力的比值等于其边际出行时间的倒数，则新建道路可以实现资金自筹。在这个条件下，若公司收取的出行票数量等于新建道路上收取的出行票数量，则其利润非负。综合以上分析，可以得到以下定理。

定理 8.4 在次优可交易出行票方案中，社会福利最大化 BEC 模型中的路段服务水平不是常数，而是随着新建道路通行能力的边际出行时间递减。如果新建道路收取的最优出行票数量和选择的最优通行能力的比值等于其边际出行时间的倒数，则新建道路可以实现资金自筹。

8.2.6 利润最大化 BEC 模型的性质

在利润最大化 BEC 模型中，由于目标函数是利润最大化，因此对应的 BEC 模型中的公司利润肯定大于任何其他目标函数中公司利润的最大值。根据上一节的结论，社会福利最大化的情况下可以在一定条件下保证公司利润非负，因此利润最大化 BEC 模型中的公司利润一定是非负的。下面只考虑利润最大化 BEC 模型中路段服务水平的性质。若 γ 是给定的常数，利润最大化模型式(8.29)关于新建道路通行能力的一阶条件为

$$\gamma \left[\sum_{w \in W} \left(B_w(\hat{q}_w) + \hat{q}_w \frac{\partial B_w(\hat{q}_w)}{\partial q_w} \right) \frac{\partial \hat{q}_w}{\partial \hat{y}_l} \right.$$
$$\left. - \sum_{a \in A} \left(t_a(\hat{v}_a) + \frac{\partial t_a(\hat{v}_a)}{\partial \hat{v}_a} \hat{v}_a \right) \frac{\partial \hat{v}_a}{\partial \hat{y}_l} - \frac{\partial t_l(\hat{y}_l)}{\partial \hat{y}_l} \hat{v}_l \right] - \beta \lambda = 0 \tag{8.39}$$

将式(8.32)代入式(8.39)，有

$$\gamma \left(\sum_{w \in W} \hat{q}_w \frac{\partial B_w(\hat{q}_w)}{\partial \hat{y}_l} - \sum_{a \in A} \frac{\partial t_a(\hat{v}_a)}{\partial \hat{v}_a} \frac{\partial \hat{v}_a}{\partial \hat{y}_l} \hat{v}_a - \frac{\partial t_l(\hat{y}_l)}{\partial \hat{y}_l} \hat{v}_l \right) - \beta \lambda = 0 \tag{8.40}$$

将式(8.17)和式(8.18)代入式(8.39)，有

$$g(\hat{v}_l / \hat{y}_l) = \frac{\beta \lambda}{\gamma} + \sum_{a \in A} \frac{\partial t_a(\hat{v}_a)}{\partial \hat{y}_l} \hat{v}_a - \sum_{w \in W} \hat{q}_w \frac{\partial B_w(\hat{q}_w)}{\partial \hat{y}_l} \tag{8.41}$$

根据式(8.41)，给定出行票收取方案和新建道路的通行能力，均衡流量模式取决于出行票的分配比例，以及新建道路通行能力的边际出行时间和边际出行成本。综合以上分析，可以得到以下定理。

定理 8.5 在次优可交易出行票方案中，若 γ 是给定常数，公司利润最大化下 BEC 模型路段的服务水平取决于出行票的分配比例、新建道路通行能力的边际出行时间和边际出行成本。另外，若 γ 是内生的，并且公司得到的出行票数量等于新建道路上收取的出行票数量，则利润最大化 BEC 模型的目标函数可以表示为

$$\Gamma = \frac{\hat{\kappa}_l \hat{v}_l}{K} \hat{p} K - \beta \lambda \hat{y}_l = \hat{p} \hat{\kappa}_l \hat{v}_l - \beta \lambda \hat{y}_l \tag{8.42}$$

将式(8.33)代入式(8.42)，有

$$\Gamma = \hat{\kappa}_l \left(\sum_{a \in A} t_a \frac{\partial \hat{v}_a}{\partial \hat{\kappa}_l} - \sum_{w \in W} B_w \frac{\partial \hat{q}_w}{\partial \hat{\kappa}_l} \right) - \beta \lambda \hat{q}_l \tag{8.43}$$

对式(8.43)关于 $\hat{y}_l$ 求导，有

$$\begin{aligned} &\hat{\kappa}_l \sum_{a \in A} \left(\frac{\partial t_a}{\partial \hat{v}_a} \frac{\partial \hat{v}_a}{\partial \hat{y}_l} \frac{\partial \hat{v}_a}{\partial \hat{\kappa}_l} + t_a \frac{\partial^2 \hat{v}_a}{\partial \hat{\kappa}_l \partial \hat{y}_l} \right) + \hat{\kappa}_l \frac{\partial t_l}{\partial \hat{y}_l} \frac{\partial \hat{v}_l}{\partial \hat{\kappa}_l} \\ &- \hat{\kappa}_l \sum_{w \in W} \left(\frac{\partial B_w}{\partial \hat{q}_w} \frac{\partial \hat{q}_w}{\partial \hat{y}_l} \frac{\partial \hat{q}_w}{\partial \hat{\kappa}_l} + B_w \frac{\partial^2 \hat{q}_w}{\partial \hat{\kappa}_l \partial \hat{y}_l} \right) - \beta \lambda = 0 \end{aligned} \tag{8.44}$$

根据式(8.32)对收取的出行票的数量 $\hat{\kappa}_l$ 求导，有

$$\sum_{a \in A} \left(\frac{\partial t_a}{\partial \hat{v}_a} \frac{\partial \hat{v}_a}{\partial \hat{y}_l} \frac{\partial \hat{v}_a}{\partial \hat{\kappa}_l} + t_a \frac{\partial^2 \hat{v}_a}{\partial \hat{\kappa}_l \partial \hat{y}_l} \right) = \sum_{w \in W} \left(\frac{\partial B_w}{\partial \hat{q}_w} \frac{\partial \hat{q}_w}{\partial \hat{y}_l} \frac{\partial \hat{q}_w}{\partial \hat{\kappa}_l} + B_w \frac{\partial^2 \hat{q}_w}{\partial \hat{\kappa}_l \partial \hat{y}_l} \right) \tag{8.45}$$

将式(8.45)代入式(8.44)，则有

$$\hat{\kappa}_l \frac{\partial t_l}{\partial \hat{y}_l} \frac{\partial \hat{v}_l}{\partial \hat{\kappa}_l} - \beta \lambda = \frac{\hat{\kappa}_l}{\hat{v}_l} \frac{\partial \hat{v}_l}{\partial \hat{\kappa}_l} \hat{v}_l \frac{\partial t_l}{\partial \hat{y}_l} - \beta \lambda = 0 \tag{8.46}$$

结合式(8.17)和式(8.18)，则有

$$g(\hat{v}_l / \hat{y}_l) = \beta \lambda \bigg/ \left(-\frac{\hat{\kappa}_l}{\hat{v}_l} \frac{\partial \hat{v}_l}{\partial \hat{\kappa}_l} \right) \tag{8.47}$$

其中，$\dfrac{\hat{\kappa}_l}{\hat{v}_l} \dfrac{\partial \hat{v}_l}{\partial \hat{\kappa}_l}$ 为均衡路段流量关于最优出行票收取数量的弹性，若该弹性小于 -1，则路段服务水平高于对应的 BOT 模式下的路段服务水平；反之，则小于或者等于对应 BOT 模式下的路段服务水平。根据式(8.47)有如下定理。

定理 8.6 在次优可交易出行票方案中，若公司得到的出行票数量等于新建道路上收取的出行票数量，公司利润最大化 BEC 模型的路段服务水平取决于均衡路

段流量关于最优出行票收取数量的弹性。

8.3 BEC 模式和 BOT 模式的性质对比

1. 可交易出行票方案和道路收费方案

相对道路收费方案，可交易出行票方案由公共部门免费发放，且不存在公共部门与公众之间的资金转移，因此更加公平，更容易被公众接受。通过可交易出行票方案对路网进行统一规划和整体管理，可以达到理想的均衡流量模式，同时避免因收费停止，出现需求骤增等问题。最优可交易出行票方案中得到的均衡流量模式总是系统最优的，相应的可交易出行票方案与最优道路收费方案相同。因此，社会福利最大化 BEC 模型和相应的系统最优 BOT 模型[17]是等价的。对次优可交易出行票方案，如果公司得到的出行票数量等于新建道路上收取的出行票数量，其对应的利润最大化 BEC 模型和相应的利润最大化 BOT 模型[18]类似。但是，由于出行票价格会影响出行者的出行成本，二者并不完全等价。

2. 社会福利最大化模型下的路段服务水平和公司利润

最优可交易出行票方案中社会福利最大化 BEC 模型的路段服务水平和相应的系统最优 BOT 模型中的路段服务水平是相等的，只依赖新建道路出行时间函数的常数。在次优可交易出行票方案中，新建道路的路段服务水平还依赖其通行能力对应的路网边际出行时间。若路网边际出行时间为负值，则其提供的路段服务水平要高于相应 BOT 模型提供的路段服务水平。一般来讲，新建道路通行能力的路网边际出行时间均是负值，因此这种情况下的 BEC 模式可以提供比 BOT 模型更高的路段服务水平。在最优可交易出行票方案中，若公司收取的出行票数量等于新建道路上收取的出行票数量，则新建道路可以实现资金自筹。在次优可交易出行票方案中，若新建道路收取的最优出行票数量和选择的最优通行能力的比值等于其边际出行时间的倒数，则新建道路可以实现资金自筹。在这一条件下，如果公司收取的出行票数量等于新建道路上收取的出行票数量，则其利润非负。

3. 利润最大化模型下的路段服务水平和公司利润

如果出行票分配比例是由公共部门决定的外生变量，在最优可交易出行票方案中，利润最大化 BEC 模型的路段服务水平取决于出行票分配比例和新建道路通行能力的边际出行成本。次优可交易出行票方案中的路段服务水平同样受这两个因素影响，同时还受新建道路通行能力的边际出行时间的影响。因为新建道路通行能力的路网边际出行时间一般为负值，最优可交易出行票方案提供的路段服务水平一般要低于次优可交易出行票方案提供的路段服务水平。如果公司收取的出行票数量等于新建道路上收取的出行票数量,利润最大化 BEC 模型提供的路段服务水平受多种因素影响。在最优可交易出行票方案中,路段服务水平受新建道路使用者边际出行时间和边际出行成本的影响。次优可交易出行票方案中路段服务水平受新建道路流量的出行票收取数量弹性的影响。如果新建道路的流量弹性小于-1,则相应的路段服务水平要比对应的 BOT 模型中的路段服务水平要高。另外,利润最大化模型中公司的利润一定是非负的。

4. 政策含义

根据以上分析,最优可交易出行票方案社会福利最大化 BEC 模型可以提供与相应 BOT 模型相等的路段服务水平,实现社会福利最大化。若规划者想得到更高的路段服务水平,在保证新建道路通行能力的路网边际出行时间为负值的情况下可以选择次优可交易出行票方案。在利润最大化目标函数下,次优可交易出行票方案 BEC 模型的路段服务水平一般要高于最优可交易出行票方案中的路段服务水平。若公司收取的出行票数量等于新建道路上收取的出行票数量,则需要考虑均衡路段流量关于最优出行票收取数量的弹性。若路段流量关于最优出行票收取数量是富于弹性的,则可以得到比最优可交易出行票方案更高的路段服务水平;反之,路段服务水平要小于最优可交易出行票方案中相应的路段服务水平。不同方案的性质如表 8.1 所示。

表 8.1 不同方案的性质

指标		最优可交易出行票方案			次优可交易出行票方案			道路收费方案 (BOT)	
目标函数		社会福利最大化	利润最大化		社会福利最大化	利润最大化		社会福利最大化	利润最大化
私人公司获得的出行票比例		常数/变量	常数	变量	常数/变量	常数	变量	—	—
变量	新建路段的通行能力	√	√	√	√	√	√	√	√
	新建路段收取的出行票数量				√	√	√		
	新建路段的收费							√	√
	出行票收取方案			√					
交通流量模式		系统最优	系统最优	系统最优	用户均衡	用户均衡	用户均衡	系统最优	用户均衡

续表

指标	最优可交易出行票方案			次优可交易出行票方案			道路收费方案(BOT)	
目标函数	社会福利最大化	利润最大化		社会福利最大化	利润最大化		社会福利最大化	利润最大化
新建路段的服务水平	常数	变量	变量	变量	变量	变量	常数	常数
新建路段服务水平的影响因素 建设费用	√	√	√	√	√	√	√	√
出行时间函数	√	√	√	√	√	√	√	√
出行票比例	√			√				
新建道路通行能力的总边际出行时间			√*	√	√			
新建道路通行能力的总边际出行成本		√	√*		√			
新建道路流量的出行票收取弹性					√			
是否可以保证非负的公司利润	否	可以	可以	否	可以	可以	否	可以

*只包含新建道路的使用者。

8.4 数值算例

本节用数值算例来说明几种不同 BEC 模型的性质。考虑图 8.4 所示的路网，其中路段 6 是新建路段。其道路建设成本函数为 $I = 0.5y$，y 为通行能力。需求函数为 $q_1 = 100\exp(-0.1\mu)$，μ 是最小 OD 出行成本。令参数 $\alpha = 1$，路段出行时间函数分别为 $t_1 = 1 + v_1/40$、$t_2 = 2 + v_2/20$、$t_3 = 0.5 + v_3/10$、$t_4 = 2 + v_4/20$、$t_5 = 1 + v_5/40$、$t_6 = 3 + v_6/y$。

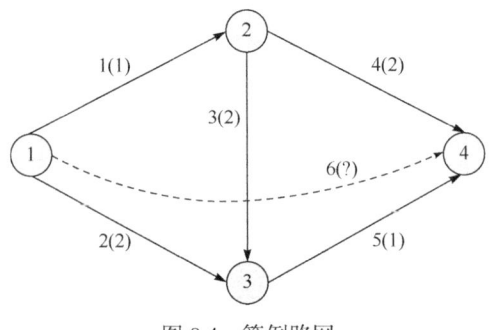

图 8.4 算例路网

不同方案下的结果如表 8.2 所示。考虑两种情况的出行票分配比例,即出行票的分配比例为常数和公司得到的出行票数量等于新建道路收取的出行票数量(下面统称为可变的出行票分配比例)。在表 8.2 中社会福利最大化对应的利润中,前者为出行票的分配比例为常数时的利润,后者为公司得到的出行票数量等于新建道路收取的出行票数量时的利润。BOT 模型中原路段的收费为最优收费。如果出行票的分配比例为常数,则其值为 $\gamma=0.2$,公共部门发放的出行票数量总和为 $K=280$。

表 8.2 不同方案下的结果

指标	最优可交易出行票方案			次优可交易出行票方案			收费方案(BOT)	
目标	社会福利	利润		社会福利	利润		社会福利	利润
出行票分配比例	—	常数	变量	—	常数	变量	—	—
路段 v/c	0.71	1.83	1.22	0.67	1.19	0.58	0.71	0.71
公司利润	2.78/0	18.87	19.03	−29.23/−15.03	4.26	11.51	0	24.24
社会福利	658.13	608.32	642.40	657.12	625.84	643.60	658.13	645.42

根据上一节的分析,BOT 模型中的路段服务水平仅依赖路段出行时间函数和路段建设成本。从表 8.2 可以看出,在最优可交易出行票方案中,社会福利最大化 BEC 模型中提供的路段服务水平与 BOT 模型中的相同,而在相同的目标函数的情况下,次优可交易出行票方案 BEC 模型对应的新建道路的路段流量/路段通行能力低于最优可交易出行票方案 BEC 模型中相应的值。由于路段服务水平与路段流量/路段通行能力的比值成反比,因此次优可交易出行票方案(流量模式仅是用户均衡)BEC 模型提供的道路服务水平要高于最优可交易出行票方案(流量模式是系统最优均衡)BEC 模型提供的路段服务水平。次优可交易出行票方案利润最大化 BEC 模型提供的路段服务水平是最高的。根据定理 8.6,公司利润最大化 BEC 模型的路段服务水平取决于均衡路段流量关于最优出行票收取数量的弹性。这意味着,算例中新建道路的路段流量对其收取的出行票数量是富于弹性的。另外,从表 8.2 中还可以看出,无论何种可交易出行票方案,出行票分配比例为常数的利润最大化 BEC 模型提供的路段服务水平总是最低的。

在利润最大化 BEC 模型中,无论出行票的分配比例是常数还是变量,最优可交易出行票方案中对应的社会福利总是小于次优可交易出行票方案中对应的社会福利。这是因为最优可交易出行票方案只能保证路段通行能力给定情况下的社会福利最大化。当路段通行能力是变量时,最优可交易出行票方案并不能保证得到最大的社会福利。事实上,只有目标函数是社会福利最大化时才能保证最优可交易出行票方案提供最大的社会福利。

表 8.2 也给出了私人公司在不同模型下的利润。在系统最优 BOT 模型中，新建道路是可以实现资金自筹的，公司的利润为零。在最优可交易出行票方案中，若公司得到的出行票数量等于新建道路收取的出行票数量，社会福利最大化 BEC 模型中的公司利润也为零。无论出行票的分配比例是常数还是变量，利润最大化 BEC 模型中的公司利润总是正数。在次优可交易出行票方案中，利润最大化 BEC 模型中的公司利润仍然是正数，但社会福利最大化 BEC 模型中的公司利润却是负值。另外，同等情况下，最优可交易出行票方案中公司的利润总是高于次优可交易出行票方案中的公司利润，但是又均小于利润最大化 BOT 模型中的公司利润。

8.5 本章小结

本章提出一种新的基于可交易出行票的公私合作建设公共道路的模式，主要包括以下内容。

① 探讨 BEC 模式在公私合营建设公共道路和交通管理中的应用。用可交易出行票方案代替道路收费，既可以实现用私人融资的方式修建公共道路，又可以保证公共部门对路网的整体规划和管理，同时避免道路收费导致的公众反对和质疑，以及收费停止后出现的诸如需求骤增等问题。

② 建立双层规划 BEC 模型，得到最优的可交易出行票方案和新建道路的通行能力。基于两种基本的可交易出行票方案，即全部路段的出行票收取数量均是变量，但是可以实现系统最优的可交易出行票方案；只有新建道路的出行票收取数量是变量的次优可交易出行票方案，分析不同目标函数(社会福利最大化、公司利润最大化)对应的 BEC 模型。

③ 研究两种可交易出行票方案中不同 BEC 模型新建道路的路段服务水平和公司利润。只有最优可交易出行票方案社会福利最大化 BEC 模型提供的路段服务水平是依赖出行时间函数和建设成本的常数。其他 BEC 模型中的路段服务水平还受到其他因素影响，例如新建道路通行能力的边际出行时间和出行成本，新建道路流量的出行票收取弹性等。在一定条件下，新建道路可以实现资金自筹，保证私人公司的利润非负。

参 考 文 献

[1] Yang H, Meng Q. Highway pricing and capacity choice in a road network under a build-operate-transfer scheme. Transportation Research Part A: Policy and Practice, 2000, 34(3): 207-222.

[2] Mu R, de Jong M, Heuvelhof T E. Public-private partnerships for expressways in China: An agency theory approach//First International Conference on Infrastructure Systems and Services: Building Networks for a Brighter Future, 2008: 1-6.

[3] Tam C. Build-operate-transfer model for infrastructure developments in asia: Reasons for

successes and failures. International Journal of Project Management, 1999, 17(6): 377-382.

[4] Peters H J. Private sector involvement in east and southeast asian ports: An overview of contractual arrangements. Transport No. PS-10. Technical Report, the World Bank, 1995.

[5] Lindsey R, Verhoef E T. Traffic congestion and congestion pricing. Tinbergen Institute Discussion Paper, No. 00-101/3, 2000.

[6] Lindsey R. Do economists reach a conclusion on road pricing? The intellectual history of an idea. Econ Journal Watch, 2006, 3(2): 292-379.

[7] Yang H, Huang H J. Mathematical and Economic Theory of Road Pricing. Amsterdam: Elsevier, 2005.

[8] Yang H, Meng Q. A note on "highway pricing and capacity choice in a road network under a build-operate-transfer scheme". Transportation Research Part A: Policy and Practice, 2002, 36(7): 659-663.

[9] Tsai J, Chu C. The analysis of regulation on private highway investment under a build-operate-transfer scheme. Transportation, 2003, 30(2): 221-243.

[10] Subprasom K, Chen A. Effects of regulation on highway pricing and capacity choice of a build-operate-transfer scheme. Journal of Construction Engineering and Management, 2007, 133(1): 64-71.

[11] Verhoef E T. Second-best road pricing through highway franchising. Journal of Urban Economics, 2007, 62(62): 337-361.

[12] Ubbels B, Verhoef E T. Auctioning concessions for private roads. Transportation Research Part A: Policy and Practice, 2008, 42(1): 155-172.

[13] Guo X, Yang H. Analysis of a build-operate-transfer scheme for road franchising. International Journal of Sustainable Transportation, 2009, 3(5): 312-338.

[14] Xiao F, Yang H, Han D. Competition and efficiency of private toll roads. Transportation Research Part B: Methodological, 2007, 41(3): 292-308.

[15] Yang H, Xiao F, Huang H J. Private road competition and equilibrium with traffic equilibrium constraints. Journal of Advanced Transportation, 2009, 43(1): 21-45.

[16] Tan Z, Yang H, Guo X. Properties of Pareto-efficient contracts and regulations for road franchising. Transportation Research Part B: Methodological, 2010, 44(4): 415-433.

[17] Wu D, Yin Y, Yang H. The independence of volume-capacity ratio of private toll roads in general networks. Transportation Research Part B: Methodological, 2011, 45(1): 96-101.

[18] Wang S, Meng Q, Liu Z. Fundamental properties of volume-capacity ratio of a private toll road in general networks. Transportation Research Part B: Methodological, 2013, 47(1): 77-86.

[19] Yang H, Wang X. Managing network mobility with tradable credits. Transportation Research Part B: Methodological, 2011, 45(3): 580-594.

[20] He B S, Yang H, Meng Q, et al. Modified Goldstein-Levitin-Polyak projection method for asymmetric strongly monotone variational inequalities. Journal of Optimization Theory and Applications, 2002, 112(1): 129-143.

[21] Wu D, Yin Y, Lawphongpanich S. Optimal selection of build-operate-transfer projects on transportation networks. Transportation Research Part B: Methodological, 2011, 45(10): 1699-1709.

第九章　面向可持续发展的可交易出行票研究

可持续的城市交通系统往往需要综合考虑多方面的因素来实现绿色交通的目标，因此本章以经济和环境为目标来设计城市道路交通网络优化方案。为了权衡社会经济增长和环境保护这两个目标，本章提出双目标二层规划模型实现弹性需求下的可持续城市道路交通网络设计问题。

BLP 问题在现实中的重要作用已经受到学者的广泛关注和研究[1-5]。在 BLP 问题的求解方面，KKT 法是一种经典的算法。该方法将下层问题用 KKT 条件代替，从而将 BLP 问题转化为单层规划问题[6]。因此，本章首先应用 KKT 法的思想将双目标 BLP 问题转化为双目标单层非线性规划问题，然后将双目标问题转化为单目标非线性规划进行求解。在处理多目标规划问题时，加权求和的方法由于简单而得到广泛的应用。但是，权重难以定量地衡量目标间的相对重要性，更为重要的是不同的目标可能有不同的量纲和数量级，也就是说，量纲不同的目标函数加权求和可能是无意义的，而且当不同目标的数量级差距过大时，即使有些目标在权重上是非常重要的，但是在求和后也可能被忽略了。因此，在将双目标问题转化为单目标时，本章首先对目标函数进行归一化，然后加权求和。这样可以避免量纲和数量级不同带来的问题。在单目标非线性规划中，互补松弛条件的存在使该问题的求解比较困难，因此我们采用松弛算法，用 GAMS 求解器进行求解，即通过调整松弛问题中的权重系数得到原问题的帕累托前沿。

9.1　问题描述

考虑一个交通网络 $G=(N, A)$，假设每个出行者都是同质的，他们有同样的时间价值。我们提出双目标 BLP 模型实现弹性需求下的可持续城市道路交通网络设计问题。双目标 BLP 模型的框架图如图 9.1 所示。在该模型中，我们将增加道路供给和交通出行管理两种手段结合起来实现经济和环境这两个目标的权衡。上层决策者(网络规划者)通过确定出行票的收取和道路通行能力的扩充来最大化社会福利并最小化总交通污染排放。下层决策者(网络用户)通过选择出行路线最小化其广义出行成本(出行时间和收取的出行票的价值和)。

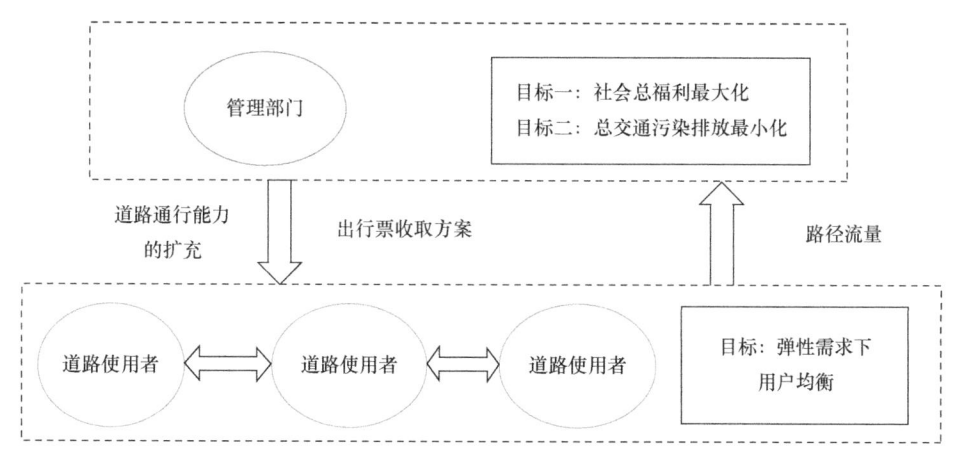

图 9.1 双目标 BLP 模型的框架图

9.2 模 型 描 述

9.2.1 上层问题

1. 社会福利

社会福利可以定义为

$$\text{EB} = \text{TUB} - \text{TT} = \sum_{w \in W} \int_0^{q_w} B_w(\omega) \mathrm{d}\omega - \sum_{a \in \bar{A}} t_a(v_a, y_a, \kappa_a) v_a - \sum_{a \in A \setminus \bar{A}} t_a(v_a) v_a \tag{9.1}$$

其中，TUB 是用户出行获得的收益，即

$$\text{TUB} = \sum_{w \in W} \int_0^{q_w} B_w(\omega) \mathrm{d}\omega \tag{9.2}$$

TT 是交通网络的系统总阻抗，是因为出行带来的成本，即

$$\text{TT} = \sum_{a \in \bar{A}} t_a(v_a, y_a, \kappa_a) v_a + \sum_{a \in A \setminus \bar{A}} t_a(v_a) v_a \tag{9.3}$$

其中，$B_w(\cdot)$ 为逆需求函数，表示用户出行的收益函数，假定是单调递减的；$\bar{A} \subseteq A$ 为路段通行能力增加的路段集合；y_a 为路段 $a \in \bar{A}$ 的通行能力增量，q_w 为研究时段内 OD 对 $w \in W$ 的均衡交通流量；$t_a(v_a)$ 为路段 $a \in A$ 上的行驶时间；v_a 为路段 $a \in A$ 上的交通流量。

2. 总交通污染排放

路段 $a \in A$ 上温室气体排放函数定义为

$$E_a(v_a) = \begin{cases} A(\cdot)t_a(v_a)\exp\left(D(\cdot)\dfrac{l_a}{t_a(v_a)}\right), & a \in A \setminus \overline{A} \\ A(\cdot)t_a(v_a,y_a)\exp\left(D(\cdot)\dfrac{l_a}{t_a(v_a,y_a)}\right), & a \in \overline{A} \end{cases} \quad (9.4)$$

其中，v_a 为路段 a 上的交通量；l_a 为路段 a 的长度；$A(\cdot)$ 和 $D(\cdot)$ 为相关的参数，与路段的通行能力相关，并且可以用软件进行标定。

因此，交通网络的总交通污染排放定义为

$$\text{TE} = \sum_{a \in A} v_a E_a(v_a) \quad (9.5)$$

3. 上层目标函数

可持续的城市道路网络设计需要最大化社会福利，同时最小化总交通污染排放。因此，上层决策者的目标函数为

$$\max_{y,\kappa,v,q} F_1(y,\kappa,v,q) = \sum_{w \in W} \int_0^{q_w} B_w(\omega)\mathrm{d}\omega - \sum_{a \in \overline{A}} t_a(v_a,y_a)v_a - \sum_{a \in A \setminus \overline{A}} t_a(v_a)v_a$$
$$\times \min_{y,\kappa,v,q} F_2(y,\kappa,v,q) = \sum_{a \in A} v_a E_a(v_a)$$

$$(9.6)$$

满足

$$\sum_{a \in A} g_a(y_a) \leqslant B \quad (9.7)$$

$$\underline{y_a} \leqslant y_a \leqslant \overline{y_a}, \quad a \in A \quad (9.8)$$

其中，(v,q) 为给定 $(C_a + y_a)$ 和 (κ,K) 情况下可行的 OD 需求和路段流量模式；y_a 为增加的路段能力；$g_a(y_a)$ 是关于路段 $a \in A$ 能力增加 y_a 的投资函数；B 为路段能力增加时总投资额的预算值。

9.2.2 下层问题

本章考虑确定性用户均衡，因此在给定出行票收取方案和路段能力增加方案的情况下，弹性需求下的用户均衡条件可以由下面的凸规划描述，即

$$\min_{(v,q) \in \Omega_{(v,q)}} F_3(y,\kappa,v,q) = \sum_{a \in \overline{A}} \int_0^{v_a} t_a(\omega,y_a)\mathrm{d}\omega + \sum_{a \in A \setminus \overline{A}} \int_0^{v_a} t_a(\omega)\mathrm{d}\omega$$
$$- \sum_{w \in W} \int_0^{q_w} B_w(\omega)\mathrm{d}\omega$$

$$(9.9)$$

满足

$$q_w \leqslant \overline{q}_w, \quad w \in W \quad (9.10)$$

$$\sum_{a\in\hat{A}}k_a v_a \leqslant K \tag{9.11}$$

其中，k_a 为通过路段 $a\in\hat{A}$ 时收取的出行票数量；K 为发行的出行票总量；$\bar{A}\subseteq A$ 为实施路段能力增加的路段集合；$\hat{A}\subseteq A$ 为收取可交易出行票的路段集合。

9.2.3 二层规划模型

弹性需求条件下基于可交易出行票方案的城市交通连续平衡网络设计问题有两类决策者，即网络用户和网络规划者。它们具有不同的目标函数，一方面从用户的角度考虑，使网络上的用户行为符合弹性需求条件下的广义出行成本(出行时间和出行票的价值和)最小；另一方面从系统的角度(也是从上层决策者的角度)考虑，在满足投资预算约束条件下使整个网络的社会福利最大，并使总交通污染排放最小。因此，弹性需求条件下基于可交易出行票方案的可持续城市交通连续平衡网络设计问题的 BLP 模型为

$$\max_{y,\kappa,v,q} F_1(y,\kappa,v,q) = \sum_{w\in W}\int_0^{q_w} B_w(\omega)\mathrm{d}\omega - \sum_{a\in\bar{A}} t_a(v_a, y_a)v_a - \sum_{a\in A\setminus\bar{A}} t_a(v_a)v_a$$

$$\min_{y,\kappa,v,q} F_2(y,\kappa,v,q) = \sum_{a\in A} v_a E_a(v_a)$$

$$\tag{9.12}$$

满足

$$\sum_{a\in A} g_a(y_a) \leqslant B \tag{9.13}$$

$$\underline{y_a} \leqslant y_a \leqslant \overline{y_a}, \quad a\in\bar{A} \tag{9.14}$$

$$\min_{(v,q)} F_3(y,\kappa,v,q) = \sum_{a\in A}\int_0^{v_a} t_a(\omega, y_a, \kappa_a)\mathrm{d}\omega - \sum_{w\in W}\int_0^{q_w} B_w(\omega)\mathrm{d}\omega \tag{9.15}$$

满足

$$\sum_{a\in\hat{A}} k_a v_a \leqslant K \tag{9.16}$$

$$q_w \leqslant \bar{q}_w, \quad w\in W \tag{9.17}$$

$$v_a = \sum_{w\in W}\sum_{r\in R_w} f_{r,w}\delta_{a,r}^w, \quad a\in A \tag{9.18}$$

$$q_w = \sum_{r\in R_w} f_{r,w}, \quad w\in W \tag{9.19}$$

$$f_{r,w} \geqslant 0, r\in R_w, \quad w\in W \tag{9.20}$$

9.3 求解算法

由于下层规划问题是带有线性约束的凸规划问题，因此式(9.9)~式(9.11)的

KKT 条件为

$$f_{r,w}\left(\sum_{a\in\bar{A}}t_a(v_a,y_a)+\sum_{a\in A\setminus\bar{A}}t_a(v_a)\delta_{a,r}^w-\mu_w\right)=0, \quad r\in R_w, w\in W \tag{9.21}$$

$$\left(\sum_{a\in\bar{A}}t_a(v_a,y_a)+\sum_{a\in A\setminus\bar{A}}t_a(v_a)\right)\delta_{a,r}^w-\mu_w\geqslant 0, \quad f_{r,w}\geqslant 0, r\in R_w, w\in W \tag{9.22}$$

$$q_w(\mu_w+\rho_w-B_w(q_w))=0, \quad w\in W \tag{9.23}$$

$$\mu_w+\rho_w-B_w(q_w)\geqslant 0, \quad q_w\geqslant 0, w\in W \tag{9.24}$$

$$\rho_w(\bar{q}_w-q_w)=0, \quad w\in W \tag{9.25}$$

$$\bar{q}_w-q_w\geqslant 0, \quad \rho_w\geqslant 0, w\in W \tag{9.26}$$

$$\left(K-\sum_{a\in\hat{A}}\kappa_a v_a\right)p=0 \tag{9.27}$$

$$\left(K-\sum_{a\in\hat{A}}\kappa_a v_a\right)\geqslant 0, \quad p\geqslant 0 \tag{9.28}$$

其中，μ_w 为 OD 对 $w\in W$ 间的最小广义出行成本；p 为出行票市场中出行票的交易价格；ρ_w 为式(9.11)的对偶乘子。

由于式(9.12)～式(9.20)是带有线性约束条件的凸规划问题，因此下层规划问题关于路段流量 v 是凸的，均衡的路段流量分配 v^* 是唯一的。正如标准的用户均衡模型，均衡路径流量分配 f^* 并不总是唯一的[7]。市场均衡时的出行票价格 p^* 的唯一性可以参见文献[8]中的命题 1。

因此，式(9.12)～式(9.20)可以等价转化为如下所示的双目标单层规划问题，即

$$\max_{y,\kappa,v,q,\mu,\rho,p}F_1(y,\kappa,v,q)=\sum_{w\in W}\int_0^{q_w}B_w(\omega)\mathrm{d}\omega-\sum_{a\in\bar{A}}t_a(v_a,y_a)v_a-\sum_{a\in A\setminus\bar{A}}t_a(v_a)v_a$$

$$\min_{y,\kappa,v,q,\mu,\rho,p}F_2(y,\kappa,v,q)=\sum_{a\in A}v_a E_a(v_a)$$

$$\tag{9.29}$$

满足

$$\sum_{a\in A}g_a(y_a)\leqslant B \tag{9.30}$$

$$\underline{y_a}\leqslant y_a\leqslant \overline{y_a}, \quad a\in A \tag{9.31}$$

$$f_{r,w}\left[\left(\sum_{a\in\bar{A}}t_a(v_a,y_a)+\sum_{a\in A\setminus\bar{A}}t_a(v_a)\right)\delta_{a,r}^w-\mu_w\right]=0, \quad r\in R_w, w\in W \tag{9.32}$$

$$\sum_{a\in\bar{A}}t_a(v_a,y_a)+\sum_{a\in A\setminus\bar{A}}t_a(v_a)\delta_{a,r}^w-\mu_w\geqslant 0, \quad f_{r,w}\geqslant 0, r\in R_w, w\in W \tag{9.33}$$

$$q_w(\mu_w+\rho_w-B_w(q_w))=0, \quad w\in W \tag{9.34}$$

$$\mu_w+\rho_w-B_w(q_w)\geqslant 0, \quad q_w\geqslant 0, w\in W \tag{9.35}$$

$$\rho_w(\bar{q}_w-q_w)=0, \quad w\in W \tag{9.36}$$

$$\bar{q}_w - q_w \geq 0, \quad \rho_w \geq 0, \quad w \in W \tag{9.37}$$

$$\left(K - \sum_{a \in \hat{A}} \kappa_a v_a\right) p = 0 \tag{9.38}$$

$$\left(K - \sum_{a \in \hat{A}} \kappa_a v_a\right) \geq 0, \quad p \geq 0 \tag{9.39}$$

式(9.12)~式(9.20)和式(9.29)~式(9.39)的等价性可以用如下定理说明。

定理 9.1 假设$(y^*, \kappa^*, v^*, q^*)$是式(9.12)的最优解,并且在点$(v^*, q^*)$处,下层问题式(9.9)~式(9.11)的 KKT 条件成立,那么存在(μ^*, ρ^*, p^*),使$(y^*, \kappa^*, v^*, q^*, \mu^*, \rho^*, p^*)$是式(9.29)的最优解。相反,假设$(y^*, \kappa^*, v^*, q^*, \mu^*, \rho^*, p^*)$是问题式(9.29)的最优解,并且在点$(v^*, q^*)$处,式(9.9)~式(9.11)的 KKT 条件成立,那么$(y^*, \kappa^*, v^*, q^*)$是式(9.12)的最优解。

应用加权求和的方法,我们可以将式(9.29)~式(9.39)转化为如下问题,即

$$\min_{y,\kappa,v,q,\mu,\rho,p} F(y,\kappa,v,q) = (1-\lambda)\frac{F_1(y,\kappa,v,q) - F_1^{\max}}{F_1^{\min} - F_1^{\max}} + \lambda\frac{F_2(y,\kappa,v,q) - F_2^{\min}}{F_2^{\max} - F_2^{\min}} \tag{9.40}$$

满足式(9.30)~式(9.39),其中$F_i^{\max}$和$F_i^{\min}$是式(9.41)和式(9.42)的最优目标函数值,即

$$\max_{y,\kappa,v,q,\mu,\rho,p} F_i(y,\kappa,v,q) \tag{9.41}$$

满足式(9.30)~式(9.39)。

当$F_1(y,\kappa,v,q)$和$F_2(y,\kappa,v,q)$达到最差或者最好的时候,$\frac{F_1(y,\kappa,v,q) - F_1^{\max}}{F_1^{\min} - F_1^{\max}}$和$\frac{F_2(y,\kappa,v,q) - F_2^{\min}}{F_2^{\max} - F_2^{\min}}$的值为 1 或 0。因此,当$F_1(y,\kappa,v,q)$和$F_2(y,\kappa,v,q)$接近它们的最好值时,$\frac{F_1(y,\kappa,v,q) - F_1^{\max}}{F_1^{\min} - F_1^{\max}}$和$\frac{F_2(y,\kappa,v,q) - F_2^{\min}}{F_2^{\max} - F_2^{\min}}$在[0,1]区间内单调递增。归一化方法可以避免量纲和数量级带来的困难。因此,我们可以通过求解给定参数λ的式(9.40)得到式(9.12)的偏好解,通过调整参数λ得到 BLP 模型(9.12)的帕累托前沿。

正如文献[8],[9],转化后的式(9.40)~式(9.42)由于互补松弛条件式(9.32)~式(9.39)的存在不是凸规划问题,而且 MFCQ 在可行解处也不成立[10-12],因此为了解决该困难,我们提出松弛算法,引入辅助参数将互补松弛条件式(9.40)中的约束条件式(9.32)、式(9.34)、式(9.36)和式(9.38)用下面的式子代替,即

$$f_{r,w}\left(\sum_{a \in A} t_a(v_a, y_a, \kappa_a)\delta_{a,r}^w - \mu_w\right) \leq \theta_f^{r,w}, \quad r \in R_w, w \in W \tag{9.42}$$

$$q_w(\mu_w + \rho_w - B_w(q_w)) \leqslant \theta_q^w, \quad w \in W \tag{9.43}$$

$$\rho_w(\overline{q}_w - q_w) \leqslant \theta_\rho^w, \quad w \in W \tag{9.44}$$

$$\left(K - \sum_{a \in \hat{A}} \kappa_a v_a\right) p \leqslant \theta_p \tag{9.45}$$

这样就可以得到松弛的单层非线性规划问题,用现有的非线性规划算法进行求解。该算法的收敛性可参考文献[13]～[15]。

9.4 数值实验

本章应用 Sioux Falls 网络作为测试网络(图 9.2)。该网络有 24 个节点、76 条

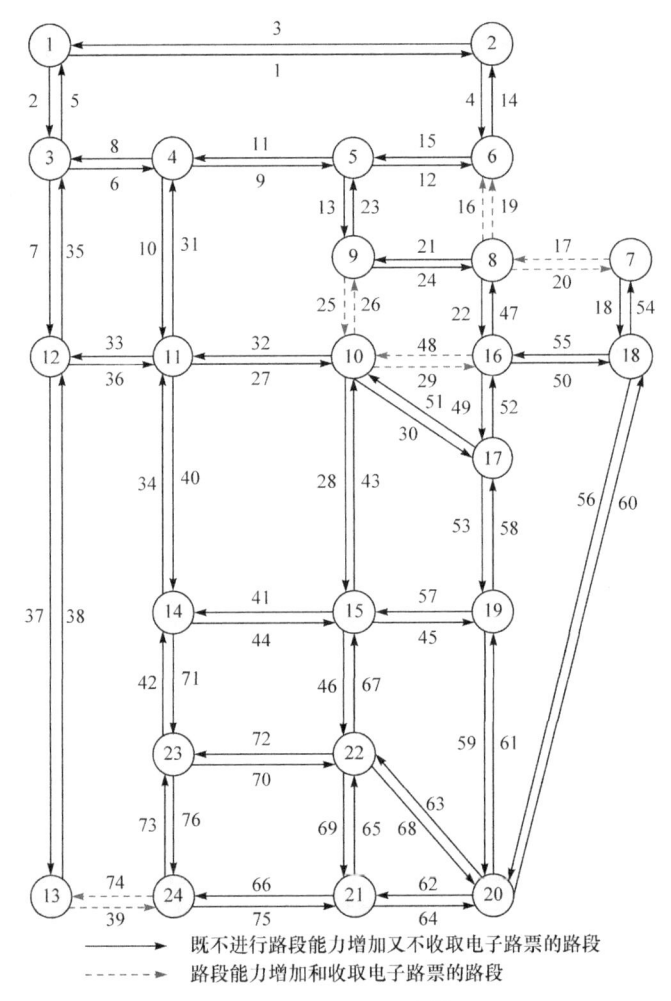

图 9.2 Sioux Falls 网络

路段和 552 个 OD 对。OD 交通需求和相关数据可以参见 http://www.bgu.ac.il/~bargera/tntp/。在数值实验中，计算机的配置如下：Intel Core 2 Duo 2.10 GHz CPU、2 GB RAM、Windows XP 操作系统。另外，实验使用 GAMS 的版本为 GAMS 23.5.2，用 CONOPT 求解器求解松弛的非线性规划问题。这里 $\overline{A} = \hat{A} = (16,17,19,20,25,26,29,39,48,74)$，即仅对这 10 条路段进行路段能力增加，同时收取出行票。假设所有路段上的出行函数为

$$t_a(v_a) = \alpha_a + \beta_a \left(\frac{v_a}{C_a}\right)^4, \quad a \in A \qquad (9.46)$$

其中，α_a、β_a 为与路段 a 相关的参数。

负指数型 OD 需求函数采用文献[16]中的形式，即

$$q_w(\mu_w) = B_w(\mu_w) = U_w \exp(-V_w \mu_w), \quad w \in W \qquad (9.47)$$

其中，U_w 为 OD 对 $w \in w$ 间潜在的 OD 交通需求量；V_w 为 OD 需求函数中的一个正参数。

这里取 $U_w = 220$、$V_w = 0.2$，并且路段通行能力扩充的费用约束为 $B=5500$。

首先，我们设置 $\lambda=0.5$ 求解式(9.40)得到有可交易出行票的结果。为了对比，设置 $\lambda=0.5$ 求解不包括可交易出行票方案的式(9.40)得到没有可交易出行票的结果。有无可交易出行票情形下模型的结果如表 9.1 所示。

表 9.1 有无可交易出行票情形下模型的结果

路段	有可交易出行票				无可交易出行票		
	通行能力	出行票	出行时间	路段流量	通行能力	出行时间	路段流量
16	0.361	5.387	26.977	1.670	2.308	6.843	14.445
17	3.677	1.880	11.768	6.638	1.756	4.239	12.362
19	1.757	4.060	20.838	3.174	2.207	6.992	14.352
20	2.862	1.801	11.388	5.786	1.835	4.200	12.364
25	1.357	3.572	19.577	6.598	1.699	4.912	22.419
26	1.339	3.564	19.539	6.584	1.717	4.883	22.360
29	6.598	3.400	20.848	6.786	6.571	9.352	18.166
48	6.896	3.360	20.669	7.047	6.288	9.559	17.934
39	0.037	6.533	34.292	0.721	3.235	7.568	13.002
74	1.575	5.372	28.919	2.571	3.854	6.959	13.331

注：所有 OD 交通需求的上界的和是 396.44，也是 TUB 的最大值。

从上述结果可以看出，提出的模型和算法都是可行的，可交易出行票方案下的 TE=1398.258，小于没有可交易出行票方案下的 TE=1471.750。可知，可交易

出行票可以减少交通污染排放。此外，可交易出行票作为降低交通需求的一种经济政策会抑制交通需求，因此在有可交易出行票方案下，TUB=314.183；反之，TUB=377.674，但是可交易出行票会得到更小的系统总出行时间。因此，可交易出行票可以得到更大的社会总福利。综上所述，可交易出行票可以达到考虑社会福利和交通污染排放的效果。

其次，我们以 0 到 1 递增 0.1 的方式调整参数 λ，求解有无可交易出行票情况的模型。有无可交易出行票下模型的帕累托前沿如图 9.3 所示。椭圆点表示的偏好解是被其他的偏好解占优的。圆点表示的偏好解组成帕累托前沿。

(a) 无可交易出行票下的帕累托前沿

(b) 有可交易出行票下的帕累托前沿

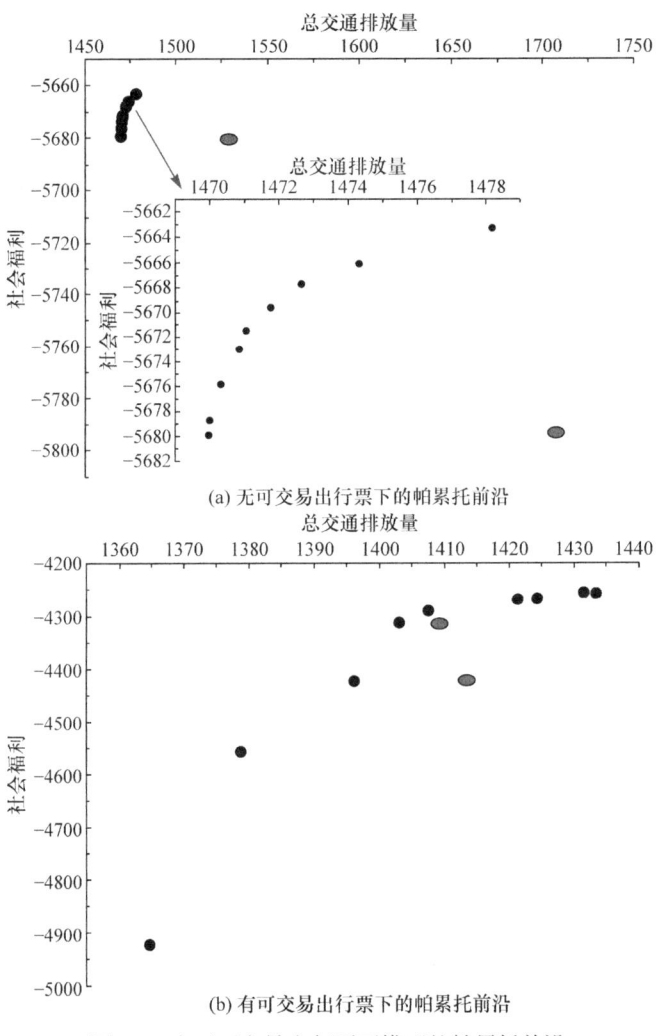

图 9.3　有无可交易出行票下模型的帕累托前沿

无可交易出行票下的帕累托前沿如图 9.3(a)所示。当 $\lambda=0,0.1$ 时，得到的两个偏好解可以被其他偏好解占优。λ 是环境目标的权重，因此当 $\lambda=0,0.1$ 时，环境指标几乎被忽略。此时得到的偏好解是被其他偏好解占优，这说明在城市道路网络设计中忽略环境指标得到的效果较差。在无可交易出行票方案的模型中，我们不能忽略环境指标。同样，有可交易出行票下的帕累托前沿如图 9.3(b)所示。当 $\lambda=1.0,0.9$ 时得到的两个偏好解是可以被其他偏好解占优的。λ 是环境目标的权重，因此当 $\lambda=1.0,0.9$ 时，经济指标几乎被忽略。此时得到的偏好解被其他偏好解占优，这说明在城市道路网络设计中忽略经济指标得到的效果很差。在有可交易出行票方案的模型中，我们不能忽略经济指标。图 9.3 中圆点表示的偏好解组成帕累托前沿。在有无可交易出行票方案的模型中，网络决策者可以权衡经济发展和环境管理两个目标来选择合适的偏好解。进而，通过比较图 9.3(a)和图 9.3(b)发现，可交易出行票方案可以在最大化经济发展和最小化交通污染排放方面取得更好的效果。更为重要的是，可交易出行票在出行用户之间提供了金钱转移，为出行用户提供收益中性的激励。在出行票从高出行需求的用户向低出行需求的用户转移的过程中金钱从低出行需求的用户向高出行需求的用户进行转移，从而实现对低出行需求用户的补偿。这种策略比拥挤收费更加容易被接受。

9.5 本章小结

本章提出双目标 BLP 模型研究弹性需求下的可持续城市道路交通网络设计问题。在该模型中，我们将增加道路供给和交通出行管理两种手段结合起来实现提高社会福利和减少交通污染排放这两个目标的权衡。上层决策者通过确定出行票的收取和道路通行能力的扩充来最大化社会福利并最小化总交通污染排放。下层决策者通过选择出行路线最小化其广义出行成本(出行时间和收取的出行票的价值的和)。然后，基于模型的一系列转化，我们提出求解模型的松弛算法，并用 Sioux Falls 网络进行数值实验。数值结果表明，可交易出行票方案在最大化经济发展和最小化交通污染排放方面都可以取得更好的效果。更为重要的是，可交易出行票在出行用户之间提供金钱转移，为出行用户提供收益中性的激励，使可交易出行票方案比拥挤收费更加容易被接受。

本章主要考虑可持续目标下的绿色交通网络设计问题。总体来看，这方面的研究还处于初级阶段，研究问题的类型、研究方法和角度比较单一。还有很多重要问题有待进一步研究，主要体现在以下方面。

① 在实际的交通网络中，机动车出行方式中有多种车型，不同收入群体的时间价值也不一样，并且在不同时段的交通行为也不一样。因此，在以后的工作中研究多时段下多模式、多类别用户的城市交通连续均衡网络设计将更加符合实际情况。

② 公平性是一个值得关注的重要问题，因此可以进一步结合公平性问题研究可交易出行票机制下的城市交通网络设计问题。

③ BLP 是一个非凸的优化问题，求解非常困难，因此继续研究有效的求解算法也是一个重要的方向。

参 考 文 献

[1] Colson B, Marcotte P, Savard G. Bilevel programming: A survey. A Quarterly Journal of Operations Research, 2005, 3(2): 87-107.

[2] Dempe S. Foundation of Bilevel Programming. London: Kluwer Academic Publishers, 2002.

[3] Vicente L, Calamai P H. Bilevel and multilevel programming: A bibliography review. Journal of Global Optimization, 1994, 5(3): 291-305.

[4] Bard J F. Practical Bilevel Optimization: Algorithm and Applications. Dordrecht: Kluwer Academic Publishers, 1998.

[5] Migdalas A, Pardalos P M, Varbrand, P. Multilevel Optimization: Algorithms and Applications. Dordrecht: Kluwer Academic Publishers, 1998.

[6] Dempe S, Zemkoho A B. On the Karush-Kuhn-Tucker reformulation of the bilevel optimization problem. Nonlinear Analysis, 2012, 75(3): 1202-1218.

[7] Yang H, Wang X L. Managing network mobility with tradable credits. Transportation Research Part B: Methodological, 2011, 45: 580-594.

[8] 王广民, 高自友, 徐猛. 弹性需求下网络设计问题和出行票问题研究. 管理科学学报, 2015, 18(4): 38-48.

[9] Wang G M, Gao Z Y, Xu M, et al. Joint link-based credit charging and road capacity improvement in continuous network design problem. Transportation Research Part A: Policy and Practice, 2014, 67(1): 1-14.

[10] Chen Y, Florian M. The nonlinear bilevel programming problem: Formulations, regularity and optimality conditions. Optimization, 1995, 32(3): 193-209.

[11] Luo Z Q, Pang J S, Ralph D. Mathematical Programs with Equilibrium Constraints. Cambridge: Cambridge University Press, 1996.

[12] Scheel H, Scholtes S. Mathematical programs with complementarity constraints: Stationarity, optimality and sensitivity. Mathematics of Operations Research, 2000, 22(1): 1-2.

[13] Hoheisel T, Kanzow C, Schwartz A. Theoretical and numerical comparison of relaxation methods for mathematical programs with complementarity constraints. Mathematical Programming, 2013, 137(1-2): 257-288.

[14] Ralph D, Wright S J. Some properties of regularization and penalization schemes for MPECs. Optimization Methods Software, 2004, 19(5): 527-556.

[15] Scholtes S. Convergence properties of a regularization scheme for mathematical programs with complementarity constraints. SIAM Journal on Optimization, 2001, 11(4): 918-936.

[16] 高自友, 宋一凡, 四兵峰. 城市交通连续平衡网络设计——理论与方法. 北京: 中国铁道出版社, 2000.

附录 A 柯布-道格拉斯效用函数

下面介绍柯布-道格拉斯效用函数的计算。柯布-道格拉斯效用函数为

$$U(x_1, x_2) = x_1^a x_2^b$$

其中，x_1、x_2 为商品需求；a 和 b 为参数。

对等式右边规范化，可得

$$x_1^{\frac{a}{a+b}} x_2^{\frac{b}{a+b}}$$

令 $\alpha = \dfrac{a}{a+b}$，则可以将效用函数写为 $U(x_1, x_2) = x_1^\alpha x_2^{1-\alpha}$。这意味着，对柯布-道格拉斯效用函数而言，单调变换下总能得到指数和等于 1。

附录 B 约束优化问题的 KKT 条件

对含有等式约束不等式约束的优化问题，即

$$\max U(x)$$
$$\text{s.t.} \begin{cases} h_i(x)=0, & i=1,2,\cdots,m \\ g_j(x) \geqslant 0, & j=1,2,\cdots,n \end{cases}$$

引入 Lagrange 函数，可以得到如下无约束化问题，即

$$L(x,a,b) = f(x) + \sum_{i=1}^{m} a_i h_i + \sum_{j=1}^{n} b_j g_j$$

通过拉格朗日乘子求解便可知在有不等式约束条件下关于解需要满足的 KKT 条件为

$$\nabla_x L(x,a,b) = 0$$
$$b_j g_j(x) = 0$$
$$h_i(x) = 0$$
$$g_j(x) \geqslant 0$$
$$b_j \leqslant 0$$

区别于拉格朗日乘子法的限制条件要求 $b_j \neq 0$，KKT 条件为 $b_j \leqslant 0$。设居民追求自身最大效用时的影子价格为 θ_i，即对应问题的拉格朗日乘子，因此，针对可行解 x 的结果可进行分类讨论，即考虑 $g_j(x)=0$ 时的实际意义。

附录 C 经典瓶颈模型

瓶颈拥堵问题往往是出行者过于集中的出行时间导致的(例如节假日堵车现象)，其本质上是一个出行者权衡排队成本和计划延误成本的出发时间选择问题。Vickrey 将这一现象模型化，于 1969 年提出著名的瓶颈模型，为分析瓶颈拥挤现象提供了重要的理论依据。该模型假定路网中存在一条连接生活区和工作区的路段，每天都有固定的出行者在高峰期从生活区出发去往工作区。道路中通行能力受限的路段被称为瓶颈，交通拥挤只发生在瓶颈处。当道路中的交通需求超过瓶颈处的通行能力时，就会发生拥挤排队的现象。显然，在需求高于供给的情形下，所有出行者都无法全部准时到达目的地，所以必定存在部分早到者和迟到者。对较早到达瓶颈路段的出行者而言，他们会经历较短的排队等待时间，同时也会承担较高的早到惩罚成本。同样，对晚到者，他们会经历较短的排队等待时间，同时承担较高的晚到惩罚成本。当达到均衡状态时，所有出行者的出行成本相等，没有一个出行者能够通过单方面改变出发时间使其出行成本减少。研究瓶颈模型对改善交通瓶颈，缓解交通拥堵，提高道路服务水平和减少交通事故具有重要的现实意义。

在早高峰时段，假定每天都有固定数量的出行者要从生活区出发去往工作区，连接这两个区域的是一条包含瓶颈的道路(瓶颈处以外的路段通行能力足够大，即交通拥挤只发生在瓶颈处)。单一瓶颈路段示意图如图 C.1 所示。

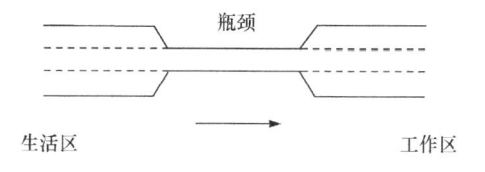

图 C.1 单一瓶颈路段示意图

Vickrey 假定每个出行者从生活区到工作区的出行成本由两部分构成，即排队成本和计划延误成本，并且为了计算简便，假定出行成本函数是线性函数。此外，Vickrey 不失一般性地假定在高速公路中的自由流行驶时间为零(即 $t_0 = 0$)。这意味着，出行者一离开生活区就会到达瓶颈开始排队，一离开瓶颈就抵达工作区。虽然这种假设偏离实际，但是 Vickrey 指出这一假定并不影响瓶颈模型的性质分析。因此，出行者通过瓶颈路段的行驶时间就等于排队时间，也就是 $T_t^0 = T_t$。当出行者选择在 t_e 到 $\bar{t}$ 时刻间出发时，将面临排队成本和早到惩罚成本；当出行者选择在 $\bar{t}$ 到 t_l 时刻间出发时，将面临排队成本和迟到惩罚成本。因此，每个出行者的出行成本函数可由一个分段函数表达，即

$$C_t = \begin{cases} \alpha T_t + \beta \text{SDE}, & t \in [t_e, \bar{t}] \\ \alpha T_t + \gamma \text{SDL}, & t \in [\bar{t}, t_l] \end{cases} \tag{C.1}$$

其中，T_t 为 t 时刻的排队时间；α 为单位行驶时间价值成本；β 为单位早到惩罚成本；γ 为单位迟到惩罚成本；SDE 为早到时间；SDL 为晚到时间；t_e 为最早的出发时间；t_l 为最晚的出发时间；$\bar{t}$ 为能准点到达目的地的出发时间。

Small 对 572 个通勤者的实证研究表明，参数 α、β 和 γ 需满足 $\beta < \alpha < \gamma < 0$ 的条件。式(C.1)中的 t 为出行者的出发时间，也是模型的决策变量。t 时刻的排队时间 T_t 是由 t 时刻的排队长度 Q_t 和瓶颈的通行能力 s 决定的，即

$$T_t = \frac{Q_t}{s} \tag{C.2}$$

其中，Q_t 为 t 时刻瓶颈处的排队长度。

当瓶颈处的到达人数超过瓶颈的通行能力(即队伍的消散能力)时，瓶颈处会产生排队现象。t 时刻瓶颈处的排队长度 Q_t 等于 t 时刻的累积出发人数减去最早出发时间 t_e 到 t 时段内瓶颈消散的人数，即

$$Q_t = \max\{R_t - s(t - t_e), 0\} \tag{C.3}$$

其中，R_t 为 t 时刻的累积出发人数，即

$$R_t = \int_{t_e}^{t} r_t \mathrm{d}t \tag{C.4}$$

其中，r_t 为 t 时刻的出发率。

式(C.1)中的早到时间 SDE 和晚到时间 SDL 由出行者的出发时间 t、排队时间 T_t 和最理想的到达时间 t^* 决定，即

$$\text{SDE} = t^* - (t + T_t) \tag{C.5}$$

$$\text{SDL} = t + T_t - t^* \tag{C.6}$$

因此，式(C.1)可进一步展开为

$$C_t = \begin{cases} \alpha \dfrac{\max\left\{\int_{t_e}^{t} r_t \mathrm{d}t - s(t-t_e), 0\right\}}{s} + \beta\left[t^* - \left(t + \dfrac{\max\left\{\int_{t_e}^{t} r_t \mathrm{d}t - s(t-t_e), 0\right\}}{s}\right)\right], & t \in [t_e, \bar{t}] \\ \alpha \dfrac{\max\left\{\int_{t_e}^{t} r_t \mathrm{d}t - s(t-t_e), 0\right\}}{s} + \gamma\left[t + \dfrac{\max\left\{\int_{t_e}^{t} r_t \mathrm{d}t - s(t-t_e), 0\right\}}{s} - t^*\right], & t \in [\bar{t}, t_l] \end{cases}$$

(C.7)

对所有出行者来说，他们的目的都是使出行成本最小，因此他们会权衡排队成本和计划延误成本，选择一个最合理的出发时间。当没有任何一个出行者能够通过单方面地改变自己的出发时间使其出行成本更低时，将达到一种平衡状态。在此状态下，所有出行者的出行成本相等，即

$$\frac{\mathrm{d}C_t}{\mathrm{d}t} = 0 \qquad \text{(C.8)}$$

$$C_{t_e} = C_{t_l} = C_{\bar{t}} \qquad \text{(C.9)}$$

结合式(C.7)和式(C.8)可得

$$\begin{cases} \alpha \dfrac{r_t - s}{s} - \beta\left(1 + \dfrac{r_t - s}{s}\right) = 0, & t \in [t_e, \bar{t}] \\ \alpha \dfrac{r_t - s}{s} + \gamma\left(1 + \dfrac{r_t - s}{s}\right) = 0, & t \in [\bar{t}, t_l] \end{cases} \qquad \text{(C.10)}$$

根据式(C.10)，可以得出系统达到均衡状态时，出行者的出发率r_t，即

$$r_t = \begin{cases} \dfrac{\alpha}{\alpha - \beta} s, & t \in [t_e, \bar{t}] \\ \dfrac{\alpha}{\alpha + \gamma} s, & t \in [\bar{t}, t_l] \end{cases} \qquad \text{(C.11)}$$

经典瓶颈模型中的排队长度如图C.2所示。

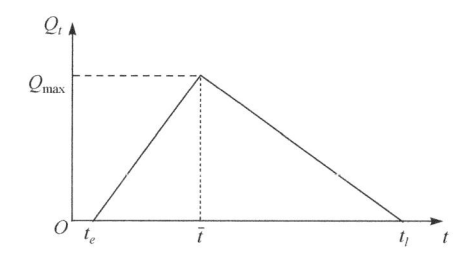

图C.2 经典瓶颈模型中的排队长度

由图 C.2 可看出，在 t_e 到 $\bar{t}$ 时刻，由于出行者的出发率大于瓶颈的通行能力，瓶颈处的排队长度会逐渐上升，但是在 $\bar{t}$ 到 t_l 时刻，由于出行者出发率的降低，排队长度逐渐减小。

瓶颈的排队时长由最晚和最早的出发时间之差决定，并且满足以下关系式，即

$$t_l - t_e = \frac{N}{s} \tag{C.12}$$

其中，N 为出行的总人数。

由于最早和最晚出发的出行者不会面临拥挤排队现象，即

$$T_{t_e} = T_{t_l} = 0 \tag{C.13}$$

结合式(C.7)、式(C.9)和式(C.13)，可得

$$\beta(t^* - t_e) = \gamma(t_l - t^*) \tag{C.14}$$

结合式(C.12)和式(C.14)，可以得出最早和最晚的出发时间，即

$$\begin{cases} t_e = t^* - \dfrac{\gamma}{\beta+\gamma}\dfrac{N}{s} \\ t_l = t^* + \dfrac{\beta}{\beta+\gamma}\dfrac{N}{s} \end{cases} \tag{C.15}$$

选择 $\bar{t}$ 出发的出行者不会面临计划延误惩罚，其排队时长为

$$T_{\bar{t}} = t^* - \bar{t} \tag{C.16}$$

结合式(C.7)、式(C.9)和式(C.16)，可得

$$\beta(t^* - t_e) = \alpha(t^* - \bar{t}) \tag{C.17}$$

结合式(C.15)和式(C.17)，可得

$$\bar{t} = t^* - \frac{\beta\gamma}{\alpha(\beta+\gamma)}\frac{N}{s} \tag{C.18}$$

经典瓶颈模型中累计到达和出发人数如图 C.3 所示。在图 C.3 中，曲线 ABC 为瓶颈处的累计出发人数，AC 为累计离开人数。两条线的斜率分别用 r_t 和 s 表示。此外，图 C.3 中不同区域的面积可以用来表示瓶颈处交通系统的各项指标。令 ATT、TTC、SDC 分别表示出行者的平均出行时间、总出行成本和总计划延误成本，则有

$$\begin{cases} \mathrm{ATT} = \dfrac{\mathrm{area}(ABCA)}{N} = \dfrac{1}{2}(t^* - \bar{t}) \\ \mathrm{TTC} = \alpha\,\mathrm{area}(ABCA) = \dfrac{\alpha N}{2}(t^* - \bar{t}) \\ \mathrm{SDC} = \beta\,\mathrm{area}(AEFA) + \gamma\,\mathrm{area}(CDEC) = \dfrac{\beta s}{2}(t^* - t_e)^2 + \dfrac{\gamma}{2}(t_l - t^*)\left[N - s(t^* - t_e)\right] \end{cases}$$

(C.19)

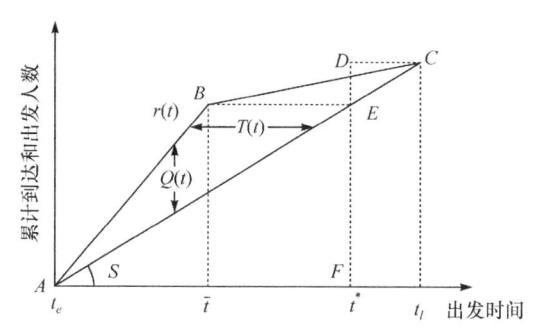

图 C.3 经典瓶颈模型中累计到达和出发人数

结合式(C.15)～式(C.19)可得各项出行指标的解析解。经典瓶颈模型中出行指标的解析解如表 C.1 所示。

表 C.1 经典的瓶颈模型中出行指标的解析解

出行指标	ATT/h	TTC/元	SDC/元
解析解	$\dfrac{N}{2s}\dfrac{\beta\gamma}{\alpha(\beta+\gamma)}$	$\dfrac{N^2}{2s}\dfrac{\beta\gamma}{\beta+\gamma}$	$\dfrac{N^2}{2s}\dfrac{\beta\gamma}{\beta+\gamma}$

在经典的瓶颈模型中，当系统达到均衡时，所有出行者的出行成本与最早出发的出行者一致，即均衡成本 $\bar{C} = C_{t_e}$。最早出发的出行者出行成本等于 $\beta(t^* - t_e)$，结合式(C.15)，可得

$$\bar{C} = \dfrac{\beta\gamma}{\beta+\gamma}\dfrac{N}{s} \tag{C.20}$$

经典的瓶颈模型可以以最简单、直接的方式刻画出行者在早高峰通过交通瓶颈处的出行行为，为交通管理者提供分析和缓解瓶颈拥挤的理论依据。

附录 D 出行总效用推导

6.2.3 节探讨了无人驾驶车辆出行对道路瓶颈的影响,并给出两类用户在高峰期的累计到达和出发人数随时间的变化。所有出行者均使用无人驾驶车辆出行或使用普通车辆出行的情形下,基于活动的瓶颈模型的均衡状态如图 D.1 所示。

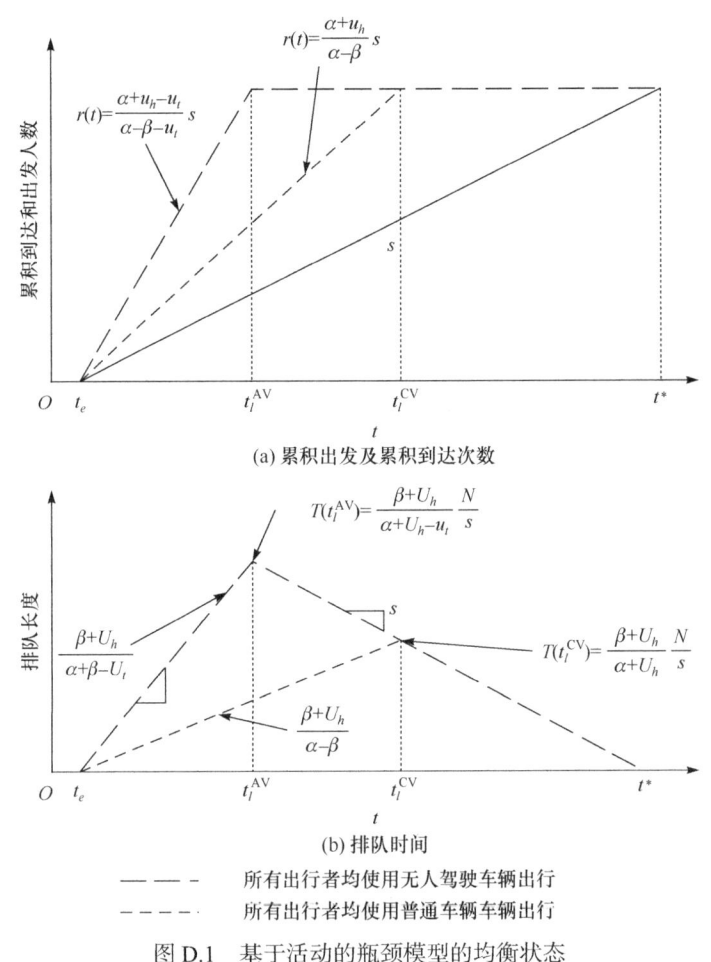

图 D.1 基于活动的瓶颈模型的均衡状态

情形 1:所有出行者都使用普通车辆出行。

根据均衡的定义,即在早高峰所有出行者的出行总效用相等,没有任何一个

出行者能够通过单方面地改变自己的出发时间使其出行总效用更低。该条件意味着，式(6.18)的一阶导数等于零，即

$$\frac{\mathrm{dDisU}_t^{\mathrm{CV}}}{\mathrm{d}t} = 0, \quad t \in \left[t_e^{\mathrm{CV}}, t_l^{\mathrm{CV}}\right] \tag{D.1}$$

其中，t_e^{CV} 和 t_l^{CV} 为使用普通车辆出行的出行者中的最早出发时间和最晚出发时间。

根据式(D.1)可以得到均衡状态下所有出行者的出发率，即

$$r_t^{\mathrm{CV}} = \frac{\alpha + U_h}{\alpha - \beta} s \tag{D.2}$$

在行驶于瓶颈路段的所有出行者中，最早出发的出行者不会面临排队现象，并且根据均衡的定义，该出行者的出行总效用与最晚出发的出行者保持一致，应满足下列条件，即

$$\mathrm{DisU}_{t_e}^{\mathrm{CV}} = \mathrm{DisU}_{t_l}^{\mathrm{CV}} \tag{D.3}$$

此外，所有出行者在瓶颈路段上的排队时长 $t^* - t_e$ 等于在瓶颈处消散所有出行者的时间，即

$$t^* - t_e = \frac{N}{s} \tag{D.4}$$

由式(D.3)，可得

$$\beta(t^* - t_e) - U_h t_e = \alpha\left(t^* - t_l^{\mathrm{CV}}\right) - U_h\left(t^* - t_l^{\mathrm{CV}}\right) \tag{D.5}$$

结合式(D.5)和式(D.4)，可以得出关键出发时间(最早和最晚出发时间)的解析解形式，即

$$\begin{cases} t_e = t^* - \dfrac{N}{s} \\ t_l^{\mathrm{CV}} = t^* - \dfrac{\beta + U_h}{\alpha + U_h}\dfrac{N}{s} \end{cases} \tag{D.6}$$

根据瓶颈模型的性质，可知

$$T_{t_l^{\mathrm{CV}}} = \frac{Q_{t_l^{\mathrm{CV}}}}{S} \tag{D.7}$$

其中，$Q_{t_l^{\mathrm{CV}}}$ 满足

$$Q_{t_l^{\mathrm{CV}}} = \int_{t_e}^{t_l^{\mathrm{CV}}} r_t \mathrm{d}t - s\left(t_l^{\mathrm{CV}} - t_e\right) \tag{D.8}$$

结合式(D.2)、式(D.6)~式(D.8)，可以得出最大的排队时间 $T_{t_l^{CV}}$ 为

$$T_{t_l^{CV}} = \frac{\beta + U_h}{\alpha + U_h} \frac{N}{s} \tag{D.9}$$

均衡状态的出行总效用与最早出发的出行者保持一致，即

$$\overline{\text{DisU}_t^{CV}} = \text{DisU}_{t_e}^{CV} = \beta(t^* - t_e) - U_h t_e \tag{D.10}$$

将式(D.6)代入式(D.10)，可得其解析形式，即

$$\overline{\text{DisU}_t^{CV}} = (\beta + U_h)\frac{N}{s} - U_h t^* \tag{D.11}$$

情形 2：所有出行者都使用无人驾驶汽车出行。

当所有出行者都选择使用无人驾驶汽车出行时，其出行总效用不仅包含出行成本、家庭和工作活动效用，还包括在瓶颈路段排队时的车上活动效用。均衡状态下解的推导过程与情形 1 类似，为避免冗余，我们直接给出均衡解(出发率 r_t^{AV}、关键出发时间点 t_e、t_l^{AV}、最大的排队时间 $T_{t_l^{AV}}$ 和出行总效用 $\overline{\text{DisU}_t^{AV}}$)的解析形式，即

$$r_t^{AV} = \frac{\alpha + U_h - U_t}{\alpha - \beta - U_t} \tag{D.12}$$

$$\begin{cases} t_e = t^* - \dfrac{N}{s} \\ t_l^{AV} = t^* - \dfrac{\beta + U_h}{\alpha + U_h - U_t}\dfrac{N}{s} \end{cases} \tag{D.13}$$

$$T_{t_l^{AV}} = \frac{\beta + U_h}{\alpha + U_h - U_t}\frac{N}{s} \tag{D.14}$$

$$\overline{\text{DisU}_t^{AV}} = (\beta + U_h)\frac{N}{s} - U_h t^* \tag{D.15}$$

情形 3：部分出行者使用无人驾驶出行，部分出行者使用普通车辆出行。

由于无人驾驶汽车的普及，在未来几十年里，可能会有部分个体或者家庭选择购买无人驾驶汽车出行，因此道路中会同时存在使用普通车辆出行和无人驾驶汽车出行的两类用户。假定所有出行者中使用无人驾驶汽车出行的比例为 μ，于是使用无人驾驶汽车和普通汽车出行的出行者人数分别为 μN 和 $(1-\mu)N$。根据 Arnott 等的结论，当道路中同时存在两类异质用户时，单位时间价值更低的那类出行者会先出发，即这类用户的出发时间集中在高峰时段的开始时期。本节对应的则是使用无人驾驶汽车出行的出行者，使用普通车辆出行的出行者紧随其后。

在部分出行者使用无人驾驶车辆出行,部分出行者使用普通车辆出行的情形下,基于活动的瓶颈模型的均衡状态如图 D.2 所示。

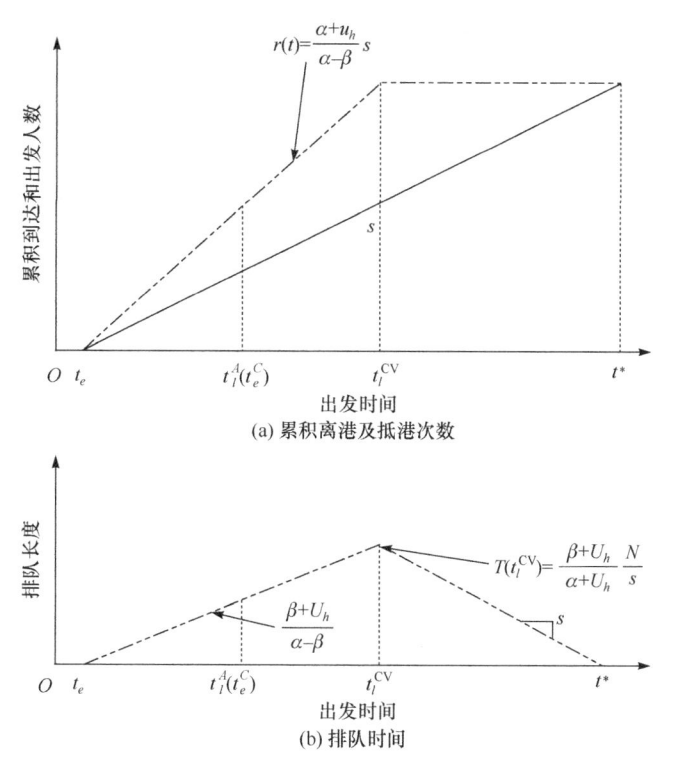

图 D.2(a) 累积离港及抵港次数,图中标注 $r(t)=\dfrac{\alpha+u_h}{\alpha-\beta}s$,横轴为出发时间,关键时间点为 t_e、$t_l^A(t_e^C)$、t_l^{CV}、t^*,斜率为 s。

图 D.2(b) 排队时间,标注 $T(t_l^{CV})=\dfrac{\beta+U_h}{\alpha+U_h}\dfrac{N}{s}$,斜率 $\dfrac{\beta+U_h}{\alpha-\beta}$ 与 s。

------ 部分出行者均使用无人驾驶车辆出行,部分出行者使用普通车辆出行

图 D.2 基于活动的瓶颈模型的均衡状态

在这样特定的出发顺序下,可以推导出这两类出行者的关键出发时间,即

$$\begin{cases} t_e - t^* - \dfrac{N}{s} \\ t_l^{CV} = t^* - \dfrac{\beta+U_h}{\alpha+U_h}\dfrac{N}{s} \\ t_l^A = t_e^C = t^* - \dfrac{N}{s} + \dfrac{\alpha-\beta}{\alpha+U_h}\dfrac{\mu N}{s} \end{cases} \tag{D.16}$$

附录 E　系统最优路段流量模式的性质

给定新建道路的通行能力 y_l，系统最优交通配流模型的一阶条件可以表示为

$$\sum_{a\in A,\ a\neq l}\left(t_a\left(v_a^{so}\right)+v_a^{so}\frac{\partial t_a\left(v_a^{so}\right)}{\partial v_a^{so}}\right)\delta_{a,r}^w+\left(t_l+v_l^{so}\frac{\partial t_l\left(v_l^{so},y_l\right)}{\partial v_l^{so}}\right)\delta_{l,r}^w=B_w\left(q_w^{so}\right),\quad f_{r,w}>0,$$
$$r\in R_w, w\in W \tag{E.1}$$

$$\sum_{a\in A,\ a\neq l}\left(t_a\left(v_a^{so}\right)+v_a^{so}\frac{\partial t_a\left(v_a^{so}\right)}{\partial v_a^{so}}\right)\delta_{a,r}^w+\left(t_l+v_l^{so}\frac{\partial t_l\left(v_l^{so},y_l\right)}{\partial v_l^{so}}\right)\delta_{l,r}^w\geqslant B_w\left(q_w^{so}\right),\quad f_{r,w}=0,$$
$$r\in R_w, w\in W \tag{E.2}$$

将式(E.1)在所有 OD 的路径相加，并结合 $\sum_{w\in W}\sum_{r\in R_w}f_{r,w}\delta_{a,r}^w=v_a$ 和 $\sum_{r\in R_w}f_{r,w}=q_w$，则有

$$\sum_{a\in A,\ a\neq l}\left(t_a\left(v_a^{so}\right)+v_a^{so}\frac{\partial t_a\left(v_a^{so}\right)}{\partial v_a^{so}}\right)v_a^{so}+\left(t_l\left(v_l^{so},y_l\right)+v_l^{so}\frac{\partial t_l\left(v_l^{so},y_l\right)}{\partial v_l^{so}}\right)v_l^{so}$$
$$=\sum_{w\in W}q_w^{so}B_w\left(q_w^{so}\right) \tag{E.3}$$

将式(E.3)和式(E.1)分别对 y_l 求导，有

$$\sum_{a\in A}\left(t_a+3v_a^{so}\frac{\partial t_a}{\partial v_a^{so}}+\left(v_a^{so}\right)^2\frac{\partial^2 t_a}{\partial(v_a^{so})^2}\right)\frac{\partial v_l^{so}}{\partial y_l}+\left(v_l^{so}\right)^2\frac{\partial^2 t_l}{\partial v_l^{so}\partial y_l}+v_l^{so}\frac{\partial t_l}{\partial y_l}$$
$$=\sum_{w\in W}\left(B_w+q_w^{so}\frac{\partial B_w}{\partial q_w^{so}}\right)\frac{\partial q_w^{so}}{\partial y_l} \tag{E.4}$$

$$\sum_{a\in A}\left(2\frac{\partial t_a}{\partial v_a^{so}}+v_a^{so}\frac{\partial^2 t_a}{\partial\left(v_a^{so}\right)^2}\right)\frac{\partial v_a^{so}}{\partial y_l}\delta_{a,r}^w+\left(v_l^{so}\frac{\partial^2 t_l}{\partial v_l^{so}\partial y_l}+\frac{\partial t_l}{\partial y_l}\right)\delta_{l,r}^w=\frac{\partial B_w}{\partial q_w^{so}}\frac{\partial q_w^{so}}{\partial y_l} \tag{E.5}$$

将式(E.5)两侧同时乘以 $f_{r,w}$，并在 OD 的全部路径上相加，有

$$\sum_{a\in A}\left(2\frac{\partial t_a}{\partial v_a^{so}}+v_a^{so}\frac{\partial^2 t_a}{\partial\left(v_a^{so}\right)^2}\right)\frac{\partial v_a^{so}}{\partial y_l}v_a^{so}+\left(v_l^{so}\frac{\partial^2 t_l}{\partial v_l^{so}\partial y_l}+\frac{\partial t_l}{\partial y_l}\right)v_l^{so}=\sum_{w\in W}q_w^{so}\frac{\partial B_w}{\partial q_w^{so}}\frac{\partial q_w^{so}}{\partial y_l}$$
$$\tag{E.6}$$

综合式(E.4)和式(E.6)有

$$\sum_{a\in A}\left(t_a\left(v_a^{so}\right)+v_a^{so}\frac{\partial t_a}{\partial v_a^{so}}\right)\frac{\partial v_a^{so}}{\partial y_l}=\sum_{w\in W}B_w\left(q_w^{so}\right)\frac{\partial q_w^{so}}{\partial y_l} \tag{E.7}$$

附录 F 基于内生出行票分配比率的利润最大化 BEC 模型的性质

给定新建道路的通行最优能力 y_l^{so}，则可以确定最优流量 v_l^{so} 和建设成本 $I(y_l^{so})$。公司利润仅取决于新建道路收取的出行票数量。要使利润最大化，则新建道路收取的出行票数 κ_l 必须最大化。令 $\bar{v}_a = v_a^{so}(y_l)$、$\bar{q}_w = q_w^{so}(y_l)$，可以建立如下线性规划模型求得最大出行票数量 κ_l，即

$$\max_{\kappa_l} \kappa_l \tag{F.1}$$

满足

$$\sum_{a \in A} \kappa_a \delta_{a,r}^w \geqslant B_w(\tilde{q}_w) - \sum_{a \in A} t_a(\tilde{v}_a) \delta_{a,r}^w, \quad r \in R_w, w \in W \tag{F.2}$$

$$\sum_{a \in A} \kappa_a \tilde{v}_a = \sum_{w \in W} B_w(\tilde{q}_w)\tilde{q}_w - \sum_{a \in A} t_a(\tilde{v}_a)\tilde{v}_a \tag{F.3}$$

$$\kappa_a \geqslant 0, \quad a \in A \tag{F.4}$$

该线性规划模型的对偶问题为

$$\min_{x,z} L = -\sum_{w \in W}\sum_{r \in R_w}\left(B_w(\tilde{q}_w) - \sum_{a \in A} t_a(\tilde{v}_a)\delta_{a,r}^w\right)x_{r,w} + \left(\sum_{w \in W} B_w(\tilde{q}_w)\tilde{q}_w - \sum_{a \in A} t_a(\tilde{v}_a)\tilde{v}_a\right)z \tag{F.5}$$

满足

$$\sum_{w \in W}\sum_{r \in R_w} x_{r,w}\delta_{a,r}^w - z\tilde{v}_a \leqslant 0, \quad a \in A, a \neq l \tag{F.6}$$

$$\sum_{w \in W}\sum_{r \in R_w} x_{r,w}\delta_{l,r}^w - z\tilde{v}_l \leqslant -1 \tag{F.7}$$

$$x_{r,w} \geqslant 0, \quad r \in R_w, \quad w \in W \tag{F.8}$$

其中，$x = (x_{r,w} \geqslant 0, r \in R_w, w \in W)$ 和 z 为对应于线性规划模型的不等式约束和等式约束的对偶变量。

令 $\hat{f}_{r,w} = \begin{cases} \hat{f}_{r,w}, \delta_{l,r}^w = 0 \\ 0, \delta_{l,r}^w = 1 \end{cases}$，$r \in R_w, w \in W$ 表示不使用新建道路的路径流量。可以证明，$(\hat{f}/\tilde{v}_l, 1/\tilde{v}_l)$ 是对偶问题的最优解。根据对偶定理，原问题和对偶问题具有相

同的最优解，因此最大出行票数量 κ_l 为

$$\kappa_l = -\frac{1}{\tilde{v}_l} / \sum_{w \in W} \sum_{r \in R_w} \left(B_w(\tilde{q}_w) - \sum_{a \in A} t_a(\tilde{v}_a) \delta_{a,r}^w \right) \hat{f}_{r,w} + \frac{1}{\tilde{v}_l} \left(\sum_{w \in W} B_w(\tilde{q}_w) \tilde{q}_w - \sum_{a \in A} t_a(\tilde{v}_a) \tilde{v}_a \right) \tag{F.9}$$

令 $\hat{v}_a = \sum_{w \in W} \sum_{r \in R_w} \hat{f}_{r,w} \delta_{a,r}^w, a \in A, \hat{q}_w = \sum_{r \in R_w} \hat{f}_{r,w}, w \in W$，则最大出行票数量 κ_l 可以表示为

$$\kappa_l = \frac{1}{v_l^{so}} \left[\sum_{w \in W} B_w(q_w^{so})(q_w^{so} - \hat{q}_w^{so}) - \sum_{a \in A} t_a(v_a^{so})(v_a^{so} - \hat{v}_a^{so}) \right] \tag{F.10}$$

将式(F.10)利润最大化，有

$$\max_{y_l} \Gamma_l^2 = \sum_{w \in W} B_w(q_w^{so})(q_w^{so} - \hat{q}_w^{so}) - \sum_{a \in A} t_a(v_a^{so})(v_a^{so} - \hat{v}_a^{so}) - \beta I(y_l) \tag{F.11}$$

满足

$$y_l \geq 0 \tag{F.12}$$

可以得到下式，即

$$\sum_{a \in A} \left(t_a(v_a^{so}) + v_a^{so} \frac{\partial t_a}{\partial v_a^{so}} \right) \frac{\partial \hat{v}_a^{so}}{\partial y_l} = \sum_{w \in W} B_w(q_w^{so}) \frac{\partial \hat{q}_w^{so}}{\partial y_l} \tag{F.13}$$

同样，只考虑 $y_l \geq 0$ 的情况，结合式(E.3)和式(E.7)，利润最大化模型的一阶条件可以表示为

$$\frac{\partial \Gamma_l^2}{\partial y_l} = \sum_{w \in W} \frac{\partial B_w}{\partial y_l} (q_w^{so} - \hat{q}_w^{so}) - \sum_{a \in A} \frac{\partial t_a}{\partial v_a^{so}} \left(\frac{\partial \hat{v}_a^{so}}{\partial y_l} v_a^{so} - \frac{\partial v_a^{so}}{\partial y_l} \hat{v}_a^{so} \right) - \frac{\partial t_l}{\partial y_l} v_a^{so} - \beta \lambda = 0 \tag{F.14}$$

将式(8.18)代入式(F.14)可得

$$g(v_l^{so}/y_l) = \beta \lambda - \sum_{w \in W} \frac{\partial B_w}{\partial y_l} (q_w^{so} - \hat{q}_w^{so}) + \sum_{a \in A} \frac{\partial t_a(v_a^{so})}{\partial v_a^{so}} \left(\frac{\partial \hat{v}_a^{so}}{\partial y_l} v_a^{so} - \frac{\partial v_a^{so}}{\partial y_l} \hat{v}_a^{so} \right) \tag{F.15}$$

令 $\bar{q}_w^{so} = q_w^{so} - \hat{q}_w^{so}, w \in W, \bar{v}_a^{so} = v_a^{so} - \hat{v}_a^{so}, a \in A, \sigma_a = \left(\frac{\partial \hat{v}_a^{so}}{\partial v_a^{so}} \frac{v_a^{so}}{\hat{v}_a^{so}} - 1 \right), a \in A$，有

$$g\left(\frac{v_l^{so}}{y_l^{so}} \right) = \beta \lambda - \sum_{w \in W} \frac{\partial B_w}{\partial y_l} \bar{q}_w^{so} - \sum_{a \in A} \sigma_a \bar{v}_a^{so} \frac{\partial t_a(v_a^{so})}{\partial y_l^{so}} \tag{F.16}$$

附录 G　用户均衡流量的性质

给定新建道路收取的出行票数量和通行能力 (κ_l, y_l)，用户均衡配流模型式(8.4)和式(8.5)的一阶条件可以表示为

$$\sum_{a\in A, a\neq l}(t_a(\hat{v}_a)+\hat{p}\kappa_a)\delta_{a,r}^w+(t_l(\hat{v}_l,y_l)+\hat{p}\kappa_l)\delta_{l,r}^w = B_w(\hat{q}_w), \quad f_{r,w}>0, r\in R_w, w\in W$$
(G.1)

$$\sum_{a\in A, a\neq l}(t_a(\hat{v}_a)+\hat{p}\kappa_a)\delta_{a,r}^w+(t_l(\hat{v}_l,y_l)+\hat{p}\kappa_l)\delta_{l,r}^w \geq B_w(\hat{q}_w), \quad f_{r,w}=0, r\in R_w, w\in W$$
(G.2)

$$\sum_{a\in A}\kappa_a\hat{v}_a = K, \quad p>0 \tag{G.3}$$

可得

$$\sum_{a\in A}\left(t_a(\hat{v}_a)\frac{\partial \hat{v}_a}{\partial y_l}+\hat{p}\kappa_a\frac{\partial \hat{v}_a}{\partial y_l}\right)=\sum_{w\in W}B_w(\hat{q}_w)\frac{\partial \hat{q}_w}{\partial y_l} \tag{G.4}$$

$$\sum_{a\in A}\left(t_a(\hat{v}_a)\frac{\partial \hat{v}_a}{\partial \kappa_l}+\hat{p}\kappa_a\frac{\partial \hat{v}_a}{\partial \kappa_l}\right)=\sum_{w\in W}B_w(\hat{q}_w)\frac{\partial \hat{q}_w}{\partial \kappa_l} \tag{G.5}$$

因为相对 (κ_l, y_l)，出行票发放总量 K 和原路段的出行票收取方案 $\kappa_a, a\neq l$ 均保持不变，所以根据式(G.3)，有 $\sum_{a\in A}\kappa_a\frac{\partial \hat{v}_a}{\partial y_l}=0$ 和 $\sum_{a\in A}\kappa_a\frac{\partial \hat{v}_a}{\partial \kappa_l}+\hat{v}_l=0$。将其代入式(G.4)和式(G.5)，有

$$\sum_{a\in A}t_a(\hat{v}_a)\frac{\partial \hat{v}_a}{\partial y_l}-\sum_{w\in W}B_w(\hat{q}_w)\frac{\partial \hat{q}_w}{\partial y_l} \tag{G.6}$$

$$\sum_{a\in A}t_a(\hat{v}_a)\frac{\partial \hat{v}_a}{\partial \kappa_l}=\sum_{w\in W}B_w(\hat{q}_w)\frac{\partial \hat{q}_w}{\partial \kappa_l}=\hat{p}\hat{v}_l \tag{G.7}$$

后 记

在现有的英文文献中，关于可交易出行票有多种不同的表达方式，如 tradable credit、tradable permit、tradable driving right、tradable network permit、tradable peak credit、tradable mobility permit 等。总的来说，tradable credit 和 tradable permits 在较早的研究中存在显著的差别。在早期的城市交通管理研究中，人们大多使用 tradable permit，强调出行票作为一种权利，特许出行者在管理的时间内使用某条路段。当然，这种权利也可以通过市场进行转移，因此也称之为 marketable/transferable permit。tradable credit 强调出行票作为一种管理手段使用的普遍性。理论上，出行票方案（tradable credits scheme）可以像最优道路收费方案一样，在交通网络的每条路段使用。现有的研究趋向于将两者统一起来，这也是本书统称它们为可交易出行票的原因。

本书围绕可交易出行票进行城市交通需求管理，从定量分析的角度总结近年来的研究进展，体现抑制无效或低效的城市交通需求。可交易出行票可用来对依赖机动车的出行进行管理。从面向应用层面的角度来看，城市交通管理部门首先确定使用机动车出行的管理目标，然后通过发放和收取出行票的方式进行交通需求管理。一般假设在一定的时间段所有机动车免费发放一定数量的可交易出行票（实际方案可根据机动车的不同种类、使用年限、管理目标等区别），机动车使用者通过出行票获得特定区域或路段的道路使用通行权。通过构建出行票交易市场，允许机动车使用者对出行票进行交易。因此，机动车使用者可以在出行票交易市场自由出售剩余出行票，或者购买所需的额外出行票。简而言之，基于可交易出行票的城市交通需求管理思想可以概括为，"按车发放，按车收取，市场交易"。

现有面向可交易出行票的理论研究强调可交易出行票的机理及科学问题。关于交易出行票面向应用层面的研究强调对可交易出行票在应用中可能出现问题。两者在一些研究中也相互关联，但侧重点各有不同。目前各国学者提出的各种不同的可交易出行票实施场景，体现了交通需求管理目标，以及具体实施方案上的差异。在这些基于可交易出行票的交通管理方案研究中，都涉及四个关键要素，即出行票的发放总量、初始发放方案、收取方案、市场交易机制。由于研究问题角度的不同，因此每位研究者对这四个关键要素的理解也有所不同，甚至出现认识上的差异。因此，有必要从实际应用角度厘清和重新认识这四个关键要素的内涵、作用范围、相互作用关系。下面在对每一关键要素进行现有研究成果分析总结的基础上，从基于可交易出行票的城市交通需求管理方案可实施角度，提出我们的理解、认识和解决思路。

1. 出行票发放总量

作为一种定量控制和限额交易手段，可交易出行票需要根据管理目标确定出行票发放总量。大多数现有的研究假定出行票发放总量提前给定，在实际的出行票方案设计中，确定出行票发放总量不是简单的确定性问题。出行票发放总量的确定需明确出行票的政策目标（如减少高峰时段交通拥堵、减少机动车的行驶里程、减少机动车排放，以及这些目标的组合）、有效期限和应用范围。此外，机动车历史使用数据可以为出行票发放总量的确定提供必要的基础。

出行票的发放总量直接影响方案的可行性和有效性。发放总量过高，一旦超过机动车使用者的实际出行需求，将无法影响他们的出行行为，进而无法达到交通需求管理的目的。当发放总量过低时，无法满足机动车使用者必要的出行需求，一方面可能导致过高的出行票交易价格，提高机动车使用者的出行成本；另一方面可能引发机动车使用者不合理的出行行为，降低他们的出行效率，同时降低人们对出行票方案的接受程度。出行票的发放总量和发放周期可由管理部门科学合理地制定。过长的发放周期可能导致出行票囤积和某些时间的集中出行，从而影响交通需求的管理效果，同时也不利于出行票市场的稳定运行。过短的发放周期可能导致发放任务繁重和过度频繁交易。

从出行票方案的可实施角度，我们倾向于按照城市交通管理部门的量化目标确定出行票的发放总量。现有的碳排放交易市场中的总量确定方法为出行票发放总量确定提供了思路，但需结合出行票的政策目标的有效期限和应用范围等共同确定。

2. 初始发放方案

现有的可交易出行票初始发放方案各有差异，主要包含发放对象和发放规则。对于出行票的发放对象（出行票接受者），管理部门在发放出行票之前需确定出行票接受者。按照不同的出行票管理目标、出行票方案的公平性、出行票方案的短期影响和长期影响，以及出行票方案的实施等角度，目前关于如何确定出行票接受者在学术界还存在不同的看法。现有文献中的出行票接受者一般包括纳税人、城市居民、机动车车主、驾照持有人。

对于可交易出行票的初始发放方案的发放规则，从是否需要付费的角度可分为免费发放和有偿发放。常见的免费发放出行票方式是按照均匀分配的方式发放出行票，即出行票接受者获取的初始出行票数量是相同的。典型的有偿发放方式包括通过预订、拍卖等方式。

不同的出行票接收者和发放规则也对出行票的实施带来不同的影响，实施难度也不一样。现有的文献多假设出行票免费发放，这样可以减少搜集接收者历史出行信息的成本，也容易获得公众对出行票的接受。从可交易出行票实施的角度来看，出行票的初始发放方案还需要受到进一步的重视。

从出行票方案的可实施角度，我们更倾向于向机动车车主免费发放。例如，每位机动车车主都有资格在发放周期内获得一定数量的免费出行票。每位车主得到的出行票数量取决于出行票的发放总量和总的机动车数量等。

3. 出行票收取方案

与出行票的初始发放方案相比较，出行票的收取方案相对单一，可直接面向机动车（如车牌号）收取。从操作层面来看，可参考现有的道路收费方案，根据机动车的不同种类等区别对待。现有文献中，按照不同的交通管理目标，常见的机动车出行票收取方式包括：为了抑制局部交通拥挤而按照城市交通网络中的路段收取；为了减少机动车的行驶里程/机动车排放而按照机动车使用者的出行里程收取；为了减少机动车的使用而按照机动车出行次数收取，或者为了抑制/调节高峰时段机动车的使用而按照机动车使用者的出发时间收取等。从出行票方案的可实施角度，现有的道路收费管理方案，如道路拥挤收费方案、排污费收取、高速公路收费管理等，都为出行票的收取方案提供了很好的基础。因此，现有研究基本上都假定出行票方案的实施不存在问题，而将重点放在具体的收取方案上。

出行票的收取方案具有灵活性。如果向机动车使用者收取过多的出行票，可能会导致城市道路使用率降低，造成资源浪费，反之则会抑制机动车使用的需求。尽管现有文献关于收取方案的理论建模和仿真研究已有很多，但结合具体城市的面向应用的出行票收取方案还非常少见，许多看起来很有应用价值的方案还未受到实际检验。因此，机动车出行票方案中关于收取数量的确定是一个重要问题，对于调节出行需求起着关键的作用。我们强调从面向应用的角度研究来看，目前还有很大的研究空间，应加强结合具体城市的出行票收取方案设计和调查分析。

4. 出行票市场交易机制

与前面三个关键要素相比，出行票市场交易机制的研究更具有挑战性。与拥挤收费不同，出行票可以通过市场交易平台进行交易。假定存在一个完全自由竞争的市场交易平台供机动车使用者交易出行票，城市交通管理部门只充当监管者的角色，不干预出行票的交易过程，则可以大大消除人们对于管理部门的某些质疑。在这个市场中，机动车使用者的出行需求存在差异性，因此在一定时间段内可能会出现出行票不足或者盈余的现象。理论上，出行票盈余者可以通过出售出行票的方式从中获取一部分利益，出行票不足者可通过购买出行票获取更多的道路通行权。

现有的关于可交易出行票市场交易机制的研究尚处于探索阶段，部分研究强调借鉴现有的碳排放交易市场。目前，欧盟的碳排放交易市场走在了世界前列，已经制定了在欧盟地区适用的气体排放交易方案，通过对一些专门领域的温室气体排放量进行认定，允许减排补贴进入市场交易，从而实现减少温室气体排放的目标。我国自2013年6月首个碳排放权交易平台在深圳启动，目前已在北京、天津、上海等地先后启动7个碳排放权交易试点。不同于企业间的碳排放交易机制，可交易出行票市场的交易是面向全体机动车使用者的，涉及众多交通使用者的出行行为，具有很强的动态性、随机性、复杂性。其交易机制与碳排放交易机制在对象、目标、方案设计等多方面存在巨大差异，交易机制设计更复杂，难度更大。因此，从出行票方案可交易的实施角度，作者更倾向于构建面向机动车使用者的实时出行票交易市场，允许出行票交易价格在一定范围内浮动。同时，为充分保障机动车使用者的必要出行，健全交易机制，交通管理部门作为第三方的监管和保障作用非常关键。值得指出的是，在出行票方案应用初期，也可以考虑出行票作为一种激励手段而不实行市场交易，例如以碳普惠方式鼓励市民参与绿色出行。这对出行票发展初期的应用推广普及具有重要作用。

通过可交易出行票的关键要素分析，可以看出目前关于可交易出行票的研究还存在诸多不足。对于与可交易出行票的关键要素相关的一些基本问题，例如关于出行票总量的确定、初始发放方案、出行票收取方案、市场交易机制等还存在诸多需要澄清的概念问题，这都需要结合具体城市实际情况和交通管理目标进一步研究。在可交易出行票机制下，通过科学的出行票方案设计，城市交通管理部门能够有效地引导机动车使用者的行为，管控道路的通行车辆总量，获得和最优拥挤收费方案相同的管理效果。出行票作为一种可交易的商品，管理部门可以根据宏观调控目标向出行票接受者免费发放一定数量的出行票，机动车使用者在出行时可通过支付一定数量的出行票换取某些道路的使用权。在社会总财富不变的情况下，通过出行票的流通可以实现货币从高收入群体向低收入群体转移的目的。因此，可交易出行票交易机制作为一种数量控制和限额交易的新兴交通需求管理政策，能够通过市场行为实现出行票的流通。在此过程中，城市交通管理部门仅作为宏观调控的角色负责监管交易市场、发放出行票，但不参与交易过程。同时，拥有出行票的机动车使用者通过交易，出行票的流通再分配仅存在于机动车使用者内部。因此，可交易出行票提供了一种以经济手段定量管理交通需求的模式。随着移动互联技术在交通领域的深入，目前实施可交易出行票方案在技术上不再是障碍，但如何结合城市交通实际情况，提高出行票方案的接受度，落实可交易出行票管理方案，还有诸多挑战。

出行票方案作为一种新兴的交通需求管理手段，目前尚处于理论研究阶段，在具体实践推广过程中仍然存在较多问题。可交易出行票作为一种特殊的商品，在买卖过程中会形成交易市场，其中存在运营、投机等诸多市场风险。虽然在方案实施过程中城市交通管理部门仅承担发放的角色，但是对出行票交易市场的管理必不可少。若出行票市场为自由交易市场，其复杂性可能存在更大的交易风险；当出现交易投机行为时，出行票市场的稳定性如何保证还有待进一步研究。同时，出行票方案实施的空间范围变化时也可能导致出行票市场难以保障出行票账户安全、出行票数量的宏观调控难以达到预计效果等。此外，从应用的角度来看，由于可交易出行票的交易市场建立比较复杂，而无交易的出行票方案更加容易实施，因此可以考虑从简易的小规模方案实施逐渐展开。

基于实际调查分析，一些学者对可交易出行票的应用提出质疑。从目前的研究现状来看，可交易出行票还存在许多问题，许多关键科学问题有待进一步研究。特别地，从可交易出行票市场的角度来看，出行票的市场价格会随着市场出行票的供需波动，因此可以根据交易平台发布的信息获知可交易出行票的交易情况。出行票的可交易性使一部分机动车使用者考虑通过出售出行票来获利，从而减少选择机动车的出行。因此，出行票价格的波动影响个人出行选择/决策（如出行模式选择、路径选择、出行取消等），但这些影响如何通过可交易出行票方案设计进行定量分析仍有待研究。此外，初始出行票发放方案的制定如何体现公平性，以及可交易出行票方案的交易机制如何制定等，都表明可交易出行票方案在应用时的复杂性。

可交易出行票与环境经济学领域碳排放交易机制密切相关，在研究面向全球气候变化的交通管理新方式，以及交通与环境管理等方面，可交易出行票具有潜在的应用前景。中国在2020年举行的第七十五届联合国大会上承诺，将提高国家自主贡献力度，采取更加有力的政策和措施，使二氧化碳排放力争于2030年前达到峰值，争取2060年前实现碳中和。我国当前的绿色交通发展已取得一定成绩，面对新的"碳达峰"和"碳中和"气候目标，交通运输行业仍面临压力，因此需从多个视角，如推动运输结构调整、扩展交通消费理念、推动交通低碳技术创新、发展智慧交通、提高低碳交通治理能力等方面入手，探索交通运输低碳发展的实现途径，建立低碳交通发展体系，落实绿色出行，加快实现碳中和。从具体实施层面来看，首先相关城市交通管理部门要落实碳足迹计算，针对交通领域产生的温室气体来源进行清查和数据搜集，掌握二氧化碳排放量化技术，是实现碳中和管理、构建低碳交通发展体系的基础。其次，通过制定相关措施和技术创新，减少交通活动中所产生的碳排放；构建碳中和市场，逐步实现碳中和。交通领域的排放者以自愿为基本原则，通过购买碳减排额的方式实现碳排放的抵消，通常由买方（排放者）、卖方（减排者）和交易机构（中介）三方共同完成。最后，建立低碳交通发展体系，通过碳足迹的定量化、减少碳排放的管理措施、建立碳中和市场和相关评价体系，逐步建立低碳交通发展体系。

因此，为推动可交易出行票的应用发展，下列热点科学问题需进一步开展研究，即研究面向综合交通运输体系的碳中和发展路径的可交易出行票量化交易技术；确定合理的可交易出行票发放和使用周期研究；利用可交易出行票机制进行交通排放的管理，以及它对机动车使用选择的影响研究；通过仿真手段更加细致地刻画电子出行票价格和道路流量的动态演化过程等。